2023年技工教育"十四五"规划教材
四川省"十四五"职业教育省级规划教材
工业互联网专业群人才培养系列教材

工业互联网网络搭建

主　编　李　杰　黄　杰　张　昂　黄　磊
副主编　江艳华　贾鹏飞　郭　菲　寇大华
参　编　贾晓钦　付智慧　刘观生　闫　政
组　编　北京奥思工联科技有限公司

电子工业出版社
Publishing House of Electronics Industry
北京·BEIJING

内 容 简 介

本书是为适应工业互联网快速发展对工业互联网搭建人才的迫切需求，适应现代职业教育高质量发展需要而编写的。本书主要内容包括走进工业互联网、工业互联网网络介绍、工业网络设备组态、工业通信协议配置、工厂内部网络搭建、工厂外部网络搭建、工业互联网标识解析、工业互联网边缘计算、工业互联网网络安全防护、工业互联网网络发展现状及发展趋势，共10个学习项目，以完成工业互联网项目搭建为主线，对知识技能进行有效传递，有利于职业院校学生"在学中做，在做中学"。

本书是"纸质教材，数字课程"的立体化教材，配套有丰富的数字化教学资源，突破了传统课堂教学的时空限制，实现了信息技术与传统教育的结合。

本书可作为职业院校工业互联网应用、工业互联网技术、电气自动化技术等相关专业的教学用书，也可作为工业互联网工程技术人员的参考用书。

未经许可，不得以任何方式复制或抄袭本书之部分或全部内容。
版权所有，侵权必究。

图书在版编目（CIP）数据

工业互联网网络搭建 / 李杰等主编. —北京：电子工业出版社，2023.8
ISBN 978-7-121-46202-3

Ⅰ．①工… Ⅱ．①李… Ⅲ．①互联网络－应用－工业发展－研究 Ⅳ．①F403-39

中国国家版本馆 CIP 数据核字（2023）第 158518 号

责任编辑：李　静
印　　刷：北京盛通数码印刷有限公司
装　　订：北京盛通数码印刷有限公司
出版发行：电子工业出版社
　　　　　北京市海淀区万寿路 173 信箱　　邮编：100036
开　　本：787×1092　1/16　印张：20　字数：487 千字
版　　次：2023 年 8 月第 1 版
印　　次：2025 年 7 月第 5 次印刷
定　　价：59.80 元

凡所购买电子工业出版社图书有缺损问题，请向购买书店调换。若书店售缺，请与本社发行部联系，联系及邮购电话：（010）88254888，88258888。
质量投诉请发邮件至 zlts@phei.com.cn，盗版侵权举报请发邮件至 dbqq@phei.com.cn。
本书咨询联系方式：（010）88254604，lijing@phei.com.cn。

前　　言

新一轮工业革命已在全球快速展开，工业互联网作为新一代信息通信技术与工业深度融合的产物，是新一轮工业革命的关键支撑。工业互联网蓬勃发展，正在深刻影响制造业的生产方式、企业形态和业务模式，工业互联网通过对人、机、物、系统等的全面连接，构建覆盖全产业链、全价值链的全新制造和服务体系，为工业乃至产业数字化、网络化、智能化发展提供了实现途径。

2021年，中华人民共和国教育部印发《职业教育专业目录（2021年）》，新增高等职业教育工业互联网应用、工业互联网技术两个专科专业。同年，中华人民共和国人力资源和社会保障部联合中华人民共和国工业和信息化部共同制定《工业互联网工程技术人员国家职业技术技能标准（2021年版）》，将工业互联网工程技术人员职业定义为围绕工业互联网网络、平台、安全三大体系，在网络互联、标识解析、平台建设、数据服务、应用开发、安全防护等领域，从事规划设计、技术研发、测试验证、工程实施、运营管理和运维服务等工作的工程技术人员。

工业互联网网络搭建是工业互联网应用、工业互联网技术等专业的学生及相关工程技术人员必须掌握的知识技能，各大高职院校相关专业也将工业互联网网络搭建作为一门重要的专业课程列入教学计划中。然而，当前有关工业互联网网络搭建的教材还很缺乏，针对高职高专学生特点编写的教材更少，为贯彻落实新修订的职业教育法，编者根据《关于推动现代职业教育高质量发展的实施意见》《国家职业教育改革实施方案》《职业教育提质培优行动计划（2020—2023年）》部署编写本书。

本书坚持彰显职业教育类型特征，遵循职业教育教学规律和技术技能人才成长规律，有机融入思想政治教育元素，融入新技术、新工艺、新规范。本书以传统电池生产企业提档升级、进行工业互联网改造为情景故事，以工业互联网搭建典型工作任务为内容，共设计走进工业互联网、工业互联网网络介绍、工业网络设备组态、工业通信协议配置、工厂内部网络搭建、工厂外部网络搭建、工业互联网标识解析、工业互联网边缘计算、工业互联网网络安全防护、工业互联网网络发展现状及发展趋势10个学习项目。学生在学习项目的过程中，知晓任务目标，进行任务准备，递进传递知识链接，完成思考与练习，巩固学习成果，通过任务实施掌握知识技能。

本书由李杰、北京信息职业技术学院黄杰、中国工业互联网研究院张昂、北京奥思工联科技有限公司黄磊任主编；江艳华、广西大学贾鹏飞、中国工业互联网研究院郭菲、四川省企业联合会寇大华任副主编；成都市电子信息行业协会贾晓钦、付智慧、台州科技职业学院刘观生、山西林业职业技术学院闫政任参编。

全书由中国工业互联网研究院培训中心副主任孙楚原任主审，孙主任在认真细致地审阅了全书后提出了许多宝贵意见和建议。成都工贸职业技术学院（成都市技师学院）周皇卫、李珊珊对本书配套多媒体资源库建设给予了大力支持。成都市电子信息行业协会的王俊杰、贾天权，成都纺织高等专科学校黄勤陆，江苏中天互联科技有限公司全资子公司四川码联科技有限公司的张熹、张华、蒋益，成都产品质量检验研究院有限责任公司的徐远，迈普通信技术股份有限公司的戴铮、陈丽莎、林茂，以及重庆海云捷迅科技有限公司和杭州珞安智能科技有限公司对本书编写提供了支持，谨在此表示感谢！

本书配备电子课件、电子教案、课后习题答案、源代码、微课等，请有需要的读者登录华信教育资源网进行下载。

教材资源服务交流群
（QQ 群号：684198104）

由于工业互联网网络搭建相关技术日新月异，加之编者水平有限，书中难免存在疏漏和不足之处，敬请广大同行和读者批评指正，不胜感激！

编　者
2023 年 5 月

目　　录

项目 1　走进工业互联网 1
　学习目标 1
　情景故事 1
　项目描述 1
　1.1　网络 2
　　　1.1.1　网络的概念 2
　　　1.1.2　网络的分类 3
　　　1.1.3　网络的作用 6
　1.2　网络体系结构 8
　　　1.2.1　网络体系结构的概念 8
　　　1.2.2　网络体系结构的特征 9
　　　1.2.3　网络体系结构的主要功能 11
　1.3　IT 网络和 OT 网络 15
　　　1.3.1　IT 网络的概念 15
　　　1.3.2　OT 网络的概念 17
　　　1.3.3　IT 网络与 OT 网络的深度融合 18
　　　1.3.4　IT 网络、OT 网络与工业互联网的关系 21
　〈思考与练习〉.. 23

项目 2　工业互联网网络介绍 24
　学习目标 24
　情景故事 24
　项目描述 24
　2.1　工业互联网概述 25
　　　2.1.1　工业互联网的概念 26

2.1.2　工业互联网的特点 28
　　2.1.3　工业互联网的应用 29
2.2　工业互联网网络体系 32
　　2.2.1　数据互通 33
　　2.2.2　标识解析 36
2.3　工业互联网网络层级架构 39
　　2.3.1　设备层、边缘层的生产控制网络建设 40
　　2.3.2　企业层的企业与园区网络建设 41
　　2.3.3　产业层的国家骨干网络建设 43
　　2.3.4　全网构建的信息互通互操作 44
〈思考与练习〉.. 45

项目3　工业网络设备组态 47
学习目标 47
情景故事 47
项目描述 47
3.1　通信设备 48
3.2　常见的工业网络设备 49
3.3　工业交换机网络组态 54
〈思考与练习〉.. 62

项目4　工业通信协议配置 64
学习目标 64
情景故事 64
项目描述 64
4.1　工业通信网络技术 65
　　4.1.1　工业现场总线 65
　　4.1.2　工业以太网 67
4.2　常见的工业通信协议 69
　　4.2.1　工业以太网网络通信系统的组建 70
　　4.2.2　PROFIBUS现场总线通信系统的组建 80

4.2.3　Modbus 现场总线通信系统的组建 89
　〈思考与练习〉 97

项目 5　工厂内部网络搭建 99
　学习目标 99
　情景故事 99
　项目描述 99
　5.1　工厂内部网络 100
　　5.1.1　工厂内部网络的概念 100
　　5.1.2　工厂内部网络的结构 101
　　5.1.3　有线网络 102
　　5.1.4　无线网络 108
　　5.1.5　时间敏感网络 114
　5.2　工厂内部网络应用要求 120
　　5.2.1　功能层次划分 120
　　5.2.2　信息系统互联和展示 121
　　5.2.3　组建工厂内部网络 122
　〈思考与练习〉 136

项目 6　工厂外部网络搭建 138
　学习目标 138
　情景故事 138
　项目描述 138
　6.1　工厂外部网络 139
　　6.1.1　工厂外部网络的发展 139
　　6.1.2　工厂外部网络的概念 142
　　6.1.3　虚拟专用网 143
　　6.1.4　无线接入技术——NB-IoT 与 5G 147
　6.2　工厂外部网络的典型应用场景 150
　　6.2.1　远程生产控制 150
　　6.2.2　智能信息服务搭建 156
　〈思考与练习〉 168

项目 7　工业互联网标识解析 170

学习目标 170

情景故事 170

项目描述 170

7.1　编码与存储 171

7.1.1　标识编码的概念 171

7.1.2　标识编码的作用 178

7.1.3　工业互联网标识编码规则 180

7.1.4　标识载体的概念 183

7.1.5　常见的标识载体关键技术 186

7.2　标识解析体系 189

7.2.1　标识解析赋码管理 189

7.2.2　标识解析体系的作用 196

7.2.3　标识数据共享与管理 198

7.2.4　工业互联网标识解析 199

7.3　工业互联网标识解析体系的典型应用场景 202

〈思考与练习〉 209

项目 8　工业互联网边缘计算 211

学习目标 211

情景故事 211

项目描述 211

8.1　边缘计算和边缘智能 212

8.1.1　边缘计算的概念和核心技术 212

8.1.2　边缘计算设备 214

8.1.3　边缘智能的概念和关键技术 217

8.2　边缘计算的典型应用场景 218

8.2.1　工业厂房内的温度、湿度和空气质量检测 218

8.2.2　工业厂房明火检测 240

8.2.3　铝板表面缺陷智能检测 249

〈思考与练习〉 262

项目9 工业互联网网络安全防护 ... 264

学习目标 ... 264
情景故事 ... 264
项目描述 ... 264
9.1 网络安全概述 ... 265
　9.1.1 网络安全的概念 ... 265
　9.1.2 网络安全漏洞 ... 267
9.2 工业互联网网络安全 ... 270
　9.2.1 工业互联网网络安全的潜在风险 ... 270
　9.2.2 工业互联网网络安全防护范围及内容 ... 273
　9.2.3 工业互联网安全等级 ... 277
　9.2.4 工业互联网安全防护要求 ... 281
　9.2.5 工业防火墙配置 ... 283
〈思考与练习〉 ... 288

项目10 工业互联网网络发展现状及发展趋势 ... 290

学习目标 ... 290
情景故事 ... 290
项目描述 ... 290
10.1 网络结构扁平化 ... 291
10.2 数据信息标准化 ... 295
10.3 新型网络技术多元化 ... 303
〈思考与练习〉 ... 307

项目 1
走进工业互联网

学习目标

1. 了解网络、IT 网络、OT 网络的概念。
2. 了解工业互联网的由来。
3. 识别网络类别和网络结构。
4. 掌握工业互联网与 IT 网络、OT 网络的关系。

情景故事

西南地区有一家电池生产企业,由于目前电池生产线的智能化程度不高,企业总经理安排生产部经理具体研究提高电池生产线智能化程度的方案。生产部李经理组织相关技术人员走访多家智能制造领军企业,了解到要提升电池生产线的智能化程度,就必须对现有生产线进行改造升级,实现工业设备互联互通。

项目描述

深入理解工业深度互联的内涵,能够描述工业互联网的网络架构及典型应用场景。

1.1 网络

1.1.1 网络的概念

【任务目标】

了解广义上网络的概念,掌握工业互联网中网络的概念。

【任务准备】

浏览阿里云帮助中心,深入了解有关阿里云网络、云上网络的设计介绍。

这些复杂的社会网络所涉及的领域有物理、工程、化学、生物、医学、社会经济,甚至包括艺术领域,它们对商业和信息应用乃至我们的日常生活,都产生了显著而深远的影响。那么网络到底是什么呢?请提前查阅计算机、电学、数学等方面网络的概念。

【知识链接】

网络在数学上指的是一种图,一般专指加权图。网络除了数学定义,还有具体的物理含义,即网络是从某种相同类型的实际问题中抽象出来的模型。在信息通信领域,网络是信息传输、接收、共享的虚拟平台,通过它把各个点、线、面、体、时间、空间的信息联系到一起,从而实现对这些资源的共享。另外,网络一词还可用于电信网络、计算机网络、生物网络、认知和语义网络及社交网络等复杂网络的学术领域。

可见,由节点(或顶点)表示的不同元素或参与者,以及元素或参与者之间的连接(或边缘)都可以称为网络,即网络是由若干节点和连接这些节点的链路构成的,表示诸多对象及其相互联系。

在工业互联网中,把电力系统中由若干元件组成的用来使电信号按一定要求传输的电路或这种电路的部分叫作"网络"。网络是实现工业全系统、全产业链、全价值链泛在深度互联的基础。

网络是由若干个节点(Node)和连接这些节点的链路(Link)组成的,节点可以是终端设备(如计算机、机器设备、仪器等),也可以是数据交换设备(如集线器、交换机、路由器等)。网络普遍存在于军事、工业、教学、家庭、公司集团中。在网络管理中有着严格的管理秩序。网络及其部件所应该完成的特定功能就是网络体系结构。这些特定功能究竟由何种硬件或软件完成,是依体系结构而定的。

在工业互联网中,也将工厂内的各种要素接入工厂内网,包括人员(如生产人员、设计人员、外部人员）、机器（如装备、办公设备）、材料（如原材料、在制品、制成品）、环境（如仪表、监测设备）等；将工厂外的各要素接入工厂外网，包括用户、协作企业、智能产品、智能工厂，以及公共基础支撑的工业互联网平台、安全系统、标识系统等。

【任务实施】

在工业互联网中，网络的定义是什么？请结合一个具体工业互联网案例，说明网络应用在哪些场景。

1.1.2 网络的分类

扫一扫
看微课

【任务目标】

了解网络的不同分类方法。

【任务准备】

前面提到了网络和工业互联网，如何对不同功能的网络进行分类呢？请大家查阅相关资料，了解网络按地理分布范围、拓扑结构、传输介质、通信方式、不同用途等方式进行分类的情况。对本校的网络环境进行调研，了解本校网络的拓扑结构和传输介质。

【知识链接】

从不同的角度对网络有不同的分类方法，每种网络名称都有特殊的含义。通过几种名称的组合或"名称+参数"可以看出网络的特征，如千兆以太网表示传输速率高达千兆的总线型网络。了解网络的分类方法和类型特征是熟悉网络技术的重要基础之一。

（1）按网络的地理位置分类：局域网、城域网、广域网、个人局域网。其中，局域网（Local Area Network，LAN）一般限定在较小的区域内（小于10km的范围），通常采用有线的方式连接起来；城域网（Metropolitan Area Network，MAN）的规模局限在一座城市的范围内（10～100km的范围）；广域网（Wide Area Network，WAN）跨越国界、洲界，甚至覆盖全球；无线个人域网（Wireless Personal Area Network，WPAN）就是在个人工作的地方把个人使用的电子设备（如便携计算机等）用无线技术连接起来的网络，其范围在10m左右。局域网和广域网是两种非常受欢迎的网络结构，局域网是组成其他两种类型的网络的基础，城域网一般加入广域网，广域网的典型代表是 Internet，而工业互联网是整合了这几种网络的复杂网络。

（2）按传输介质分类：有线网、无线网。其中，有线网一般采用同轴电缆、双绞线、光纤来连接；而无线网由于覆盖范围、传输速率和用途不同，可以分为无线广域网、无线城域网、无线局域网、无线个域网和无线体域网。

同轴电缆具有内部导体，内部导体被绝缘层围绕，绝缘层周围具有导电屏蔽层。同轴电缆组件易于安装且非常耐用，但其抗干扰能力差；同轴电缆的短距离传输速率高于双绞线，但在进行长距离传输时，使用同轴电缆时信号会丢失，并且在高使用率期间，宽带网络中的速率波动较大。

双绞线是常见的联网方式。它价格便宜，安装方便，但易受干扰，传输速率较低，传输距离比同轴电缆要短。双绞线具有消除干扰的特性，因此适用于短距离的数据传输和语音基础设施。

光纤网也是有线网的一种，采用光导纤维（光纤）作为传输介质。光纤传输距离长、传输速率高，普通光纤就可达到 10Gbps 以上的传输速率，在实验室中，单条光纤的最高传输速率已达到了 26Tbps，光纤抗干扰性强，不会受到电子监听设备的监听，是高安全性网络的理想选择。不过光纤价格较高，且需要高水平的安装技术。

（3）按网络的拓扑结构分类：星型网络、环型网络、总线型网络、树型网络、网状网络。

星型网络结构（Star Topology）又称集中式拓扑结构，因集线器或交换机连接的各节点呈星状（也就是放射状）分布而得名。在这种拓扑结构的网络中有中央节点（集线器或交换机），其他节点（工作站、服务器）都与中央节点直接相连。星型网络结构如图 1-1 所示。

在环型网络结构中，各节点通过通信线路组成闭合回路，数据只能单向传输，信息在每台设备上的延时是固定的，特别适合实时控制的局域网系统。环型网络结构就像一串珍珠项链，其上的每台计算机就是项链上的一颗珠子。环型网络结构如图 1-2 所示。

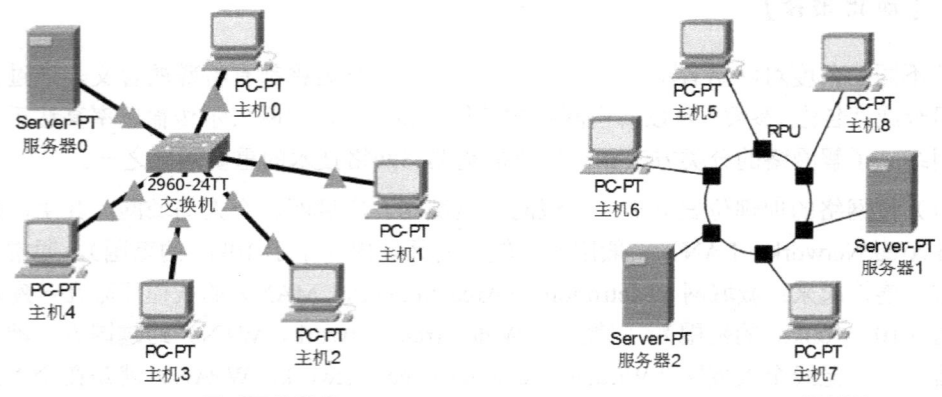

图 1-1　星型网络结构　　　　图 1-2　环型网络结构

总线型网络结构是指将网络中的所有设备通过相应的硬件接口直接连接到公共总线

上，节点之间按广播方式通信，一个节点发出信息，总线上的其他节点均可"收听"到。总线型网络结构就像一片树叶，树叶的脉络有一条主干线，主干线上面有很多分支。总线型网络结构如图 1-3 所示。

树型网络结构是一种层次结构，节点按层次连接，信息交换主要在上下节点之间进行，相邻节点或同层节点之间一般不进行数据交换。树型网络结构如图 1-4 所示。

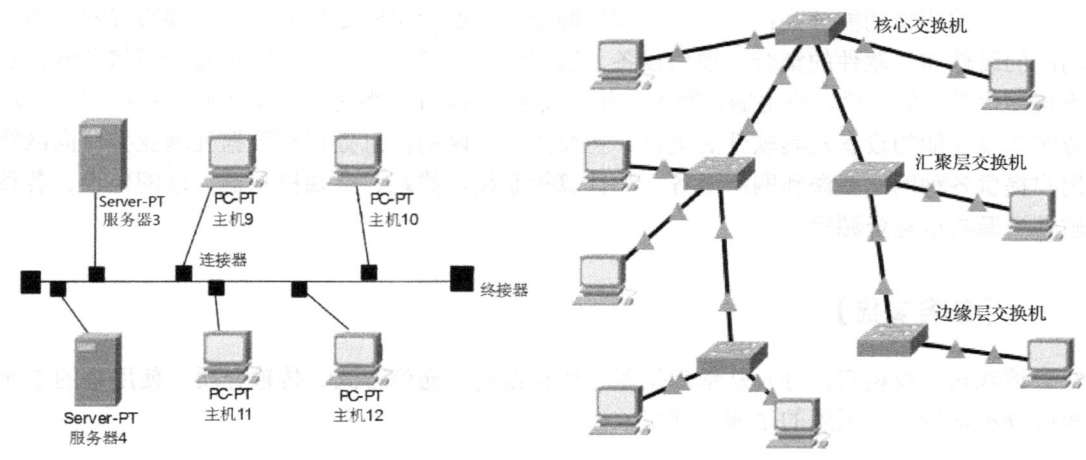

图 1-3　总线型网络结构　　　　　图 1-4　树型网络结构

网状网络可分为"全网状结构"和"半网状结构"两种。所谓"全网状结构"，是指网络中任何两个节点之间都是相互连接的。所谓"半网状结构"，是指网络中并不是每个节点都与网络的其他所有节点连接，可能只是一部分节点间有连接。网状结构又称作无规则结构，节点之间的连接是任意的，没有规律。这种结构在广域网中得到了广泛应用，它的优点是不受瓶颈问题和失效问题的影响。由于节点之间有许多条路径相连，因此可以为数据流的传输选择适当的路由，从而绕过失效的部件或过忙的节点。这种结构虽然比较复杂，成本也比较高，提供上述功能的网络协议也比较复杂，但是它可靠性高，因此仍然受到用户的欢迎。

（4）按通信方式分类：单播网络、组播网络、广播网络。

单播是指封包在网络传输中目的地址为单一目的地址的一种传输方式。每次只有两个实体相互通信，发送端和接收端都是唯一的、确定的。它是现今应用最为广泛的网络通信方式，通常所使用的网络协议或服务大多采用单播传输，如一切基于 TCP 的协议。

组播也叫多播，是指把信息同时传递给一组目的地址。它的使用策略是最高效的，因为消息在每条网络链路上只需要传递一次，而且只有在链路分叉的时候，消息才会被复制。

广播是"一对所有"的通信模式，网络对其中每一个源地址发出的信号都进行无条件复制和转发，链路中的所有地址都可以接收这个信息（不管是否需要），因为不用进行路径选择，所以其网络成本很低廉。在数据网络中也允许广播存在，但其被限制在二层交换机的局域网范围内，禁止广播数据穿过路由器，防止广播数据影响大面积的数据节点。

（5）按网络的使用目的分类：共享资源网、数据处理网、数据传输网。其中，共享资源网以资源共享为主要目的，使用者可共享网络中的各种资源，如文件、扫描仪、绘图仪、打印机及各种服务，Internet 是典型的共享资源网；数据处理网是用于处理数据的网络，如科学计算网络、企业经营管理网络等。数据传输网主要是用来收集、交换、传输数据的网络，如情报检索网络、工业管理用网络等。目前各种网络的使用目的都不是唯一的。

（6）按逻辑功能分类：通信子网和资源子网。通信子网是指网络中能够实现网络通信功能的硬件和其软件的集合，通信设备、通信协议、通信控制软件等都属于通信子网，负责传输信息，如网桥、路由器、网卡、蓝牙设备、Wi-Fi 设备等。资源子网是指网络中实现资源共享功能的设备及其软件的集合，主要负责全网的信息处理和数据处理业务，向网络用户提供各种网络资源和网络服务，如计算机系统、终端、终端控制器、联网外设、各种软件资源与信息资源等。

【任务实施】

请观察学校机房，分别从地理位置、拓扑结构、通信方式、传输介质、使用目的 5 个角度分析学校机房采用的是哪类网络。

_____

_____

1.1.3　网络的作用

【任务目标】

了解网络在整个工业互联网中的作用。

【任务准备】

参观工业互联网网络实训室或查阅青岛双星轮胎工业有限公司的双星胎联网"智慧云"平台创新应用案例，了解工业以太网、工业无线网、现场总线等典型网络系统，思考如何解决工业系统的网络化问题。

【知识链接】

航天云网是中国航天科工集团基于云制造所提出的理念、模式、技术手段和业态，研究开发的一种"云制造系统"平台。目前航天云网平台已经在工业智能云系统工业互联网平台上开发布置了云制造支持系统，构建和涵养了以工业互联网为基础的云制造系统产业集群生态，开发了"三朵云"——"国际云、公有云、专有云"应用子平台，并且在航空航天、通用设备制造、模具制造等十大行业围绕纵向（设备云、车间云、企业云、区域云等不同层次的云制造系统）、横向（制造全产业链活动）两个维度进行了应用推广，形成了一些典型的应用范例。这些"云"的产生离不开网络的支持。

网络是计算机技术和通信技术相结合的产物，是把分散的具有独立自主功能的软件资源、硬件资源通过通信线路连接起来组成的系统；网络是工业互联网实现互联互通的基础，通过深度连接工业要素、价值链环节及产业链节点，实现信息数据的高效传递，其主要作用如下：

（1）资源共享。

网络的主要功能就是资源共享。共享的资源包括软件资源、硬件资源及存储在公共数据库中的各类数据资源。网络用户能部分或全部地共享这些资源，使网络中的资源能够互通有无，从而大大提高系统资源的利用率。

（2）快速传输信息。

分布在不同地区的计算机系统可以通过网络及时、高速地传递各种信息，交换数据，发送电子邮件，使人们之间的联系更加紧密。

（3）提高系统可靠性。

在网络中，计算机之间是互相协作、互相备份的，可以在网络中采用一些备份设备，以及负载调度、数据容错等技术，使得当网络中的某一部分出现故障时，网络中的其他部分可以自动接替其任务。因此，与单机系统相比，计算机网络具有较高的可靠性。

（4）易于进行分布式处理。

在网络中，还可以将一个比较大的问题或任务分解为若干个子问题或子任务，并将其分散到网络中不同的计算机上进行处理计算。这种分布式处理能力在进行一些重大课题的研究开发时是卓有成效的。

（5）综合信息服务。

在当今的信息化社会中，个人、办公室、图书馆、企业和学校等每时每刻都在产生并处理大量信息。这些信息可能是文字、数字、图像、声音，甚至是视频，通过网络就能够收集、处理这些信息，并进行信息传送。因此，综合信息服务将成为网络的基本服务功能。

【任务实施】

了解航天云网，试结合真实案例简述网络的作用。

_____

_____

_____

1.2 网络体系结构

1.2.1 网络体系结构的概念

【任务目标】

了解网络体系结构的概念及常见的 3 种网络体系结构。

【任务准备】

分别以"OSI 体系结构""TCP/IP 体系结构"为关键字查阅相关资料,了解网络常用的体系结构,对比不同的网络体系结构,对 OSI 网络体系结构有初步认识。

【知识链接】

所谓网络体系结构,就是为了完成设备(包含硬件、软件)之间的通信合作,把每个设备互联的功能划分成定义明确的层次,规定了同层次进程通信的协议及相邻层之间的接口和服务。将这样的层次结构模型和通信协议统称为网络体系结构。网络体系结构为网络硬件、软件、协议、存取控制和拓扑提供标准。网络体系结构广泛采用的是国际标准化组织(ISO)在 1979 年提出的开放系统互联(Open System Interconnection,OSI)的参考模型。OSI 定义了开放系统的层次结构、层次之间的相互关系及各层次所包括的可能的任务,作为一个框架来协调和组织各层次所提供的服务。网络体系结构并没有提供一个可以实现的方法,而是描述了一些概念,用来协调进程间通信标准的制定。OSI 参考模型并不是一个标准,而是一个在制定标准时所使用的概念性框架。

现今规模最大的、覆盖全球的、基于 TCP/IP 的互联网并未使用 OSI 标准。在 20 世纪 90 年代初期,虽然整套的 OSI 国际标准已制定出来,但基于 TCP/IP 的互联网已抢先在全球相当大的范围内成功运行了,且同时几乎找不到厂家生产出符合 OSI 标准的商业产品。OSI 只获得了一些理论研究成果,在市场化方面则彻底失败了。

将 OSI 参考模型中的会话层、表示层、应用层合并为应用层后就能得到五层体系结构(或称为原理体系结构),将物理层与数据链路层再合并为网络接口层,就能得到 TCP/IP 的四层体系结构,TCP/IP 体系结构不严格遵循 OSI 分层概念,应用层可能会直接使用网络层或网络接口层。网络专家组提出的是七层 OSI 体系结构,实际工业界实现的是四层 TCP/IP 体系结构,理解原理和教学使用的是五层体系结构。TCP/IP 体系结构常被称为事实上的国际标准。

三种体系结构的比较如图 1-5 所示，我们可以发现不同体系结构完成的功能是一致的，只是不同的体系结构对层次的划分不同。

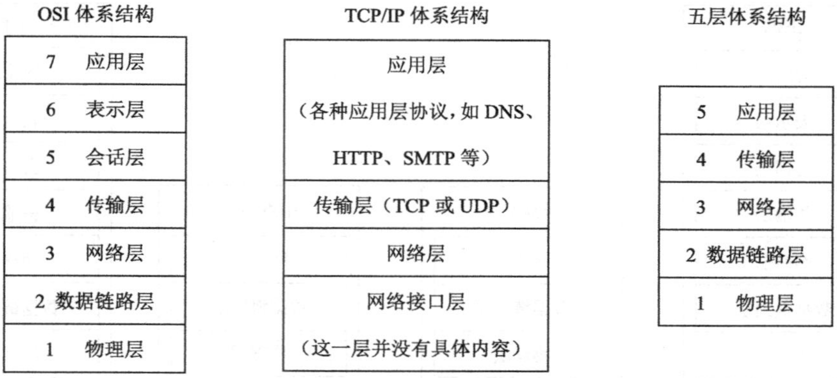

OSI 体系结构	TCP/IP 体系结构	五层体系结构
7 应用层	应用层 （各种应用层协议，如 DNS、HTTP、SMTP 等）	5 应用层
6 表示层		
5 会话层		4 传输层
4 传输层	传输层（TCP 或 UDP）	3 网络层
3 网络层	网络层	2 数据链路层
2 数据链路层	网络接口层 （这一层并没有具体内容）	1 物理层
1 物理层		

图 1-5 三种体系结构的比较

【任务实施】

对比 OSI 体系结构和 TCP/IP 体系结构，找出它们的不同点。

_____

_____

1.2.2 网络体系结构的特征

扫一扫
看微课

【任务目标】

理解和掌握网络体系结构的特征。

【任务准备】

分析附近所使用的计算机设备及其使用的网络体系结构。思考 OSI 体系结构和 TCP/IP 体系结构的分层原因，总结网络体系结构分层的优点。

【知识链接】

网络体系结构的特征如下。

（1）以功能作为划分层次的基础。分层将原本复杂的问题层次化和局部化，每个层次只考虑相应的问题，不受其他无关问题的干扰，同时保证了网络和整个设备系统的高度协调工作。如图 1-6 所示，数据在传输时是垂直分层的，但不同层次的内容只能由对应层次来处理。

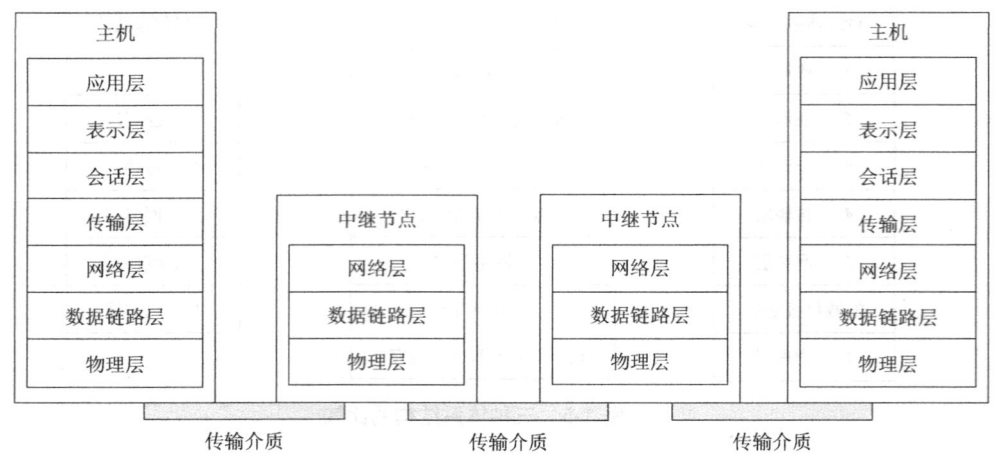

图 1-6　计算机用户之间的通信示意图

（2）各层之间相互独立。各层之间相互独立，仅在相邻层间有接口，且所提供服务的具体实现细节对上一层完全屏蔽；每层都可以选择最合适的实现技术。

（3）包含下层服务。第 n 层的实体在实现自身定义的功能时，只能使用第 $n-1$ 层提供的服务。第 n 层在向第 $n+1$ 层提供服务时，此服务不仅包含第 n 层本身的功能，还包含由下层服务提供的功能。

（4）灵活性好，有益于标准化的实现。整个系统被分割为多个部分，每一层都有明确的定义，十分有利于标准化的实施，并且易于维护和管理。

下面我们以 OSI 体系结构为例，来说明网络体系结构的特征。

（1）高三层是面向应用的，负责对信息进行处理，逻辑上属于资源子网；低三层是面向通信的，负责对信息进行传递，逻辑上属于通信子网；中间的传输层在通信子网和资源子网中起承上启下的作用。

（2）作为信源和信宿的端开放系统（主机）及若干中继开放系统（交换节点）通过物理介质连接构成了整个 OSI 环境。其中，只有主机中需要包含全部七层的功能，而在通信子网中的中间交换节点，一般只需要负责传递信息的低三层即可，甚至只需要低两层的功能。

（3）在 ISO/OSI 参考模型中，实际的物理通信是经过发送方各层从上到下传输到物理介质，通过物理介质（或通信子网）传输到接收方后，再经过从下到上各层间的传输，最后到达接收方的。在接收方（或发送方）的各层之间，纵向实现的是物理通信，而在接收方和发送方对应层实现的是虚拟通信。

（4）在发送方从上到下逐层传输信息的过程中，每层都要加上适当的传给对方对等层的控制信息，统称为"报头"。到底层成为由"0"或"1"组成的数据比特流，将其转换为电信号在物理介质上传输至接收方。接收方在向上传递时，过程正好相反，各层逐层获得发送方对等层传给自己的报头，进行相应的协议操作，剥去报头（本层所需的控制信息），而只将其中的数据净荷向上层传送。发送方将数据层层打包，而接收方层层拆包，每层获得自己所需的信息。如此重复，最后到达接收方计算机用户的信息就是发送方计算机用户的原始信息，计算机用户之间实现了通信。

【任务实施】

总结 TCP/IP 体系结构的特征。

_____

_____

_____

1.2.3　网络体系结构的主要功能

【任务目标】

了解不同网络体系结构中各层的功能。

【任务准备】

结合日常上网的过程，理解信息从发送到接收的全过程。

【知识链接】

虽然常见的网络体系结构有三种，划分层次不同，但都是根据功能进行分层的，不同的网络体系结构只是把整个网络通信过程进行了不同方式的重构，但是整个过程都是将数据从源用户发送到目标用户的过程。

1. OSI 参考模型分层及功能

OSI 体系结构共七层：应用层、表示层、会话层、传输层、网络层、数据链路层、物理层。第 1 层在底部，最接近硬件设备。图 1-7 所示为 OSI 参考模型中各层主要使用的协议。

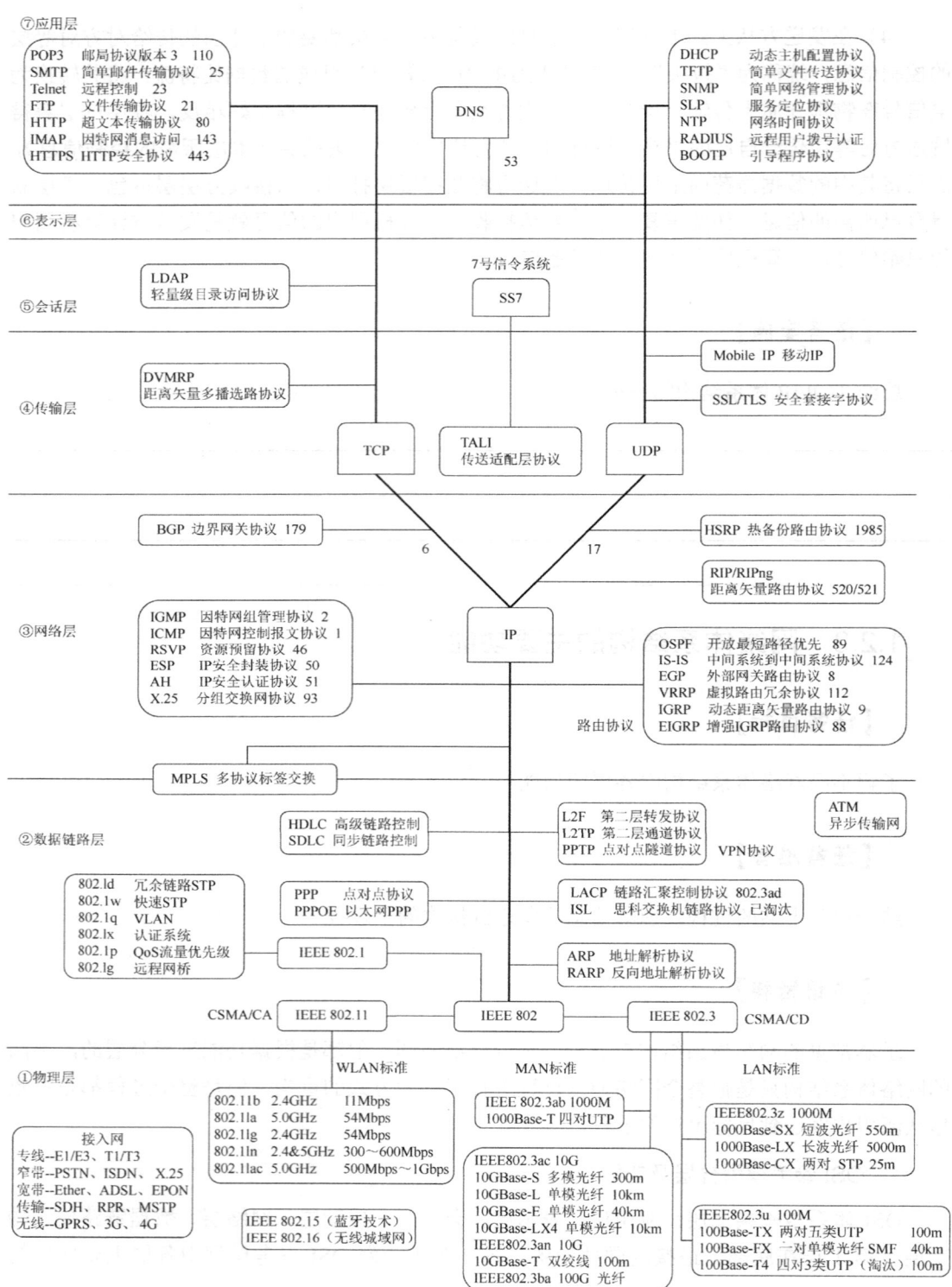

图 1-7 OSI 参考模型中各层主要使用的协议

第 1 层物理层：物理层在局域网上传送数据帧，它负责管理计算机通信设备和网络介质之间的互通。包括针脚、电压、线缆规范、集线器、中继器、网卡、主机适配器等。该层包括物理联网介质，如电缆连线，物理层的协议产生并检测电压，以便发送和接收携带数据的信号。在这一层，把数据链路层输入的帧转换为二进制编码，再把这种编码转换为信号，通过网络介质传输到远端节点，这时的数据表现为高低电平，单位是 bit（比特）。

第 2 层数据链路层：数据链路层负责网络寻址、错误侦测和改错。当表头和表尾被加至数据包时，会形成帧。数据链路层的作用包括：物理地址寻址、数据的成帧、数据的检错、数据的重发等。

第 3 层网络层：网络层决定数据的路径选择和转寄，将网络表头加至数据包，以形成分组。主要功能是将网络地址（IP 地址）翻译成对应的物理地址（MAC 地址），并决定如何将数据从发送方路由到接收方，如互联网协议（IP 协议）等。

第 4 层传输层：传输层把传输表头加至数据以形成数据包。传输表头包含了所使用的协议等发送信息。传输层按照网络能处理的最大尺寸将较大的数据包强制分割。例如，以太网无法接收大于 1500 字节的数据包，发送方节点的传输层将数据分割成较小的数据片，同时给每个数据片安排一个序列号，以便数据到达接收方节点的传输层时，能以正确的顺序重组，如传输控制协议（TCP）等。

第 5 层会话层：会话层负责在数据传输中设置和维护网络中两台终端设备之间的连接。其功能包括建立通信链接，保持会话过程通信链接的畅通，同步两个节点之间的对话，决定通信是否中断，以及在通信中断时决定从何处重新发送。

第 6 层表示层：表示层把数据转换为能与接收者的系统格式兼容并适合传输的格式。表示层管理数据的解密与加密，如系统口令的处理。例如，在 Internet 上查询银行账户，使用的就是一种安全连接。你的账户数据在发送前被加密，在网络的另一端，表示层将对接收到的数据进行解密。除此之外，表示层协议还对图片和文件等格式的信息进行解码和编码。

第 7 层应用层：应用层提供为应用软件而设的接口，以设置与另一应用软件之间的通信，如 HTTP、HTTPS、FTP、SSH 等。

图 1-7 所示为 OSI 参考模型中各层主要使用的协议，了解各层协议有助于我们理解设备的工作原理，并能够在实际应用中选择适当的设备。

2．TCP/IP 参考模型分层及功能

TCP/IP 参考模型分为 4 层，具体如下。

（1）数据链路层（网络接口层）。

数据链路层实现了网卡接口的网络驱动程序，以处理数据在物理介质（如以太网、令牌环等）上的传输。它与 OSI 参考模型中的物理层和数据链路层相对应。它负责监视数据在主机和网络之间的交换。事实上，TCP/IP 本身并未定义该层的协议，而由参与互联的各网络使用自己的物理层和数据链路层协议，与 TCP/IP 的网络接入层进行连接。地址解析协议（ARP）工作在此层，即 OSI 参考模型的数据链路层。

数据链路层两个常用的协议是 ARP（Address Resolution Protocol，地址解析协议）和 RARP（Reverse Address Resolution Protocol，逆地址解析协议）。它们实现了 IP 地址和机器物理地址（通常是 MAC 地址，以太网、令牌环和 802.11 无线网络都使用 MAC 地址）之间的相互转换。

（2）网络层。

网络层对应 OSI 参考模型的网络层，主要解决主机到主机的通信问题。它所包含的协议涉及数据包在整个网络上的逻辑传输。注重重新赋予主机一个 IP 地址来完成对主机的寻址，它还负责数据包在多种网络中的路由。该层有 3 个主要协议：网际协议（IP）、互联网组管理协议（IGMP）和互联网控制报文协议（ICMP）。

网络层另外一个重要的协议是 ICMP 协议（Internet Control Message Protocol，因特网控制报文协议）。它是 IP 协议的重要补充，主要用于检测网络连接。

（3）传输层。

传输层对应 OSI 参考模型的传输层，为两个进程之间的通信（不一定是不同主机）提供服务，建立"端口到端口"的通信。保证了数据包的顺序传送及数据的完整性。该层定义了两个主要的协议：传输控制协议（TCP）和用户数据报协议（UDP）。

TCP 提供的是一种可靠的、通过"三次握手"来连接的数据传输服务；而 UDP 提供的是不保证可靠的（并不是不可靠）、无连接的数据传输服务。

（4）应用层。

应用层对应 OSI 参考模型的高层，为用户提供所需的各种服务，负责处理应用程序的逻辑，如 FTP、Telnet、DNS、SMTP 等。数据链路层、网络层和传输层负责处理网络通信细节，这部分必须既稳定又高效，因此它们都在内核空间中实现。而应用层在用户空间实现，因为它负责处理众多逻辑，如文件传输、名称查询和网络管理等。如果应用层也在内核中实现，会使内核变得非常庞大。当然，也有少数服务器程序是在内核中实现的，这样代码无须在用户空间和内核空间之间来回切换（主要是数据复制），大大地提高了工作效率。不过这种代码实现起来较复杂，不够灵活，且不便于移植。

应用层协议（或程序）可能跳过传输层直接使用网络层提供的服务，如 ping 程序和 OSPF 协议。应用层协议（或程序）通常既可以使用 TCP 服务，又可以使用 UDP 服务，如 DNS 协议。

3．五层体系结构分层及功能

五层体系结构是 OSI 参考模型和 TCP/IP 参考模型的结合，只是为了研究和教学使用，并无真正的实用性，所以也叫原理参考模型。

（1）物理层。

物理层不是指具体的物理设备或信号传输的物理介质（包括双绞线、同轴电缆等），而是指在物理介质之上为上一层（数据链路层）提供传输原始比特流服务的物理连接。它的作用在于确保数据可以在各种物理介质上进行传输，为数据的传输提供可靠的环境，为数据链路层传输比特流。

（2）数据链路层。

数据链路层通常简称为链路层。数据链路层在两个相邻节点进行数据传输时，将网络层传递来的 IP 数据报组装成帧，在两个相邻节点之间的链路上传送帧。每一帧包括数据和必要的控制信息（如同步信息、地址信息、差错控制）。在接收数据时，控制信息使接收端能够知道一个帧从哪个比特开始、到哪个比特结束，当数据链路层接收到一个帧后就可以提取数据部分，然后将其提交到网络层。

五层体系结构的网络层、传输层、应用层分别与四层体系结构中的对应层的功能一致。

【任务实施】

1. OSI 参考模型分为哪几层？
___
___
___
___

2. 在 TCP/IP 参考模型中，网络层的作用是什么？
___
___
___
___

1.3　IT 网络和 OT 网络

1.3.1　IT 网络的概念

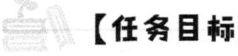
【任务目标】

了解 IT 网络的概念及功能。

【任务准备】

查阅 IT 及 IT 网络的概念，收集身边使用了 IT 技术及网络的案例，了解这些案例中使用了哪些 IT 技术或网络。

【知识链接】

1. IT 的概念

IT 是 Information Technology 的缩写，其涵盖范围很广，主要包括现代计算机、网络通信等信息领域的技术。IT 实际上有三个层次：第一层是硬件，主要是指进行数据存储、处理和传输的主机和网络通信设备；第二层是软件，包括可用来搜集、存储、检索、分析、应用、评估信息的各种软件，它包括通常所指的 ERP（企业资源计划）、CRM（客户关系治理）、SCM（供应链治理）等商用治理软件，也包括用来加强流程治理的 WF（工作流）治理软件、辅助分析的 DW/DM（数据仓库/数据挖掘）软件等；第三层是应用，指搜集、存储、检索、分析、应用、评估、使用各种信息，包括应用 ERP、CRM、SCM 等软件直接辅助决策，也包括利用其他决策分析模型或借助 DW/DM 等技术手段来进一步提高分析质量，辅助决策者决策。

2. IT 网络的概念

IT 主要用于管理和处理信息所采用的各种技术，它主要应用计算机科学和通信技术来设计、开发、安装和实施信息系统及应用软件，如提供输入、存储、恢复、传输、操纵和保护数据或信息等功能，以便在不同组织之间交换数据。

IT 网络（信息技术网络）是使用 IT 技术建立的网络，IT 网络包含硬件（计算机物理服务器和网络设备）、软件（操作系统、应用程序）和外围设备。OT 网络一般执行的是一些静态功能，IT 可以通过多种不同的方式进行调整和重新编程，以满足不断发展和变化的应用程序、业务需求和用户需求。

【任务实施】

简述 IT 网络的作用。

_____
_____
_____

1.3.2 OT 网络的概念

 【任务目标】

了解 OT 网络的概念及功能。

 【任务准备】

调研身边的物联网应用案例,参观工业互联网实训室或本地自动化程度较高的企业,找出控制器、传感器等硬件,并了解相关的软件控制系统,了解各设备间数据的传输过程。

 【知识链接】

1. OT 的概念

早期的工业数据大多是模拟的,没有可扩展的方法来收集和处理这些真实世界的信息。在历史上,笔和纸是记录工业界运营信息的常用工具。后来,数字负载设备和仪器被开发出来,将模拟数据转换为可存储的以数字形式表示的信息。这种设备既可以处理数字输入,也可以处理这些负载设备的数字输出。这意味着,可以处理数字信息的信息技术现在可以用来处理操作信息。

这就产生了"运营技术"(OT)这个术语。OT,即 Operational Technology 的简写,通常翻译为运营技术,其实质为电子、信息、软件与控制技术的综合运用。OT 可定义为对企业的各类终端、流程和事件进行监控或控制的软硬件技术,含数据采集和自动控制技术。因此,OT 既包括硬件设施(如机器人、电机、阀门、数控机床等),也包括对这些设施进行控制的各种软件技术。

从微观的角度看,可将 OT 理解为操作,如操作一台设备;从中观的角度看,可将 OT 翻译为运行,如运行一条生产线;从宏观的角度看,可将 OT 翻译为运营,如运营一家工厂。而不管采用哪一种层级的含义,其本质都是用特定的硬件和软件,对物理设备(如阀、泵等)进行控制,从而控制物理过程与状态的变化。

OT 技术最容易被忽视的一个核心基础就是工业知识的积累和传递,将人的隐性知识转化为机器语言,使其成为一种可执行的知识体系。硬件既包括控制层的 PLC、SCADA、DCS、CNC、RTU、运动控制、机器人等,也包括底层的传感器(按钮、开关、阅读器、条码扫描器,以及各种温度、压力、流量、液位变送器等)和执行器(继电器、电磁阀、电机、阀门、指示灯等),还有现场总线和工业以太网。嵌入式系统(如智能仪表)、数控机床设备等也可以归于其中。在软件方面,除了指按照工艺要求对 PLC 进行的编程、DCS 组态、SCADA 的图形页面绘制、CNC 的加工曲线、机器人的动作等,OT 技术还包含制造过程的技术秘籍、加工过程中的数据及企业员工的知识和经验。

2. OT 网络的概念

相比于 IT 网络，OT 网络不全部采用基于标准化的以太网通信；在网络层和传输层基于 TCP/IP 来完成通信工作，同时有很多非以太网的网络通信方式混杂，如硬接线、串口通信、短距离或长距离无线通信、RFID、图像识别、条码扫描等。这是因为 OT 网络本身的发展其实就是适应工业环境及满足不同使用目的和供应商的，复杂的环境孕育了很多基于不同技术的工业网络通信，导致出现了非标准化的网络通信。

OT 网络是在工业运营过程中，用于连接生产现场设备与系统，并实现自动控制的工业通信网络。它直接访问控制各种设备，并对生产、监控、控制过程中的数据进行实时处理，为操作、运营提供通信支持。

【任务实施】

结合课前案例，简述 OT 网络的重要性。

_____
_____
_____
_____

1.3.3　IT 网络与 OT 网络的深度融合

【任务目标】

了解 IT 网络和 OT 网络融合的原因。

【任务准备】

在海尔卡奥斯工业互联网创新应用体验中心，有全球首个智能+5G 大规模定制验证平台，该平台可以实现交互定制、数字营销、迭代研发、模块采购等，其中有可以模拟电冰箱或洗衣机的生产线。首先进行人脸识别的信息录入，然后注册账号，后期用户可以通过人脸识别进行取货。用户可以在登录自己的账号后"私人订制"电冰箱，在用户自己的家中就可以选择自己的喜好，选择箱体、面板和顶盖的颜色，输入自己的签名或录入自己喜欢的照片，然后打印到冰箱指定的位置上；用户还可以根据自己的需求对电冰箱的实际性能进行个性化定制。这些数据会传到生产中心，通过控制中心在生产线上按订制要求进行生产，生产完成后，将其根据物流系统信息送到用户家中。

找出项目中使用了 IT 技术、OT 技术的场景，尝试总结 IT 网络和 OT 网络的融合给工业互联网带来了哪些新机遇。

【知识链接】

随着新一轮工业革命的推进，制造业的智能化转型让现实与虚拟世界之间的界限变得越来越模糊，带有 IP 地址的网络设备正在快速大面积覆盖智能化工厂。生产过程和信息合二为一，呼唤新的运营模式，要求 IT 网络和 OT 网络进一步深度融合，形成一个贯穿整个制造企业的技术架构。

IT 网络和 OT 网络的融合会成为一个必然的趋势，未来企业的运营核心是弹性决策。深度挖掘用户需求和生产规划，使制造业得以更好地发展。IT 网络和 OT 网络的融合会帮助制造企业改善业务系统及各部门之间的整体信息流动，从而提升企业的运营水平。企业在面对黑天鹅事件时如何运营、盈利、发展，都与弹性决策息息相关。在数字孪生的环境中，未来的发展趋势是越来越智能化，应提前做好 IT 网络和 OT 网络的融合工作，确保二者的融合程度，以实现未来的基础设施建设和良好使用。

1. 两者融合是工业互联网发展的需要

朝着数字化转型发展是世界工业大国的主要发力方向，以德国工业 4.0 为代表的一批工业数字化转型战略的发布，标志着工业数字化时代的到来。工业互联网要求将工业设计、工艺、生产、管理、服务等涉及企业从创立到结束的全生命周期串联起来，赋能整个工业系统，使其拥有描述、诊断、预测、决策、控制的智能化功能，并最终将人机连接，结合软件和大数据分析，重构全球工业、激发生产力。

【案例分析】

河南航天液压气动技术有限公司是中国航天科工集团高端液压气动元件生产企业，以往存在重复劳动、工作效率低下、产品设计周期较长、产品质量无法保证等问题。

通过应用 INDICS（INDustrial Intelligent Cloud System，是中国航天科工集团公司于 2017 年面向全球发布的工业互联网平台），河南航天液压气动技术有限公司将原有的 OT 系统与 IT 平台融合，打通 OT 设备和环境设施数据、IT 基础设施数据，实现双向互用，并与集团公司进行了对接，在整个集团中实现了数据共享。

在原有 OT 系统中加入 IT 网络后，实现了以下几点要求。

一是实现了云端设计，基于云平台建立涵盖复杂产品、多学科的虚拟样机系统，实现复杂产品的多学科设计优化。降低工业成本，优化工业业务流程，降低工业过程风险，更快地实施开发和集成，推进通信和控制工业过程设备的标准化。将二者融合之后，现有的 IT 软硬件及其环境设备可以便捷地访问 OT 设备及其运行过程数据，OT 设备和过程数据可以通过 IT 基础设施传播，利用 IT 领域的各种算法模型开展对 OT 工业设备及过程的状态监控和风险边界预估，有效降低工业组织的潜在风险，进而在整个企业（或更大的范围）中共享这些设备和过程数据。

二是在运行过程中,可以利用新的 IT 技术(如 AI、边缘计算、区块链等)来快速、精准地分析应用工业设备及工业过程数据,进而实现对企业信息共享方式的全局优化,实现与总体设计部、总装厂所的协同研发设计与工艺设计,为工业制造及其过程管理提供全面的决策支持。通过两者的融合可以建立活跃的数字数据线程,以透明、无缝和安全的方式,运营从工厂车间到企业最高层级以及介于两者之间的所有业务,模糊办公室和车间之间的界限。从客户关系管理到管理信息系统,再到电子邮件,一切都是在 IT 基础架构上运行的。

三是实现跨企业计划排产,实现对从 ERP 的主计划到 CRP 的能力计划,再到 CMES 的作业计划的全过程管控,实现计划进度采集反馈与质量采集分析。部署通用的 IT 基础设施,兼顾 OT 数据的存储和流动,OT 端可以访问 IT 端的海量数据;在不影响 OT 方面的数据采集与监视控制(SCADA)系统工作的前提下,借助云和虚拟化技术,企业工厂或生产车间的服务器可以迁移到云上,有助于减少设备数量,并易于实时更新。

借助 INDICS 工业互联网平台,河南航天液压气动技术有限公司的产品研发设计周期缩短了 35%,资源有效利用率提升了 30%,生产效率提高了 40%,产品质量一致性也得到大幅提升。

2. 什么是 IT 和 OT 融合?

IT 和 OT 处理企业技术基础设施的不同方面,其整合的产物就是工业互联网。一般来说,IT 部门管理数据,OT 部门管理设备和软件。IT 部门可能专注于制造商的员工计算机密码,而 OT 部门专注于装配线控制系统。这两个部门相似且相关,但通常彼此独立。IT 和 OT 融合打破了它们之间的壁垒,架起了一座桥梁。如果 IT 部门和 OT 部门能够积极地一起工作,就可以更有效地完成工作,可以汇集各自的专长、知识和资源,以实现互惠互利。

IT 和 OT 融合有许多潜在的好处。例如,合并的 IT/OT 部门可能会以更低的成本更快地开发新的解决方案,还可以改进自动化流程,更有效地使用资源,并且可以更好地遵守监管标准。

随着智能制造的发展,对于工业网络提出了更多的有关开放性、灵活性、标准化的要求,以期实现商业网络和工业网络真正的互联互通。目前我们能够看到 OPC UA Over TSN、PROFINET Over TSN、5G 及各种物联网通信协议的标准化,让我们憧憬工业网络未来越来越开放,标准越来越统一。

随着工业实时以太网技术的成熟发展,工业网络逐渐过渡到基于标准以太网通信的方式。通过充分利用以太网的优势,可以实现更高带宽、更多节点数、更高可维护性、更高灵活性、更高安全性的多种网络拓扑结构的方式,实现 OT 网络和 IT 网络的融合,形成新的产业模式——工业互联网。

项目 1　走进工业互联网

　【任务实施】

IT 网络和 OT 网络的融合在哪些方面促进了工业互联网的发展？

_____

_____

_____

1.3.4　IT 网络、OT 网络与工业互联网的关系

　【任务目标】

掌握 IT 网络、OT 网络与工业互联网的关系。

　【任务准备】

研究海尔卡奥斯工业互联网创新应用体验中心的案例，找出 IT 网络、OT 网络的应用场景，分析 IT 网络、OT 网络与工业互联网的关系。

　【知识链接】

1. 工业互联网是 IT 网络和 OT 网络融合的产物

工业互联网是满足工业智能化发展需求，具有低时延、高可靠、广覆盖特点的关键网络基础设施，是新一代信息通信技术与先进制造业深度融合所形成的新兴业态与应用模式，更是在此基础上形成的全新工业生态体系。

当前，以 IT 技术为核心的互联网创新发展与 OT 新工业革命正在形成历史性交汇。一方面互联网基于自身演进发展需要，正加速从消费互联网走向产业互联网，以拓展新的增长空间。从目前的趋势来看，互联网在生产领域呈现逆向渗透之势，由营销服务、研发设计向生产制造内部环节延伸。信息通信企业希望把握这一大趋势，开拓新业务，抢占新领域。基础电信企业、互联网企业等也纷纷入场跟进，共同推动产业互联网化进程。另一方面，工业界面向自身转型升级发展需要，正全方位借助信息通信网络、平台和技术等，实现业务全流程由数字化向网络化、智能化方向深度拓展。伴随云计算、物联网、大数据、人工智能等新技术逐步从概念和技术走向商业化成熟应用阶段，集成新一代网络信息技术，覆盖全系统、全价值链、全产业链和产品全生命周期的工业互联网应运而生。

2. IT 网络是工业互联网的数字基础设施

工业互联网需要不断创新的技术，离不开广泛的互联技术。近十几年来，全球互联网

21

产业保持稳步增长，成为拉动经济复苏的亮点。工业互联网整合了工业革命和网络革命的优势，将两者有机结合在一起，两者之间快速融合，并从智能机器和高级分析这两个全新的角度体现了工业互联网的特点。

在工业互联网中，一个特征是基于互联互通，另一个特征是海量工业数据的挖掘与运用，这两个特征正是 IT 技术新的增长点。云计算、互联网、大数据是目前 IT 新的产业增长点，也是支撑工业互联网的根本。互联网公司、IT 企业及运营商、IDC 等纷纷推出云计算应用解决方案，构成了中国云计算服务的几大阵营。随着 IT 技术的发展，IT 网络的高速、稳定、广覆盖性为企业内网、企业外网提供了网络互联功能；在各大行业领域，包括能源生产、快运、大规模制造、交通及其他与自动化过程有关的行业在内，其运营越来越依赖通信和计算机网络。

3．OT 网络是工业互联网的核心网络

随着工业互联网的发展，融合新一代信息技术、数字技术与智能化技术的 OT 网络，以工业以太网、有线通信网、无线通信网、SDN/标识解析为基础网络，遵从若干工业网络协议和信息化层次模型，实时处理工业现场的测控信息，是新型工业控制系统中的数据信息流转和处理通道，形成了工业互联网的核心网络。

基于工业互联网的新型 OT 网络弥补了传统工业控制系统中网络数据传输方式的不足，并结合网络控制端的采集监控、边缘计算、工业安全控制等技术实现了工业控制信息数据的边缘计算和数据预处理，通过网络控制层将数据传输至云平台，进行数据分析与处理，进而支撑工业化应用。

4．OT 和 IT 的比较

可以将 OT 理解为 IT 的一个子集，OT 侧重于工业应用。一般的 IT 主要关注连接、传输、信息处理，不一定有操作；而 OT 是 IT 的一个分支，它始终关注着运营活动。表 1-1 所示为 IT 网络和 OT 网络的不同点。我们可以看到，OT 网络和 IT 网络虽然都是工业互联网中不可或缺的一部分，但是它们关注的焦点不同，正是由于它们处于工业互联网中的不同位置，因此它们相互之间具有功能明确、技术相融的特点。

表 1-1　IT 网络和 OT 网络的不同点

OT 网络	IT 网络
面向工业，主要与机器交互	面向业务，主要处理信息而不是机器
数据包括控制数据和监督数据	数据包括交易数据、语音数据、视频数据和大容量数据
与外界相连，访问不受限制	仅限于具有某些特权的人
致力于对数据的实时处理	致力于对数据的事务处理
网络故障可能导致生命周期结束	网络故障可能导致数据丢失
网络环境变化较小，因为需求不会经常变化	网络环境经常变化
网络仅在运营维护窗口期间需要升级	网络经常需要升级
网络中出现任何干扰，都将直接影响整体业务	网络故障可能会对业务产生影响，这取决于行业
网络控制可以对任何设备进行物理访问	通过对网络中的设备和用户进行身份验证来确保安全

【任务实施】

比较 OT 网络和 IT 网络，说出三点以上两者间的不同。

_____
_____
_____
_____

〈思考与练习〉

一、填空题

1. 网络按传输介质可分为_____和_____。
2. 网络按拓扑结构分为_____、_____、_____、_____、_____等。
3. TCP/IP 体系架构包括_____层、_____层、_____层、_____层。
4. IT 的含义为信息技术，其可以包含_____、_____、_____3 个层面的技术。
5. OT 为运营技术，从微观上可以理解为_____技术，从宏观上可以理解为_____技术。

二、选择题

1. 工业互联网是具有_____、_____、_____特点的关键网络基础设施。（   ）
   A．低时延　　　　B．高可靠　　　　C．广覆盖　　　　D．无线连接
2. 星型拓扑结构（Star Topology）又称为_____拓扑结构。（   ）
   A．开放型　　　　B．总线型　　　　C．集中型　　　　D．树型
3. _____是最常见的联网方式。它价格便宜，安装方便，但易受干扰，传输速率较低，传输距离比同轴电缆要短。（   ）
   A．光纤　　　　　B．同轴电缆　　　C．双绞线　　　　D．电话线
4. 以下哪些是 OT 网络采用的通信方式？（   ）
   A．以太网通信　　B．串口通信　　　C．蓝牙通信　　　D．RFID
5. 网络按通信方式可分为_____、_____、_____。（   ）
   A．单播网络　　　B．组播网络　　　C．广播网络　　　D．对播网络

三、问答题

1. 说出在工业互联网中网络的概念。

项目 2
工业互联网网络介绍

学习目标

1. 了解工业互联网的概念。
2. 熟悉工业互联网应用场景。
3. 理解工业互联网网络体系中设备、协议、数据共享的含义。
4. 理解标识的概念及标识解析原理。
5. 通过工业互联网网络层级架构理解各个层级的网络之间的关系。

情景故事

某电池生产企业目前正在对产业链的所有设备和管理进行生产转型。生产部新入职员工小苏上班第一天参加了公司组织的所有新入职员工关于工业互联网网络建设的培训。培训结束之后，公司要求把工业互联网网络建设的基本知识体系梳理出来，作为后续公司转型的内部参考文档。

项目描述

根据《工业互联网标准体系结构》梳理工业互联网最新的网络体系，为完成网络搭建和产业生产转型做好准备。

2.1 工业互联网概述

提到工业互联网，人们最先想到的是如今使用最为广泛的商业互联网，但工业互联网不仅是工业的互联网，还是工业互联的网。工业互联网是工业信息系统与互联网和新一代信息技术全方位深度融合所形成的产业和应用生态，是工业智能化发展的关键综合信息基础设施。随着新技术、新产品、新需求及新发展理念的引入，工业信息系统逐步从单一的、封闭的应用环境，向多维的、开放的、智能的方向演进。

2021年底，在工业互联网产业联盟（简称"AII"）第十八次工作组全会第一次全体会议上，工业互联网产业联盟技术与标准组织正式发布了《工业互联网标准体系》（版本3.0），该体系标准包括基础共性、网络、边缘计算、平台、安全、应用六大部分，工业互联网标准体系结构如图2-1所示。

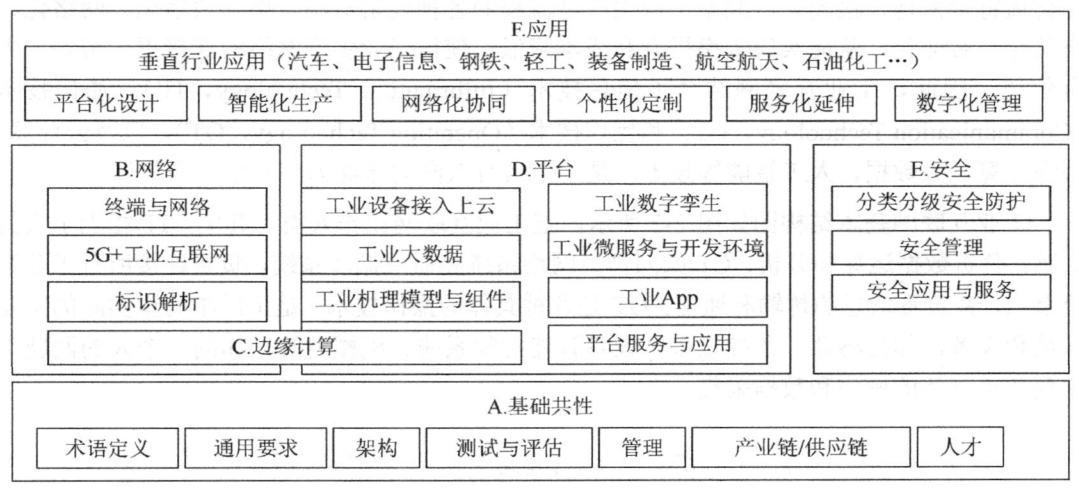

图2-1 工业互联网标准体系结构

在标准体系中，基础共性标准是其他五大类标准的基础支撑，包括工业互联网体系中（如接口、技术指标等）的通用要求。网络标准是整个工业互联网体系的基础。区别于商业互联网，工业互联网通过建立统一的标识解析体系，便可运用现有的网络技术实现工业生产与运营的互联。边缘计算标准支撑着工业互联网网络和平台的协同，也是工业互联网网络体系自上而下互联互通、数据共享的关键枢纽。平台标准是工业互联网体系的能动支撑，包括工业大数据技术、工业数字孪生技术、工业App等；安全标准是工业互联网体系运行的保障，也是工业数据互通共享和知识固化的重要基础。应用标准面向行业的具体需求，是对其他标准的落地细化和具体实施。

2.1.1 工业互联网的概念

【任务目标】

了解工业互联网的基本概念，了解工业互联网的基本结构。

【任务准备】

查阅资料，思考工业互联网的基本概念和内涵。

【知识链接】

1. 工业互联网的基本概念

工业互联网是指通过一个开放的、全球化的通信网络平台，把工业全系统、全产业链、全价值链紧密地连接起来，共享工业生产全流程的各种要素资源，使其数字化、网络化、自动化、智能化，从而实现效率提升和成本降低，使得工业生产网络的连接更加密切、更有价值。因此，工业互联网结合了信息技术（Information Technology，IT）、通信技术（Communication Technology，CT）和操作技术（Operation Technology，OT），以及云计算、边缘计算、大数据、人工智能等技术，是一个具有双向沟通能力的网络生态整体。

工业互联网基本结构图如图 2-2 所示。把工业互联网比作人类，其中，IT 相当于人的大脑，负责数据运算和分析；CT 如同神经网络系统和血液循环系统，负责连接所有工业下位节点，并负责信息的传输和通信；OT 是各种具体的操作技术，是工厂车间里实际的工业环境和设备，如传感器、监控设备、设备智能控制系统、机械臂等，如同一个人的四肢，主要负责具体的操作和数据采集。

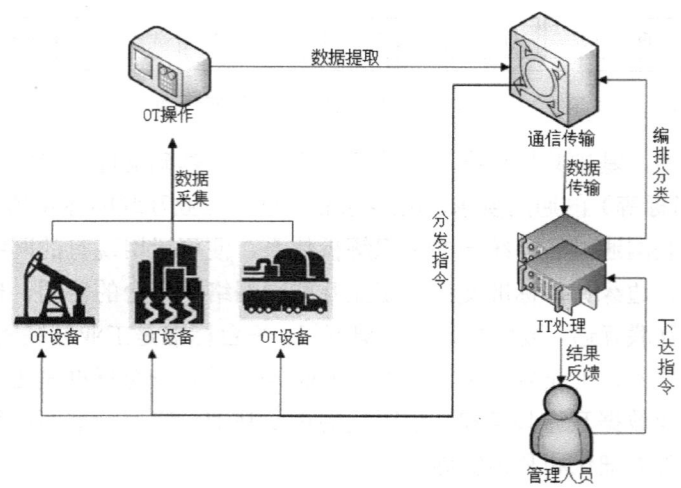

图 2-2 工业互联网基本结构图

2. 工业互联网的发展

工业互联网的发展与工业的发展、互联网的发展及信息技术的发展无法分割，从第一次工业革命到计算机网络诞生，工业与通信技术两条平行线随着制造的深入逐渐交汇融合。

第一阶段：第一次工业革命（工业机械化）。

该阶段从 18 世纪五六十年代开始到 19 世纪中期阶段，标志性产物是蒸汽机。该阶段使得工业生产开始机械化并有了工厂，随后逐渐产生工人阶级。

第二阶段：第二次工业革命（电气化和自动化）。

该阶段从 19 世纪中后期到 20 世纪初，电气化应用催生工厂内出现流水线作业，工业机械的发展也使得工业生产的重复性工作得以自动化运行，并在工厂内部实现了专业的管理层。该阶段大大促进了生产力的发展，对人类社会的政治、经济、文化、军事、科学、思想及国际关系等产生了重大影响。

第三阶段：第三次工业革命（信息技术）。

该阶段从 20 世纪四五十年代发展至今，信息技术的发展促使工业生产电子化，电子信息技术在工业活动中逐渐占据主体地位，并与商业互联网逐渐融合，工业机器人逐渐代替流水线工人，工厂的规模生产逐渐变成更为个性化、定制化的生产。

第四阶段：第四次工业革命（智能制造）。

如今，工业生产不单单满足于企业、工厂内部贯通，随着工业系统与其他相关学科技术（如智能计算、智能感知、数据分析等）相融合，最终促成从工业生产各个环节的物料，到产品渠道和用户，都有紧密的连接。产品智能、产业互联、数据共享、用户参与是该阶段的主体需求。工业互联网是第四次工业革命中的一种典型网络应用，但并不能说工业互联网就是第四次工业革命。

【任务实施】

1. 工业互联网的定义是什么？

_____

_____

2. 工业互联网与工业革命之间的关系是什么？

_____

_____

_____

2.1.2　工业互联网的特点

【任务目标】

了解工业互联网平台的四大特征，理解每个特征所包含的意义。

【任务准备】

查阅工业互联网产业联盟发布的《工业互联网平台白皮书（2017）》中关于工业互联网特性的内容。

【知识链接】

在工业互联网产业联盟发布的《工业互联网平台白皮书（2017）》中提到，工业互联网平台的四大特征包括泛在连接、云化服务、知识积累和应用创新。

1. 泛在连接

泛在连接是指对设备、软件、人员等各类生产要素数据进行全面采集，并对数据进行分析和处理。数据采集通过数据集成与边缘技术将工业现场数据集成至平台边缘层，由边缘层对数据进行分析、预处理、存储，并与云端分析协同。工业数据分析和处理是工业互联网平台最强大的功能之一，它能够对工业数据进行适当的可视化，并通过分析提出切实可行的解决方案，自动改进生产要素配备比，进而改进数据驱动型决策。在这些分析和处理过程中，生产要素可以无缝而安全地与企业内外部的应用软件、云服务、移动 App 和传统系统连接并共享信息。

2. 云化服务

云化服务是指基于云计算架构、虚拟化、分布式存储、并行计算、负载调度等技术，实现海量数据存储、管理和计算，为用户提供完善的云基础设施服务。云化服务主要存在于企业外部网络，通过 OPC UA（OLE for Process Control& Unified Architecture，嵌入式过程控制统一架构）、MQTT（Message Queuing Telemetry Transport，消息队列遥测传输）等协议实现异构系统的数据互通，打通产业链上下游，实现业务与资源的智能管理。

3. 知识积累

工业互联网领域的知识积累是指能够实现对工业知识机理的深度分析，并实现工业知识固化、积累沉淀、复用和传承。知识积累主要集中在工业互联网的云平台层实现，云平台包括边缘层、平台层（工业 PaaS 层）和应用层（SaaS 层）三大核心层，通过采集、汇聚、分析、固化海量数据，对外提供服务。其中，知识积累沉淀问题主要靠工业 PaaS 层来解决，一是通过平台提供的工业大数据系统，对工业数据进行清洗、分析、管理和可视化，实现工业数据价值挖掘；二是把技术、知识、经验等资源固化为可移植、可复用的工业微服务组件库（包括工业知识组件、原理模型组件、算法组件等）和开发环境，供开发者调用，实现工业互联网标准体系中应用部分的各种工业 App 等，最终实现知识的复用和传承。

4．应用创新

应用创新是指调用固化资源，利用平台功能，构建应用开发环境和场景，为用户提供高质量的服务。这一特性需要丰富的平台应用来支撑，在工业互联网应用场景中，垂直行业的应用种类繁多，如汽车、钢铁、轻工（家电）、航空航天、石油化工、船舶等。平台很难依靠自身能力实现多种应用，因此聚集各类主体共同开发细分领域应用成为主要方式，主体包括三类：垂直行业客户、专业技术服务商和第三方开发者。

工业互联网平台可以联合垂直行业客户，共同打造工业应用。例如，海尔通过 10 年的持续探索和实践，围绕用户互联，构建了支撑智能制造创新技术模式——COSMO 平台，实现了 IT 网络与 OT 网络的融合，大规模与个性化的融合，高精度、高品质与低成本的融合。目前，海尔 COSMO 平台的整体效率大幅提升，不入库率达到 69%，订单交付周期缩短 50%。

利用工业互联网平台提供的开放的开发环境和微服务，用户能够快速构建定制化的工业 App，保障垂直行业应用中各种业务的运行。例如，PTC 开发者社区通过为开发者提供全面的技术资源支持，鼓励开发者开发工业应用。应用在通过 PTC 认证上线后，帮助开发者推广和在 Marketplace 应用商店标价销售，使开发者实现应用创新。

【任务实施】

工业互联网平台的四大特征是什么？

_____

_____

_____

2.1.3　工业互联网的应用

【任务目标】

了解工业互联网的应用模式。

【任务准备】

结合工业互联网的最新应用进展，搜索相关典型应用案例。

【知识链接】

工业互联网融合现有工业应用和其他行业应用，可推动一批新模式、新业态、新应用的孕育兴起。

1. 平台化设计

工业互联网平台是产业协同的相关需求，在现阶段的工业生产中，产业分工越来越细化，使得整个产业链被拉长，市场边界也变得越来越模糊。因此，需要产业平台来构建良好的产业生态，提升产业整体发展实力。

平台化设计是指依托工业互联网平台，汇聚人员、算法、模型、任务等设计资源，基于工业大数据系统，对工业数据进行建模和数据分析。目前，国内数字化发展水平不一，中小企业较多，在工业互联网平台应用中，设备管理服务、生产过程管控和企业运营管理为三大主要应用场景；而国外企业数字化水平较高，平台应用更加侧重于设备管理服务数字化。例如，巴斯夫特性化学品南京有限公司打造的巴斯夫安全生产信息化平台，以打造智能工厂为目标，充分考虑数据互联互通，构建统一的信息化/数字化平台架构，基于统一的 PaaS 平台，建立可扩展、可生长的平台应用环境，快速、高效响应业务需求的变化，最终实现在一个信息管理平台分级、分权限查看各种管理信息。

2. 数字化管理

数字化管理是指企业基于工业互联网平台，开展数据广泛聚集、集成优化和价值挖掘，通过打通核心数据链，贯通生产制造全场景、全过程，优化、创新乃至重塑企业战略、组织、财资、运营等业务管理活动，构建数据驱动的高效运营管理新模式。例如，蒙牛数字化工厂通过 IT 网络与 OT 网络的融合，依托数字化采集、大数据分析及处理、知识图谱等技术，通过建立智能工厂数据标准体系和运营体系，优化设备数据采集，打造数据平台，实现管理业务横向互联、制造业务纵向集成、数据信息上下互通，使生产过程可视化、生产管理精细化。

战略管理是指以企业战略为管理对象，采用多元数据汇聚、异构数据融合、数据建模、风险预测与风险控制等服务，对企业的战略规划、决策执行和风险管控等开展管理活动，最大化提升企业战略决策水平和风险管理能力。在蒙牛数字化工厂建设案例中，后续通过建立乳品行业生产物联网标准规范，建立设备、数据、协议、接口、应用软件的一体化解决方案，形成乳品行业的工业互联网平台战略，为企业产业转型带来更深远的影响。

组织管理是以企业组织为管理对象，对企业的人力资源、组织架构、业务流程和协同办公等开展的管理活动，采用人力资源优化配置、模型封装与应用、业务流程可视化监控、协同办公数据云化等服务，达到优化组织架构与流程管控、发挥人力资源效益和协同办公的目的。

财资管理是以企业财资为管理对象，利用数据采集监控、数据核算流程自动化、资产信息动态监控、风险监控及预警等服务，对企业的资产、投资、融资等开展的管理活动，以最大化发挥财资管理效益并实现企业资本可持续增值。

运营管理是以企业运营为管理对象，利用数据全域集成、边缘数据处理、数据模型构建、产品智能连接等服务，对企业的营销、生产、采购、用户服务等开展的管理活动，最终提升企业运营效率和业务绩效。在蒙牛数字化工厂建设案例中，通过MES系统与LIMS系统及工厂地磅与设备的对接，实现对奶牛从进厂到出厂的全过程管理。另外，通过全产业链管理，实现对牛奶、原辅料、成品等的数据自动化采集，并将检验信息数字化、标准化，实现追溯管理。

3. 智能化生产

工业互联网涵盖了物联网、"互联网+制造"、云计算、大数据、边缘计算等技术，实现了工业产品小批量、个性化定制的柔性生产。因此，设备的自动化改造、传感连接、边缘计算、数据分析等实现的人机物协同是智能化生产的基础。而智能化生产属于复杂系统，在智能化进程中，应做好顶层设计，也就是对策略、规划的整体构建。

在图2-3中，给出了智能化生产顶层设计思想，智能化生产的最终目的是实现保质量、保交期、保效率。数字化工厂的规划设计与落地需要通过3个维度来进行顶层设计，首先是端到端供应链优化的维度，可通过数据应用、技术赋能和"新基建"实现；其次是研发制造服务一体化的维度，即研发的产品要智能化；最后是生产监控集成自动化的维度。制造运作从4个维度完成设计，即生产运行、质量运行、设备运行和库存运行。SCADA/HMI/DCS数字网络控制实现了IT与OT深度融合，还可以通过预测性维护等减少由设备故障带来的损失。

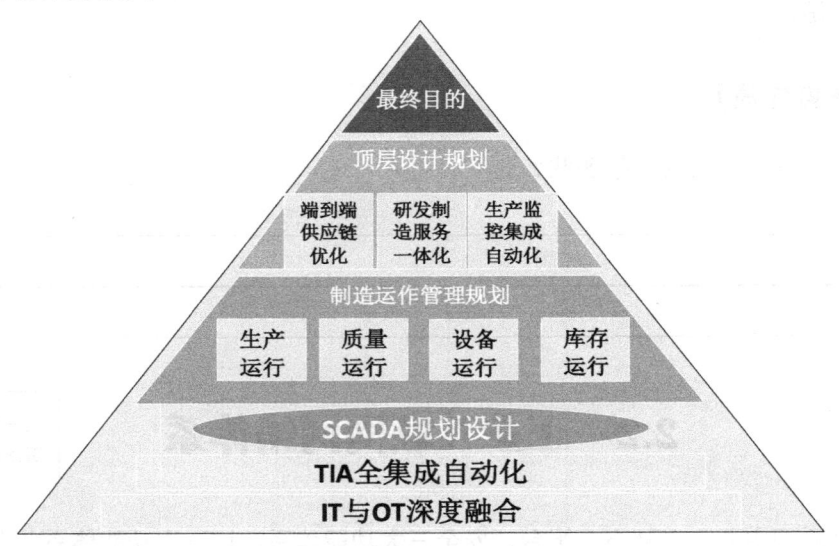

图2-3 智能化生产顶层设计图

4. 网络化协同

网络化协同要求横跨工厂内外网络，纵向实现跨产线、跨部门、跨层级的数据互通，横向实现跨企业、跨产业的业务互联，推动整个供应链上下游的企业和合作伙伴共享生产、订单、客户等信息资源，降低产业交流成本，实现网络化的智能排产、协同设计、协同生产、协同服务，优化生产运营流程，进而促进资源共享、数字赋能及业务优化配置，提高运营效率，同时实现业务增量。网络通信与安全紫金山实验室研究的基于SDN技术的企业高质量外网架构，为江苏北人机器人企业打造了机器人产线云服务，实现了企业产业链上下游、自动化生产线生产全要素的智能互联和智慧管控。

5. 个性化定制

个性化定制是指以客户需求为导向，以柔性生产为依托，以数字化、网络化为技术手段，为客户提供与其需求高度匹配的产品和服务。以适宜的成本、合理的价格、客户可接受的时间，提供精准交付服务，从而提高客户满意度。个性化定制要求企业能够实现设计模块化、生产柔性化、产线数字化与网络化，以满足个性化定制中的需求获取、个性化设计、定制化生产、精准交付和用户服务保障等。

6. 服务化延伸

服务化延伸以提升用户黏性、优化产品服务、拓展市场空间、加快沿价值链两端高附加值环节跃升为目标，是制造业与服务业融合发展的新兴产业形态，也是工业互联网创新应用模式之一。企业基于工业互联网平台可以实现以智能产品为主要对象的产品服务化、以工程服务为主要对象的工程服务化、以工业知识为主要对象的知识服务化等新业务模式创新应用。例如，百度的智能工业质检系统利用"昆仑"核心芯片，结合"飞桨"深度学习平台，提供深度定制的智能质检软件，已在电子、汽车、钢铁、能源等行业帮助客户实现了智能制造。

【任务实施】

工业互联网应用模式包括哪些？

_____

_____

_____

2.2　工业互联网网络体系

工业互联网主要包含网络、平台、安全三大功能体系，这三大功能体系各自包含与之相应的架构与技术构成，融合发展，构建工业互联网生态。

网络是工业互联网的基础，包含网络互联、数据互通和标识解析三部分，分别对应网络传输建设、数据中心建设和云计算建设等。网络体系通过深度连接工业要素、价值链环节及产业链节点，实现信息数据的高效传递。

平台是发展工业互联网的核心，向下对接海量工业设备和生产数据，向上支撑工业智能化应用开发和部署，通过下层设备海量数据汇聚、建模分析和具体应用开发，推动制造能力和工业知识数字化、网络化、智能化和服务化，推动资源、主体、知识集聚共享，最终支撑工业生产方式、商业模式创新和资源高效配置。

安全是实现工业互联网有序推进和深化创新的保障，涉及分类分级安全防护、安全管理、安全应用与安全服务等方面。通过构建涵盖工业全系统的安全保障体系，实现对工厂内外网络设施的保护，避免工业智能装备、工业控制系统和工业数据受到工厂内外网的攻击，保障工业互联网各层防护对象的网络安全运营，实现对工业互联网的全方位防护，最大限度地降低或消除各种安全风险。

2.2.1 数据互通

【任务目标】

1. 理解数据在工业互联网中的重要意义。
2. 了解工业互联网中数据互通的含义。
3. 了解工业数据的分类。
4. 理解工业互联网中的数据互通共享机制。

【任务准备】

查阅工业互联网数据技术系列标准，思考工业互联网数据互通的基础和目的。

【知识链接】

在工业互联网平台建设中，数据是核心。数据互通是指通过对数据进行标准化描述和统一建模，实现跨设备、跨平台数据之间的相互理解，数据互通涉及数据传输、数据语义语法等不同层面的内容。数据传输典型技术包括 OPC UA、MQTT、DDS（Data Distribution Service，数据分发服务）等；数据语义语法主要指信息模型，典型技术包括语义字典、自动化标记语言（AutomationML）、仪表标记语言（InstrumentML）等。

1. 工业数据分类

在《工业数据分类分级指南（试行）》中规定，按照性质不同，企业分为平台企业和工业企业，平台企业和工业企业数据分类表如表 2-1 所示。

表 2-1　平台企业和工业企业数据分类表

企 业 分 类	数 据 分 类	具 体 数 据
平台企业	运营数据	物联采集数据
		知识库模型库数据
		研发数据
	管理数据	客户数据
		企业合作数据
		人事财务数据
工业企业	研发数据	研发设计数据
		开发测试数据
	生产数据	控制信息
		工况状态
		工艺参数
		系统日志
	运维数据	物流数据
		产品售后服务数据
	外部数据	与其他主体共享的数据

以上数据在工业互联网平台上，按照数据的服务性质可以分成三类：基本信息、服务能力信息和企业服务性信息，如表2-2所示。

表 2-2　工业互联网平台数据分类表

数 据 分 类	具 体 数 据
基本信息	平台企业本身的基本信息
	平台服务的范围信息
	平台提供的共享知识库模型库数据
服务能力信息	产品信息
	工业 App
	工业开放研发数据
	行业解决方案
	企业合作典型案例
企业服务性信息	企业经营数据（如财务、资产、人事、供应商等数据）
	企业核心研发数据（产品研发设计数据和开发测试数据）
	生产控制数据（生产过程中产生的控制信息、工况状态、工艺参数、系统日志等）
	运维数据
	管理数据

工业互联网平台的基本信息一般为平台企业对外宣传和推广的基本信息，包括平台企业本身的基本信息、平台服务的范围信息、平台提供的共享知识库模型库数据等信息。这些数据有利于企业宣传推广，扩大平台的生态圈和知名度。

工业互联网平台的服务能力信息包括产品信息、工业 App、工业开放研发数据、行业解决方案、企业合作典型案例等，服务能力信息沉淀得越多、使用得越广泛，工业互联网平台的价值越高，对行业生态发展的影响也就越深刻。

工业互联网平台的企业服务性信息一般为企业私有数据，很少对外开放共享。企业经营数据是在企业信息化建设过程中陆续积累起来的，表现了一个工业企业的经营要素和成果，利用率最高。企业核心研发数据是衡量一个企业核心科技和创新能力的重要指标之一，这些数据对企业生存和竞争起到关键作用。生产控制数据是企业生产过程中积累的数据，能够表现出企业生产过程中质量控制和工艺管理能力的好坏。随着智能制造和边缘计算扩大化，生产控制数据在工业数据中的占比将越来越大。运维数据和管理数据是维持企业技术和管理日常运作的基础数据。

2. 数据互通共享的发展阶段

数据互通主要实现数据和信息在各要素之间、各系统之间的无缝传递、相互理解，从而在异构系统之间、在数据层面实现互操作与信息集成。数据互通共享分为"产线、工厂、企业、产业链、跨行业"五个阶段的发展。

第一阶段，实现产线内数据资源的整合互通。产线级数据互通主要是实现智能化生产，以及生产过程的智能化调控。工业企业在生产和装配的过程中，利用传感器等对工业现场进行数据采集，利用边缘计算设备对生产数据进行实时处理和控制，保证生产过程数据通过像电子看板一样的形式，显示实时的生产状态，实现产线各个环节之间的数据互通，为生产制造营造良好的下位机环境。

第二阶段，实现工厂内部不同产线的数据互通，实现工厂整体智能化管理。工厂内数据互通可以通过构建覆盖所有管理和产线运行的内部大数据中心，并利用大数据分析、人工智能、数字孪生等技术，实现工厂内数据可视化，赋能工厂智能化生产。通过组合不同场景，实现工厂数据协同应用，提高数据价值及动态调控机制，进而提高产品的生产效率，并有效降低在制品库存成本。

第三阶段，在企业层级上实现产、研、销、管各个环节的数据互通共享。该阶段通过打通企业或集团间各个环节的数据壁垒，实现从设计研发到生产销售，再到售后服务全过程的智能化，充分调动企业多部门、多公司、多工厂的能动性，发挥地理、环境、产能等优势，实现企业间智能化调度与智能化生产。在该阶段，数据互通使用的是云计算等技术，并依赖工业互联网企业云平台建设。

第四阶段，突破产业链上下游的数据壁垒，通过实现从原材料生产到产品生产销售的全生命周期数据共享，整合产业链上下游数据，实现产品全生命周期的智能化调控和生产。通过企业智能化改造，构建以智能化生产为起点的工业大数据中心，进而建立不同企业、不同数据中心之间的数据互通共享通道，将单点式工业大数据中心升级转型为工业大数据中心体系，实现研发数据、生产数据、销售数据、管理数据的共享流通，促进供给侧结构性改革，优化产业链结构。

第五阶段，实现跨行业数据要素的开放共享，本阶段也是工业数据互通共享的终极目标。通过在全国布局一体化工业大数据中心，实现不同企业、不同行业、不同区域之间的数据要素流动，形成全国研发、生产、运输、原材料供应、销售等一体化的创新发展新局面。

在工业互联网建设进程中，各企业的规模不一致，企业数字能力的开放程度和推动中小企业数字化升级直接关系到工业互联网数据互通共享的建设成效，因此，数据互通共享机制的建立还需要国家、政府、行业的大力支持。

【任务实施】

1. 工业互联网数据互通发展阶段包括哪些？每个阶段的大致内容是什么？

_____
_____
_____

2. 工业互联网数据互通的最终目标是什么？

_____
_____

2.2.2 标识解析

【任务目标】

1. 理解标识解析的含义。
2. 理解标识编码规范。
3. 了解标识解析的具体内容。

【任务准备】

1. 查阅中国信息通信研究院发布的《工业互联网标识解析标准化白皮书》，调研工业互联网标识解析标准化对数据互通共享产生的重要影响。

2. 查阅中国信息通信研究院《工业互联网标识解析 标识编码规范》，调研工业互联网标识解析和编码规范对数据互通共享的重要应用意义。

【知识链接】

标识解析系统主要实现对要素的标识、管理和定位，该系统主要由标识编码和标识解析两部分组成。通过对工业材料、机器、产品等物理资源和工业生产流程、软件、模型、数据等虚拟资源分配标识编码，实现对物理实体和虚拟对象的逻辑定位和信息查询，同时支持跨企业、跨地区、跨行业的数据互通共享。

在国内，标识解析体系由五个部分组成：国际根节点、国家顶级节点、二级节点、企业节点和递归节点，工业互联网实施框架——标识视图如图2-4所示。

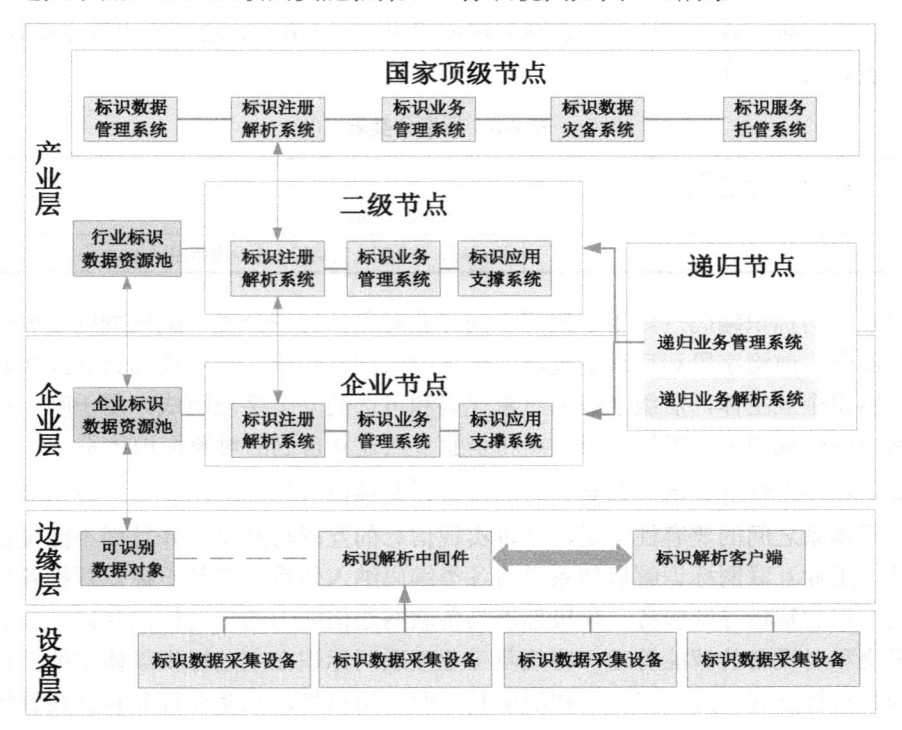

图2-4 工业互联网实施框架——标识视图

国际根节点是面向全球范围或多个国家/地区的跨境标识解析体系的关键节点。

国家顶级节点是我国工业互联网标识解析体系的顶级服务节点，它是面向全国/全区域构建"开放融合、统一管理、互联互通、安全可靠"的标识解析体系的网络基础设施。

二级节点是为产业层的特定行业或多个行业提供标识解析公共服务的节点，是促进工业互联网标识解析发展的综合创新应用。

企业节点是面向某一具体企业内部的标识解析服务点，可根据企业规模灵活定义。不要求各企业内部的标识编码和解析服务是统一的技术方案。

递归节点是一种公共服务节点，它通过缓存等技术手段提高整体服务性能、加快解析速度，是标识解析体系的一个关键入口设施。

根据载体类型的不同，标识解析应用可分为静态标识应用和主动标识应用。静态标识应用以条形码、二维码、射频识别码（RFID）、近场通信识别（NFC）等为主，需要使用扫码枪、手机App等读写终端触发标识解析过程。主动标识应用在芯片、通信模块和终端中嵌入标识符，通过网络主动向解析节点发送解析请求。

1. 标识编码

标识编码能够唯一识别机器、产品等物理资源，以及算法、工序、标识数据等虚拟资源的身份符号，类似于"身份证"。标识编码分为公有标识和私有标识，公有标识适用于开环应用，私有标识适用于闭环应用。标识载体当前以一维码、二维码、RFID 和 NFC 应用为主，在智能家居、智慧交通等物联网领域逐步引入了 UICC、通信模组等主动标识载体。标识分类表如表 2-3 所示。

表 2-3 标识分类表

标识编码分类	实例
公有标识	GS1、Handle、OID、Ecode 等
私有标识	追溯码、防伪码、营销码、企业内部标识

工业互联网标识编码规则用于规范不同行业对象的标识分类、编码规则、编码结构，一般为两部分：前缀字段和后缀字段，前缀字段由国家代码、行业代码和企业代码组成，用于唯一标识企业主体，后缀字段由对象代码和可选的安全字段组成，用于唯一识别标识对象。标识编码规则用于指导二级节点和企业节点建立自己的对象标识体系。

当前，存在多种标识编码体系共存的现象，其编码规则、应用领域、应用模式各不相同，各编码体系之间的兼容性不足，难以实现信息的互联与共享，并且尚不能覆盖制造业各个领域。工业互联网标识解析体系已将各类编码纳入体系，可基于标识解析各级节点，提供各类标识的解析寻址服务，积极部署具备联网通信能力的主动标识载体，实现对数据的自动采集和对设备的智能管理，应规范工业互联网标识在主动标识载体中的接口协议、存储结构和对接方式，进一步梳理和明确其工业应用场景，拓宽在行业和公共领域的应用范围。

2. 标识解析

标识解析是指根据标识编码中定义的编码规范，提供标识采集、标识解析、标识交互处理等服务，以精准、安全地对标识对象进行寻址、定位和查询。标识解析系统包括标识注册、标识解析、标识查询、标识搜索和标识认证。

（1）标识注册：是指企业主动发起标识编码申请，将标识与产品信息相关联的记录存储在指定地点。

（2）标识解析：是指通过产品标识符查询产品信息的服务器地址，或直接查询产品信息及相关服务。

（3）标识查询：是指通过标识检索相应产品和相关服务的历史信息和状态信息。

（4）标识搜索：是指通过产品标识，从多个不同来源检索产品的信息。

（5）标识认证：是指通过在智能产品上安装条形码、二维码、RFID 电子标签等外部身份标识，或在智能产品芯片或操作系统内嵌入 SIM 卡等内部标识，通过产品制造商、产品所有者和产品本身的标识关联，实现对智能产品的有效防伪认证。

【任务实施】

标识编码规范包括哪些内容？

2.3　工业互联网网络层级架构

<扫一扫看微课>

工业互联网网络层级架构描述了企业实现的各种网络软硬件基础设施和功能的层级结构、软硬件系统和部署方式，详细描述了工业互联网网络层级架构的核心理念、要素和功能体系，从业务、功能和实施三方面重新定义了工业互联网的体系架构。

在当前阶段，工业互联网的实施以传统制造体系的层级划分为基础，适度考虑未来基于产业的协同组织，按"设备层、边缘层、企业层、产业层"四个层级开展系统建设。设备层对应工业设备、产品的运行和维护功能，关注设备底层的监控优化、故障诊断等应用；边缘层对应车间或产线的运行维护功能，关注工艺配置、物料调度、能效管理、质量管控等应用；企业层对应企业平台、网络等关键能力，关注订单计划、绩效优化等应用；产业层对应跨企业平台、网络和安全系统，关注供应链协同、资源配置等应用。产业层主要阐释了工业互联网在促进产业发展方面的主要目标、实现路径与支撑基础。工业互联网网络层级架构图如图 2-5 所示。

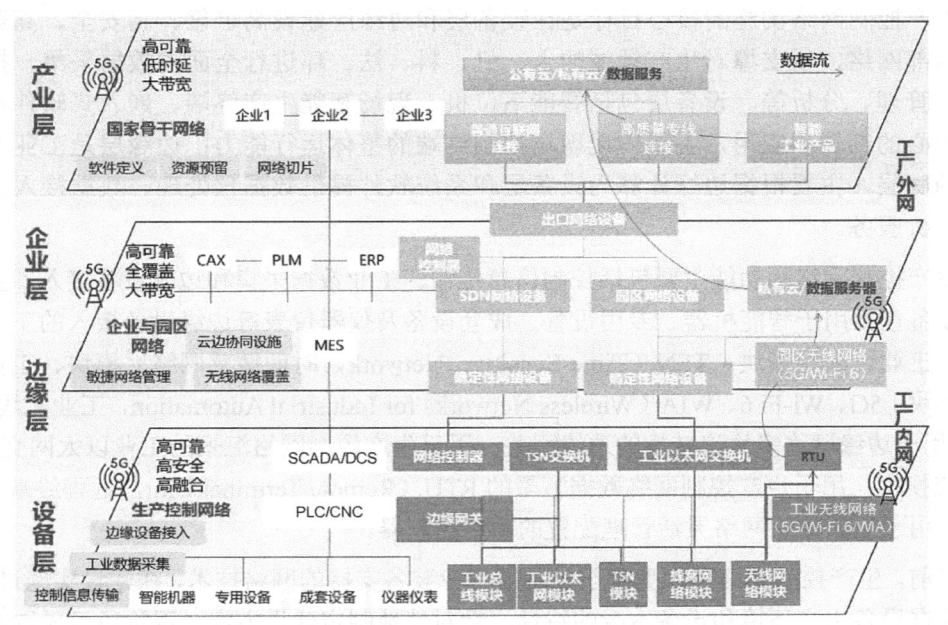

图 2-5　工业互联网网络层级架构图

工业互联网网络建设目标是构建全要素、全系统、全产业链互联互通的新型基础设施。从网络层级架构来看，工业互联网网络层级主要在设备层和边缘层构建生产控制网络，主要实现工厂内智能化生产和管理；在企业层建设企业与园区网络，使得工业数据流从边缘设备向私有云实现互通互联；在产业层建设国家骨干网络，在全网域构建信息互操作系统。

2.3.1 设备层、边缘层的生产控制网络建设

【任务目标】

1. 了解工业互联网网络层级架构中设备层网络建设情况。
2. 了解工业互联网网络层级架构中边缘层网络建设情况。
3. 熟悉工厂内部网络包含的内容。

【任务准备】

了解中国信息通信研究院发布的《工业互联网体系架构（版本 2.0）》中关于生产控制网络建设的内容。针对前期搜集的工业互联网应用案例，思考案例中设备层、边缘层的网络建设部署模式。

【知识链接】

生产控制网络实施的核心目标是在设备层和边缘层建设高可靠、高安全、高融合的工厂内部网络，以支撑对生产领域的人、机、料、法、环进行全面的数据采集、控制、监测、管理、分析等。设备层包括智能下位机、现场智能生产终端、嵌入式软件及工业数据中心的部署和应用，主要体现现场控制终端的整体运行能力；边缘层是工业互联网平台的底层，主要根据边缘计算为设备层和系统软件提供数据预处理、数据接入访问和协议解析服务。

生产控制网络的功能主要包括控制信息传输、工业数据采集和边缘设备接入，主要部署的设备包括用于智能机器、专用设备、成套设备及仪器仪表等边缘设备接入的工业总线模块、工业以太网模块、TSN（Time-Sensitive Network，时间敏感网络）模块、工业无线网络模块［5G、Wi-Fi 6、WIA（Wireless Networks for Industrial Automation，工业无线网络）等］；用于边缘网络多协议转换的边缘网关；用于生产控制网络汇聚的工业以太网交换机、TSN 交换机；用于生产控制网络数据汇聚的 RTU（Remote Terminal Unit，远程终端单元）设备；用于生产控制网络灵活管理配置的网络控制器。

当前，生产控制网络技术受制于设备层工业装备支持的网络技术，在建设实施过程中，需要根据设备生产环境和设备本身的特性，针对性地制定建设方案。现阶段可采取的建设部署模式有两种：叠加模式和升级模式。叠加模式是在已有的工厂控制网络环境中，针对

新的当前无法满足的网络业务需求，新建可以支撑新业务和未来计划业务的网络设施和相关设备，相当于在现有生产控制网络之上新增一个网络。这种模式的特点是建设成本相对较低，不用淘汰旧设备和网络设施，但后续的维护成本较高，不利于原有网络的升级。升级模式是对已有工业设备和网络设备进行升级，实现网络技术和能力升级。这种模式基本可以一步建设到位，但升级成本较高。另外，如何处理设备升级和网络升级二者间的关系也是主要问题。若现有的机床、产线等工业装置/装备在现有的网络连接环境中能够满足基本生产控制需求，则可通过部署边缘网关等方式来解决数据孤岛问题。若当前的网络已不能满足业务需求，则需要对设备的通信接口进行改造升级。企业采用哪种模式来建设生产控制网络，可以根据自身建设情况和企业实际能力选择实施。

【任务实施】

建设生产控制网络的难点是什么？可以采用什么方式部署？

_____

_____

_____

2.3.2 企业层的企业与园区网络建设

【任务目标】

1. 了解工业互联网网络层级架构中企业层建设内容。
2. 理解企业与园区网络建设难点。

【任务准备】

查阅资料：查阅中国信息通信研究院发布的《工业互联网体系架构（版本 2.0）》中关于企业与园区网络建设的内容。

【知识链接】

企业与园区网络实施核心目标是在企业层建设低时延、全覆盖、大带宽的企业与园区网络。该网络介于工厂内网与工厂外网之间，对内要实现对现场数据的实时处理和存储，对外要提供安全、可靠的业务信息。

企业与园区网络主要部署的设备包括用于连接多个生产控制网络的确定性网络设备；用于办公系统、业务系统互联互通的通用数据通信设备；用于实现企业与园区全面覆盖的无线网络（5G、NB-IoT、Wi-Fi 6 等）；用于企业与园区网络敏捷管理维护的 SDN（Software

Defined Network,软件定义网络)设备;用于企业内数据汇聚分析的数据服务器/云数据中心;用于接入工厂外网的出口路由器。

SDN 最早起源于 2006 年美国斯坦福大学的一个研究课题,是一种新型网络创新架构,其核心原理是通过将设备的控制面和数据面分离开来,实现对网络流量的灵活控制。SDN 体系架构图如图 2-6 所示。

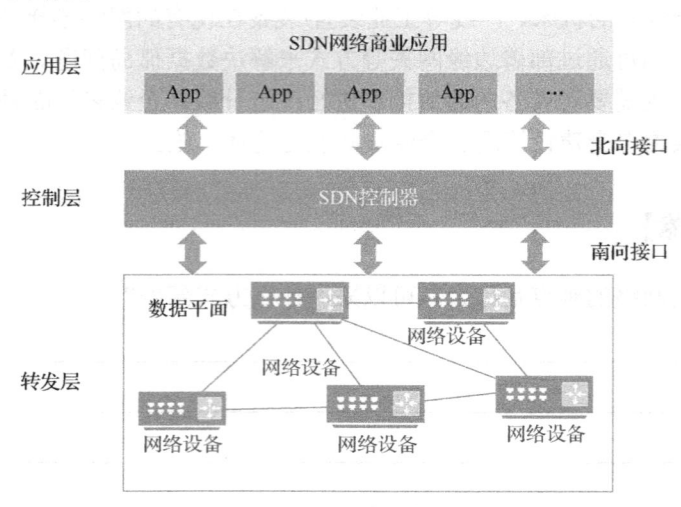

图 2-6 SDN 体系架构图

在 OSI 和 TCP/IP 协议体系模型中,在水平方向,只要通信双方网元之间互相对等,就可以直接进行互联,而在垂直方向(包括硬件、驱动、操作系统、编程平台、应用软件等)存在相对封闭和无框架的问题,采用 SDN 架构可以使得网络在垂直方向变得标准和开放,从而更容易、更有效地利用网络资源。

SDN 整体架构由下而上分为转发层、控制层和应用层三层。其中,转发层由通用硬件(如工业以太网交换机)设备连接而成,各设备之间通过网状连接形成 SDN 数据通路连接;控制层负责对各种转发规则的控制,是整个 SDN 架构的逻辑中心,与转发层之间通过南向接口连接;应用层包含各种基于 SDN 的网络应用,与控制层通过北向接口连接,在应用层,用户不用关心底层细节就可以实现编程控制和新应用部署。

企业与园区网络建设的基本要求是高可靠和大带宽,关键是实现敏捷的网络管理、无死角的网络覆盖、无缝的云边协同。

解决方案:一是采用大二层的扁平化网络架构,部署 SDN 技术,可以实现"柔性"和"极简"的网络管理,大幅降低企业与园区网络的难度并减少工作量;二是利用 5G 技术部署 NB-IoT 网络和 Wi-Fi 6 网络,可实现无死角网络覆盖,工业企业可根据自身业务需求和预算,选择 NB-IoT 和 Wi-Fi 6 综合构建具备高可靠性、大带宽、高性价比的无线网络;三是采用云边协同技术,支持企业办公和业务系统的云化部署,实时和高效地汇集、分析和交互企业数据。

当前企业层的网络往往以园区的形式存在,大型工业企业规模大、占地广,建设自有的私有园区网络。中小型工业企业一般位于各类园区内，可以充分使用公有园区的网络基础设施。因此在部署方式上，中小型工业企业主要采用工业企业自主建设与第三方网络服务提供商建设结合的模式。一方面工业企业将自主建设网络连接办公系统、应用系统等；另一方面运营商等专业网络服务商及有实力的工业企业建设园区门禁、监控、数据中心等园区网络基础设施，并进行运营管理维护。

【任务实施】

企业与园区网络建设的核心目标是什么？

_____

_____

_____

2.3.3 产业层的国家骨干网络建设

【任务目标】

1. 了解工业互联网网络层级架构中产业层建设内容。
2. 理解国家骨干网络部署方式。

【任务准备】

研究中国信息通信研究院发布的《工业互联网体系架构（版本 2.0）》中关于国家骨干网络建设的内容。

【知识链接】

国家骨干网络主要采用软件定义、资源预留、网络切片等技术，在工业产业层面构建低时延、高可靠、大带宽的国家骨干网络。工业企业使用的国家骨干网络主要包括两种类型：普通的互联网连接和高质量的专线连接。普通的互联网连接是指企业通过商业互联网实现最基本的电子商务、客户、用户和产品之间的联系；高质量的专线连接可使企业通过基于 Internet 的虚拟专用网（SD-WAN、IPsec）、物理隔离的专用网（MPLS VPN、SDH、OTN）和 5G 切片网络部署高可靠、高安全、高质量的业务。

在部署方式上，国家骨干网络的建设以运营商为主。工业企业在企业与园区网络的出口路由器上，根据不同的网络需求，引导流量去往不同的网络连接。产业层工业互联网平台主要采用公有云形式部署，通过自建公有云平台或与已有公有云平台合作，为不同行业、不同地区的用户提供低成本、高可靠的数据存储计算服务，并能够实现按需调度和弹性拓展。

依托公有云的基础资源支持，运用 Cloud Foundry、OpenShift、K8S 等技术手段构建通用 PaaS 平台，基于大数据、人工智能、数字孪生等技术提供对工业数据、模型的管理分析服务，借助 DevOps、微服务、低代码等技术打造工业应用开发服务。

工业企业梳理自身业务的需求，形成层次化的网络需求。例如，企业与客户的信息沟通、面向大众的客户服务等可采用普通的互联网连接，对高价值产品的远程运维和服务可采用基于互联网的虚拟专用网或 5G 切片网络，分支机构可使用总部私有云资源和云化业务系统，也可以使用物理隔离的专用网。

2.3.4　全网构建的信息互通互操作

【任务目标】

了解工业互联网网络层级架构中全网信息互通互操作内容。

【任务准备】

研究中国信息通信研究院发布的《工业互联网体系架构（版本 2.0）》中关于信息互通互操作体系部署的内容。思考全网信息互通互操作的目的和意义。

【知识链接】

全网信息互通互操作体系部署的核心目标是构建从底层到上层全流程、全业务的数据互通系统。主要部署内容：在工厂内网，工业企业部署支持 OPC UA、MTConnect、MQTT 等国际/国内标准化数据协议的生产装备、监控采集设备、专用远程终端单元、数据服务器等，部署支持行业专有信息模型的数据中间件、应用系统等，实现跨厂家、跨系统的信息互通互操作；在工厂外网，企业部署的各类云平台系统、监控设备、智能产品等应支持 MQTT、XMPP 等通信协议，使平台系统对数据进行快速、高效的采集、汇聚。

要构建全网信息互通互操作，需要使用一整套接口、属性和方法的标准集，提供工业互联网全网各系统、各单元数据的无缝集成。当前，基于智能制造设备、边缘设备、标识体系、工业服务平台等一系列标准和典型应用案例的搜集正在有序推进和准备中，很快就能实现工业互联网全网信息互通互操作这一新发展目标。

为实现这一新发展目标，构建全要素、全产业链、全价值链全面连接的新基础是关键，这也是工业数字化、网络化、智能化发展的核心。

在这个新基础上，主要形成新产业、新模式、新业态三个方面的新动能。

一是一批以数据为核心，提供数据采集、网络传输、数据管理、建模分析、应用开发和安全等相关产品和解决方案的企业迅速成长,形成了工业数字技术的"新产业",进而成为各行业数字化转型的关键支撑。

二是各行业利用工业互联网,对现有业务进行探索、改造、提升,可形成智能化生产、网络化协同、个性化定制、服务化延伸等一系列数字化转型"新模式"。其中既包括数据智能对现有业务的优化和改进,也包括基于网络化组织的模式创新和重构。

三是随着产业数字化转型的深入,网络众包众创、制造能力交易、产融深度结合等领域将涌现出一批服务企业,形成数字化创新的"新业态"。

工业互联网业务视图产业层架构如图 2-7 所示。

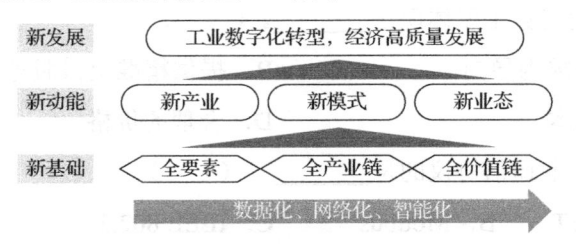

图 2-7 工业互联网业务视图产业层架构

工业互联网通过一个开放的、全球化的通信网络平台,把工业全要素、全产业链、全价值链紧密地连接起来,共享工业生产全流程的各种要素资源,使其数字化、网络化、自动化、智能化,从而实现效率提升和成本降低,使得工业生产网络的连接更紧密、更有价值。工业互联网是工业发展和信息技术发展的综合产物,是推动工业革命进程的主力军。工业互联网网络体系平台的构建是工业互联网能否实现互联共享的关键,其整个网络体系包括网络平台建设、数据平台建设、服务中心平台建设及其相关的关键技术突破,最终构建全要素、全产业链、全价值链互联互通的新型基础设施。

我国作为工业大国,面对人工成本上升、原材料价格波动、贸易竞争日益加剧等种种不利情况,正处在工业转型升级的关键时刻,迫切需要提高效率、降低生产成本,因此,工业互联网是我们的必然选择,只有坚定不移地推动工业互联网落地,加快更多企业的数字化转型和智能化改造,才有可能在全球化竞争中立于不败之地。

〈思考与练习〉

一、填空题

1. 在《工业互联网标准体系(版本 3.0)》中,包括_____、_____、_____、_____、_____、_____六大部分。

2. 工业互联网是一个结合了_____、_____和_____,以及云计算、_____、大数据技术、_____等技术的综合产物,是一个具有双向沟通能力的网络生态整体。

3. 在第四次工业革命中，_____、_____、_____、_____是该阶段的主体需求。

4. 智能化生产的最终目的是实现_____、_____、_____。

5. 工业互联网主要包含_____、_____、_____三大功能体系。

二、选择题

1. 工业互联网的云化服务主要实现_____。（ ）

  A．数据互通 B．复用传承 C．缩短周期 D．数据采集

2. 个性化定制的优势主要体现在_____。（ ）

  A．以客户需求为导向 B．提供精准交付服务

  C．适宜的成本 D．合理的价格

3. 以下不属于工业通信协议的是_____。（ ）

  A．PROFINET B．Modbus C．IEEE 802.3 D．Ethernet/IP

4. 在工业数据互通共享的第二阶段，主要实现_____。（ ）

  A．产线内数据资源的整合互通

  B．工厂内部不同产线的数据互通

  C．产、研、销、管各个环节的数据互通共享

  D．跨行业的数据要素的开放共享

5. 以下属于边缘计算设备的是_____。（ ）

  A．SDN B．OPC UA C．PLC D．RFID

三、问答题

1. 请简述工业网关与普通网关的区别。

2. 请简述标识编码规范对工业互联网数据互通共享的重要意义。

项目 3

工业网络设备组态

学习目标

1. 了解通信相关概念。
2. 了解常见的工业网络设备。
3. 能运用西门子 SCALANCE 交换机对虚拟局域网进行组态。

情景故事

电池生产企业即将进行工业互联网升级改造项目,要求将工业现场数据统一传送到主监控室,并将办公网络与控制网络分开,现有的网络设备已无法适应工业互联网的需求。因为现场控制器多为西门子品牌,所以工业通信设备首选同品牌的工业交换机,随着项目的开展,各类工业通信设备硬件相应安装到位。

项目描述

为了构建企业智控网络,实现半自动化制造向全自动化制造的转变,其项目改造承建商需要采购一批工业通信设备。要求选择合适的工业交换机,完成西门子 SCALANCE X414-3E 交换机网络组态。

3.1 通信设备

【任务目标】

了解通信定义及有线通信和无线通信的优缺点。

【任务准备】

调查你所生活的环境中有哪些通信设备。

【知识链接】

通信（Communication），指人类之间或人类同外部世界之间，依托其行为或传输介质进行的信息交流和传递。自电波通信出现后，通信通常指信息的传递，即两地间的信息传输与交换，其目的是传输消息。

通信技术（Communications Technology，CT），是指通信过程中的信息传输和信号处理所涉及的各方面技术的集合。

现代通信，通常指电信（Telecommunication），它是把文字、图像、语音和数据等不同形式的信息，通过电磁系统或光电系统进行传送、发射、接收的通信方式，如无线电、电话、互联网络等。

通信设备（Industrial Communication Device，ICD），是指对设置在一定地域上用以传送电波信息的通信器材的统称，可以分为有线通信设备和无线通信设备。

（1）有线通信设备。

有线通信，是指利用架空线缆、同轴线缆、光纤、音频线缆等传输介质传输信息的方式。

通过有线方式进行通信的设备有有线电视、有线电话、有线传真等。

有线通信设备通过线缆传递信息，不易受到干扰，传输速率快，带宽容量大，保密性、稳定性好。其不足之处是成本偏高，受制于通信工程的施工难度，且不可移动。

（2）无线通信设备。

无线通信是利用电磁波信号传输信息的方式。它不依赖于物理连接线缆。

现在的手机、对讲机都属于无线通信设备，卫星、无线局域网络、无线电台等也属于无线通信设备。

无线通信不依托于线缆，在环境上受到的限制少，其设施投入成本相对较低，但无线通信也有电磁干扰的问题存在，会影响信息传输速率。随着新技术的出现，无线通信速率越来越快，通信也越来越稳定，可以确定的是，无线通信是未来的发展趋势。

【任务实施】

探讨工业现场的有线通信设备与无线通信设备，并简述其作用。

_____

_____

_____

3.2 常见的工业网络设备

【任务目标】

1. 了解工业网关、工业交换机、工业智能设备。
2. 了解西门子的工业以太网交换机产品：SCALANCE X。

【任务准备】

调查主流工业通信设备品牌，研读西门子工业以太网交换机说明书，如 SCALANCE X-400 路由指导手册。

【知识链接】

工业通信与办公环境下的通信有着根本上的不同。在办公环境下，由多个用户同时连接服务器导致的延迟，在自动控制时是不可被接受的，相应地，对用在工业控制上的通信设备也有着更严苛的要求。

在工业现场，有有线通信设备，也有无线通信设备。总线通信、串口通信、工业以太网通信设备及通信协议转换设备通常为有线通信设备，如交换机、路由器、中继器、网桥等。而无线网桥、无线网卡、无线 AP 等为无线通信设备。

1. 工业网关

网关（Gateway），即协议转换器、网间连接器，它是互联网络中工作在 OSI 网络层之上的具有协议转换功能的设施。网关可以是一台设备，也可以是在主机中实现网关功能的某个组件。

网关可以起到翻译功能，它能将不同协议的下位机产品数据反馈给上位机。

网关要对接计算机或触屏监控系统、MES 系统等上位机，也要联系传感器、嵌入式芯片、PLC 等下位机。

工业网关是一种承担转换重任的计算机系统或设备，是一种工业级智能网关。工业网关可以对工业现场的不同通信协议的数据进行转换、移动并进行预处理。工业网关具备工业级标准，能满足工业用户需求，它是一种复杂的网络互联设备，是物联网和工控系统的核心组成器件。

工业智能网关也称通信采集网关、工业物联网智能网关、无线数据采集网关。在工业互联网背景下，工业智能网关成为具备工业设备数据挖掘功能并将数据上传至云平台的智能嵌入式网络设备。工业智能网关可以进行边缘计算、数据采集、协议解析，通过各类有线和无线通信方式接入工业云平台。

工业智能网关也能支持传感器、仪器仪表、采集类 PLC 及各种控制器，它可以用作规模偏大的分布式设备的接入节点。

工业智能网关可使用户快速接入高速互联网进行安全可靠的网络数据传输。它应用范围广、布线少、运维成本低、安装方便、即插即用。

工业智能网关广泛应用于工业现场 PLC、变频器、机器人等设备的远程操作、监控、维护；远程管理维护工程机械、车间设备与工艺系统；远程监测并控制小区二次供水；监测、控制油气田和油井现场；监控电能系统数据、工厂机器设备；无线监测与预警生产信息采集系统；在智能楼宇、电梯监控、智能交通、工业自动化、工厂及其他工业 4.0 领域中均有应用。

2．工业交换机

交换机（Switch）意为"开关"，是一种用于电（光）信号转发的网络设备。它可以为接入交换机的任意两个网络节点提供独享的电信号通路。最常见的交换机是工业交换机，也称作工业以太网交换机，即应用于工业控制领域的以太网交换机设备，如图 3-1 所示。工业交换机采用的网络标准开放性好、应用广泛、价格低廉，使用的是透明而统一的 TCP/IP 协议。

图 3-1　工业交换机

工业交换机具有电信级性能特征，可耐受严苛的工作环境，产品系列丰富，端口配置灵活，可满足各种工业领域的使用需求。工业交换机能支持私有的和标准的环网冗余协议，防护等级高于 IP30。在整体规划及电子器件的采用上，工业交换机的抗压强度和可接受性都能满足工业生产现场的要求。

工业交换机比普通交换机的功能更强，端口配置和产品系列更加丰富、灵活，能够满足各种工业领域的需求。

工业以太网交换机是一种有源网络组件，支持不同的网络拓扑结构，如总线型、星型、环型的光学网络或电气网络。这些有源网络可以把数据传输到特定的目标地址。

SCALANCE X 系列有不同的模块化产品线，它们在 PROFINET 的应用上也能适用，并能与其自动控制任务协同。SCALANCE X 系列产品是西门子的新一代的 SIMATIC NET 工业以太网交换机，如图 3-2 所示。

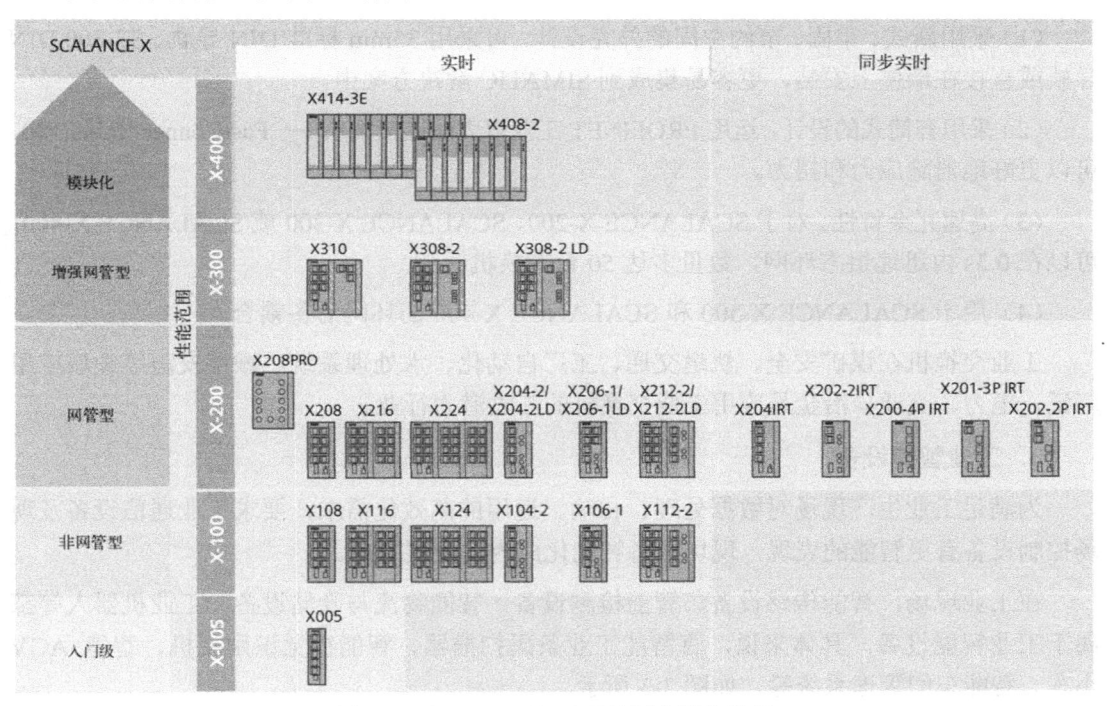

图 3-2 SCALANCE X 工业以太网交换机

SCALANCE X-005 入门级交换机：带有 5 个端口和诊断功能，可用在小型机器岛中。

SCALANCE X-100 非网管型交换机：带有电气端口和光纤端口，冗余馈电装置和信号触点，可用于设备层的应用。

SCALANCE X-200 网管型交换机：用于设备层到全厂网络化的应用，通过 STEP7 工具，组态和远程诊断功能都可以集成在 SIMATIC 中，提高了工厂可用性水平，具有很高防护等级的设备无须安装在控制柜中，有加强型实时要求和最大化有效性要求的工厂网络可利用对应的等时同步交换机（SCALANCE X-200IRT）。

SCALANCE X-300 增强网管型交换机：主要应用领域为高性能工厂网络与企业网络的衔接部分。SCALANCE X-300 增强网管型产品系列结合了 SCALANCE X-400 系列（不包含第 3 层路由功能）的硬件功能和 SCALANCE X-200 产品系列的紧凑结构。因此和 SCALANCE X-200 交换机相比，SCALANCE X-300 交换机既具有更好的管理功能，又具有更好的硬件功能。

模块化 SCALANCE X-400 交换机：通常在有高性能需求的工厂网络中应用，如传输速率高且有冗余的工厂网络。

基于模块化结构，交换机可针对相应的任务进行精确调整，由于支持IT标准（如VLAN、IGMP、RSTP），因此可以将自动化网络天衣无缝地集成在现有办公网络之中，可以利用 Layer3 的路由功能在不同 IP 的子网之间通信。

SCALANCE X 工业以太网交换机的优势如下。

（1）采用新式、牢固、节约空间的外壳设计，可采用 35mm 标准 DIN 导轨、S7-300 DIN 导轨或直接在墙壁上安装，更容易集成到 SIMATIC 解决方案中。

（2）采用套筒式的设计，运用 PROFINET 工业以太网连接插头——FastConnect RJ45 180，可以更好地消除应力和扭力。

（3）高速冗余特性。对于 SCALANCE X-200、SCALANCE X-300 或 SCALANCE X-400，可以在 0.3s 内迅速组态环网，数量多达 50 台交换机。

（4）用于 SCALANCE X-300 和 SCALANCE X-400 的环网后备耦合。

工业交换机在煤矿安全、轨道交通、工厂自动化、水处理系统、城市安防等领域应用广泛，电力、交通、冶金是应用工业交换机的三大潜力行业。

3．工业智能设备

为满足工业生产现场对数据处理、传输、运用的高效化需求，要求工业通信设备及现场控制设备有更智能的表现，现场设备智能化成为其发展方向。

在工业现场，智能传感设备、智能检测设备、智能物流与仓储设备、工业机器人等都属于工业智能设备。具体来说，有智能工业条码扫描器、智能视觉识别相机、智能 AGV 小车、智能车间管理系统等，如图 3-3 所示。

（a）智能工业条码扫描器　　　　（b）智能视觉识别相机

图 3-3　工业智能设备

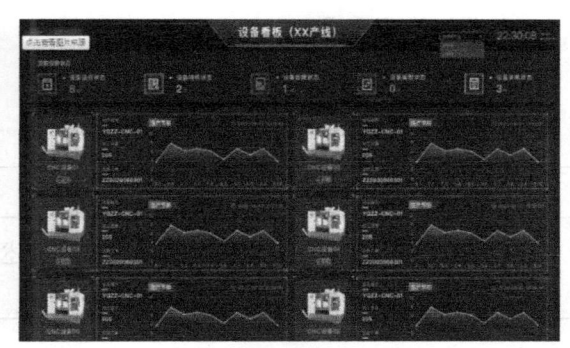

（c）智能 AGV 小车　　　　　　　　　（d）智能车间管理系统

图 3-3　工业智能设备（续）

　　智能传感设备可将零散的数据合并成可指导行动的信息流，能够在任何地方实时监控和优化资产。

　　智能安全设备可将工厂基层的安全数据合并为可指导行动的信息流，能够在任何地方实时监控和优化资产，从而保护人员、设备和过程，为互联企业提供原始数据。

　　智能电机控制设备，高效的电机能够优化运营绩效，而电机故障可能会造成重大影响。智能电机控制设备可以通过集成式的数据驱动方法提高生产效率，并帮助避免电机故障。

　　智能监控产品可保持工厂基层高效运行。通过检测潜在的设备故障及监控能耗情况，可以扩展自动化控制系统的设备保护功能，如智能相机、视频监控系统。

　　工业平台级智能硬件可以协助中小型制造企业满足设备上云、数据采集、装备智能化等一系列需求。通过适配多种设备接入协议，实现工业现场设备运行及环境数据的无缝采集，并结合硬件边缘计算能力及云端大数据计算能力，为企业的设备运行状态监控、生产效率优化及设备预测性维护等提供能力支撑。

　　智能工业条码扫描器有高灵敏度的识别能力，支持自动扫描和命令控制等工作模式。能大大提升工厂的生产效率，同时能给工厂减少一部分人力成本。

　　目前，工业智能化已深入工业现场，但是，即使是自动化程度较高的制造业，它的设备也不可能保证 100% 的完好率。在某些环节仍需要人工干预，也会出现损坏复杂、精密的零部件使生产中断的情况，以及不同品牌的智能设备的数据平台不兼容等问题。

　　对于未来智慧工厂，需要其工业智能设备能够进行闭环检测，通过深度学习、处理错误进行自我进化，实现相同第二次问题自动正确处理；需要高度兼容平台的设备，能对接 MES 系统，能用一台服务器操控多条产线，并能通过监测数据实时调整产能的分配及物料的输送；能监测设备核心部件，保证人工能及时处理异常情况；能预警、防呆，及时反馈故障现象，有短路保护；具备无人化管理能力；能解析人类语言、实现语音控制等。

【任务实施】

1. 常见的工业通信设备有哪些？

_____

_____

2. 写出你所了解的工业智能设备，并简述其作用。

_____

_____

_____

3.3　工业交换机网络组态

扫一扫
看微课

【任务目标】

根据企业需求，进行西门子 SCALANCE 交换机的 VLAN 组态配置。

【任务准备】

硬件与软件列表如表 3-1 所示。

表 3-1　硬件与软件列表

名　　称	数　量	订　货　号
SCALANCE XM408-8C 交换机	1	6GK5 408-8GR00-2AM2
SCALANCE XB208 交换机	1	6GK5 208-0BA00-2AB2
DIN Rail 安装导轨	2	6ES7 390-1AE80-0AA0
IE FC RJ45 Plug 180 快速连接 RJ45 接头	6	6GK1 901-1BB10-2AB0
FC Standard Cable 快速连接标准电缆	5	6XV1 840-2AH10
Windows 10 专业版	1	
Primary Setup Tool_v4p2	1	

【知识链接】

1. VLAN 概述

虚拟局域网（Virtual Local Area Network，VLAN），是一种通过对局域网内的设备在逻辑上而非物理上进行划分，使其成为多个网段，从而实现虚拟工作组的新兴技术。

工业现场有几台由 PLC 或工控机构成的小型网络，也有由多台计算机、工控机、服务器和 PLC 构成的企业网络。

因为 VLAN 技术不是对网络进行物理上的划分而是进行逻辑上的划分，所以不需要把 VLAN 内的工作站放置在同一个物理空间内，其中的设备不一定会在同一个物理局域网网段上。

网络管理者划分的不同的 VLAN（广播域）都包含一组有着相同需求的工艺段、计算机或工作站，在物理上形成属性相同的局域网。

两台计算机虽然有相同的网段，但是 VLAN 号不同，因此其各自的广播流不会相互转发。VLAN 内部的广播和单播流量只会在同一台 VLAN 设备中转发。因此，VLAN 技术可以对流量进行控制，使网络管理简化，提升网络安全性并减少设备耗费。如果要实现不同的 VLAN 之间的通信，可以通过路由器或三层交换机完成。

VLAN 可以使交换机在局域网互联时对广播进行限制，通过在以太网帧的基础上添加 VLAN Tag，可以用 VLAN ID 对用户进行更细的划分，使其成为更小的工作组，并对不同组的用户进行二层访问限制，小的工作组成为一个虚拟局域网，并能实现对网络的动态管理。

各大品牌的交换机通常都用交换机端口来划分 VLAN 成员，这样设定的端口都会在同一个广播域中。这种根据端口来划分 VLAN 的配置方式简洁明了，是最常用的一种方式。

2．VLAN 的优点

（1）减小广播域。

（2）加强网络安全性。不同 VLAN 的报文相互分隔，可以保证广播信息的安全性。

（3）虚拟工作组组建灵活。通过改变配置可以方便地变更网络。

3．静态 VLAN

在工业通信中，需要手动配置端口到 VLAN，使相应端口与指定的 VLAN 相映射，配置完成后不会自动改变。

【任务实施】

网络组态由 1 台 SCALANCE XM408-8C 交换机 Switch A 和 1 台 SCALANCE XB208 交换机 Switch B 组成，且通过各自的 Trunk 相连。PG/PC1 与 PG/PC2 分别连接到 Switch A 的 P1.3 和 P1.4。PG/PC3 和 PG/PC4 分别连接到 Switch B 的 P0.3 和 P0.4。其中，PG/PC1 和 PG/PC3 属于 VLAN 10，而 PG/PC2 和 PG/PC4 属于 VLAN 20。

1．网络拓扑结构

网络拓扑结构如图 3-4 所示，Switch A（192.168.0.1）与 Switch B（192.168.0.2）进行通信。

工业互联网网络搭建

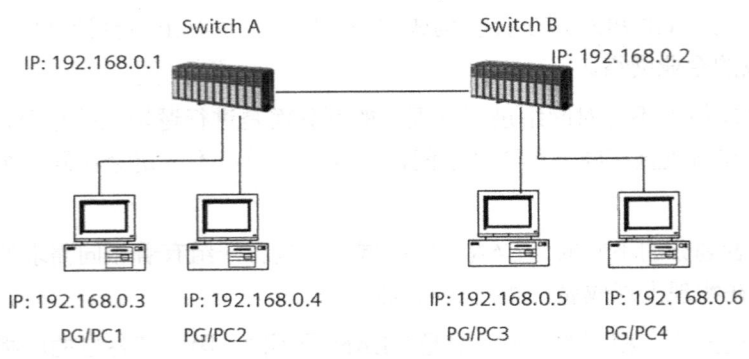

图 3-4 网络拓扑结构

2. SCALANCE X-400 VLAN 的组态步骤

（1）使用 PST 为 SCALANCE X-400 VLAN 配置 IP 地址。

使用 PST 软件为 Switch A 配置 IP 地址。

步骤 1：单击"Start"→"Siemens Automation"→"Primary Setup Tool"或双击桌面软件图标，启动 PST 软件，如图 3-5 所示。

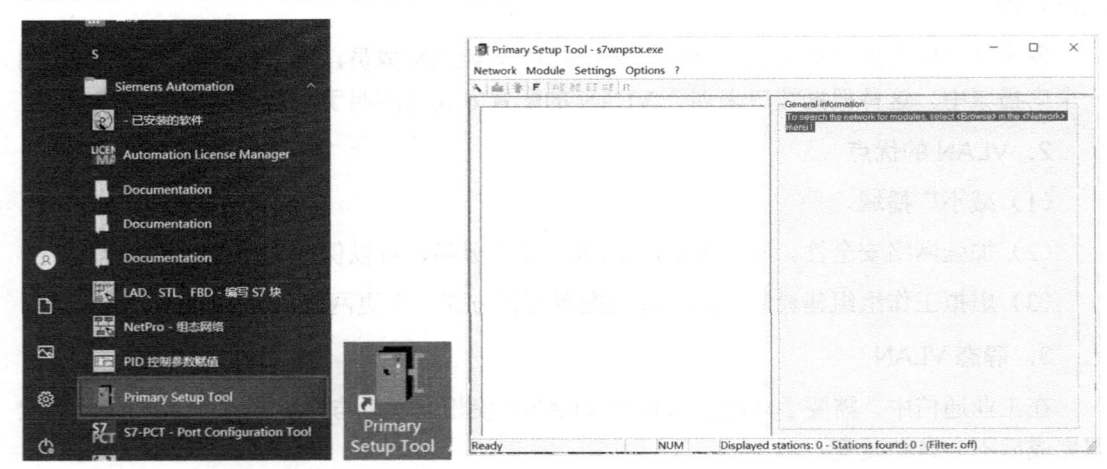

图 3-5 启动 PST 软件

步骤 2：在"Settings"中选择"Set PG/PC Interface..."选项，如图 3-6 所示。选择通信 PG/PC 口为 TCPIP.Auto.1，如图 3-7 所示。

步骤 3：单击放大镜图标搜索网络，如图 3-8 所示。

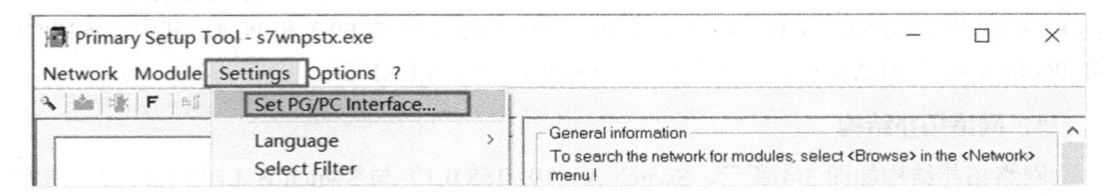

图 3-6 选择"Set PG/PC Interface..."选项

图 3-7 选择通信 PG/PC 口

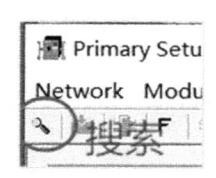

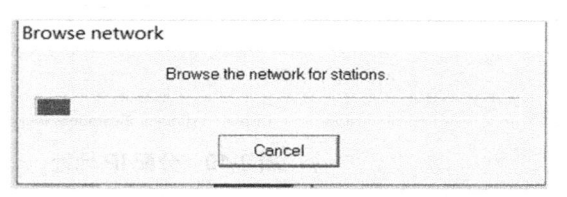

图 3-8 搜索网络

步骤 4：在列出的设备列表中，根据 Switch A 的 MAC 地址找到对应的设备，如图 3-9 所示。

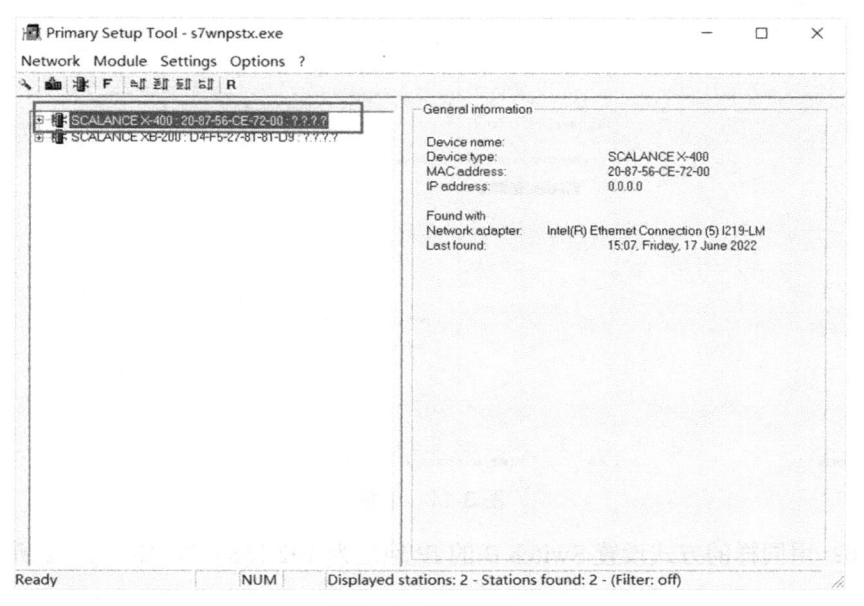

图 3-9 选择设备

步骤 5：选中第一行设备，设置其 IP 地址为 192.168.0.1，单击工具栏上的下载图标。当出现以下提示时，单击"是"按钮，完成 IP 地址配置，如图 3-10 和图 3-11 所示。

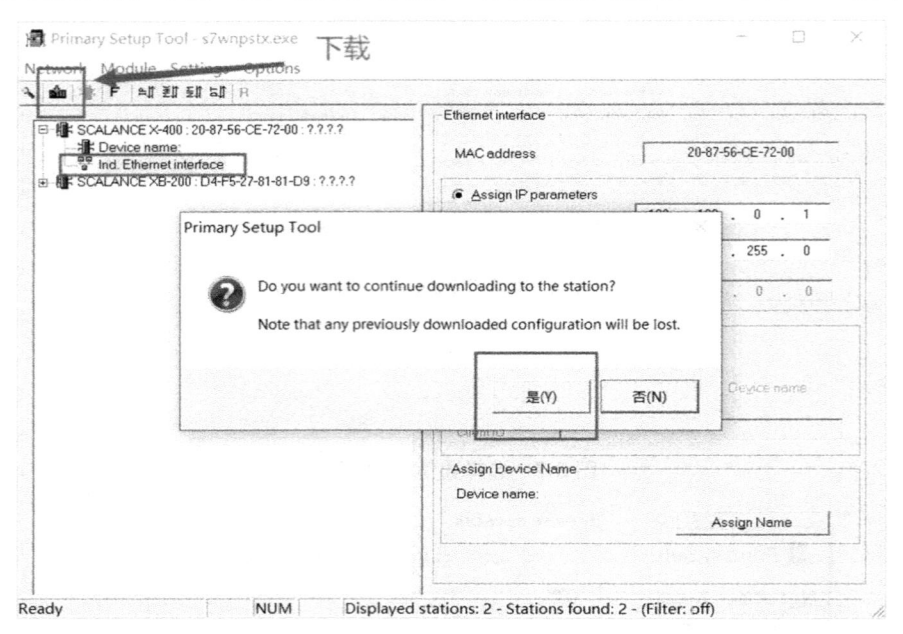

图 3-10　分配 IP 地址

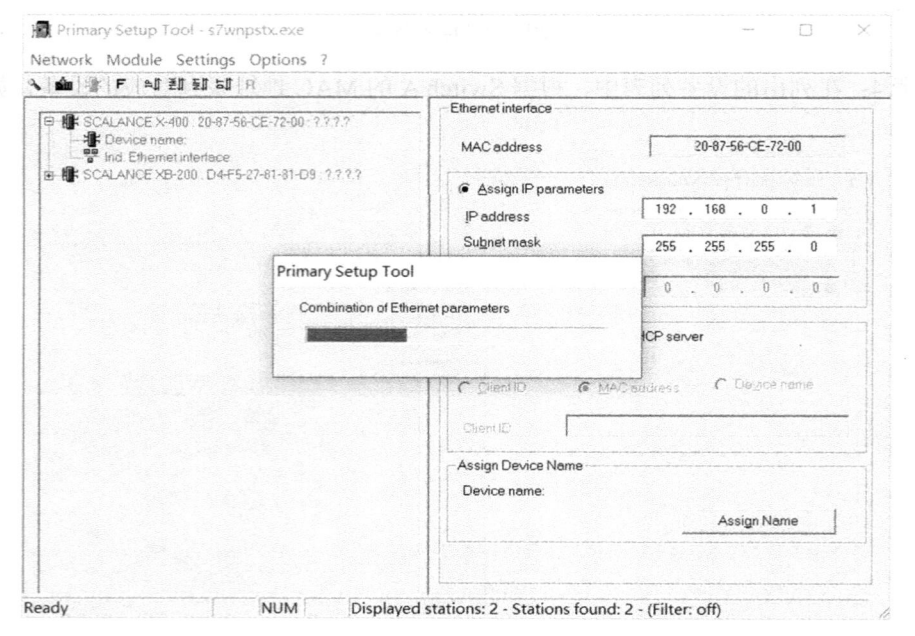

图 3-11　下载

步骤 6：用同样的方式设置 Switch B 的 IP 地址为 192.168.0.2，如图 3-12 所示。

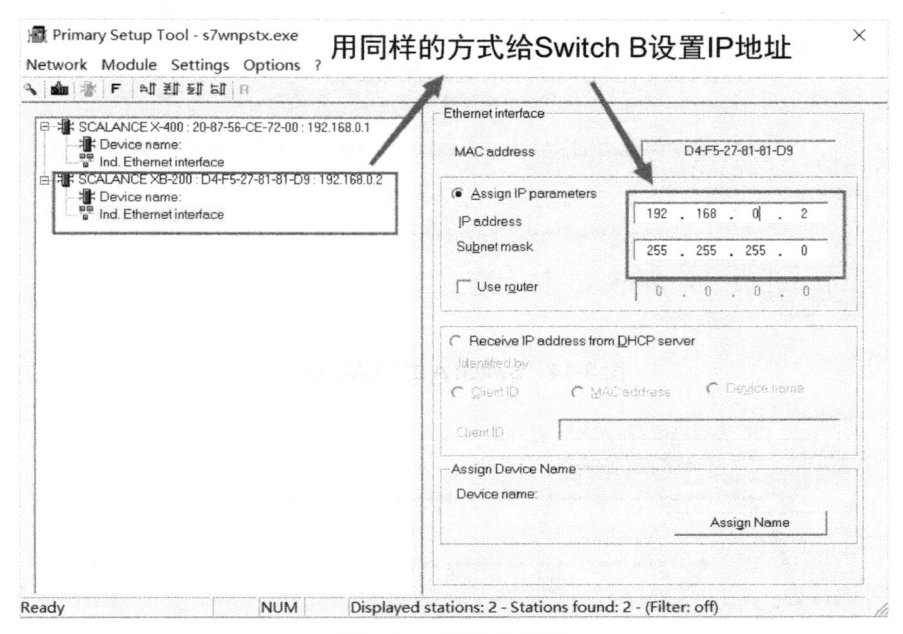

图 3-12　设置 IP 地址

（2）静态 VLAN 组态。

使用 Web 配置界面配置 SCALANCE XM408-8C。

步骤 1：打开 IE 浏览器，输入 IP 地址 192.168.0.1。浏览器会自动打开 Switch A SCALANCE XM408-8C 的 Web 配置界面。对应的用户名为 admin，输入密码 admin，单击"Login"按钮进行登录，如图 3-13 所示。如果是第一次登录，那么需要新设用户名和密码。

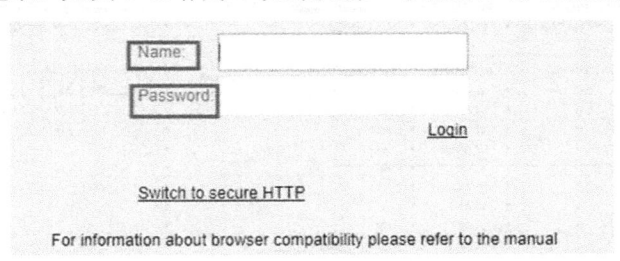

图 3-13　登录

步骤 2：单击目录树中的"Layer 2"→"VLAN"，可以看见当前 Switch A 的 VLAN 组态，如图 3-14 所示。

步骤 3：单击"General"，在 VLAN ID 中输入 10，单击"Create"按钮，创建 VLAN ID=10，用同样的方法创建 VLAN ID=20。单击 10，设置端口 P1.1 和 P1.2 为 M，设置端口 P1.3 为 u，单击 20，设置端口 P1.1 和 P1.2 为 M，设置端口 P1.4 为 u，单击"Set Values"按钮，如图 3-15 所示。

步骤 4：单击"Port Based VLAN"，设置 VLAN 的入口规则，如图 3-16 所示。

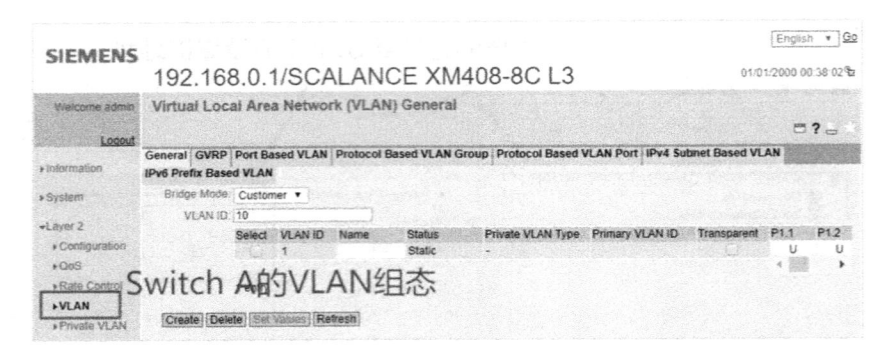

图 3-14　Switch A 的 VLAN 组态

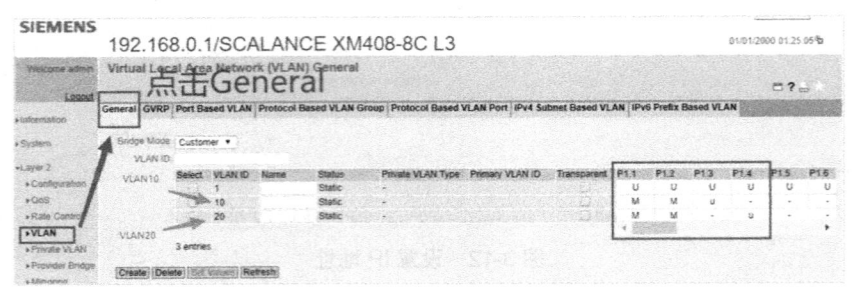

图 3-15　VLAN 创建

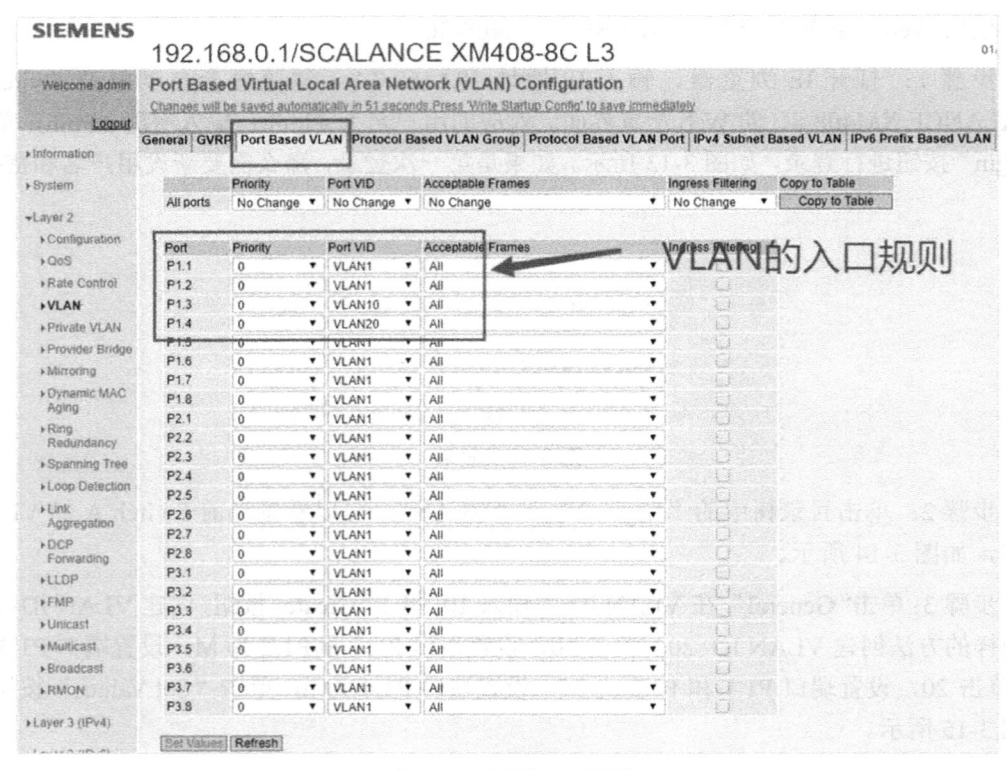

图 3-16　设置入口规则

步骤 5：单击"General"，查看当前 VLAN 组态，小写 u 变为大写 U，如图 3-17 所示。

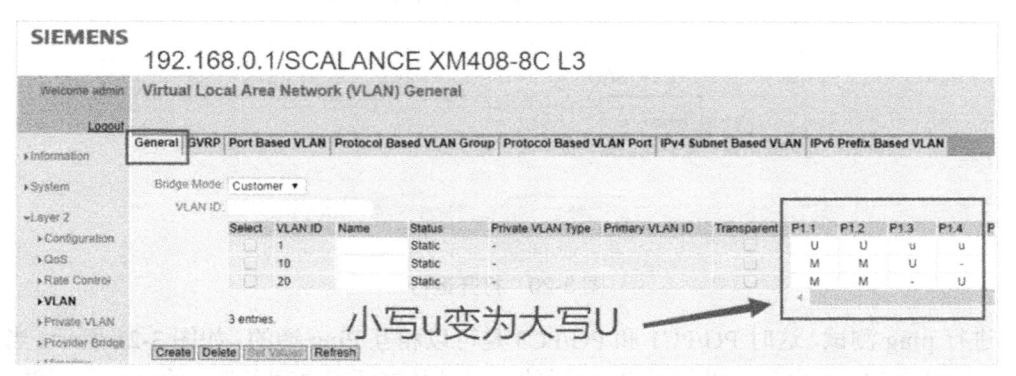

图 3-17 当前 VLAN 组态

步骤 6：根据 Switch A 的组态步骤对 Switch B 进行设置，如图 3-18 和图 3-19 所示。

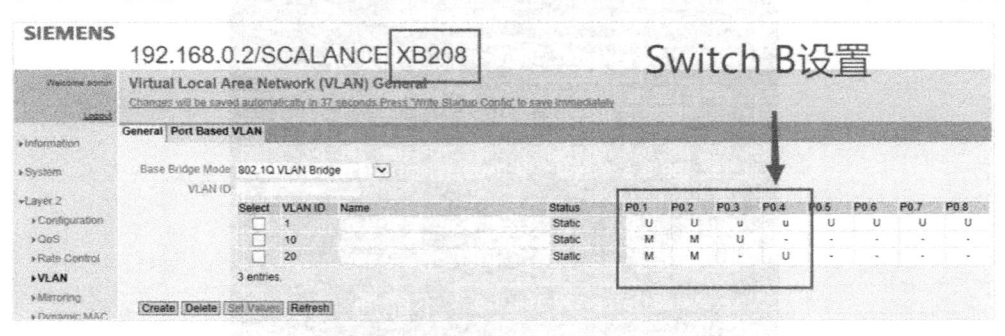

图 3-18 Switch B 的 VLAN 创建

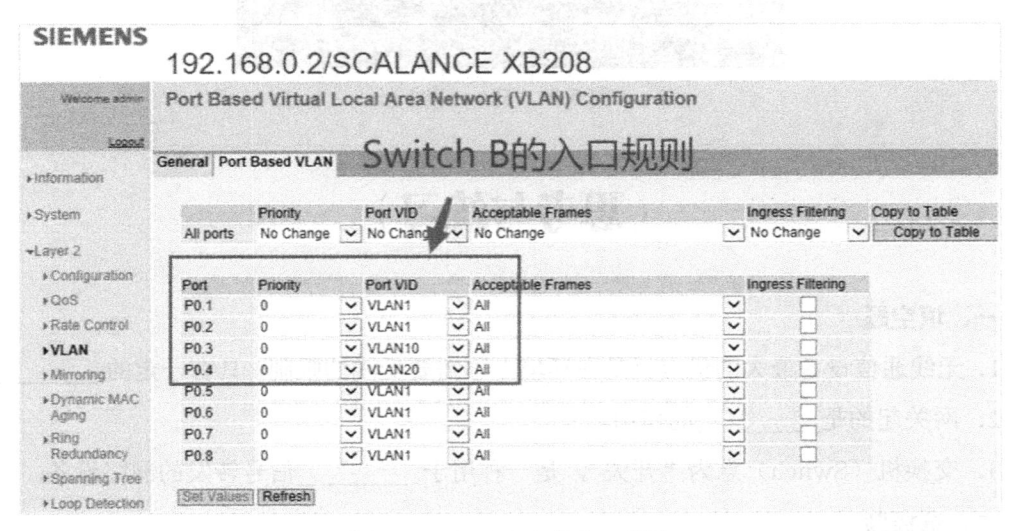

图 3-19 Switch B 的入口规则

把 PG/PC1 接入 Switch A 的 P1.3 口，把 PG/PC2 接入 Switch B 的 P0.3 口。

按下 PG/PC1 计算机的"Win+R"组合键，输入 cmd.exe，如图 3-20 所示。

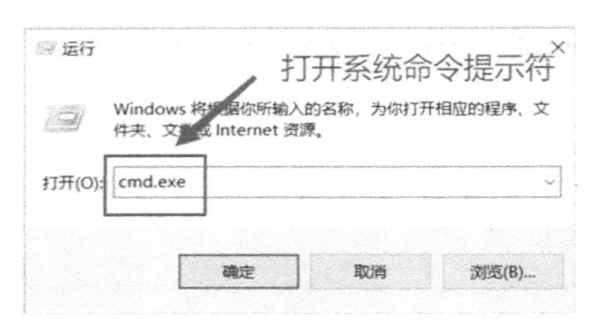

图 3-20　打开运行

进行 ping 测试，这时 PG/PC1 和 PG/PC3 是可以相互 Ping 通的，如图 3-21 所示。当然，PG/PC2 和 PG/PC4 也是可以相互 Ping 通的。但是从这两组之间各选一台 PC 是无法相互 Ping 通的。Ping 测试如图 3-21 所示。

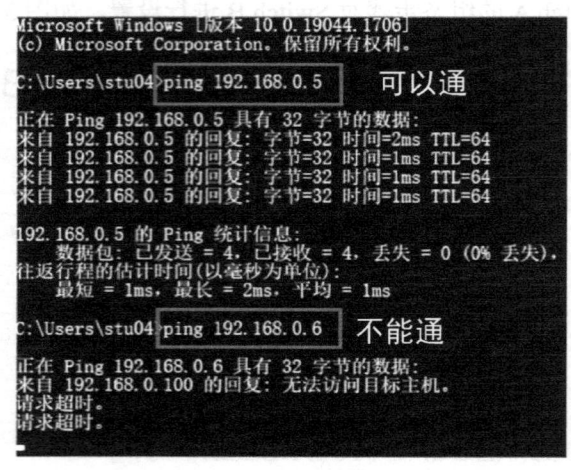

图 3-21　Ping 测试

〈思考与练习〉

一、填空题

1. 无线通信设备最大的优点就是在环境上不需要受线的限制，具有一定的_____。
2. 网关起的是_____的作用。
3. 交换机（Switch）意为"开关"，是一种用于_____信号转发的网络设备。

二、选择题

1. 有线通信设备最大的优势就是（　　）。
   A. 抗干扰性强　　　B. 稳定性高　　　C. 保密性好　　　D. 扩展性强

2．（　　）是工业以太网的通信及各种通信协议之间的转换设备。
   A．路由器　　　　B．交换机　　　　C．中继器　　　　D．以上都是
3．（　　）不是工业交换机应用的三大潜力行业之一。
   A．电力　　　　　B．交通　　　　　C．冶金　　　　　D．汽车制造

三、问答题
1．简述工业交换机的优势。
2．简述未来智慧工厂的发展趋势。

项目 4

工业通信协议配置

学习目标

1. 了解现场总线技术的概念、产生、发展和类型结构。
2. 了解工业以太网的概念。
3. 能组建西门子 S7-1500 的 S7 通信协议的工业以太网网络通信系统。
4. 能组建西门子 S7-300 的 PROFIBUS 现场总线通信系统。
5. 能组建西门子 S7-1200 的 Modbus 现场总线通信系统。

情景故事

电池生产企业生产部李经理给小王打来电话，说工厂目前的电池包装设备都是单站独立运行的，不能互联互通，给维修管理带来了很大的困难。现在需要在企业现有的基础条件下，选择合适的工业通信方式，对产线进行升级改造，以期提升企业车间生产的综合自动化和现场设备智能化水平。

项目描述

企业生产现场使用的都是西门子品牌的 PLC，如 S7-300、S7-1200 、S7-1500 等 PLC 设备，可能需要组建 S7-1500 的 S7 通信协议的工业以太网网络通信系统，组建西门子 S7-1200 的 Modbus 现场总线通信系统，组建西门子 S7-300 的 PROFIBUS 现场总线通信系统。现在需要对各种方案的可行性进行研究。

4.1 工业通信网络技术

工业网络通常是指应用在工业上的计算机网络。工业网络在企业现场可以将检测信号的设备、数据传送设备、控制设备等连接起来，在企业内部实现资源共享，同时能访问外部资源，并能高效协调企业的生产、管理和经营。要想实现工业网络互联，离不开针对现场控制的现场总线技术，也离不开新的工业以太网技术。

4.1.1 工业现场总线

【任务目标】

了解常见的现场总线的定义、类型及其协议的特点。

【任务准备】

查询西门子所用的相关工业通信网络技术，并初步了解其主导的相关总线通信协议。

【知识链接】

在 20 世纪 80 年代末，人们希望产线的不同设备的运行参数与信息通过产线内部的不同设备的数据交换实现操作控制，工业现场总线应运而生。

工业现场总线能实现工业现场的仪器仪表、控制器等现场控制设备之间，以及现场控制设备和控制系统之间的信息传递，而每种总线有着不同的物理接口传输机制，因此不同的总线通常彼此是难以"沟通"的。

现场总线技术，即工业现场控制网络技术，它能在现场控制设备之间、现场控制设备与控制装置之间实现双向、互联、串行和多节点的数字通信。

常用的现场总线如下。

（1）基金会现场总线。

基金会现场总线（Fieldbus Foundation，FF），在 ISO/OSI 开放系统互联模式中，选取物理层、数据链路层、应用层、用户层。其中，用户层可以满足自动化测控应用需求，在过程自动化领域应用广泛。

基金会现场总线的前身是 ISP 协议和 WorldFIP 协议，ISP 协议是美国 Fisher-Rosemount 公司联合 80 家公司制定的，WorldFIP 协议是 Honeywell 公司联合欧洲等地的 150 家公司制定的。

基金会现场总线中包含 FF 通信协议、通信栈、属性及操作功能块；还有相应的系统软件，以及组成集成自动化系统、网络系统的系统集成技术，其中，软件可用来实现系统组态、调度、管理等功能。

（2）PROFIBUS。

程序总线网络（PROcess FIeld BUS，PROFIBUS）是一种应用在工业自动化上的现场总线标准，1987年，由西门子等14家公司和5个研究机构一起推动。PROFIBUS后来成为德国和欧洲其他各国的现场总线标准。

PROFIBUS系列是由PROFIBUS-FMS、PROFIBUS-DP和PROFIBUS-PA组成的。PROFIBUS-DP在工业现场应用得较多，它有非常高的数据传输速率，适用于多种拓扑结构。

PROFIBUS-PA应用于过程控制，可用串行总线把阀门、测量变送器连在一根总线上。

FMS是指现场信息规范，PROFIBUS-FMS适用于纺织、楼宇自动化、可编程逻辑控制器、低压开关等。

（3）CC-Link。

控制与通信链路系统（Control &Communication Link，CC-Link）是一种适应性强的复合开放式现场总线。它的通信速率有多个级别，从传感器层网络到管理层网络都能适应。

CC-Link由三菱电机推出，底层遵循RS485通信协议，通常采用广播-轮询通信方式，2005年7月被批准为中国国家标准指导性文件。

（4）Modbus。

Modbus具有现场总线功能，它遵循的是串行通信协议。1979年，Modbus由施耐德电气（Modicon）公司为可编程逻辑控制器的通信而开发。现今，Modbus已经成为工业领域通信协议的业界标准。

在工业电子设备中，可通过Modbus总线实现控制器之间、控制器与其他设备之间的通信，很多厂家的变频器、智能I/O、工控机、PLC等设备都设计了Modbus接口，因此，不同厂家的控制设备可以组成工业网络，实现集中监控。Modbus的数据采用主-从通信方式，主站可以与从站独立通信，也可以与所有设备通过广播方式通信。

【任务实施】

1. 现场总线技术的定义是什么？

___

___

2. 列出你了解的现场总线。

___

___

___

4.1.2　工业以太网

【任务目标】

了解各大工业以太网的特点。

【任务准备】

调阅工业网络所采用的工业以太网通信协议。

【知识链接】

众多厂商想将以太网技术引向工业自动化现场底层，以利用以太网技术开放性好、技术简单、造价低的特点，因此出现了工业以太网技术。

工业以太网（Industrial Ethernet）是指应用于工业自动化领域的以太网技术，是在以太网技术和 TCP/IP 技术的基础上发展起来的一种工业网络。工业以太网是普通以太网技术在控制网络延伸的产物，属于信息网络技术，也属于控制网络技术。

工业以太网发展很快，其关键技术也得到突破，工业自动化的控制级也在运用它，并向底层发展。但是工业现场的以太网技术还是基于 DCS、PLC 及 FCS 的基础在发展，而各大自动化公司基于利益的考虑，推动着工业以太网的发展，使得现场总线向着工业以太网的方向转变。

工业以太网涵盖了工业环境中的企业信息网络、普通以太网技术的控制网络、新兴的实时以太网，这涉及企业网络的各个层次。

现今，有竞争力的四种工业以太网技术是 PROFINET 工业以太网、Ethernet/IP 工业以太网、Modbus-IDA 工业以太网、FF HSE 工业以太网。

（1）PROFINET 工业以太网。

PROFINET 是一种支持分布式自动化的高级通信系统。它由西门子公司和 PROFIBUS 用户协会共同研发，是一种新的以太网通信系统，也是新一代基于工业以太网技术的自动化总线标准。

PROFINET 使用的是现有的 IT 标准，它基于微软公司组件对象模式（COM）技术，使用微软公司的 DCOM 协议、标准 TCP 协议和 UDP 协议，对网络上的所有分布式对象进行交互操作。

PROFINET 涵盖了故障安全、运动控制、分布式自动化、以太网及网络安全等，能够实现完整的自动化通信领域的网络解决方案。PROFINET 支持的产品种类有很多。

PROFINET 三个数据通道的合理设计能够实现一根网线传输多种数据，各行其道。

① 标准数据通道，兼容 TCP/IP、UDP/IP 通信，并且能够保证至少 50%的带宽，可用于工业网络中的非实时数据通信。

② RT 实时通道，缩减了通信栈所占用的运行时间，过程数据刷新速率的性能得到提升，通过交换机识别报文优先级并按优先级转发的方式优化数据传输，实现工厂自动化的实时通信。

③ IRT 等时实时通道，采用带宽预留，采用严格的路径定义传输，采用精确对时等技术保证苛刻的确定性通信。

（2）Ethernet/IP 工业以太网。

Ethernet/IP 是一个开放的工业标准，它将传统的以太网和工业协议融合。2000 年 3 月，它由工业以太网协会协助国际控制网络和开放设备网络供应商协会联合开发推出，并在世界范围内被广泛接受。

Ethernet/IP 是在 TCP/IP 系列协议、以太网通信芯片和物理介质的基础上发展起来的，它能利用各种现有的接口设备硬件。经过传输协议之上的加密协议，通用工业协议（CIP）可以在 TCP/IP 和 UDP/IP 上互相转换。

Ethernet/IP 的所有产品配有内置的互联网服务器功能（Web Server），可通过光纤环网、无线网络等进行通信，也能通过生产者/消费者网络服务在一条链路上，实现信息采集、实时控制、设备组态等网络功能。

Ethernet/IP 在 TCP/UDP/IP 之上附加 CIP，通过 CIP 提供一个公共的应用层，从而使供应商、机器制造商、系统集成商及用户可以充分利用工业以太网技术，实现对各种功能的充分集成。

当前，随着 Ethernet 网络技术的快速进步及成本的降低，Ethernet/IP 的应用越来越广泛。

（3）Modbus-IDA 工业以太网。

Modbus 协议原为 PLC 产品的通信协议，后来 Modbus 协议将 Web Server、Ethernet 和 TCP/IP 等技术引入应用协议，2002 年 5 月，以 Schneider 公司为代表的 Modbus 组织发布了 Modbus TCP/IP 规范。

Modbus TCP/IP 使用简单方式，把 Modbus 信息帧嵌入 TCP 信息帧，直接面向连接，并要求返回响应。这种请求/响应技术很符合 Modbus 的主站/从站特性。这是一种系统规模可伸缩的方案，可连接 10～100 个网络节点。

IDA（Interface for Distributed Automation）组织在 Ethernet、TCP/IP 的基础上推出了一种分布式自动化接口标准，依此标准可建立基于 Ethernet 和 Web 的分布式智能控制系统。

Modbus 组织与 IDA 组织都希望建立基于 Ethernet TCP/IP 和 Web 互联网技术的分布式智能控制系统，Modbus 与 IDA 的工业以太网技术结合的 Modbus-IDA 通信协议模型体现了它们各自的工业以太网技术的特点。

（4）FF HSE 工业以太网。

基金会现场总线（FF）最早是为过程自动化而设计的，涵盖低速总线 H1 和高速总线 H2，在工业自动化水平与多媒体技术的发展中，控制网络中的实时信息数据越来越多，高速总线 H2 也无法满足其需求。因此，基金会现场总线抛开 H2 总线，结合成熟的高速商用以太网技术，开发了高速现场总线-基金会（High Speed Ethernet，HSE）现场总线，并于 2000 年 3 月发布了 HSE 的最终规范。

HSE 基于 Ethernet+TCP/IP 协议，能在 100Base-T 以太网上运行，同时支持低速总线 H1 的所有功能。

HSE 是一种低成本、高速率的过程控制网络，能够运用在大型带有层次调度控制功能和仪表电气综合控制功能的系统中。

HSE 有以太网现场设备、链接设备、网关设备、主机设备，这些设备能对系统进行组态、监控和管理，将 H1 总线连接到 FF-HSE 网络上，对接其他标准总线，连接 PLC 和高速 I/O 设备。

HSE 可以通过交换设备、路由器、双绞线或光纤等连接起来，建立一个 HSE 总线控制网络。

HSE 不但有灵活的功能块技术、灵活的网络和设备冗余形式，而且开放性好、速度快。

【任务实施】

1. 工业以太网的定义是什么？

_____
_____
_____

2. 请列举你所接触过的工业以太网协议。

_____
_____
_____

4.2　常见的工业通信协议

通信协议，即通信规程，也叫链路控制规程，通常指通信双方必须共同遵守的，在进行数据传送时对传送步骤、检验纠错方式、控制字符定义、数据格式、同步方式、传送速度等问题做出的统一规定。

工业通信协议是指工业控制中进行通信的双方在通信、服务时必须遵循的规则和约定。

工业现场常用的仪表通信协议有 Modbus 通信协议、RS232 通信协议、RS485 通信协议、HART 通信协议、MPI 通信、串口通信、PROFIBUS 通信、工业以太网、ASI 通信、PPI 通信、远程无线通信、TCP、UDP、S7、PROFIBUS、POFINET、MPI、PPI、PROFIBUS-DP、DeviceNet、Ethernet 等。

4.2.1 工业以太网网络通信系统的组建

【任务目标】

根据企业需求，组建 S7-1500 的 S7 通信协议的工业以太网网络通信系统。

【任务准备】

硬件与软件列表如表 4-1 所示。

表 4-1 硬件与软件列表

名　称	数　量	订　货　号
PM190 W 120/230 VAC	1	6EP1333-4BA00
CPU 1511-1	1	6ES7511-1AK00-0AB0
存储卡 2GB	1	6ES7954-8LP01-0AA0
CPU 317-2 PN/DP	1	6ES7317-2EK14-0AB0
SCALANCE X208	1	6GK5208-0BA10-2AA3
PM190 W 120/230 VAC	1	6EP1333-4BA00
TIA PORTAL V16	1	—
Windows 10 专业版	1	—

【知识链接】

S7 通信协议是西门子使用的标准通信协议，可在 SIEMENS S7 系列产品之间使用。

所有 SIMATIC S7 和 C7 控制器都集成了用户程序可以读写数据的 S7 通信服务。S7-400 控制器使用 SFB，S7-300 和 C7 控制器使用 FB。无论使用哪种总线系统，都可以应用这些功能块，即在以太网、PROFIBUS 和 MPI 网络中都可以使用 S7 通信协议。

S7 通信按组态方式可分为单边通信和双边通信。

（1）客户端（Client）和服务器（Server）单边通信。

如果通信的对象无法组态 S7 通信，也不能停机，更不想增加通信组态和程序，那么我们可以选择单边通信。

S7 单边通信，即客户-服务器结构（Client/Server）模式，它是西门子中最常用的通信方式。当进行 S7 单边通信时，只需要在客户端一侧进行配置和编程，在服务器一侧只需要准备好需要访问的数据，不需要任何编程（服务器的"服务"功能是由硬件提供的，不需要对软件进行任何设置）。

可将客户端看作资源的索取者，而服务器是资源的提供者。服务器通常是 S7-PLC 的 CPU，它的资源就是其内部的变量、数据等。客户端通过 S7 通信协议对服务器的数据进行读取或写入操作。

客户端只是 S7 通信中的一个角色，很多基于 S7 通信的软件都在扮演客户端的角色，如 OPC Server，虽然它的名字中有 Server，但是在 S7 通信中，它其实扮演的是客户端的角色。

总体而言，客户-服务器结构的数据流动是单向的，只有客户端能操作服务器的数据，而服务器不能对客户端的数据进行操作。

在西门子 S7-300 PLC 的单边通信中，使用 FB14（PUT）和 FB15（GET）进行数据发送和接收，将这两个指令都放在"建立主动连接"侧，如图 4-1 所示。

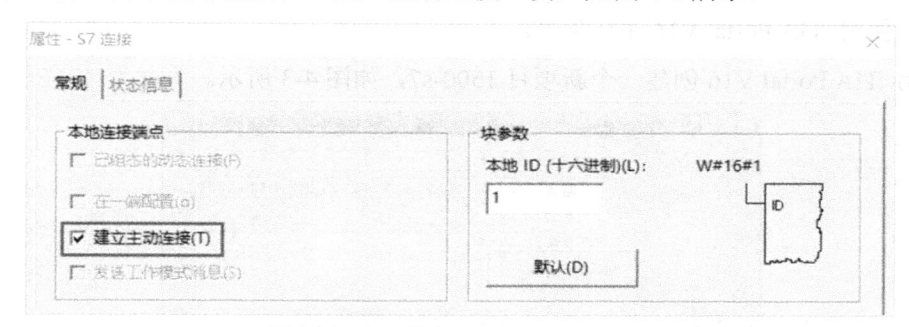

图 4-1　S7-300 PLC 中 S7 单边通信的"建立主动连接"

（2）伙伴（Partner）/伙伴（Partner）双边通信。

在 S7 通信中进行双向数据操作时，要使用伙伴（Partner）/伙伴（Partner）双边通信模式。

该通信方式要求通信双方都进行配置和编程。通信需要先建立连接，主动请求建立连接的是主动伙伴（Active Partner），被动等待建立连接的是被动伙伴（Passive Partner）。建立通信连接后，通信双方都可以发送或接收数据。

在西门子 S7-300 PLC 的双边通信中，使用 FB12（BSEND）和 FB13（BRECV）进行数据发送和接收。当一方调用发送指令时，另一方必须同时调用接收指令才能完成数据传输。

【任务实施】

以下介绍了两个 S7-1500 在一个项目中，操作 S7-1500 通过 S7 通信协议进行工业以太网通信的组态配置过程，通过 S7-1500 Client 将通信数据区 DB1 块中的 2 字节的数据发送到 S7-1500 Server 的接收数据区 DB1 块中，S7-1500 Client 将 S7-1500 Server 发送数据区 DB2 块中的 2 字节的数据读到 S7-1500 Client 的接收数据区 DB2 块中。

1. 网络拓扑结构

网络拓扑结构如图 4-2 所示，1513-1 PN PLC（192.168.0.1）与 1515-2 PN CPU（192.168.0.2）进行 S7 通信。

图 4-2　网络拓扑结构

2. 组态配置

（1）使用 TIA Portal V16 生成项目。

使用 TIA Portal V16 创建一个新项目 1500-s7，如图 4-3 所示。

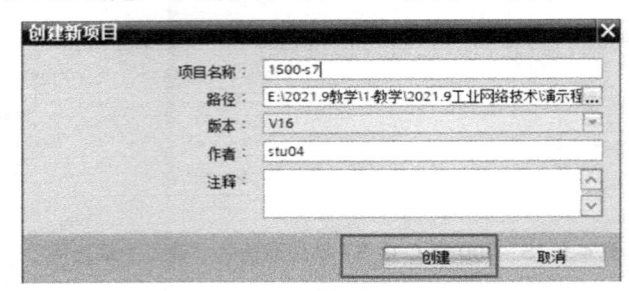

图 4-3　创建新项目

通过"添加新设备"组态 S7-1500 Client，选择 CPU 513-1AL01-0AB0（Client IP:192.168.0.1）；接着组态另一个 S7-1500 Server，选择 CPU 515-2AM00-0AB0（Server IP:192.168.0.2），如图 4-4、图 4-5 和图 4-6 所示。

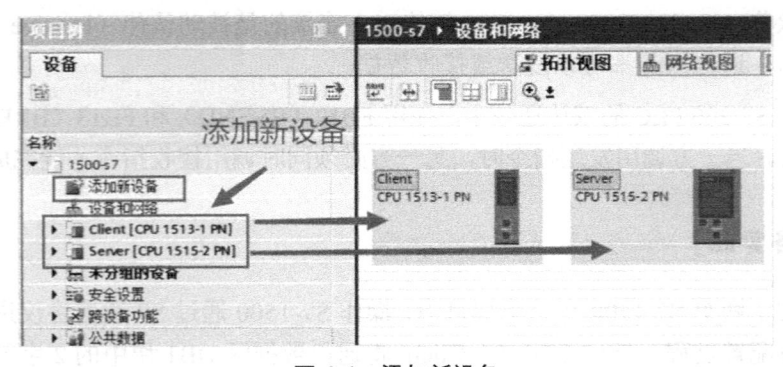

图 4-4　添加新设备

项目 4　工业通信协议配置

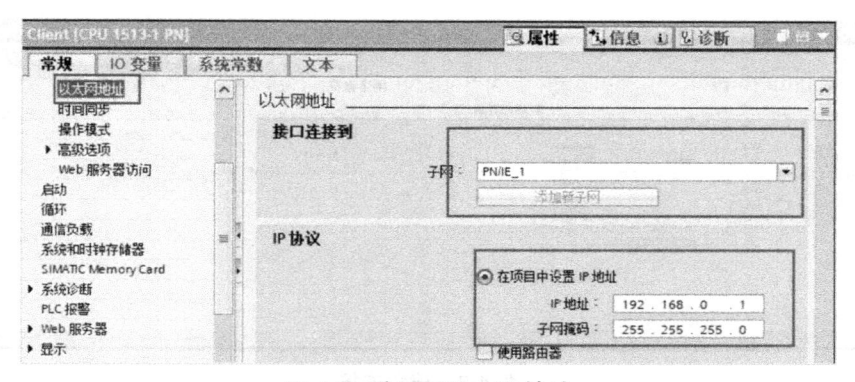

图 4-5　分配 Client IP 地址

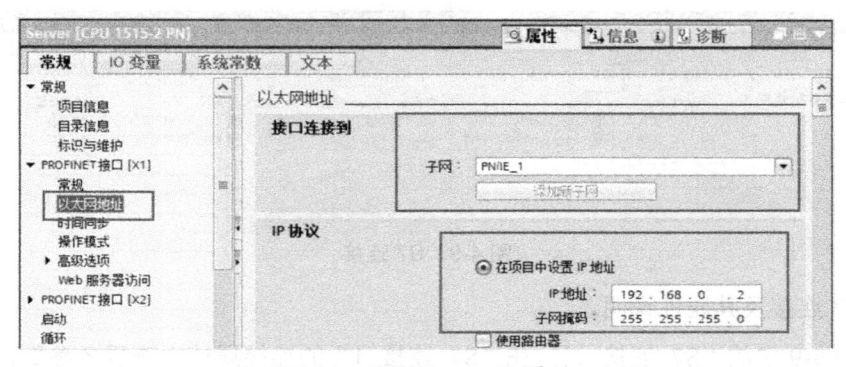

图 4-6　分配 Server IP 地址

设置 Server 站的连接机制，如图 4-7 所示。

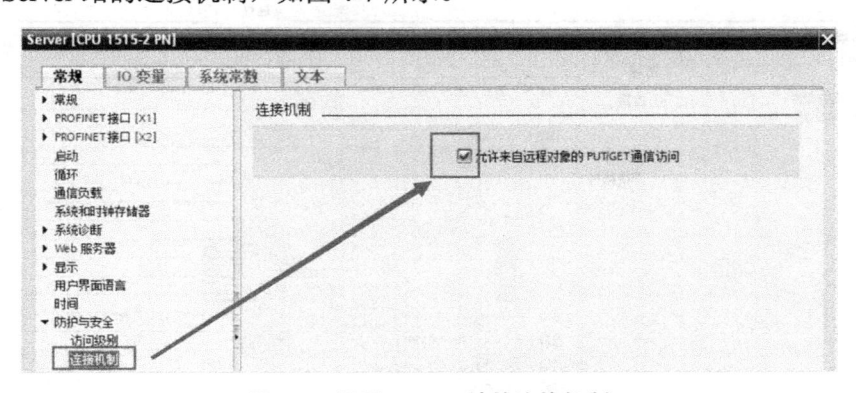

图 4-7　设置 Server 站的连接机制

（2）网络配置，组态 S7 连接。

在设备组态中选择"网络视图"，进行网络配置，单击左上角的"连接"图标，在连接框中选择"S7 连接"，然后单击选中"Client"（客户端）绿色网口，将其拖动至对象"Server"的绿色网口处松手，建立"S7_连接_1"，如图 4-8 所示。

在中间栏的"连接"条目中，可以看到已经建立的"S7_连接_1"，如图 4-9 所示。

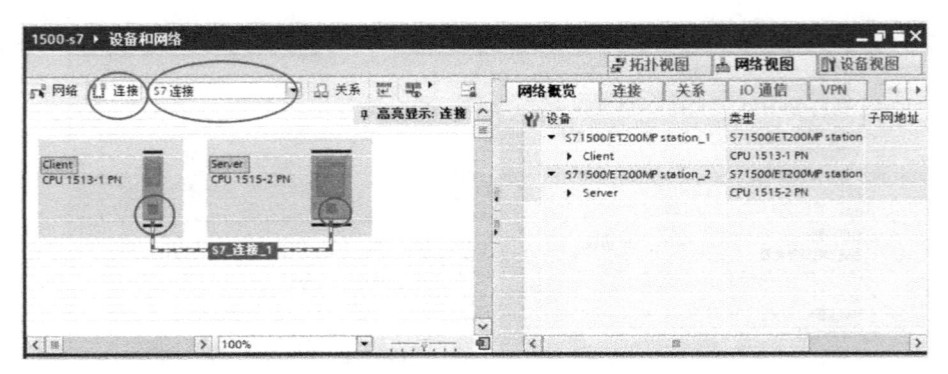

图 4-8 建立连接

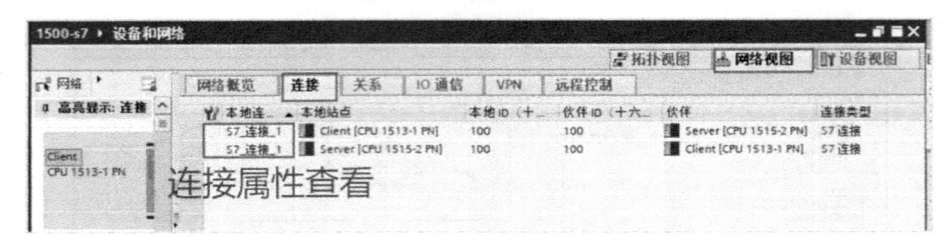

图 4-9 S7 连接

（3）S7 连接及其属性说明。

单击图 4-9 中的"S7_连接_1"，在"S7_连接_1"的连接属性中查看各参数，如连接双方的设备、IP 地址，S7 连接常规属性如图 4-10 所示。

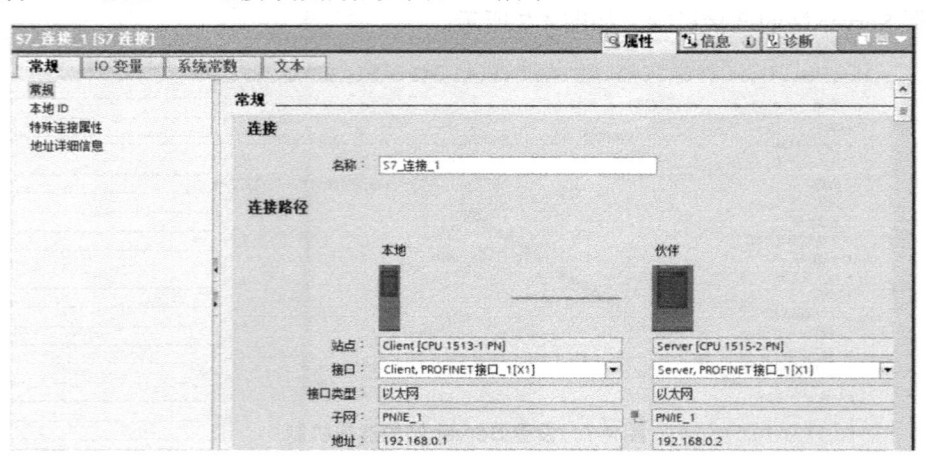

图 4-10 S7 连接常规属性

在"本地 ID"中，显示通信连接的 ID 号，这里，ID=W#16#100（编程使用），如图 4-11 所示。

在"特殊连接属性"中，可以选择是否为"主动建立连接"，这里，Client 是"主动建立连接"的，如图 4-12 所示。

在"地址详细信息"中，定义通信双方的 TSAP 号，这里不需要修改，如图 4-13 所示。

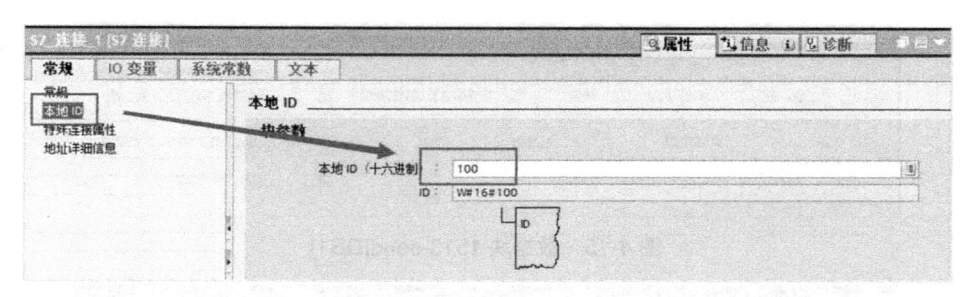

图 4-11 通信连接 ID

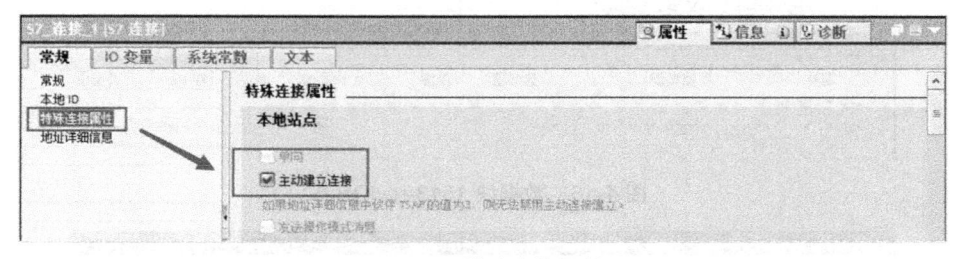

图 4-12 特殊连接属性

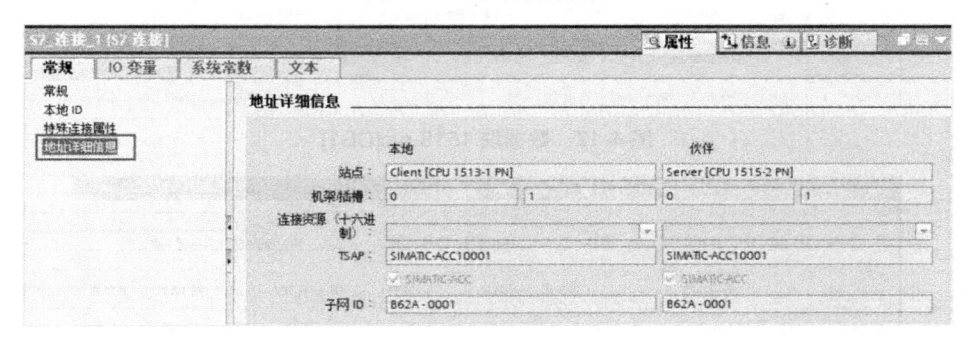

图 4-13 TSAP 号

配置完网络连接后,双方都编译存盘并下载。如果通信连接正常,那么连接状态如图 4-14 所示。

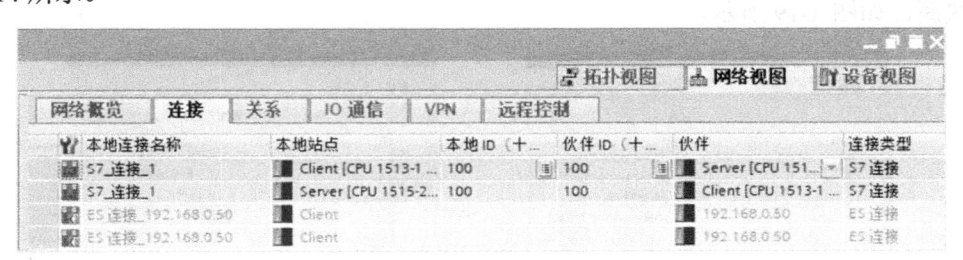

图 4-14 连接状态

(4)编程。

在 S7-1500 两侧,分别创建发送数据块和接收数据块 DB1 和 DB2,将其定义成 2 字节的数组,如图 4-15、图 4-16、图 4-17 和图 4-18 所示。

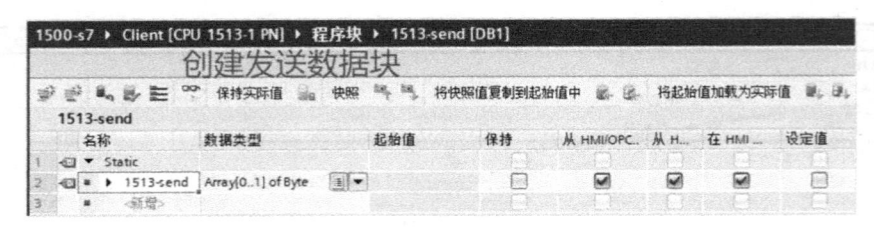

图 4-15　数据块 1513-send[DB1]

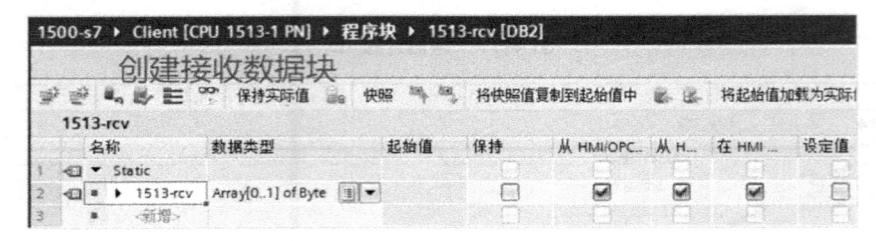

图 4-16　数据块 1513-rcv[DB2]

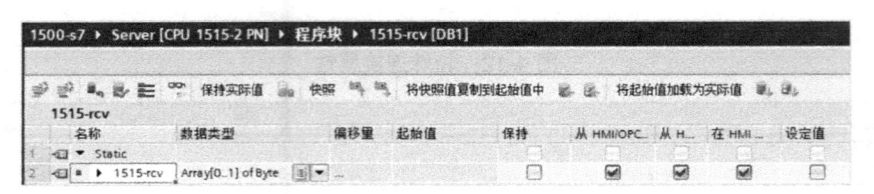

图 4-17　数据块 1515-rvc[DB1]

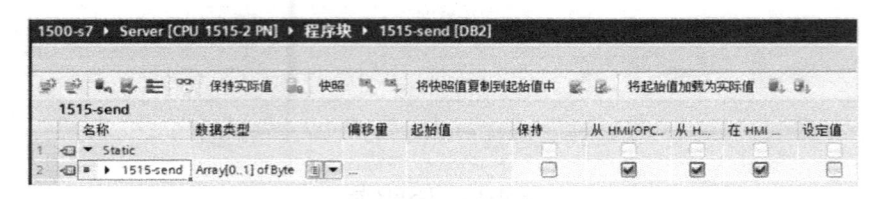

图 4-18　数据块 1515-send[DB2]

注意：在两个 PLC 的数据块的属性中，需要选择非优化块访问，即把默认的勾选去掉，数据块属性如图 4-19 所示。

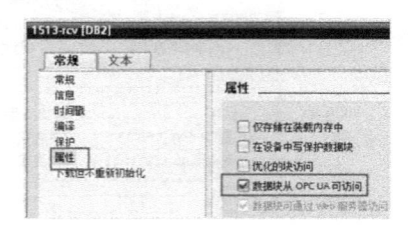

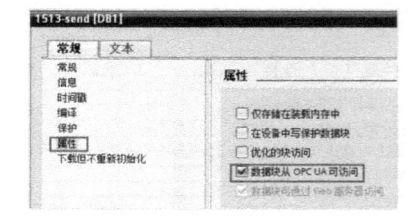

图 4-19　数据块属性

右击项目"1500-s7"，单击"属性"，勾选"块编译时支持仿真。"，这样在没有真实 PLC 设备的情况下也可以实现仿真验证，如图 4-20 和图 4-21 所示。

在主动建立连接侧 Client CPU 编程，设置时钟存储器字节的地址为 100，在编程时可启用 M100.5 作为通信触发使能，如图 4-22 所示。

项目 4　工业通信协议配置

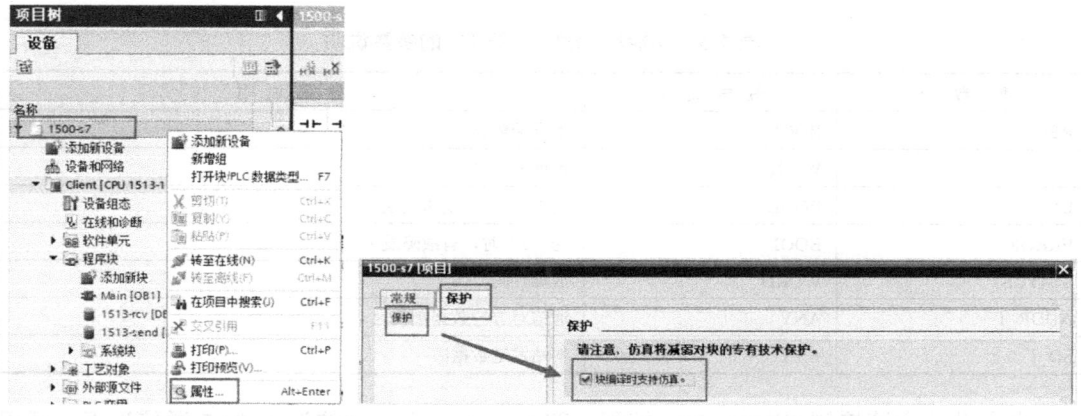

图 4-20　PLC 属性

图 4-21　设置块编译时支持仿真

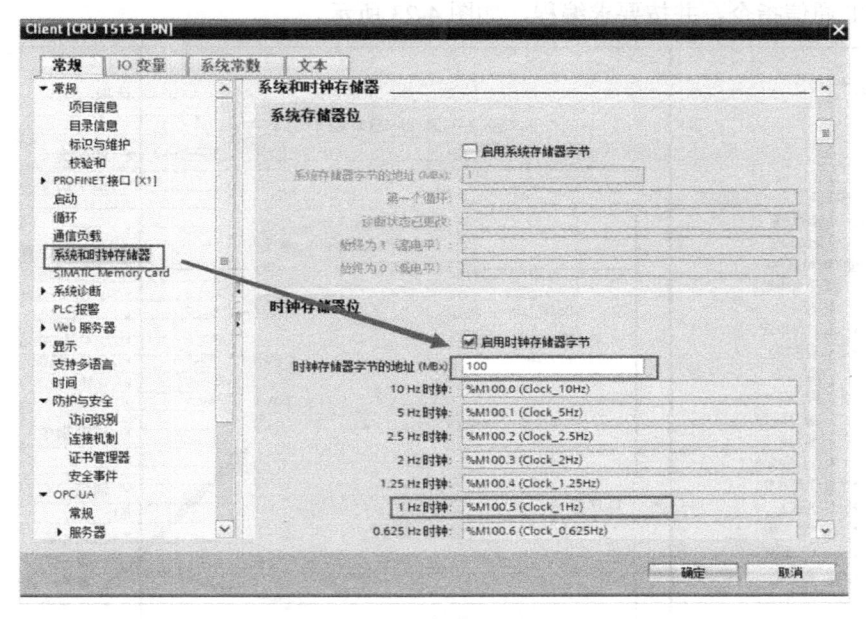

图 4-22　时钟存储器

功能块 FB14"PUT"的参数说明和功能块 FB15"GET"的参数说明如表 4-2 和表 4-3 所示。

表 4-2　功能块 FB14"PUT"的参数说明

参　数　名	数　据　类　型	参　数　说　明
REQ	BOOL	上升沿触发工作
ID	WORD	地址参数 ID
NDR	BOOL	为"1"时，接收新数据
ERROR	BOOL	为"1"时，有故障发生
STATUS	WORD	故障代码
ADDR_1	ANY	从通信对方的数据地址中读取数据
RD_1	ANY	本站接收数据区

表 4-3 功能块 FB15 "GET" 的参数说明

参 数 名	数 据 类 型	参 数 说 明
REQ	BOOL	上升沿触发工作
ID	WORD	地址参数 ID
DONE	BOOL	为 "1" 时，发送完成
ERROR	BOOL	为 "1" 时，有故障发生
STATUS	WORD	故障代码
ADDR_1	ANY	通信对方的数据接收区
SD_1	ANY	本站发送数据区

在主动建立连接侧 Client CPU 编程，双击 OB1，在 "通信" → "S7 通信" 下，调用 GET、PUT 通信指令，并按要求编程，如图 4-23 所示。

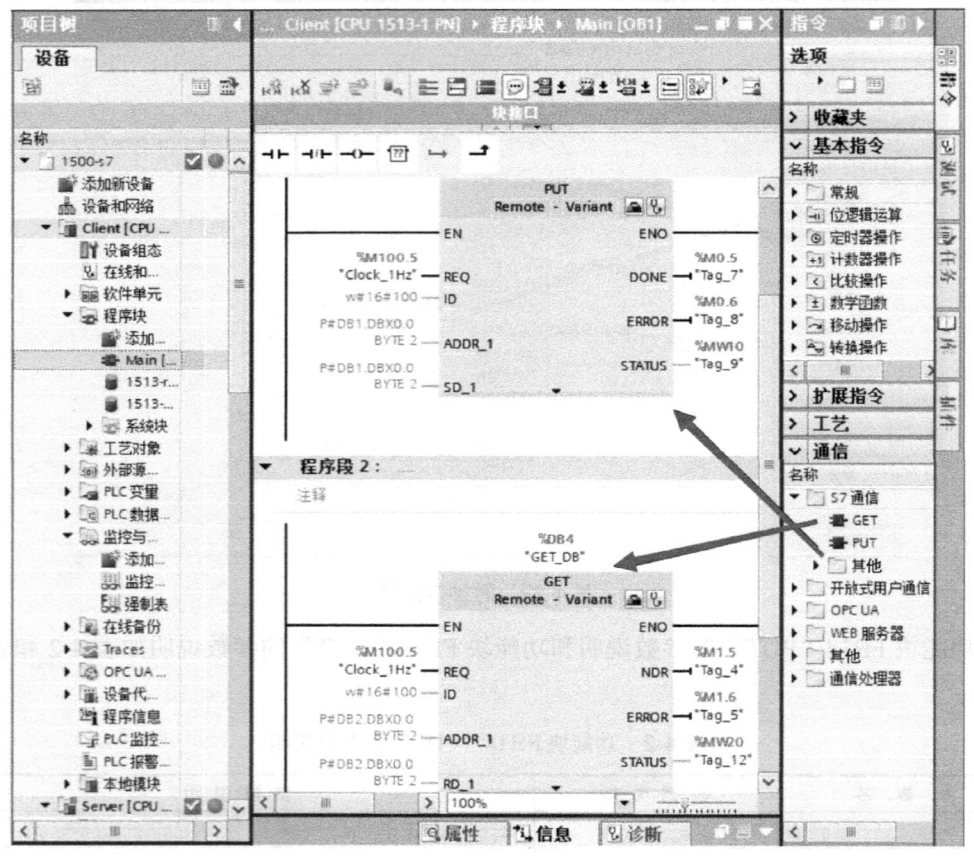

图 4-23 调用通信指令

（5）下载。

单击选中 "Client[CPU1513-1 PN]"，下载 PLC 程序，单击选中 "Server[CPU1515-2 PN]"，下载 PLC 程序，如图 4-24 所示。

项目 4　工业通信协议配置

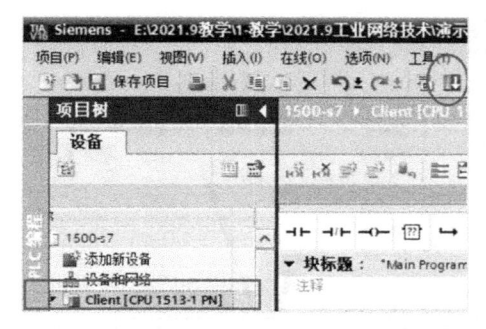

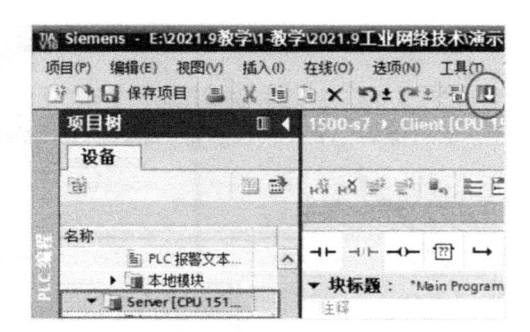

图 4-24　下载 PLC 程序

如果没有实际设备,那么可以启动仿真,进行下载测试,如图 4-25 所示。

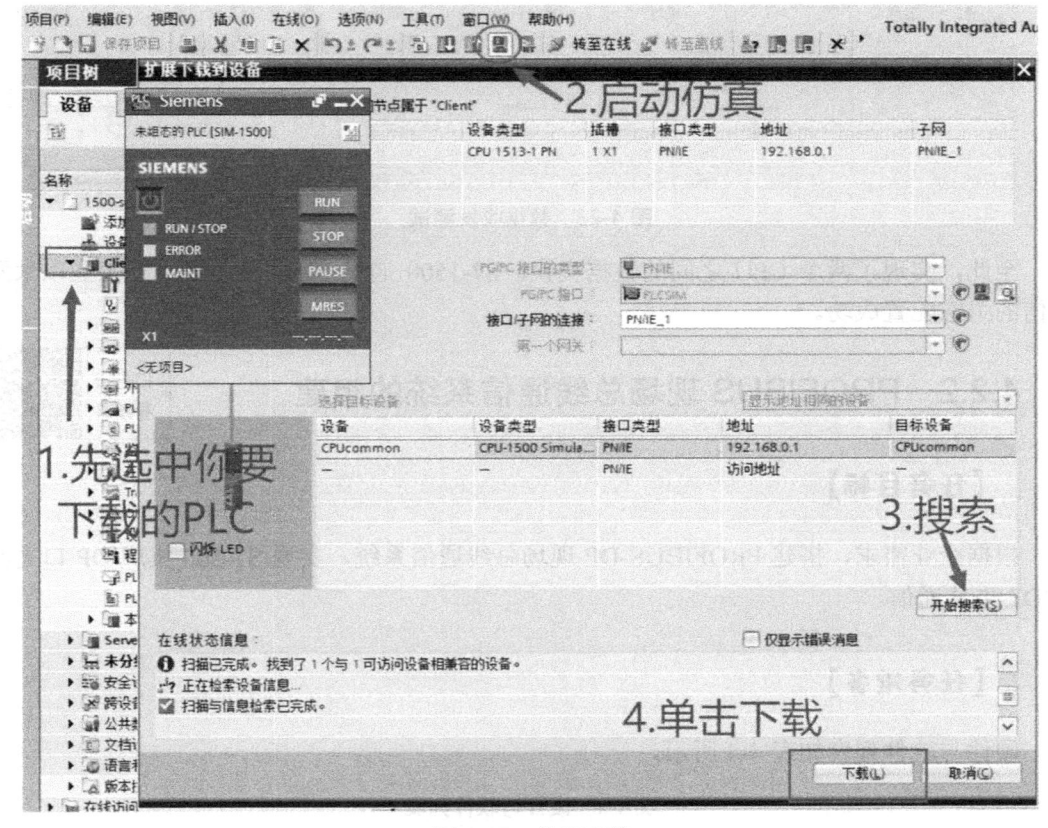

图 4-25　仿真下载

(6) 监控结果。

分别打开两个 PLC 的监控表进行设置。单击开启监控,单击一次性修改所选定值,进行收发数据测试。

如图 4-26 所示,数据块 1513-send[DB1]的数据 16#01、16#02 被发送到 1515-rev[DB1],数据块 1515-send[DB2]的数据 16#03、16#04 被发送到 1513-rev[DB2]。

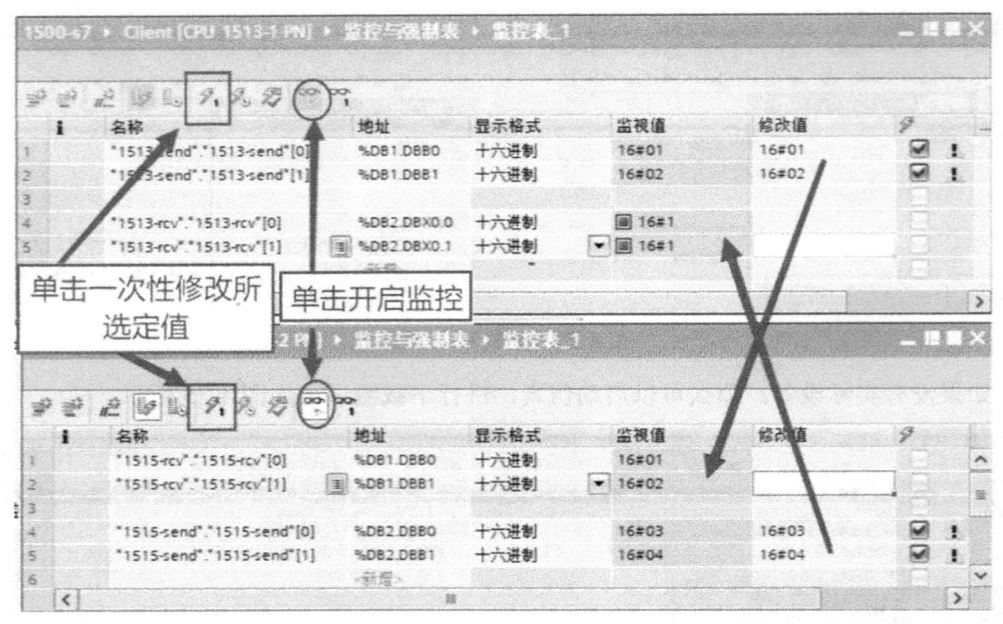

图 4-26　数据收发测试

至此，实现了两个 CPU 之间的数据交换，S7-1500 通过 S7 通信协议进行工业以太网通信的组态配置成功。

4.2.2　PROFIBUS 现场总线通信系统的组建

扫一扫
看微课

【任务目标】

根据企业需求，搭建 PROFIBUS-DP 现场总线通信系统，实现 S7-300 集成 DP 口之间的 DP 主从通信。

【任务准备】

硬件与软件列表如表 4-4 所示。

表 4-4　硬件与软件列表

名　　称	数　　量	订　货　号
电源模块 PS307	1 块	6ES7 307-1EA00-0AA0
CPU 315-2DP	1 块	6ES7 315-2AH14-0AB0
CPU 315-2PN/DP	1 块	6ES7 315-2EH14-0AB0
DP 电缆及接头	2 根	—
TIA PORTAL V16	1 套	—
Windows 10 专业版	1 套	—

【知识链接】

1. 编程软件

S7-300 系列 PLC 的编程软件可以用 STEP7 V5.6SP1 中文版，也可以用博图 TIA PORTAL V16 版本。

2. S7-300 PLC 简介

1）S7-300 概述

S7-300 是西门子生产的模块化的中小型 PLC 产品，品类多样，应用广泛，可满足中等性能的控制要求。各种 CPU 模块、信号模块和功能模块的配合能实现多样自动控制任务，其模块化设计非常利于维修维护。S7-300 PLC 指令功能丰富，多达几百条，包括位逻辑、比较、定时、计数、整数和浮点数运算等。

2）S7-300 PLC 系统的组成及安装

（1）中央处理单元（CPU）。

中央处理单元分为标准型、紧凑型、技术功能型、故障安全型、户外型几种类型。

（2）电源模块（PS）。

（3）信号模块（SM）。

（4）功能模块（FM）。

（5）通信模块（CP）。通信模块使 CPU 端口得到扩展，使不同 PLC 之间、PLC 与计算机和其他智能设备之间通过 CP 模块实现通信更加灵活、更加多样化。

（6）接口模块（IM）。IM 可以使其他机架上的模块与主机架相连。

（7）导轨。实现 PLC 等各类模块的安装固定。

S7-300 各模块的安装如图 4-27 所示。

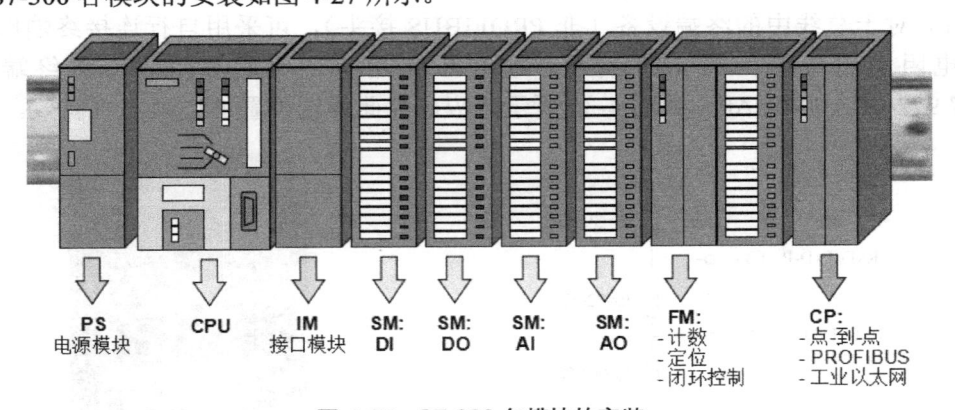

图 4-27　S7-300 各模块的安装

3）S7-300 PLC CPU 的开关与指示灯

S7-300 PLC CPU 的开关与指示灯如图 4-28 所示。

（1）模式选择开关。

RUN-P：可编程运行模式。

RUN：运行模式。

STOP：停机模式。

MRES：存储器复位模式。

（2）状态及故障显示。

SF（红色）：系统出错/故障指示灯。

BATF（红色）：在 CPU313、CPU314 中指示电池故障。

DC5V（绿色）：+5V 电源指示灯。

FRCE（黄色）：强制作业有效指示灯。

RUN（绿色）：运行状态指示灯。

STOP（黄色）：停止状态指示灯。

BUS DF（BF）（红色）：在 DP 接口的 CPU 设备中指示总线错误。

SF DP：在 DP 接口的 CPU 设备中指示 DP 接口错误。

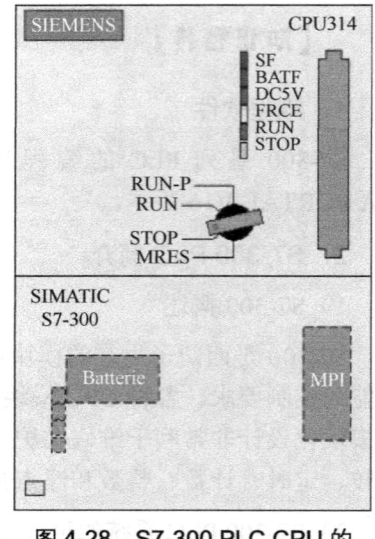

图 4-28　S7-300 PLC CPU 的开关与指示灯

3. PROFIBUS 接线

相对 PN 接口，DP 接口的连接部件更复杂，特别是双出线，因为出线角度不同，所以形式也不同。MPI 与 RPOFIBUS-DP 网络用到相同的部件：PROFIBUS 电缆和网络连接器。对于 PROFIBUS 电缆，分为 PROFIBUS FC（Fast Connect 快速连接）和 Standard 电缆。

4. PROFIBUS 接头及终端电阻

（1）对于总线中的终端设备（非 PROFIBUS 接头），可采用自行连接终端电阻，终端电阻的组成图如图 4-29 所示，也可以采用有源终端电阻，有源终端电阻（6ES7 972-0DA00-0AA0）如图 4-30 所示，应确保此终端位置的电阻一直有效。

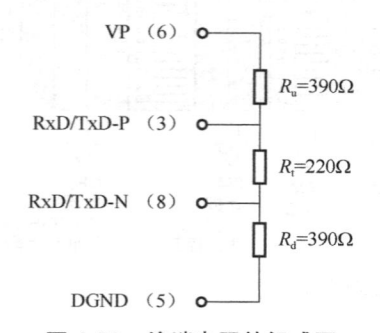

VP（6）

$R_u = 390\Omega$

RxD/TxD-P（3）

$R_t = 220\Omega$

RxD/TxD-N（8）

$R_d = 390\Omega$

DGND（5）

图 4-29　终端电阻的组成图　　　　图 4-30　有源终端电阻

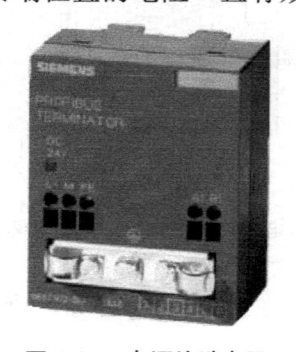

（2）当处于终端位置的设备掉站或人为关闭时，标准接头上的电阻也随之失效。因此整体网络在此终端将缺失终端电阻，并可能导致整体网络发生故障。

（3）如果将 CPU 放置在总线网络的中间位置，如图 4-31 所示，那么将终端电阻拨到 OFF 挡位。

如果 PROFIBUS 电缆断了或 PROFIBUS 电缆不够长，可以把两根电缆接起来。可使用如图 4-32 所示的一对接头来连接两根需要接起来的电缆，也可使用中继器连接。

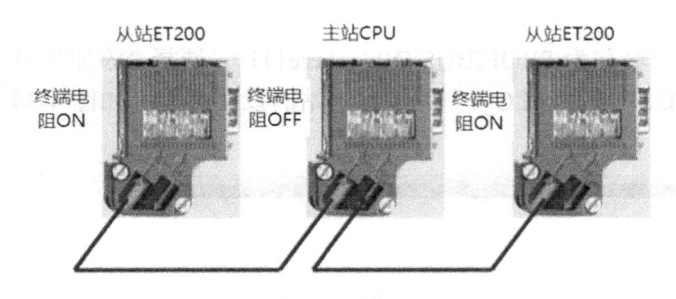

图 4-31 将终端电阻拨到 OFF 挡位

图 4-32 一对接头

5. PROFIBUS 总线安装规范

这里就 PROFIBUS 的安装注意事项进行介绍。

（1）PROFIBUS 网络中有主站、从站及中继设备，最多可连接 127 个物理节点。

（2）每个网段支持 32 个物理设备（节点），若超过此数量，则需要增加中继器，每个网络最多有 3 个中继器。

（3）网络支持多主站，但在同一网络中，不建议多于 3 个主站。

（4）PG 的地址编号通常是 0，主站地址编号是 1~2，某些从站的默认地址编号是 126，广播地址编号是 127，从站通常不占用这些编号，因此从站还可以连接 124 个 DP 从站，站号一般为 3~125。

【任务实施】

PROFIBUS-DP 从站可以是 ET200 系列的远程 I/O 站，也可以是一些智能从站，如带集成 DP 接口和 PROFIBUS 通信模块的 S7-300 站、S7-400 站（V3.0 以上）都可以作为 DP 的从站。下面在一个项目中，以一个 CPU315-2DP 和一个 CPU315-2PN/DP CPU 之间的 PROFIBUS 主从通信为例介绍连接智能从站的组态方法。

1. 组态编程

（1）硬件连接。

硬件连接如图 4-33 所示。

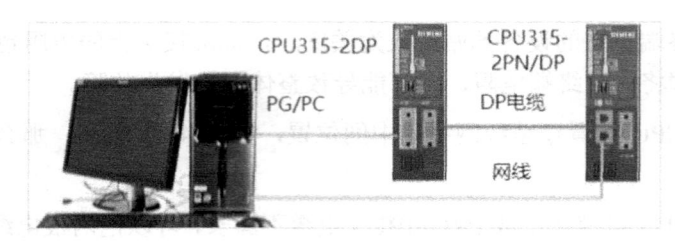

图 4-33 硬件连接

（2）配置 DP 主站。

在 TIA 中创建一个新项目（项目名称为 PROFIBUS DP I_slave111），选择"添加新设备"→"控制器"，选择正确的 CPU 型号，"PLC_1"为 DP 主站的设备名称，如图 4-34 所示。

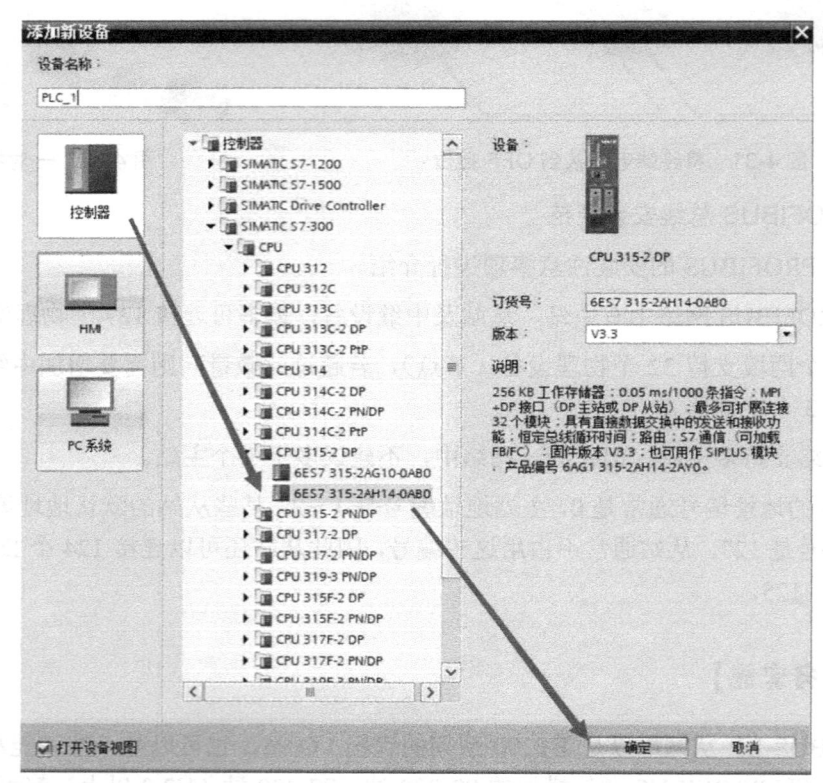

图 4-34 添加新设备

在"设备视图"中选择 CPU 的 DP 接口，单击"添加新子网"，自动生成子网 PROFIBUS_1，地址为 2，传输率为 1.5Mbps，如图 4-35 所示。

（3）配置智能从站。

在已有的项目 PROFIBUS DP I_slave111 中选择"添加新设备"→"控制器"，选择正确的 CPU 型号，"PLC_2"为 DP 从站的设备名称，如图 4-36 所示。

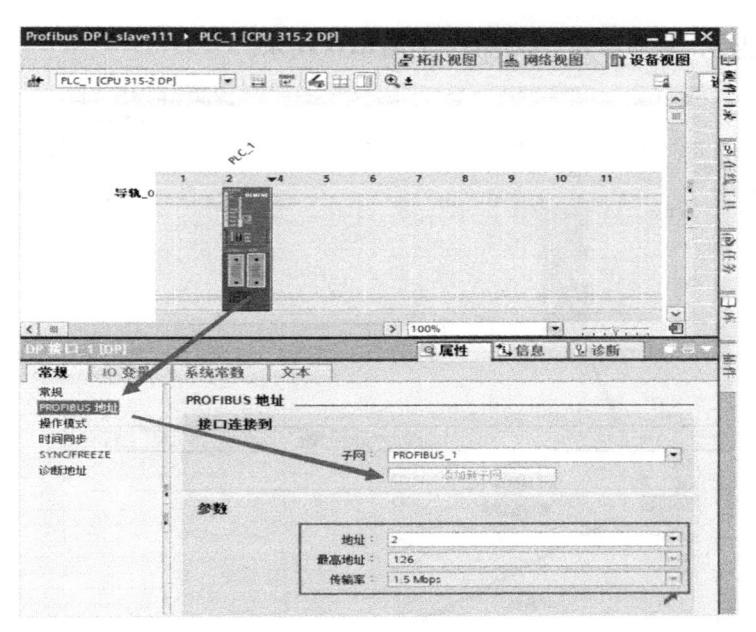

图 4-35　添加新子网

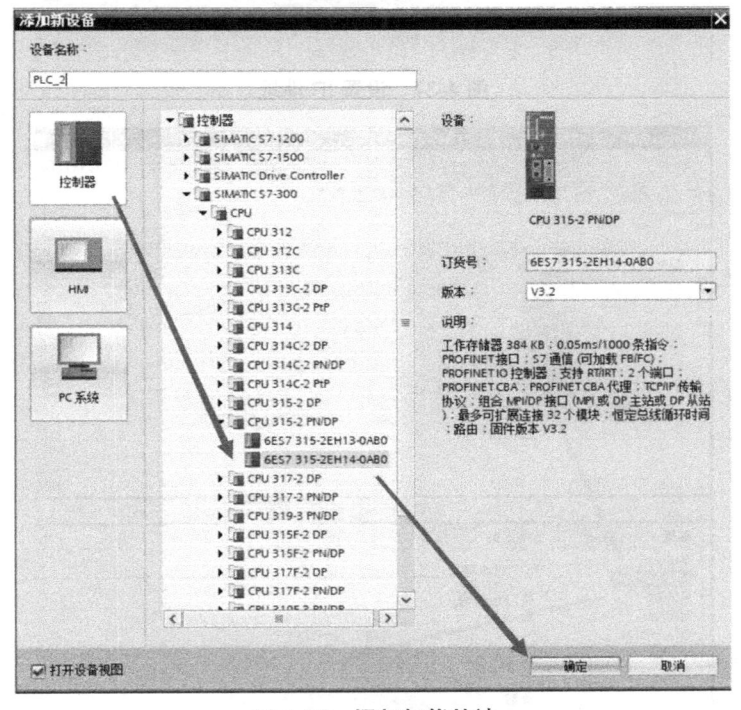

图 4-36　添加智能从站

在"设备视图"中，选择 CPU 的 PN 接口，分配新的 IP 地址：192.168.0.1，如图 4-37 所示。

该 CPU 的 MPI/DP 接口需要设置为 DP 从站，选择 MPI 接口，将其添加到 PROFIBUS_1

子网上，地址为 3，传输率为 1.5Mbps，如图 4-38 所示。

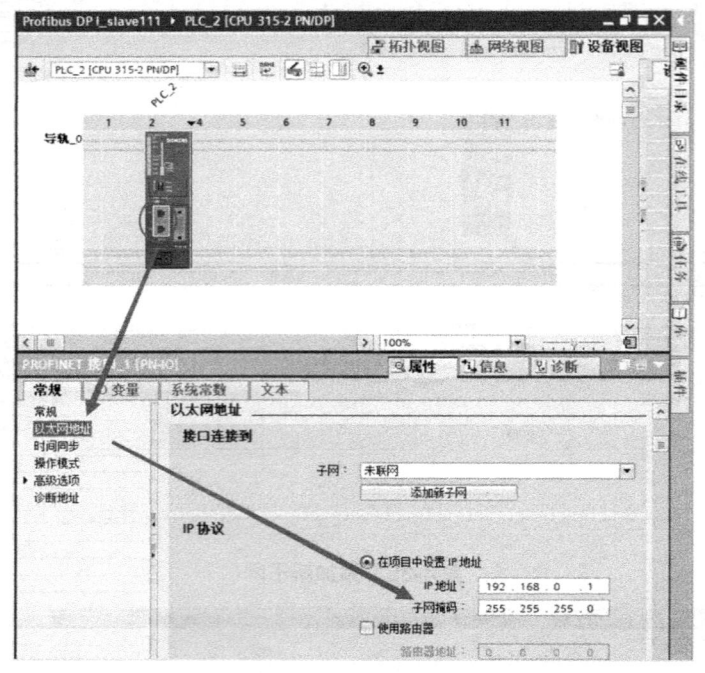

图 4-37 设置 IP 地址

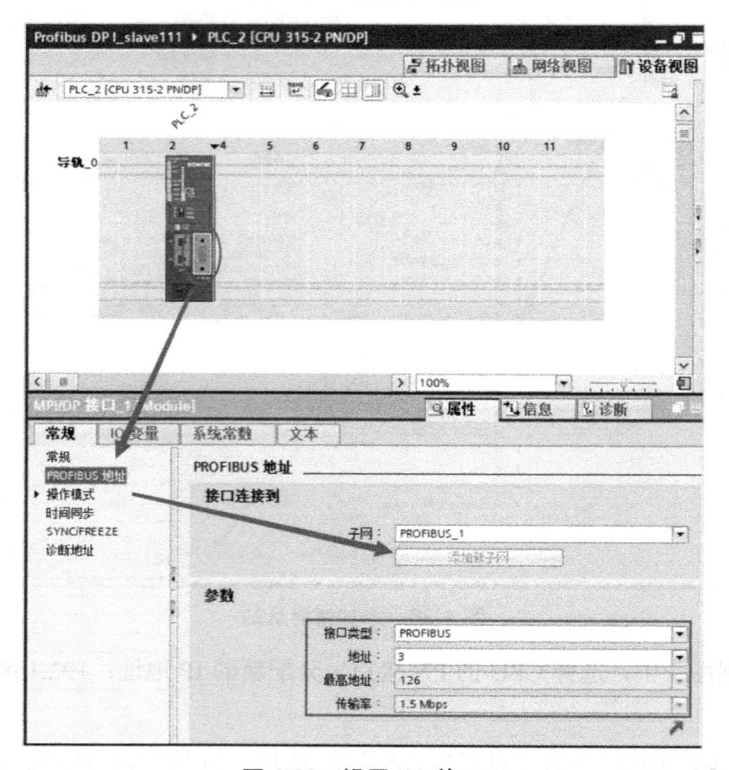

图 4-38 设置 DP 接口

项目 4 工业通信协议配置

（4）配置智能从站 IO 通信地址。

需要将 CPU 315-2PN/DP 设置为从站，在"操作模式"下选择"DP 从站"，并将其分配给 PLC1 的 DP 接口；同时，在"智能从站通信"选项下添加两个传输区，将主站的 QB0～QB3 发送到从站的 IB0～IB3，将从站的 QB0～QB3 发送到主站的 IB0～IB3，如图 4-39 所示。

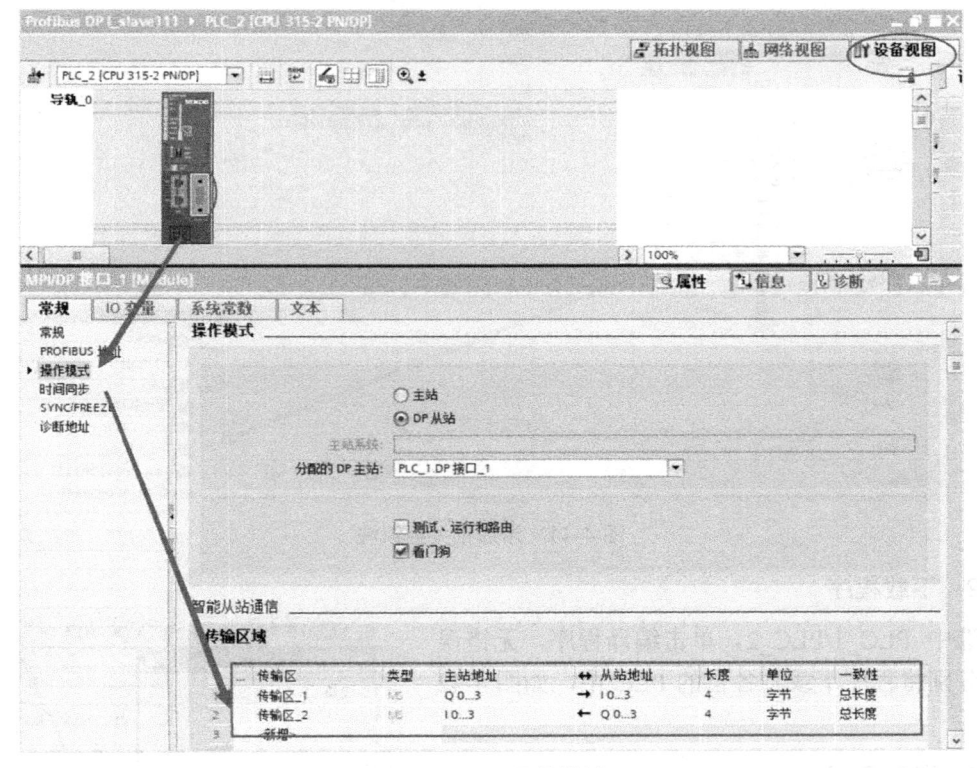

图 4-39 IO 通信地址

传输区_2 主站读取从站的 4 字节，传输区_1 主站发送 4 字节到从站，按长度保持数据的一致性。

单击网络视图，查看 PROFIBUS 站的 IP 地址是否分配正确，如图 4-40 所示。

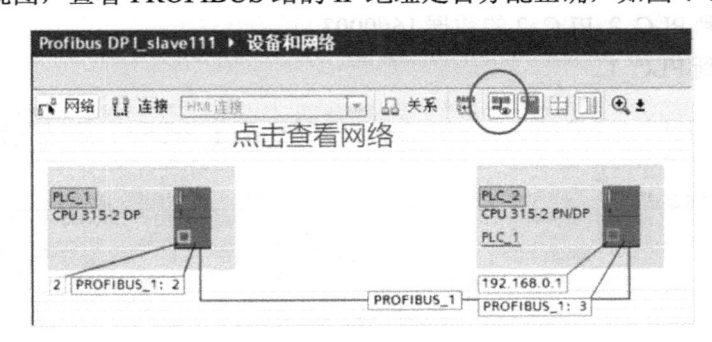

图 4-40 网络配置

（5）编程。

本例中使用的两套 CPU 之间为 DP 主从通信，需要给两个 CPU 都添加相关的组织块 OB82、OB86、OB122，防止 DP 通信中断时 CPU 停机，如图 4-41 所示。

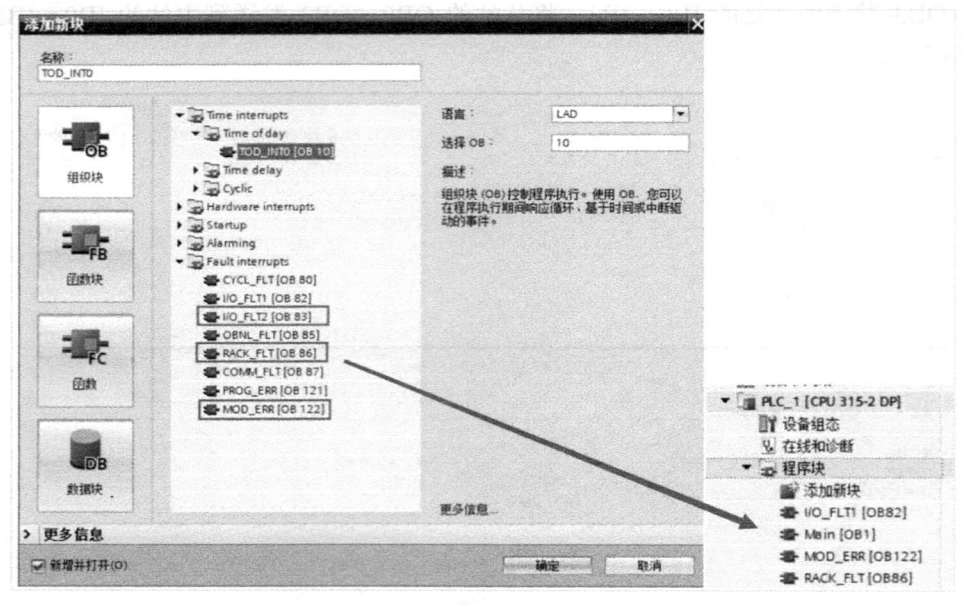

图 4-41　添加相关组织块

2. 下载程序

选中 PLC_1/PLC_2，单击编译程序，无错误后，分别将程序下载到各自的 PLC 中，如图 4-42 所示。

3. 通信测试

分别将 PLC_1 和 PLC_2 转到在线后，打开监控表监控交换的数据。

如图 4-43 所示，PLC_1 的数据 16#0001、16#0002 被发送到 PLC_2，PLC_2 的数据 16#0003、16#0004 被发送到 PLC_1。

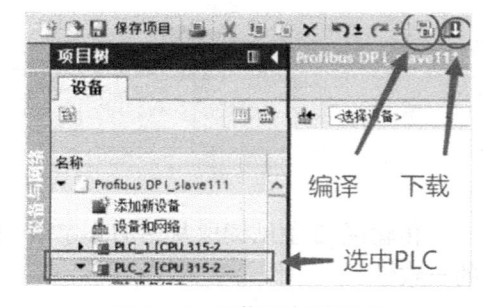

图 4-42　下载程序到 PLC

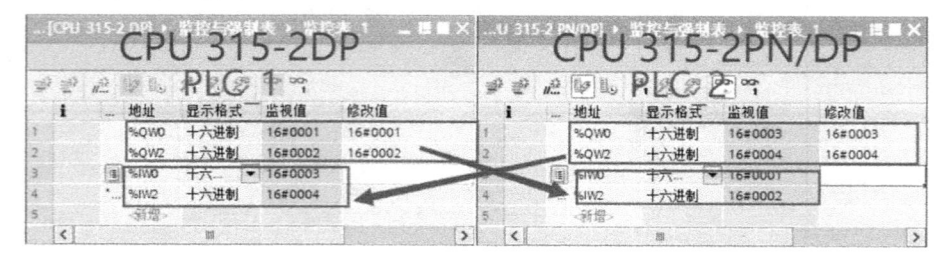

图 4-43　通信测试

至此，两个 CPU 之间实现了数据交换。S7-300 集成 DP 口之间的 DP 主从通信组态配置成功。

4.2.3 Modbus 现场总线通信系统的组建

【任务目标】

根据企业需求搭建 Modbus 现场总线通信系统，实现 Modbus RTU 指令主从通信。

【任务准备】

硬件与软件需求列表如表 4-5 所示。

表 4-5 硬件与软件需求列表

名 称	数 量	订 货 号
CPU1217C DC/DC/DC	1 块	6ES7 217-1AG40-0XB0
CPU1211C DC/DC/DC	1 块	6ES7 211-1AE40-0XB0
DP 电缆及接头	2 根	—
CM1241（RS422/S485）	2 块	6ES7 241-1CH32-0XB0
TIA PORTAL V16	1 套	—
Windows 10 专业版	1 套	—

【知识链接】

1. Modbus 的数据通信方式

Modbus 的数据通信方式是主从通信，主设备可以是 PC、PLC 或其他工业控制设备，可以单独与从设备通信，也可以通过广播方式与所有从设备通信。在 Modbus 通信网络中，主设备采用查询/回应的方式进行通信，主设备向从设备发送消息，单独进行通信时，从设备接收消息后根据主设备的消息进行相应的应答，从设备的回应由 Modbus 信息帧构成。若主设备以广播方式查询，则从设备不需要回应。

在 Modbus 通信系统中，采用 RTU 通信方式的节点不会与采用 ASCII 通信方式的节点进行通信，反之亦然。模式的选择由设备决定。

2. Modbus RTU 通信

为了与从设备进行通信，主设备会发送 1 段包含设备地址、功能代码、数据段、CRC 校验码的信息。RTU 信息帧报文格式如表 4-6 所示。

表 4-6 RTU 信息帧报文格式

设备地址码	功 能 代 码	数 据 段	CRC 校验码
1 字节	1 字节	N 字节	2 字节

(1) 设备地址。

信息帧中的设备地址码在第 1 字节，该字节代表了从站用户设置地址，在通信系统中，每个从站地址码是唯一的，主站与从站的设备地址码对应，才能产生接发信息动作。

当从站返回信息时，相应的从站地址码表明该信息来自何处。设备地址码是一个 0～247 之间的数字，发送给地址 0 的信息可以被所有从站接收。但是数字 1～247 是特定设备的地址，相应地址的从站总是会对 Modbus 信息进行反应，这样主站就知道这条信息已经被从站接收了。

(2) 功能代码。

功能代码是通信传送的第 2 字节，定义了从设备应该执行的命令，如读取数据、接收数据、报告状态等，如表 4-7 所示。有些功能代码还拥有子功能代码。从站响应主站的发送请求，从站通过功能代码执行相应动作，从站在响应时，从站发送的功能代码与主站得到的代码一样，表明已完成主站的操作。

功能代码的范围是 1～255，有些代码适用于所有控制器，有些代码只能应用于某种控制器，还有些代码被保留，以备后用。

表 4-7 功能代码表

功能代码	作 用	数 据 类 型
01	读开关量输出状态	位
02	读开关量输入状态	位
03	读取保持寄存器	整型、字符型、状态字、浮点型
04	读取输入寄存器	整型、状态字、浮点型
05	写单个线圈	位
06	写单个寄存器	整型、字符型、状态字、浮点型
07	读异常状态	8 个内部线圈的通断状态
08	返回诊断校验	重复返回信息
15	写多个线圈	位
16	写多个寄存器	整型、字符型、状态字、浮点型
YY	根据不同设备，最多可以有 255 个功能代码	—

(3) 数据段。

数据段中存储的是主站发送的信息，这些信息可以是数值、参考地址等，从站会执行相应动作或返回主站要采集的信息。

当主站发送的功能码不同时，对应的数据段信息也会不一样。从站不同，地址和数据信息也会不同。

例如，若功能代码告诉从站读取寄存器的值，则数据段必须包含要读取的寄存器的起始地址及读取长度。

项目 4　工业通信协议配置

（4）CRC 校验码。

循环冗余校验（Cyclic Redundancy Check，CRC）码是一种错误检测码，有 2 字节，由传输设备计算后自动加入消息中。接收设备重新计算收到消息的 CRC 校验码，并与接收到的 CRC 域中的值进行比较，如果两个值不同，那么表明有错误。在某些系统里，还需要对数据进行奇偶校验，奇偶校验对每个字符都可用，而帧的检测 CRC 校验码应用于整个消息。

【任务实施】

S7-1200 支持 Modbus RTU 通信模式的模块可作为 Modbus RTU 主站，也可作为 Modbus RTU 从站。下面以 CPU1215C DC/DC/DC 和 CM1241 RS485 模块为例，介绍 S7-1200 Modbus RTU 主站与从站通信组态及编程步骤。

下面将 CPU 1217 作为 Modbus RTU 主站，将 CPU 1211 作为 Modbus RTU 从站，实现 S7-1200 PLC 两个串口通信模块 CM1241 RS422 与 CM1241 RS485 之间的 Modbus RTU 通信，主站读写从站数据。CPU 1217 ModbusRTU 主站读取从 CPU1211 Modbus RTU 从站保持寄存器 40001 地址开始的两个字长的数据，并将其存储到 DB3.DBW0 和 DB3.DBW2 中。

1. 组态配置 Modbus RTU 通信模块

（1）使用 TIA Portal V16 创建一个新项目 MODBUS_RTU，如图 4-44 所示。

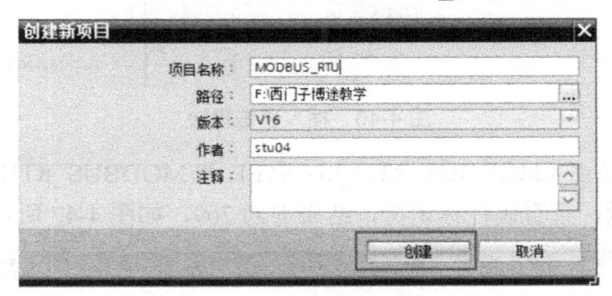

图 4-44　创建新项目

（2）选择"添加新设备"→"控制器"，选择正确的 CPU 型号 CPU1217(6ES7 217-1AG40-0XB0)，命名为 MODBUS_RTU_MASTER；选择 CPU 型号 CPU1211C(6ES7 211-1AE40-0XB0)，命名为 MODBUS_RTU_SLAVE，如图 4-45 所示。

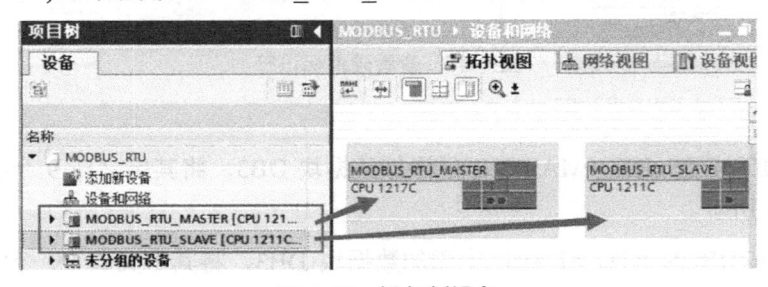

图 4-45　添加新设备

（3）插入通信模块。在 MODBUS_RTU_MASTER 和 MODBUS_RTU_SLAVE 的硬件目录里找到"通信模块"→"点到点"→"CM1241(RS422/485)"，双击或拖曳此模块至 CPU 左侧即可，插入通信模块如图 4-46 所示。

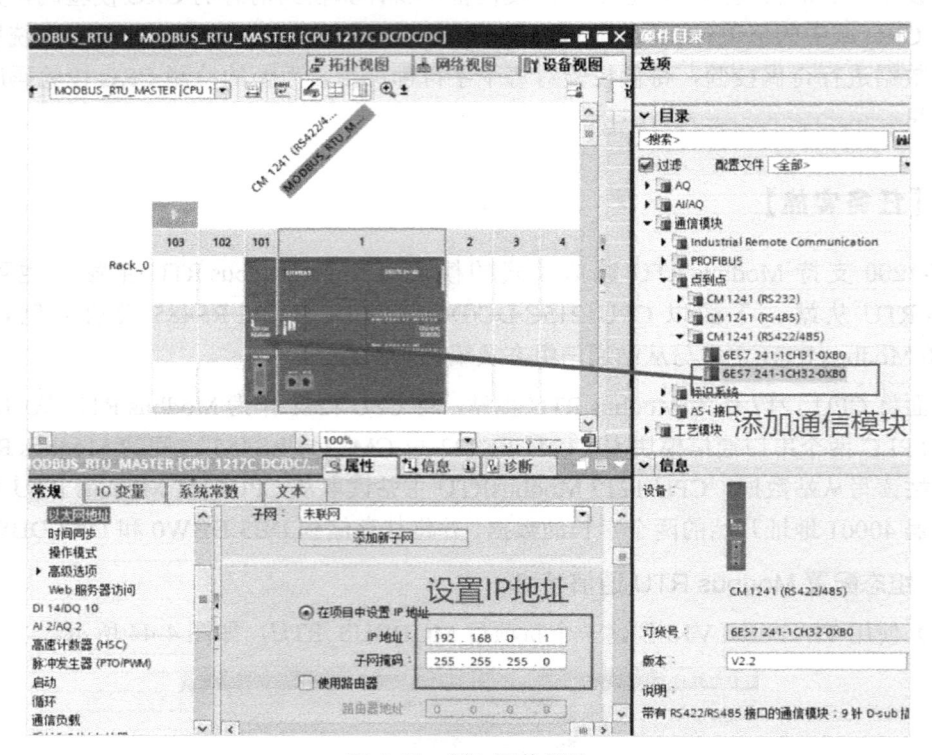

图 4-46　插入通信模块

打开两个 PLC 站点（MODBUS_RTU_MASTER 和 MODBUS_RTU_SLAVE）的默认变量表，单击系统常量，查看硬件标识符，结果都为 269，如图 4-47 所示。

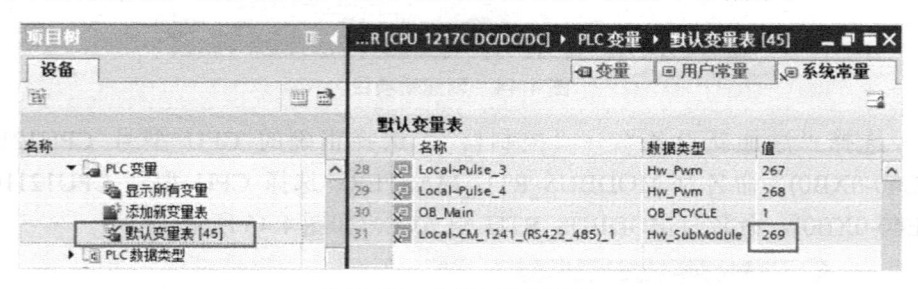

图 4-47　查看硬件标识符

2．编程

（1）在 MODBUS_RTU_MASTER 中添加数据块 DB3，将其定义成 9 个字的数组并编译，如图 4-48 所示。

（2）在 MODBUS_RTU_SLAVE 中添加数据块 DB3，将其定义成 99 个字的数组，如图 4-49 所示。

项目 4 工业通信协议配置

图 4-48 MASTER 数据块 DB3

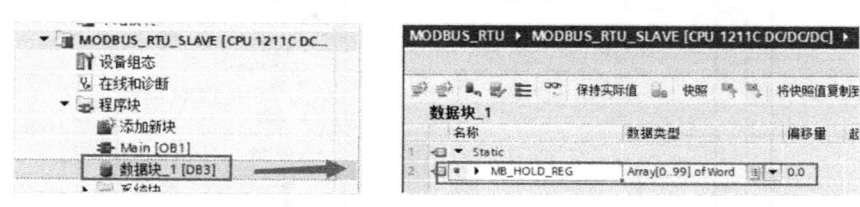

图 4-49 SLAVE 数据块 DB3

（3）分别在两个 PLC 站点的数据块的属性中选择非优化块访问（把默认的勾选去掉即可），如图 4-50 所示。

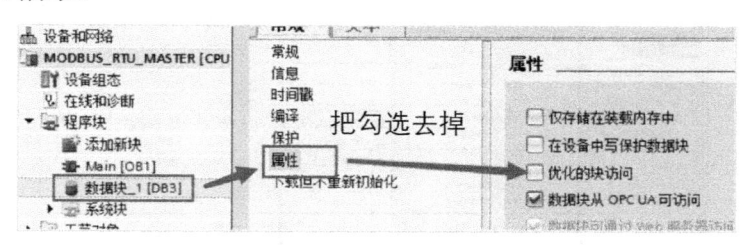

图 4-50 数据块属性

（4）在两个 PLC 站点的属性中，勾选"启用系统存储器字节"，将系统存储器字节的地址设为 1，如图 4-51 所示。

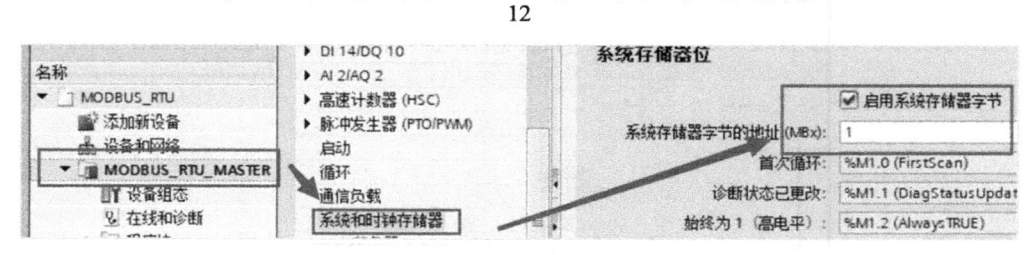

12

图 4-51 系统存储器字节

（5）双击 MODBUS_RTU_SLAVE 的 OB1，在"通信"→"通信处理器"→"MODUBUS(RTU)"下，调用 MODBUS_COMM_LOAD 初始化指令。调用指令时会自动弹出创建相应背景数据块的界面，单击"确认"为该指令创建背景数据块后，为各输入/输出引脚分配地址，如图 4-52 所示。

采用同样的方式，双击 MODBUS_RTU_MASTER 的 OB1，在"通信"→"通信处理器"→"MODUBUS(RTU)"下，调用 MODBUS_COMM_LOAD 初始化指令，单击"确认"，为该指令创建背景数据块后，为各输入/输出引脚分配地址，如图 4-53 所示。

93

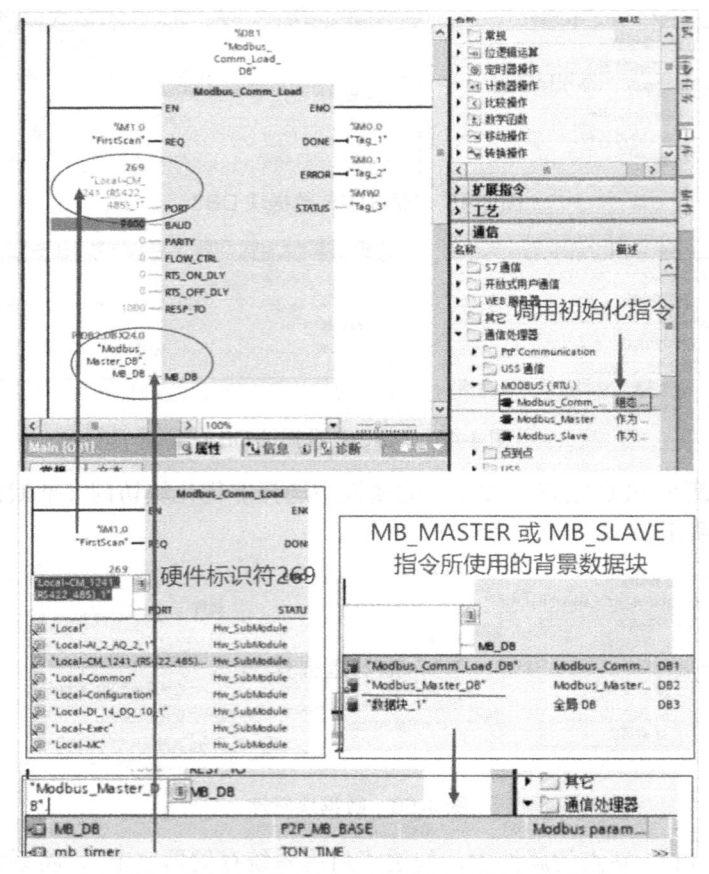

图 4-52 设置 MODBUS_COMM_LOAD 初始化指令

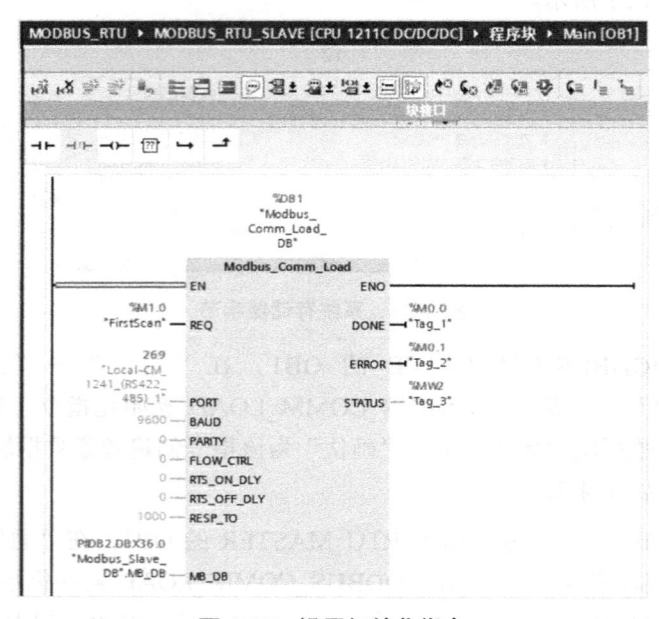

图 4-53 设置初始化指令

项目 4 工业通信协议配置

MB_COMM_LOAD 指令的参数意义如表 4-8 所示。

表 4-8 MB_COMM_LOAD 指令的参数意义

引 脚	说 明
EN	使能端
REQ	在上升沿执行该指令
PORT	通信端口的硬件标识符
BAUD	波特率（单位：bit/s）选择：3600、6000、12000、2400、4800、9600、19200、38400、57600、76800、115200（注意，所有其他值均无效）
PARITY	奇偶检验选择：0—无校验；1—奇校验；2—偶校验
FLOW_CTRL	流控制选择：0—（默认值）无流控制
RTS_ON_DLY	RTS 延时选择：0—（默认值）
RTS_OFF_DLY	RTS 关断延时选择：0—（默认值）
RESP_TO	响应超时：默认值=1000ms，表示 MB_MASTER 允许用于从站响应的时间
MB_DB	对 MB_MASTER 或 MB_SLAVE 指令所使用的背景数据块
DONE	完成位：指令执行完成且未出错置 1
ERROR	错误位：0—未检测到错误；1—检测到错误。在参数 STATUS 中输出错误代码
STATUS	端口组态错误代码

（6）分别单击两个 PLC 站点的"系统块"→"程序资源"→"Modbus_Comm_Load_DB"，把 MODE 的起始值改为 16#04，如图 4-54 所示。

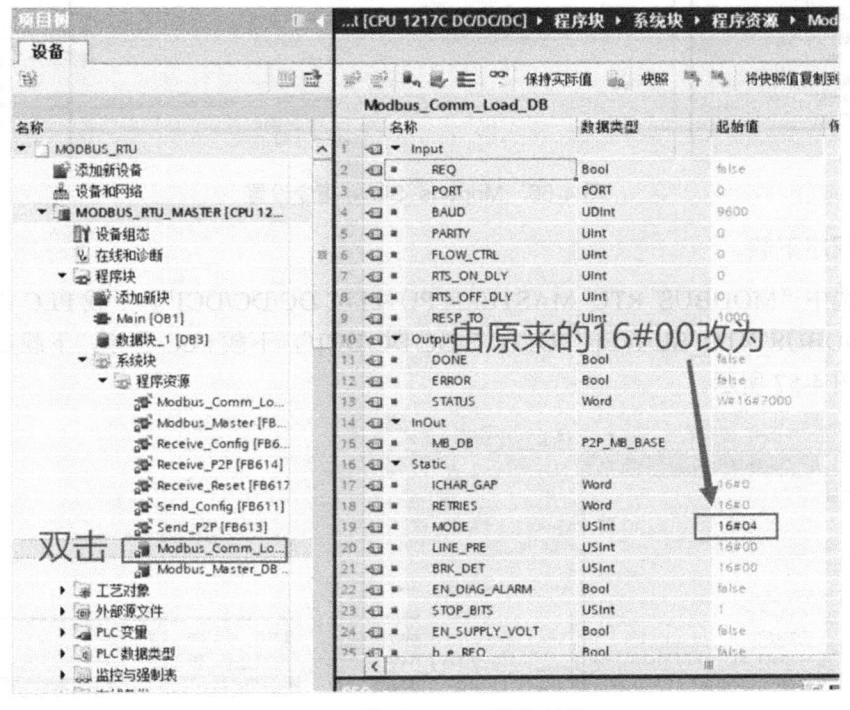

图 4-54 修改 MODE 的起始值

（7）双击 MODBUS_RTU_MASTER 的 OB1，在"通信"→"通信处理器"→"MODUBUS(RTU)"下调用 Modbus_Master，单击"确认"，为该指令创建背景数据块后，为各输入/输出引脚分配地址。按要求编程，Modbus_Master 指令设置如图 4-55 所示。

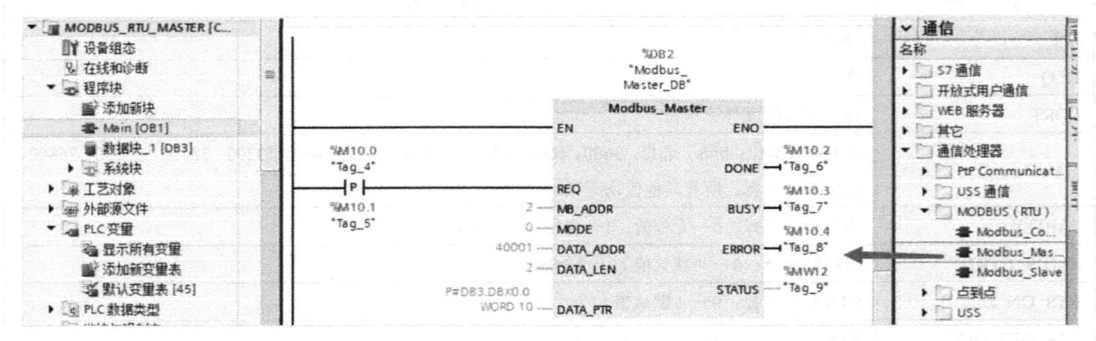

图 4-55 Modbus_Master 指令设置

双击 MODBUS_RTU_SLAVE 的 OB1，在"通信"→"通信处理器"→"MODUBUS(RTU)"下调用 Modbus_Slave，单击"确认"，为该指令创建背景数据块后，为各输入/输出引脚分配地址。按要求编程，Modbus_Slave 指令设置如图 4-56 所示。

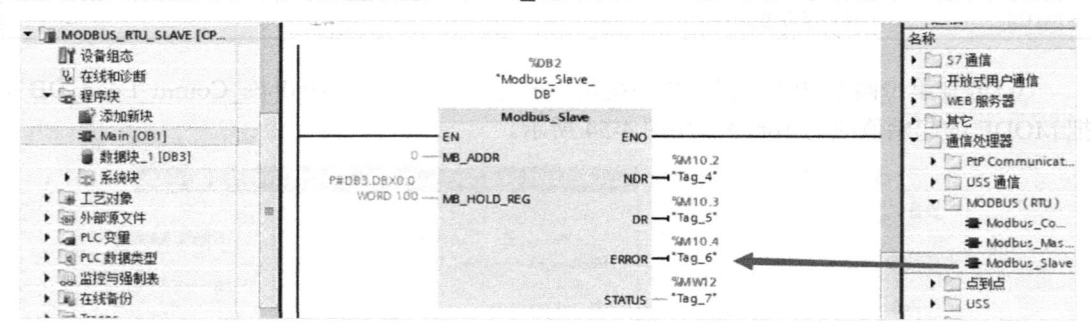

图 4-56 Modbus_Slave 指令设置

（8）程序下载。

单击选中"MODBUS_RTU_MASTER[CPU1217C DC/DC/DC]"，下载 PLC 程序；单击选中"MODBUS_RTU_SLAVE[CPU1211C DC/DC/DC]"，下载 PLC 程序，下载后转至在线模式，如图 4-57 所示。

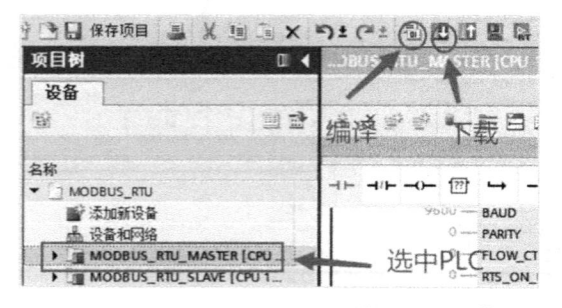

图 4-57 下载 PLC 程序

3. 通信测试

打开 MODBUS_RTU_SLAVE 的"监控与强制表",添加"监控表_1",输入地址%DB3.DBW0、%DB3.DBW2。%DB3.DBW0 的修改值为 16#0011,%DB3.DBW2 的修改值为 16#0022,如图 4-58 所示。单击开启监控表的监控,单击一次性修改所选定值。

图 4-58 监控表

打开 MODBUS_RTU_MASTER 的监控与强制表,添加监控表_1,输入 REQ 请求的地址 M10.0,输入地址%DB3.DBW0、%DB3.DBW2,单击开启监控表的监控。

地址%M10.0 的修改值为 1,单击一次性修改所选定值,%DB3.DBW0 的监视值变为 16#0011、%DB3.DBW2 的监视值变为 16#0022,如图 4-59 所示。

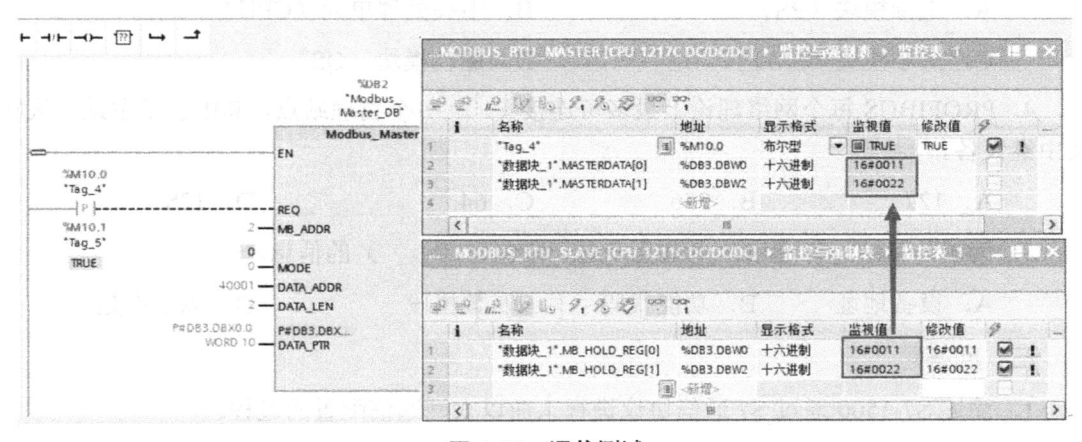

图 4-59 通信测试

至此,主站成功从从站读取到了从 40001 地址开始的两个字长的数据。Modbus RTU 指令主从通信组态配置成功。

〈思考与练习〉

一、填空题

1. Modbus 是一种_____通信协议,Modbus 的数据采用_____方式。

2. _____、_____、_____、_____及程序版本升级等,都将用到

程序上传。

3．执行将设备作为新站上传时，必须确认＿＿＿＿＿＿中没有配置与＿＿＿＿＿＿相同名称的站点，否则会拒绝上传。

4．S7-300 PLC 有三百多条指令，包括＿＿＿＿＿＿、＿＿＿＿＿＿、＿＿＿＿＿＿、＿＿＿＿＿＿、＿＿＿＿＿＿、整数和浮点数运算指令等。

5．对于网络终端的插头，其终端电阻开关必须放在＿＿＿＿＿＿位置；对于中间站点的插头，其终端电阻开关应放在＿＿＿＿＿＿位置。

二、选择题

1．工业以太网属于（　　）网络技术。

A．信息　　　　B．控制　　　　C．信息与控制　　　　D．以上都不是

2．PROFINET 是（　　）工业以太网标准。

A．开放的　　　　B．标准的　　　　C．实时的　　　　D．以上都是

3．S7-300 PLC 系统的组成不包括（　　）模块。

A．电源模块（PS）　　　　B．中央处理单元（CPU）

C．信号模块（SM）　　　　D．驱动模块（QS）

4．PROFIBUS 每个网络理论上最多可连接（　　）个物理站点，其中包括主站、从站及中继设备。

A．127　　　　B．256　　　　C．64　　　　D．128

5．为了与从站进行通信，主站会发送一段包含（　　）的信息。

A．设备地址　　　　B．功能代码　　　　C．数据段　　　　D．以上都是

三、问答题

1．简述 S7-1500 通过 S7 通信协议进行工业以太网通信配置的过程。

2．Modbus RTU 信息帧报文功能代码的作用是什么？

项目 5

工厂内部网络搭建

学习目标

1. 了解工厂内部网络的概念、结构和组成。
2. 了解有线网络和无线网络的关键技术。
3. 了解时间敏感网络（TSN）在工业互联网中的作用。
4. 能区分和应用 AP、AC、管理型交换机和非管理型交换机等网络设备。
5. 能实现无线组网，将无线终端设备与有线网络设备组成工厂内部网络。

情景故事

随着公司业务的发展和客户的不断变化，某电池生产企业的王总经理发现最近的订单出现从大批量、少品种的模式转向小批量、多品种的模式的情况。他向业界其他同行打听，发现大家现在都面临着这种订单转化的趋势。王总经理赶紧召集公司高层开会探讨，让大家针对这种情况找到高效率的解决方法。生产部李经理提议建立公司内部网络，把公司的采购、销售、生产和仓储等各部门的数据打通，加强生产管控，根据订单实时调整生产计划，以适应快速变化的订单需求。这个提议得到参会领导的一致赞同。王总经理交代生产部李经理抓紧落实。会后，李经理安排小张根据工厂的实际情况拿出工厂内部网络的组建方案。

项目描述

工厂已经建有 IT 信息网络，并且实现了内部网络和外部网络的分离。内部网络实现工厂内部各部门的连接。生产车间和办公大楼有一定的物理距离，已经通过光纤连入 IT 网络。目前急需将原有的 PLC 设备、传感器，以及新购入的一批射频标签、AGV 小车和智能仓储系统，以及笔记本、PAD 等无线办公设备连入网络，形成工厂内部网络，同时考虑到后续现场设备的增加，网络扩容需要简单方便，因此最终决定采用无线控制器 AC+无线接入点 AP 的分布式组网模式组建生产车间 OT 网络，并通过融合网关融合 OT 网络和 IT 网络，完成工厂内部网络的组建。

5.1 工厂内部网络

5.1.1 工厂内部网络的概念

【任务目标】

1. 了解工厂网络的概念。
2. 掌握工厂外部网络和工厂内部网络的概念和区别。

【任务准备】

调研工厂内部网络的现状。

【知识链接】

在谈工厂内部网络之前,我们先看看工厂网络的定义。工厂网络是对工厂的网络的总称。工厂网络和互联网的融合形成了工业互联网,并使工业互联网呈现为以产品、生产设备、用户、智能设备、OT(控制)网络、IT(信息)网络和外部协作配套企业这 7 类互联主体和 9 种互联类型为特点的互联体系,如图 5-1 所示。

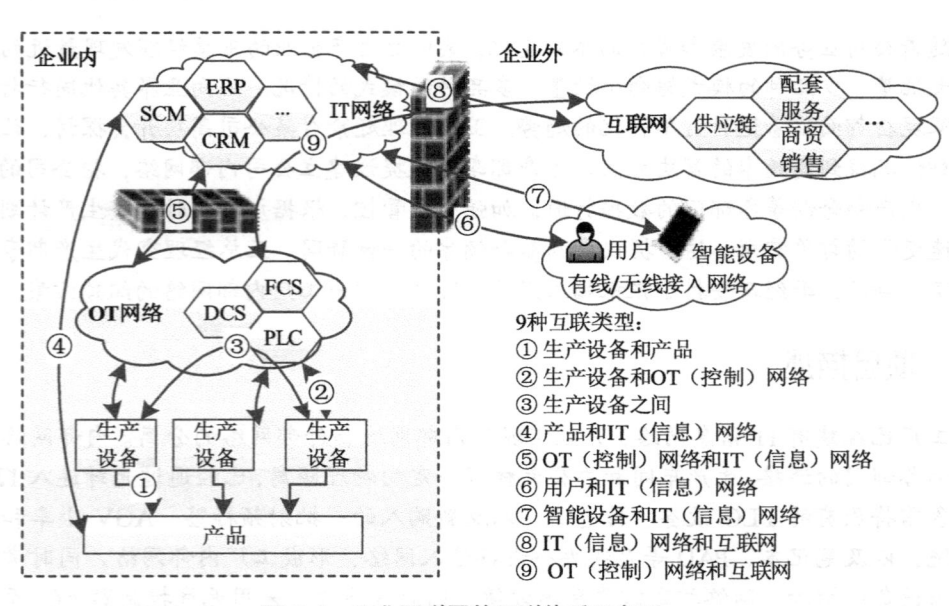

图 5-1 工业互联网的互联体系示意图

图 5-2 所示为工厂内部网络构成示意图。工厂网络根据网络部署的位置可以分为工厂外部网络和工厂内部网络，工厂外部网络是指以支撑工业全生命周期各项活动为目的，用于连接企业上下游之间、企业与外部智能设备之间、企业与外部用户之间的网络。工厂内部网络是指在工厂或园区内部，用于生产要素互联及企业信息化管理系统之间连接的网络，具体而言就是连接生产、管理及决策等部门，实现企业生产数据实时共享，为企业生产经营提供高效支撑的网络。工厂内部网络是随着生产过程的自动化、数字化和信息化而出现的产物。

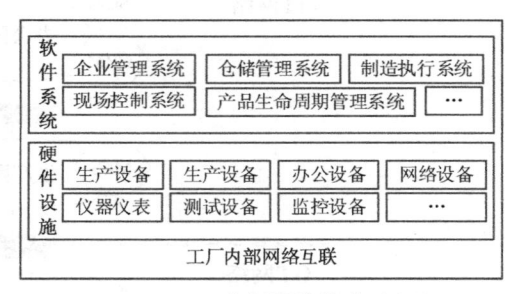

图 5-2 工厂内部网络构成示意图

【任务实施】

1. 工厂网络包含_____7 类互联主体，反映了_____9 种互联类型，根据网络部署位置可以分为_____和_____两种网络。

2. 你觉得工厂内部网络和工厂外部网络可以直接相连吗？如果不行，请阐述一下原因。

_____
_____
_____

5.1.2 工厂内部网络的结构

【任务目标】

1. 清楚工厂内部网络的结构组成。
2. 区分 IT 网络和 OT 网络的不同及其各自的组成。

【任务准备】

调研现有工厂内部网络的问题。

【知识链接】

如图 5-3 所示，目前大部分工厂内部网络呈现两层三级结构。

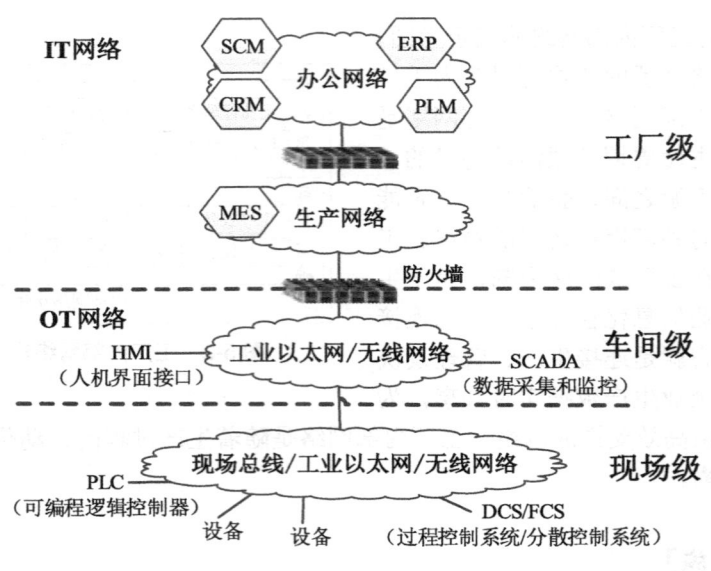

图 5-3　工厂内部网络结构

（1）两层是指存在 IT 网络和 OT 网络两层技术异构的网络，其中，IT 网络是指工厂信息网络，主要由 IP 网络构成，通过网关设备与互联网和生产现场的网络实现互联和安全隔离；OT 网络是工业控制网络，用于连接生产现场的控制器，如可编程逻辑控制器（PLC）、过程控制系统（DCS）、分散控制系统（FCS）等，以及传感器、服务器、监测控制设备等部件。

（2）三级是指根据工厂管理层次划分，一般分为现场级、车间级、工厂级三个层级，每层之间的网络配置和管理策略相互独立。

【任务实施】

1. 工厂内部网络包含_____和_____两层网络，这两个网络是（A. 同构　B. 异构）网络。

2. 自行查找资料，学习同构网络和异构网络的定义及区别。

_____
_____

5.1.3　有线网络

【任务目标】

1. 了解并学习工厂内部网络中有线网络的主要类型——PON。

2．掌握 OLT、ODN 和 ONU 的定义和作用。

3．掌握光纤保护方法。

【任务准备】

查阅有线通信网络规范和协议的相关国家标准，了解厂区有线网络的稳定覆盖要求。

【知识链接】

无源光网络（Passive Optical Network，PON）自诞生以来备受重视，一方面，它提供的带宽可以满足各种宽带业务的需求，能够有效解决宽带接入问题；另一方面，它在设备成本和运维管理开销方面的费用都较低。目前，工厂内部网络的物理层有线传输基本上都采用 PON 来实现。

PON 是一种采用点到多点（Point To Multiple Points，P2MP）结构的单纤双向光接入网络。PON 系统由局端的光线路终端（Optical Line Terminal，OLT）、光分配网络（Optical Distribution Network，ODN）和用户侧的光网络单元（Optical Network Unit，ONU）组成。OLT 位于网络侧，可以是一个交换机或路由器。它提供网络集中和接入功能，能完成光电转换、带宽分配，并能控制各信道的连接，同时具有实时监控、管理及维护功能。ONU 位于用户侧，提供用户侧接口，实现对各种电信号的处理与维护。OLT 与 ONU 之间通过一个或多个 ODN 无源光分路器连接。除了终端设备，PON 系统中不需要其他电器件，因此是无源的。单纤双向代表了信号在光纤中有两种传输方向，从 OLT 到 ONU 为信号下行方向，即 OLT 发送的信号通过 ODN 到达各个 ONU；从 ONU 到 OLT 为信号上行方向，其中，ONU 发送的信号只能到达 OLT，而不会到达其他 ONU。PON 的基本网络结构如图 5-4 所示。

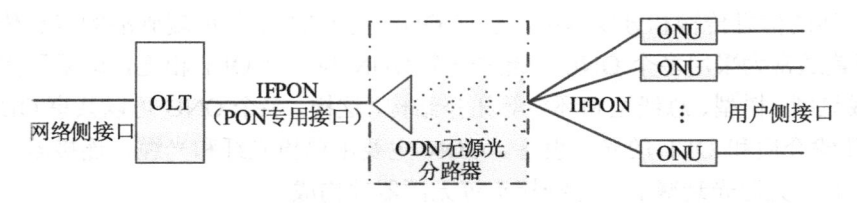

图 5-4 PON 的基本网络结构

PON 在单根光纤上采用下行 1490nm/上行 1310nm 波长组合的波分复用技术（Wavelength Division Multiplexing，WDM）。信号在上行方向采用点到点方式，使用时分复用技术（Time Division Multiplexing，TDM），多个 ONU 的上行信息组成一个 TDM 信息流并传送到 OLT。在下行方向，OLT 将数据分组，以广播的方式传输给所有的 ONU，每个分组携带一个具有传输到目的地 ONU 标识符的信头。当数据分组到达 ONU 时，由 ONU 的 MAC 层进行地址解析，提取出属于自己的数据分组，丢弃其他数据分组。PON 信号上行/下行示意图如图 5-5 所示。

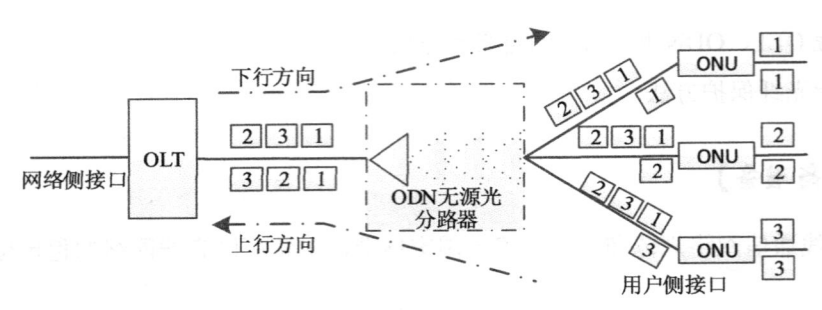

图 5-5 PON 信号上行/下行示意图

前面从信号的传递方向阐述了 PON 系统的工作原理，下面我们仔细学习 PON 系统中涉及的 OLT、ODN 和 ONU 器件。

（1）光线路终端 OLT。它的作用是提供业务网络与 ODN 之间的光接口，降低上层业务网络对接入侧设备之间的具体接口、承载手段、组网形式、设备管理等的紧耦合，并提供统一的光接入网的管理接口。

OLD 内部由核心层、业务层和公共层组成。业务层提供业务端口，负责业务接口适配、处理接口信令及保护业务接口；核心层汇聚分发功能、ODN 适配功能，提供信号交叉连接、复用、传输功能；公共层主要包括 OAM（Operation Administration and Maintenance，操作、管理和维护，运营商根据网络运营的实际需要将网络管理工作划分为操作、管理和维护三大类）功能和供电功能。

从 OLT 发出的光通过分路器和光纤到达 ONU，每一个环节都会造成光功率出现一定的损耗。其中，分路器所分路的数量越多，光纤距离越长，光功率的损耗越大。末端 ONU 的数量越多，需要的 OLT 发射功率越大。因此，对于 OLT 发射功率，需要根据实际数量和地理分布进行预算。

（2）光分配网络 ODN。它为 OLT 与 ONU 提供光传输手段，其主要功能是完成 OLT 与 ONU 之间的信息传输和分发作用，建立 ONU 与 OLT 之间的端到端的信息传送通道。ODN 的配置通常为采用多个 ONU，通过一个 ODN 与一个 OLT 相连，即采用点到多点的方式，形成星型、树型、总线型和环型等拓扑结构，这样，多个 ONU 可以共享 OLT 到 ODN 之间的光传输介质和 OLT 的光电设备。ODN 主要由单模光纤和光缆、连接器、无源光分路器（OBD）、无源光衰减器、光纤接头等无源器件构成。

决定整个系统光通道损耗性能的参数主要有 ODN 光通道损耗（最小发送功率和最高接收灵敏度的差值）、最大容许通道损耗（最大发送功率和最高接收灵敏度的差值）和最小容许通道损耗（最小发送功率和最低接收灵敏度/过载点的差值）这三项。ODN 的反射取决于构成 ODN 的各种器件的回损及光通道上的任意反射点。一般来讲，所有离散反射必须大于-35dB，光纤接入的最大离散反射应大于-50dB。

（3）光网络单元 ONU。它位于 ODN 和用户设备之间，提供用户与 ODN 之间的光接口和与用户侧的充电接口，实现对各种电信号的处理与维护。和 OLT 一样，ONU 内部由核心层、业务层和公共层组成，业务层提供用户端口，核心层提供 ODN 端口复用、光接口，公共层提供供电和维护管理功能。

为了保证网络的安全可靠，PON 系统使用了两种光纤保护切换机制来实现光纤切换，一种是由管理系统根据网络情况强制切换，另一种是当信号通道出现故障时自动切换通道。对于自动切换的方式，在消除造成切换的故障后，经过一定的返回等待时间，被保护业务应自动返回原来的工作线路，返回等待时间可以设定。光纤保护切换机制需要冗余的信道和设备来实现。具体而言，有以下三种类型的光纤保护。

（1）图 5-6 所示为光纤冗余保护。

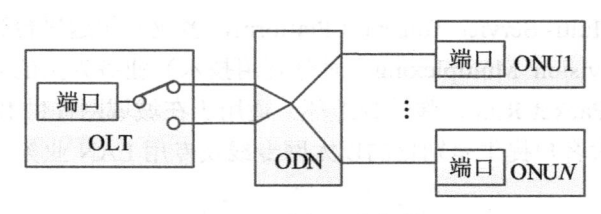

图 5-6　光纤冗余保护

PON 设置了两个光传输通道进行冗余保护。当主信道发生故障时，可自动切换到备用信道来传输光信号。一般情况下，主、备传输光纤可以处于同一光缆中，也可以处于不同的光缆中，甚至可以将主、备光缆安装设置在不同的管道，这样其保护性能更好。在实际使用时，在 OLT 端口处内置二选一光开关，由 OLT 检测线路状态，光纤保护切换机制由 OLT 完成，对 ONU 无特殊要求。

（2）OLT 端口冗余保护如图 5-7 所示。

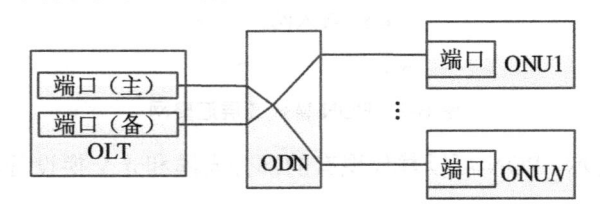

图 5-7　OLT 端口冗余保护

在 PON 系统中，如果端口出现故障，即使有两套传输光纤也会导致网络发生故障。因此除备份传输光纤外，OLT 中还设置了主、备两套端口。一般情况下采用主端口和主光纤进行信号传输，由 OLT 检测线路状态，光纤保护切换机制由 OLT 完成，对 ONU 无特殊要求。

（3）图 5-8 所示为 OLT 端口全保护。

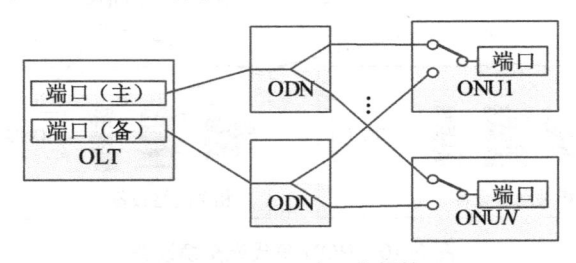

图 5-8　OLT 端口全保护

在信号传输通道上,全保护类型考虑到 ODN 网络的可靠性,从 ODN 出来的光纤通路也采用主、备两套光纤通道。主、备光纤通道都处于工作状态,在 ONU 的端口前移内置光开关,由 ONU 检测线路状态并决定所使用的线路,光纤保护切换机制由 ONU 完成。

PON 适用于接入的网络靠近用户的末端部分,ONU 不强调必须要冗余或迂回保护,而 OLT 可以另外设立在网络性能好的节点处(若有迂回保护的节点),即用户地理位置相对集中的地方。实际运用 PON 时还有以下三个优点。

(1)如图 5-9 所示,PON 可以替代二层汇聚网,将 LAN 的接入网引至 IP 城域网。在图 5-9 中,MSTP(Multi-Service Transport Platform,多业务传送平台)适用于在城域网提供以 TDM(Time-Division Multiplexing,时分复用技术)业务为主的多业务接入和处理功能。RPR(Resilient Packet Ring,弹性分组环)适用于在城域网提供 IP 分组接入和一定的 TDM 专线业务,为大客户提供差别化的以太网专线及专用 LAN 业务。

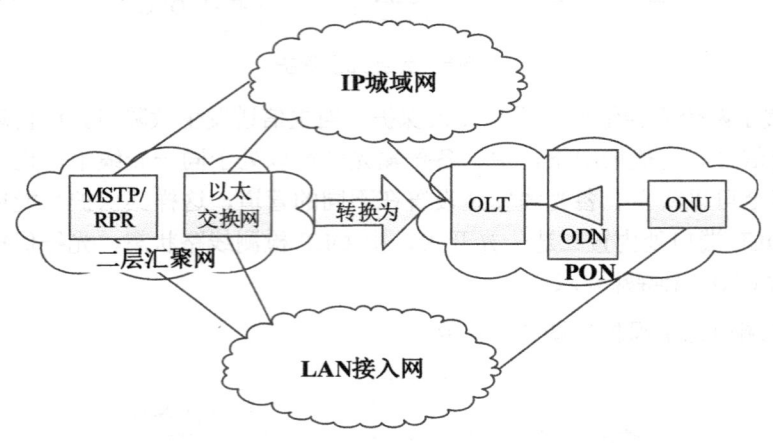

图 5-9 PON 替代二层汇聚网

(2)如图 5-10 所示,PON 可以替代现有的部分光缆和光交换设备,从而节省相关段落的接入光缆。

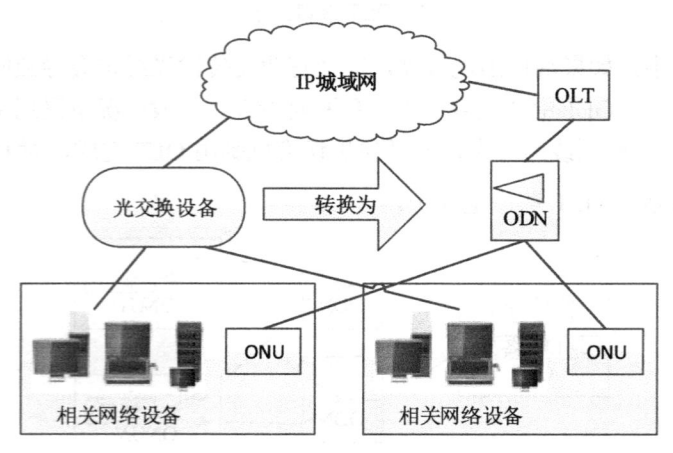

图 5-10 PON 替代光交换设备

（3）如图 5-11 所示，PON 可以提供满足不同 QoS（Quality of Service，服务质量）要求的多业务、多速率接入功能，能满足用户对多样性和业务发展的不确定性的要求。在图 5-11 中，POTS（Plain Old Telephone Service）是模拟电话业务，采用一种类似窄带状的电信工具，用于传送语音呼叫。PSTN（Public Switched Telephone Network）是公用电话交换网。

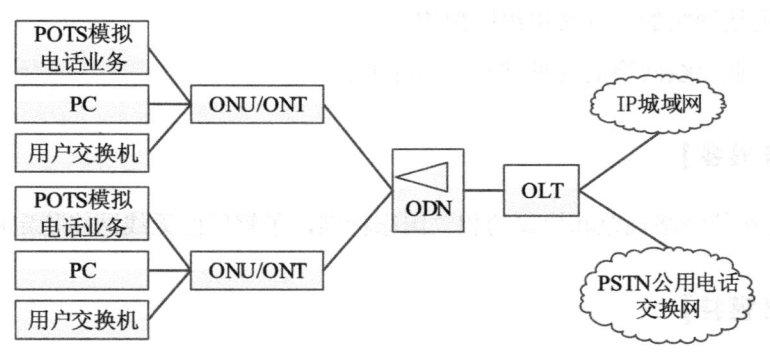

图 5-11 PON 实现多业务接入

综上分析，PON 传输带宽较高，业务透明性好，可以适用于各种制式和速率的信号传输。同时，PON 可以节省光纤和光接口，成本较低，维护起来也非常简单，具有很高的性价比，因此在工厂内部网络中大多使用 PON。

【任务实施】

根据下列信号方向，将 OLT、ODN 和 ONU 器件填入图中的方框。

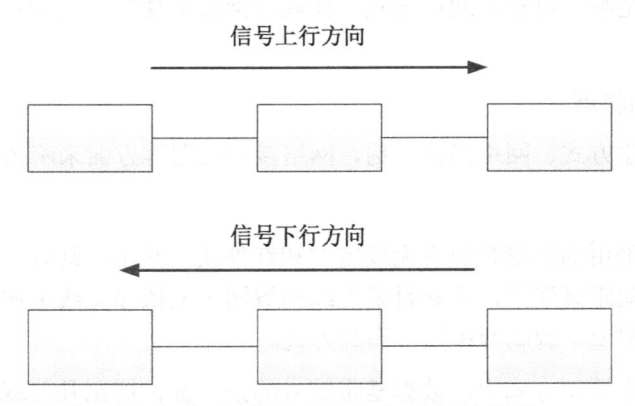

信号上行方向 →

信号下行方向 ←

为了保证 PON 网络的通信安全，采用了哪些光纤保护措施？

5.1.4 无线网络

【任务目标】

1. 了解无线网络的构成。
2. 掌握无线网络的几种常用组网架构。
3. 熟悉工业无线网络的几种常见技术标准。

【任务准备】

查阅无线通信网络规范和协议的相关国家标准，了解厂区无线网络稳定覆盖要求。

【知识链接】

无线网络，是指无须布线就能实现各种通信设备互联的网络。无线网络技术涵盖的范围很广，既包括允许用户建立远距离无线连接的全球语音和数据网络，也包括为近距离无线连接进行优化的红外线及射频技术。根据网络覆盖范围的不同，可以将无线网络划分为无线广域网（Wireless Wide Area Network，WWAN）、无线局域网（Wireless Local Area Network，WLAN）、无线城域网（Wireless Metropolitan Area Network，WMAN）和无线个人局域网（Wireless Personal Area Network，WPAN）。从应用层面来讲，无线网络与有线网络的用途完全相似，两者最大的不同在于数据传输介质不同。无线数据通信不仅可以作为有线数据通信的补充及延伸，还可以与有线网络环境互为备份。在某种特殊环境下，无线通信是主要的甚至是唯一可行的通信方式。在硬件架设或使用的机动性上，无线网络均比有线网络更有优势。

1. 无线网络的特点

下面我们从传输方式、网络拓扑结构、网络接口类型等方面来阐述无线网络的特点。

1）传输方式

无线网络可以采用的传输介质有无线电波和红外线。其中，红外线对非透明物体的透过性极差，导致传输距离受限，因此目前无线局域网主要依靠无线电波传播。在实际传播中，采用扩展频谱和窄带调制两种信号调制方式。

（1）在扩展频谱调制方式中，数据基带信号的频谱被扩展至几倍或几十倍后再迁移到射频并发射出去。通过牺牲频带带宽来提高通信系统的抗干扰能力和安全性，同时降低了单位频带内功率，对其他电子设备的干扰也减少了。

（2）在窄带调制方式中，不对数据基带信号的频谱做任何扩展就直接将其搬移到射频并发射出去。与扩展频谱调制方式相比，窄带调制方式占用的频带少，频率利用率高，一般需要选用专用频段。

2）网络拓扑结构

无线网络的拓扑结构可归结为无中心或对等式（Peer to Peer）拓扑和中心（Hub-Based）拓扑。

（1）无中心拓扑结构的网络要求网络中任意两个站点可以直接通信。采用这种拓扑结构的网络一般使用公共广播信道，各个站点可以竞争公用信道，信道接入控制协议采用多地址接入协议，如CSMA（Carrier Sense Multiple Access，载波监测多址接入）类型。这种拓扑结构的优点是建网容易、网络健壮、不容易被破坏、费用较低。不过随着网络中的站点数（用户数）增多，信道竞争会成为限制网络性能的主要因素。同时，为了保证任意两个站点可以直接通信，网络中站点的布局受环境的限制较大。因此无中心拓扑结构适用于用户相对较少的网络。

（2）在中心拓扑结构中，需要一个无线站点充当中心站，所有站点对网络的访问均由中心站控制。当网络业务量增大时，只要中心站监管有序，网络吞吐性能和网络时延性能就能相对维持、不会发生恶化。同时，因为每个站点只要在中心站覆盖范围之内，就可以和其他站点通信，所以网络中的站点布局受环境的限制较小。中心拓扑结构的主要弱点在于中心站的故障容易导致整个网络瘫痪，网络很容易被破坏。同时中心站的引入增加了网络成本。在实际运用中，中心站常作为无线网与有线主干网的转接器使用，为接入有线主干网提供了一个逻辑接入点。

3）网络接口类型

在无线网络中，站点可以从OSI（Open System Interconnection，开放式系统互连）参考模型的物理层或数据链路层接入。OSI参考模型是国际标准化组织（ISO）和国际电报电话咨询委员会（CCITT）在20世纪70年代联合制定的，为开放式互联信息系统提供了一种功能结构的框架。OSI参考模型定义了开放系统的层次结构、各层之间的相互关系及各层所包含的服务，OSI参考模型作为一个框架来协调和组织各层协议的制定，也对网络内部结构最精练的概括与描述进行整体修改，互联网大部分协议都是基于OSI参考模型开发的。OSI参考模型包括7个功能相对独立的层级，如表5-1所示。

表5-1 OSI参考模型

层 号	层 级 名 称	层 级 作 用
⑦	应用层	解决通过应用进程之间的交互来实现特定网络应用的问题
⑥	表示层	解决通信双方交换信息的表示问题
⑤	会话层	解决进程之间进行会话的问题
④	运输层	解决进程之间基于网络的通信问题
③	网络层	解决分组在多个网络之间传输（路由）的问题
②	数据链路层	解决分组在一个网络（或一段链路）上传输的问题
①	物理层	解决使用何种信号来传输比特0和1的问题

（1）无线网络选择物理层接口是指使用无线信道替代有线信道，而物理层以上的各层

不变。这样上层网络操作系统及相应驱动程序都不需要做任何修改。这种接口方式一般作为有线网络的集线器和无线转发器使用,可以实现有线局域网间互联或扩大有线局域网的覆盖面积。

(2) 无线网络从数据链路层接入,采用适合无线传输环境的 MAC(Media Access Control,介质访问控制子层),主要负责控制与连接物理层的物理介质。具体实现时,数据链路层和物理层对上层是透明的,配置相应的驱动程序来完成与上层的接口,从而保证现有的有线局域网操作系统和应用软件可在无线局域网上正常运转。

2. 无线网络的组网架构

根据不同的应用场景,无线网络有不同的组网方式。下面简单介绍常见的 3 种组网结构。

(1) 典型家庭无线网络。

图 5-12 所示为典型家庭无线网络,网络中分别在无线路由器和光猫出口设置了 NAT(Network Address Translation,网络地址转换)。家用无线路由器具有路由器(NAT 功能)、交换机、无线 AP 和防火墙等功能,将有线信号转换为无线信号。

(2) Ad-Hoc 组网架构。

"Ad-Hoc"一词来源于拉丁语,意思是"for this",可引申为"for this purpose only",即"为某种目的设置的,特别的",Ad-Hoc 网络是一种有特殊用途的网络。IEEE 802.11 标准委员会采用了"Ad-Hoc 网络"一词来描述这种特殊的自组织对等式多跳移动通信网络,即一种省略了无线中介设备 AP 而搭建起来的对等网络结构。只要安装了无线网卡,计算机彼此之间就可以实现无线互联,其原理是网络中的一台计算机主机建立点到点连接,相当于虚拟 AP,而其他计算机就可以直接通过这个点对点连接进行网络互联与共享了。图 5-13 所示为 Ad-Hoc 组网示意图。

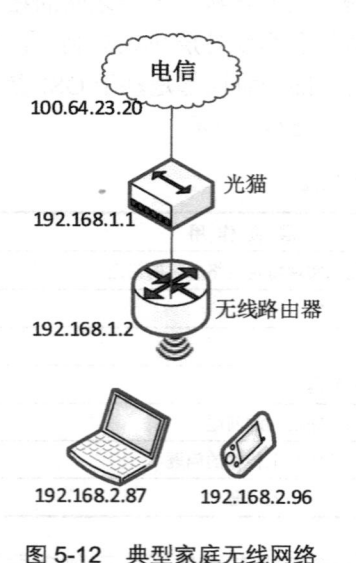

图 5-12 典型家庭无线网络　　　　图 5-13 Ad-Hoc 组网示意图

（3）企业无线组网架构。

如图 5-14 所示，企业无线组网采用无线接入点（Access Point，AP）、无线控制器（Access Control，AC）和 POE（Power Over Ethernet）交换机组成网络结构。无线接入点也称无线网桥、无线网关，其传输机制相当于有线网络中的集线器，在无线局域网中不停地接收和传送数据；任何一台装有无线网卡的 PC 均可通过 AP 来分享有线局域网甚至广域网的资源。POE 交换机是指通过网线为远端受电终端（如无线接入点、网络摄像机等）提供网络供电的交换机，包含传统交换机的全部功能和 POE 供电功能，是 POE 供电系统中比较常见的供电设备。可以通过无线认证系统和网管系统避免由无线设备及软件之间的不兼容性或网络管理的混乱导致的问题，同时可以保障无线网络安全。

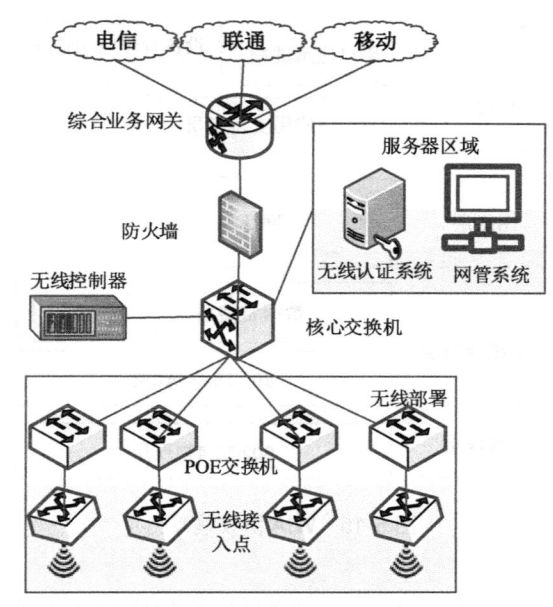

图 5-14　企业无线组网架构

3．工业无线网络传输采用的协议

根据本书的重点，我们主要聚焦于工业无线网络传输中使用的技术协议。具体而言，目前工业无线网络传输主要采用 WIA-PA、Wireless HART 和 ISA100.11a 等协议。

（1）面向工业过程自动化的工业无线网络标准（Wireless networks for Industrial Automation Process Automation，WIA-PA）是中国工业无线联盟针对过程自动化领域制定的 WIA 子标准，是基于短程无线通信 IEEE 802.15.4 标准，用于工业过程测量、监视与控制的无线网络系统。WIA-PA 是一种经过实际应用验证的、适用于复杂工业环境的无线通信网络协议。它在时间（时分多址 TDMA）、频率（巧妙的跳频 FHSS 机制）和空间（基于网状及星型混合网络拓扑结构形成的可靠路径传输）上的综合灵活性，使这个相对简单但又很有效的协议具有嵌入式的自组织和自愈能力，大大降低了安装复杂度，确保无线网络具有长期且可预期的性能。

WIA-PA 的使用符合中国无线委员会规定的自由频带，解决了由工厂环境下遍布的各种大型器械、金属管道等对无线信号的反射、散射造成的多径效应，以及马达、器械运转时产生的电磁噪声对无线通信的干扰等问题，提供能够满足工业应用需求的高可靠、实时无线通信服务。通过使用 WIA 技术，用户可以以较低的投资和使用成本实现对工业全流程的"泛在感知"，获取由于成本原因无法在线监测的重要工业过程参数，并以此为基础设施优化控制，以达到提高产品质量和节能降耗的目标。

WIA-PA 网络协议栈结构遵循 ISO/OSI 的层次结构，但只定义了物理层、数据链路层、网络层、应用层。WIA 协议栈概图如图 5-15 所示，WIA 协议栈由协议层实体，以及协议层实体间的数据接口和管理接口构成，其中协议层实体包括数据链路层、网络层、应用层（由应用支持子层、用户应用进程、设备管理应用进程构成）和对应的功能模块。数据链路层、网络层和应用支持子层包含的功能模块为数据实体和管理实体。用户应用进程包含的功能模块为多个用户应用对象。设备管理应用进程包含的功能模块有设备管理模块、网络管理模块、安全管理模块、网络管理代理模块、安全管理代理模块、管理信息库。

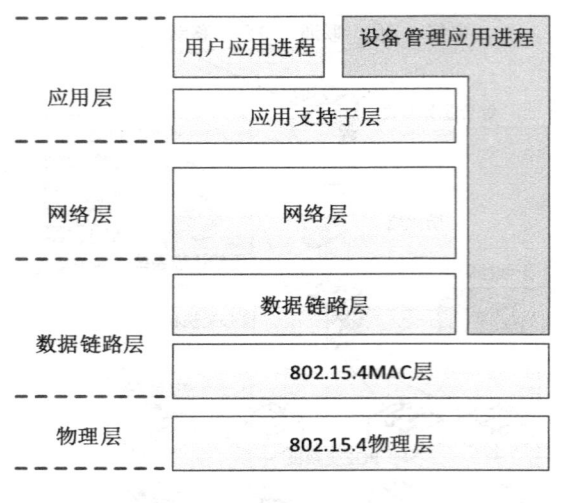

图 5-15 WIA 协议栈概图

（2）HART（Highway Addressable Remote Transducer，可寻址远程传感器高速通道）是开放通信协议，是由美国罗斯蒙特公司于 1985 年推出的一种用于现场智能仪表和控制设备之间的通信协议，是智能仪器通信的全球标准。Wireless HART 是专门为了过程测量和控制应用而设计的第一个开放的无线通信标准，并作为 HART7 规范的一部分于 2007 年 9 月正式发布。

如图 5-16 所示，Wireless HART 协议是一种安全的基于 TDMA（Time Division Multiple Access，时分多址）的无线网络技术，工作于 2.4GHz 的 ISM（Industry Science Medicine，工业、科学、医学机构）频段，采用直接序列扩频技术（DSSS）和信道跳频技术。Wireless HART 协议栈结构遵循 ISO/OSI 的层次结构，但也只定义了物理层、数据链路层、网络层、传输层和应用层五个层次，还包括中央网络管理器和通信调度系统。Wireless HART 网络由网关（Gateway）、网络管理器（Network Manager）、安全管理器（Security Manager）、适配器（Adapter）和手持终端（Hand Hold）等组成。

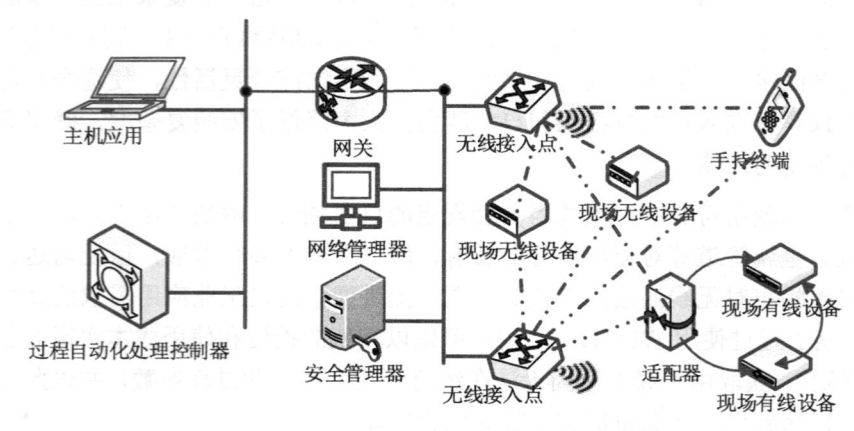

图 5-16 Wireless HART 网络组成示意图

（3）ISA100.11a 为工业级无线传感器网络国际标准之一。基于 IEEE 802.15.4，但仅使用其 2.4GHz 的 ISM 频段（不使用 Sub-1GHz 的频段）。它由国际自动化学会（ISA）下属的 ISA100 工业无线委员会（我国重庆邮电学院也是核心单位之一）制定，并于 2014 年 9 月获得了国际电工委员会（IEC）的批准，成为正式国际标准，标准号为 IEC62734。它包含了工业环境下的无线系统相关规程和以 ISA100.11a 标准为实现技术的主要内容，包括工业无线网络的网络构架、共存性、健壮性、与有线现场网络的互操作性等，其定义的工业无线设备包括传感器、执行器、手持终端等现场自动化设备。ISA100.11a 标准可解决与其他短距离无线网络的共存性问题及无线通信的可靠性和确定性问题，其核心技术包括精确时间同步技术、自适应跳信道技术、确定性调度技术、数据链路层子网络技术和安全管理方案等，并具有数据传输可靠、准确、实时、低功耗等特点。

ISA100.11a 标准的目标是将各种传感器以无线的方式集成到各种应用中，实现 IP 技术与无线技术的融合。网络层主要负责网络层帧头的装载和解析、数据报文的分片和重组、IPv6 帧头的 HC1 压缩方案及 6LoWPAN 的路由技术等。

（4）三种工业无线技术的性能比较。

工业无线技术的核心技术包括时间同步、确定性调度、跳信道、路由和安全技术等。如表 5-2 所示，通过从物理层、数据链路层、网络层等方面对三大标准进行比较分析，可以看到三大标准具有相似的特征，其标准协议体系结构都遵循 OSI 参考模型，并且都引用 IEEE 802.15.4 作为物理层标准。

表 5-2 三种工业无线技术的比较

相关技术		Wireless HART	ISA100.11a	WIA-PA
物理层		IEEE 802.15.4-2006	IEEE 802.15.4-2006	IEEE 802.15.4-2006
		2.4GHz，信道 26 排除	2.4GHz，信道 26 可选	2.4GHz
数据链路层	概述	TDMA 接入，支持多超帧、跳信道和重传机制，时隙可配置成专用方式和共享方式	TDMA/CSMA 信道接入，支持跳信道机制、超帧调度和时间同步	TDMA 和 CSMA 混合信道访问机制，基于超帧和跳频的时隙通信，支持重传机制和时间同步
	时间同步	对时间同步命令帧进行同步	对广播帧和确认帧进行同步	对信标帧和时间同步命令帧进行同步
	跳频	自适应跳频，黑名单技术	时隙跳频、慢跳频和混合跳频，黑名单技术	自适应跳频，时隙跳频
	超帧	使用一般超帧	使用一般超帧	使用 IEEE 802.15.4 超帧
	时隙	可变长度	固定长度	可变长度
	邻居	支持邻居组	支持邻居组	只支持与簇头通信
	链路实现	收发独立	收发独立	基于网络管理者将管理和数据分开
	MIC	32 位	IEEE 802.15.4 安全策略	IEEE 802.15.4 安全策略
	邻居发现	使用广播帧	使用广播帧	使用 IEEE 802.15.4 信标帧
网络层		采用图路由和源路由方式，动态管理网络带宽	采用 6LoWPAN 标准实现地址转换、分片、重组及骨干网间的路由	实现寻址路由（支持静态路由）、分段与重组

续表

相 关 技 术	Wireless HART	ISA100.11a	WIA-PA
传输层	无	基于 RFC786（UDP）协议	无
应用层	基于 HART 命令，支持周期性信息和报警	基于服务，面向对象，支持周期性信息和报警	基于服务，支持周期性信息和报警
安全	通信设备之间有数据加密、消息鉴别、设备认证、健壮性操作等	通过数据加密和完整性鉴别保护点到点和端到端安全，还有消息/设备认证和入网设备安全处理等	分层分级实施不同的安全策略和措施，实现数据加密、数据校验和设备认证等
拓扑结构	一层：全为 Mesh	两层：上层为 Mesh，下层为 Star	两层：上层为 Mesh，下层为 Cluster
设备类型	现场仪表、手持终端、网关、网络管理器等	精简功能设备，包括现场路由器、手持终端、网关、网络管理器、安全管理器等	现场设备、手持终端、网关、网络设备等
网络管理	全集中网管	集中网管和分布网管	集中网管和分布网管

【任务实施】

1．无线网络的常见组网架构有哪些？

_____
_____

2．工业无线网络传输常采用的技术协议有哪些？

_____
_____

5.1.5 时间敏感网络

【任务目标】

1．掌握时间敏感网络（TSN）的价值。
2．了解 TSN 的几种核心技术。
3．能够区分 TSN 的各种整形器的工作原理。
4．理解并掌握 TSN 的网络配置模型。

【任务准备】

查阅 TSN 相关的 IEEE 标准和行业白皮书等。

【知识链接】

传统以太网时延波动较大，并且具有不确定性。最初，以太网传输使用 CSMA/CD（Carrier Sense Multiple Access with Collision Detection，载波监听多路访问/冲突检测）原理，只有当侦测到链路有空闲的时候，才可以对数据进行接收和发送。随着以太网应用的推广，音视频应用对以太网传输提出了确定性时效的需求。时间敏感网络（Time-Sensitive Network，TSN）最早就是为了满足音视频数据传输而产生的，后面延伸到赫尔自动驾驶的汽车领域，现在在工业互联网领域大放异彩。

TSN 是 IEEE 802.1 任务组开发的一套数据链路层协议规范，用于构建高可靠、低延迟和低抖动的工业以太网，尤其满足了工业自动化领域对实时性和大容量数据传输的双重要求。图 5-17 所示为 TSN 在 ISO/OSI 参考模型中的示意图，其中，RS485 和 MBP（Manchester Bus Powered）为常用的现场总线传输技术。

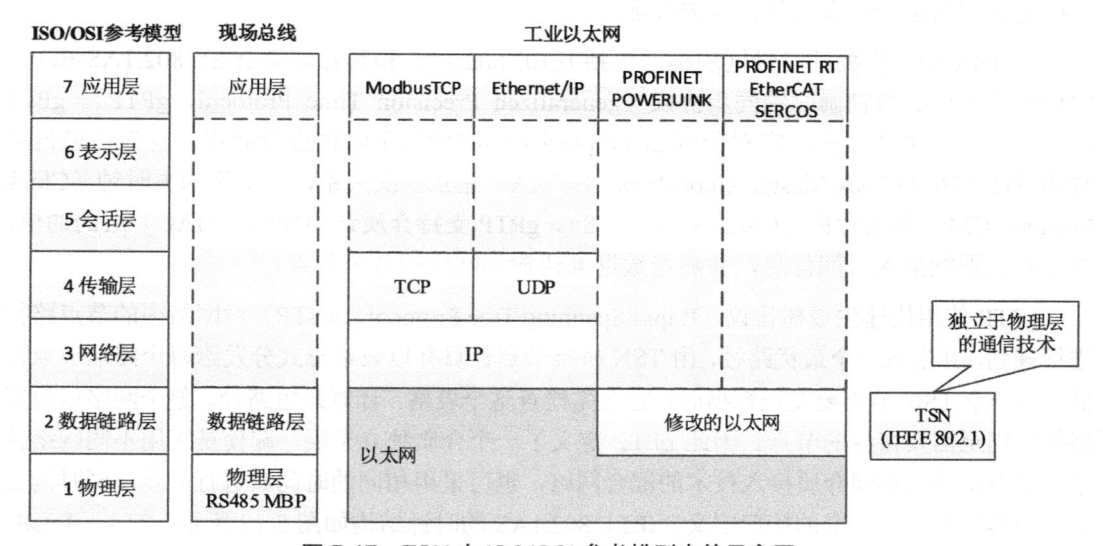

图 5-17 TSN 在 ISO/OSI 参考模型中的示意图

1. TSN 的价值

（1）TSN 提供微秒级确定性服务，保证各行业的实时性需求。TSN 可以达到 10μs 级的周期传输，其性能优于主流的工业以太网。并且 TSN 面向音视频、工业、汽车等多种行业，将实时性延伸至更高的层次。

（2）TSN 降低了整个通信网络的复杂度，可以实现周期性数据和非周期性数据同时传输。以工业为例，当前周期性数据使用工业以太网传输，非周期性数据使用标准以太网传输。TSN 通过其调度机制能够实现周期性数据和非周期性数据在同一网络中传输，进一步简化了整个通信中的网络复杂性。

（3）TSN 统一了网络传输方式，提高了经济性。TSN 能够帮助实现 IT 与 OT 融合，统一的网络能够减少开发部署成本，减少控制器等产品网络配置所需的时间。

2. TSN 核心技术

TSN 协议族包含时钟同步、数据调度、流量整形和网络配置等方面的标准。下面我们分别进行简要介绍。

1）时钟同步

时间在 TSN 网络中起着至关重要的作用。对于那些对数据实时性要求非常高的工业网络而言，网络中的所有设备（包括 PLC 和工业机器人等终端设备及以太网交换机等网络设备）都需要有一个公共的参考时间，所有设备才能同时运行并各自在所需的时间点执行所需的操作，因此需要同步时钟。

从理论上讲，可以为每个终端设备和网络交换机配备 GPS 时钟。然而，这样成本非常高，并且无法保证设备始终可以访问无线电或 GPS 卫星信号（如设备安装在移动的汽车上，或者位于地下工厂车间等）。由于这些限制，TSN 网络往往并不会使用外部的时钟源，而是直接通过网络由一个主时钟信号来分配。

在 TSN 中，主要的时钟同步标准包括 IEEE 802.1AS 和其修订版 IEEE 802.1AS-Rev。它们定义了广义的精确时钟同步协议（generalized Precision Time Protocol，gPTP）。gPTP 是一个分布式主从结构，它对所有 gPTP 网络中的时钟与主时钟进行同步。首先由最佳主时钟算法（Best Clock Master Algorithms，BCMA）建立主次关系，分别称为主时钟（Clock Master，CM）和从时钟（Clock Slave，CS）。gPTP 支持介质访问控制（MAC）层的通信，直接对数据帧插入时间信息，并随着数据帧传输到网络的各个节点。

gPTP 使用快速生成树协议（Rapid Spanning Tree Protocol，RSTP）对网络中的节点路径进行规划，并生成一个最优路径，由 TSN 桥接节点计算并以表格形式分发给每个终端节点存储。当一个 TSN 节点要发送数据时，它会先检查这个表格，计算最短路径。整个网络以最短路径传送至需要接收的节点。因此 gPTP 定义了一个介质独立子层，即使是采用不同网络技术，甚至是采用不同介质接入技术的混合网络，也可采用相同的时间域进行同步，同时为上层应用程序提供了标准的接口定义。IEEE 802.1AS 的时钟结构如图 5-18 所示，TIA（Totally Itegrated Automation，全集成自动化）是遵从统一协议构建统一的工业化平台的技术。

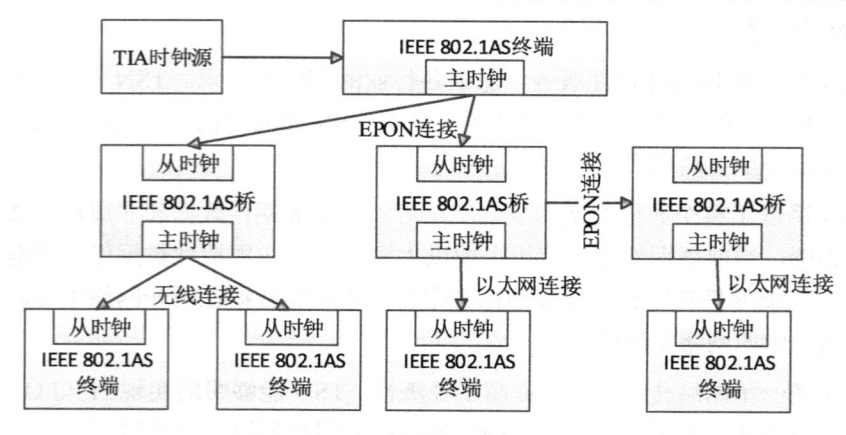

图 5-18 IEEE 802.1AS 的时钟结构

2）数据调度和流量整形

TSN 的数据调度是保证时间敏感的基础，其核心就是基于不同的整形器（Shaper）来进行对不同应用场景的流控制。IEEE 802.1 中提供了系列标准来保证可靠的数据传输，主要包括以下几种情况。

（1）基于信用的整形器 CBS。

CBS（Credit-Based Shaper，基于信用的整形器）通过给不同队列赋予一个"信用值"来进行对数据传输的调度。不同传输队列的"信用值"会随着数据传输的过程而自动更改，这样可以保证优先级较低的数据也能得到数据传输的机会。CBS 主要在汽车工业得到应用，相对工业应用而言仍具有较大的平均延迟。

（2）时间感知的整形器 TAS。

TAS（Time Awareness Shaper，时间感知的整形器）一般分为抢占式和非抢占式两种。非抢占式 TAS 通过门控制列表（Gate Control List，GCL）周期性地控制门的开/关状态，TAS 需要对从发送方（Talker）到接收方（Listener）间的所有网桥进行时钟同步，对于网桥中的每个端口，TAS 根据已知且商定的时钟表进行开关驱动动作，数据调度根据每个节点及队列的优先级进行定义，需要实时传输的数据流需要在进行时间调度配置时预先予以确定，保证被第一个传输。同时，需要为非周期性、更高优先级的数据预留一个通道，确保一旦它需要发送，就立刻安排调度。TAS 可以和前面提到的 CBS 结合使用，除原定计划的周期性调度和非周期性预留调度外，对队列内部的数据使用 CBS 按照信用的排序增加调度。

抢占式 TAS 在保证时间敏感任务数据可调度的前提下，可以尽可能地节省带宽。抢占式策略主要解决低优先级队列对高优先级队列传输的影响，其原理是暂停非时间敏感型数据的传输过程，优先传输时间敏感型数据，直到传输完时间敏感型数据为止，才继续传输非时间敏感型数据。

（3）周期性排队与转发机制整形器（Cyclic Queuing and Forwarding，CQF）。

CQF 实现对 IEEE 802.1Qch-2017《IEEE 标准局域网和城域网网桥和桥接网络修正 29：循环排队和转发》中的单流过滤和管控机制（Per-Stream Filtering and Policing，PSFP）及时间敏感流增强调度（Enhanced Sensitive Time，EST）机制进行配置。其中，PSFP 中的时间门控逻辑控制了时间敏感分组进入缓存队列的时间，而 EST 中的输出门控机制控制了分组离开输出队列的时间。CQF 可以通过简单的计算对 PSPF 和 EST 机制进行配置，实现确定性的转发延时。CQF 是目前 TSN 规范中唯一确定的配置方式。CQF 可以与抢占式机制进行配合，可以在队列中避免出现低优先级数据的传输反转压制高优先级数据的传输的情况。

（4）异步数据流整形器（Asynchronous Traffic Shaper，ATS）。

CQF 和 TAS 依赖网络时间高度协同，强制在周期内增强数据包传输，提供了用于超低时延的数据，但两者对带宽的使用效率并不高。ATS 的出现就是为了提高带宽的使用频率。ATS 基于紧急度进行调度设计，通过重新对每个跳转的 TSN 流整形来实现流模式的平滑，对每个流进行排队，并使优先级高的数据流得以优先传输。ATS 以异步形式运行，数据转发的连接设备和终端节点无须同步时间,对于高实时和非实时业务混合的业务模式,ATS也能保持带宽的最大利用率。

3) 网络配置

IEEE 802.1Qcc-2018《IEEE标准局域网和城域网网桥和桥接网络修正:流保留协议(SRP)增强和性能改进》中描述了三种用户/网络配置模式,在TSN系统中得到了广泛应用。

(1) 全分布模式。

如图5-19所示,在全分布模式中,网络没有集中的网络配置实体,是通过协议以完全分布的方式配置的。该协议沿着流的活动拓扑传播TSN用户/网络配置信息。用户流的终端直接通过TSN用户/网络协议传达用户需求。随着用户需求在每个网桥中传播,网桥的资源管理在本地有效执行。这种本地管理仅限于网桥知道的信息,不一定包括整个网络的信息。

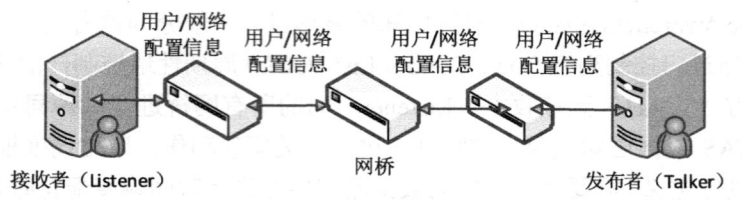

图5-19 全分布模式

(2) 集中式网络/分布式用户模式。

在集中式网络/分布式用户模式中,网络配置信息直接指向或来自集中式网络配置(Centralized Network Configuration,CNC)。TSN流的所有网桥配置都是由CNC使用远程网络管理协议完成的。CNC对网络的物理拓扑和每个网桥的能力有一个完整的视图,这使得CNC可以集中复杂计算。CNC可以存在于端或网桥上,并且知道网络边缘所有与终端连接的网桥地址,CNC将这些网桥配置为一个代理,直接在网桥和CNC之间传输信息,而不是将信息传播到网络内部,如图5-20所示。

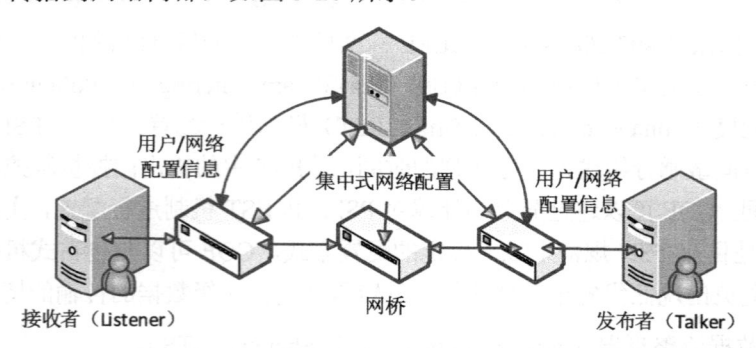

图5-20 集中式网络/分布式用户模式

(3) 完全集中模式。

完全集中模式如图5-21所示,在工业控制应用中,每一个输入和输出(I/O)的计时需求由具体的物理环境决定,和每个终端的应用软件和硬件的详细信息相关,因此TSN的定时需求计算起来非常复杂。在这类 TSN 应用中采用完全集中模式，由集中式用户配置（Centralized User Configuration，CUC）发现终端和用户需求，并在终端中配置 TSN 特性。与集中式网络/分布式用户模式相比，完全集中模式的所有用户需求都在 CNC 和 CUC 之间进行。

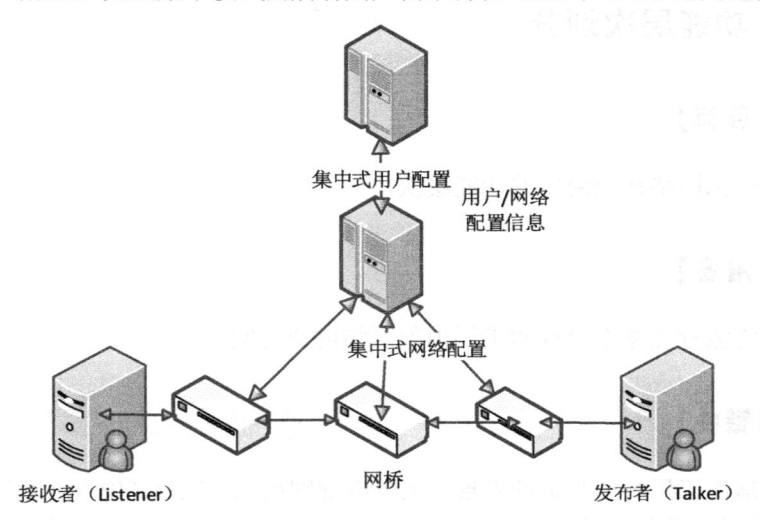

图 5-21 完全集中模式

TSN 是工业互联实现低时延、高可靠和确定性传输的重要技术之一。在工业互联网场景下，TSN 可以针对各类工业应用涉及的业务流特性进行建模和定义，提供不同的优先级与调度机制，实现数据转发时的质量差异化保证。近几年，5G 网络凭借大带宽、低时延、高可靠等特性满足了工业设备的灵活移动性和差异化业务处理能力需求，将在工业互联网中进一步普及和应用。可以断言，5G+TSN 是未来实现工业互联网无线化和柔性制造的重要基础。

【任务实施】

1. TSN 包括哪些核心技术？

_____
_____
_____
_____

2. 在下面的表格中，在右侧填入符合描述的 TSN 流量整形器。

序号	描述	流量整形器
1	带宽利用率最大	
2	最节省带宽	
3	延时最长	
4	转发延时确定	

5.2 工厂内部网络应用要求

5.2.1 功能层次划分

【任务目标】

了解工厂内部网络在应用中的功能层次。

【任务准备】

调研仓储物流行业领军企业的工厂内部网络解决方案。

【知识链接】

为进一步适应工厂智能制造的发展,工厂内部网络以"三化(IP 化、扁平化、无线化)+灵活组网"为发展趋势,基于以 IP 技术为基础的互联网技术体系,加快工业生产与互联网技术的融合,实现信息技术(IT)系统与互联网的融合、操作技术(OT)系统与互联网的融合、企业专网与互联网的融合及产品服务与互联网的融合。在实际应用中,工厂内部网络在网络执行层次、信息系统互联和展示、组建安全防护系统等方面还有具体要求。

前面在提到工厂内部网络"两层三级"的结构时,按照工厂级、车间级和现场级进行了网络层次划分。在实际应用时,按照所执行功能的不同,可将工厂内部网络进一步直观地细分为四层,自下而上包括现场层、控制层、执行层和计划层。如图 5-22 所示,工厂内部网络的功能层次划分是一个符合该层次模型的工厂内部网络的典型结构。

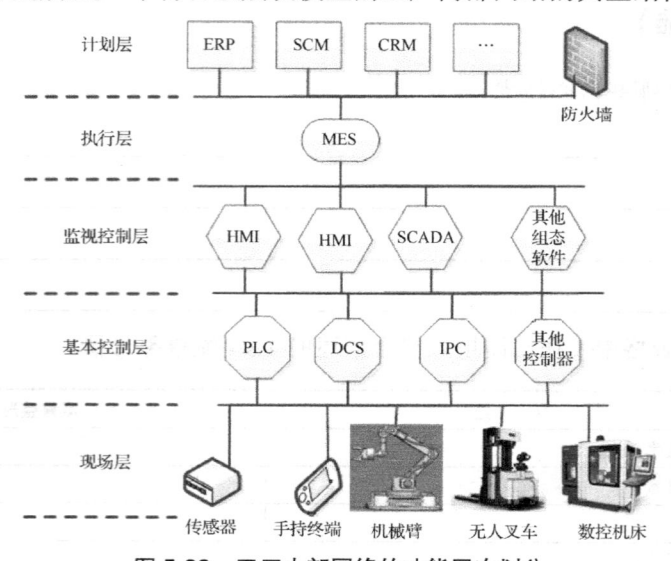

图 5-22 工厂内部网络的功能层次划分

（1）计划层，实现面向企业的经营管理，如接收订单，建立基本生产计划（如原料使用、交货、运输），确定库存等级，保证原料及时到达正确的生产地点，以及远程运维管理等。企业资源规划（Enterprise Resource Planning，ERP）、客户关系管理（Customer Relationship Management，CRM）、供应链关系管理（Supply Chain Management，SCM）等管理软件在该层运行。

（2）执行层，实现面向工厂的生产管理，如维护记录、详细排产、可靠性保障等。制造执行系统（Manufacturing Execution System，MES）在该层运行。

（3）控制层，实现面向生产制造过程的监视和控制。按照不同功能，控制层可进一步细分为监视控制层和基本控制层。其中，监视控制层包括可视化的数据采集与监控（Supervisory Control And Data Acquisition，SCADA）系统、人机接口（Human Machine Interface，HMI）、实时数据库服务器等，这些系统统称为监视系统；基本控制层包括各种可编程的控制设备，如可编程逻辑控制器（Programmable logic Controller，PLC）、分散控制系统（Distributed Control System，DCS）、工业过程控制（Industrial Process Control，IPC）和其他控制器等，这些设备统称为控制设备。

（4）现场层，实现面向生产制造过程的传感和执行，包括各种传感器、变送器、执行器、远程终端设备（Remote Terminal Unit，RTU）、条码、射频识别，以及数控机床、工业机器人、自动引导车（Automatic Guided Vehicle，AGV）、智能仓储等制造装备，这些设备统称为现场设备。工厂现场生产环境复杂多样且环境恶劣，多是高/低温、粉尘、潮湿等环境，对现场设备的工作要求较高。同时，大部分工厂随着生产的变动还会出现产线调整和设备更迭的情况。考虑到以上种种因素，一般现场生产网络采用无线网络技术组建。

5.2.2 信息系统互联和展示

【任务目标】

熟悉工厂内部网络信息系统互联的可视化展示方式。

【任务准备】

调研行业领军企业——信锐网络在智能制造领域的解决方案。

【知识链接】

工厂内部网络的信息系统互联互通本质上就是实现信息/数据的传输与使用，具体包含以下含义：物理上分布于不同层次、不同类型的系统和设备通过网络连接在一起，并且信息/数据在不同层次、不同设备间传输，即网络化；设备和系统能够一致地解析所传输信息/数据的数据类型，甚至了解其含义，这需要定义统一的设备行规或设备信息模型，并通过计算机可识别的方法（软件或可读文件）来表达设备的具体特征（参数或属性），一般由设备制造商提供。当生产管理系统（如 ERP、MES、PDM）或监控系统（如 SCADA）

接收到现场设备的数据后，就可以解析出数据的数据类型及其代表的含义，实时分析和判断当前的生产情况，将生产数据传递给对应决策部门，帮助相关部门形成生产过程组织、生产技术准备、生产计划编制、原材料供应和生产控制等各项生产管理工作的决策。

信息系统互联在工厂内部网络可以通过电子看板系统实现可视化展示，将车间在生产过程中的生产进度、良品状况、生产效率、设备状况信息实时展现在看板中，使生产管理者及时掌握生产信息，及时处理异常，进而提高生产效率。目前常见的电子看板主要有以下几种。

1. 液晶屏电子看板系统

液晶屏电子看板系统是由计算机、液晶显示屏终端和软硬件组成的可视化管理系统，采用 TCP/IP 通信方式。显示界面可根据用户的需求来进行设置，可对内容进行定制化处理，并可以和 ERP 系统、MES 系统等信息化软件进行交互，展示其系统内的信息。可由一个屏幕切换不同的看板画面，把看板分成几个不同区域，显示每个区域的内容。

2. SOP（Standard Operating Procedure，标准作业流程）电子看板系统

SOP 电子看板系统替代了传统的采用纸张编写作业指导书的方式，采用显示屏通过局域网或有线/无线网络直接进行展现，通过计算机、扫描器等方式对 SOP 进行发布，也支持每个屏幕显示多个 SOP，并且可以自由切换。实现工位上的无纸化办公，并大大提高车间的信息化管理水平。

3. 物料电子看板系统

物料电子看板主要用于实现对物料供应信息的实时传递，从而保证对车间物料进行准确、不间断的供应，可以采用远距离遥控设备，配合大屏幕，由计算机主机无线接收器进行信息展示，使物料信息被及时传递给对应人员，对应人员收到信息后可及时进行处理，提高了生产效率。

5.2.3　组建工厂内部网络

【任务目标】

掌握组建工厂内部网络的方法。

【任务准备】

查阅行业领军企业——迈普通信技术股份有限公司的网络设备资料。

【知识链接】

1. 名词解释

（1）fastethernet：百兆端口，可以简写为 fa，如 fastethernet0/1 或 fa0/1。

（2）gigabitethernet：千兆端口，可以简写为 gi，如 gigabitethernet0/25 或 gi0/25。

（3）tengigabitethernet：万兆端口，可以简写为 te，如 tengigabitethernet1/1 或 te1/1。

（4）管理型交换机：可以根据网络规划部署需要进行配置部署的交换机类型。

（5）非管理型交换机：即插即用型交换机，使用时无须配置，直接接入网络即可进行对网络接入接口的扩展。

（6）设备互联：两个互相连接的网络设备，如果两个设备在网络中处于同一层，那么互相连接的两个接口叫互联口；如果两个设备处于不同层，那么位于网络下层的设备接口叫上联口，位于网络上层的设备接口叫下联口。

2．网络设备介绍

（1）WNC6600-100-AC 无线控制器。

图 5-23 所示为 WNC6600-100-AC 无线控制器。WNC6600-100-AC 无线控制器有 24 个 10/100Base-T 电接口、2 个 COMBO 口（10/100/1000Base-T+100BASE-FX/1000Base-X）、1 个 DC0 口（10/100/100Base-T）、1 个 CONSOLE 口（RJ45）、1 个 USB 口、1 个 Micro SD 接口（内置）、固化单电源，最大可管理 128 个 AP，而且前 8 个 10/100Base-T 电接口每个端口支持 15.4W/30W POE 供电，整机最大支持 8×15.4W 或 4×30W POE 供电。它基于有线/无线一体化的设计思路，具有高性能、全融合、高业务集成度、高可靠性、高安全性等优点，完全满足各行业的用户对有线网络和无线网络完全融合的需求，提供统一管理功能，使 WLAN 网络成为易管理、可运维的网络，满足各类业务的部署需求，同时包含丰富的软件特性，能够为用户提供负载均衡、故障自动恢复、智能射频管理、快速漫游等功能。并且可以使用中文化的 Web 配置界面，便捷地进行配置部署，不需要像传统命令行那样复杂的操作，方便管理人员完成配置。

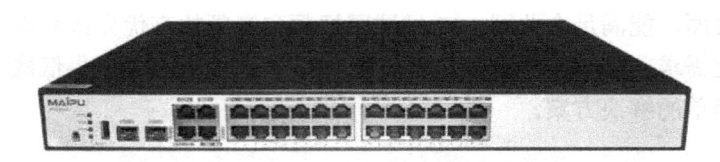

图 5-23　WNC6600-100-AC 无线控制器

（2）WA2600-821-PE 室内无线接入设备 AP。

如图 5-24 所示，WA2600-821-PE 是迈普通信技术股份有限公司自主研发的支持 IEEE 802.11ax 技术标准的室内无线接入设备，符合 IEEE 802.11a/b/g/n/ac/ax 标准，内置天线，是属于无线电委员会规定的 EIRP（等效全向辐射功率）≤100mW 的室内型 AP 产品。

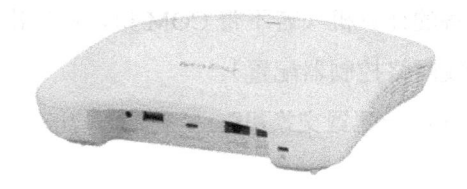

图 5-24　WA2600-821-PE 室内无线接入设备 AP

（3）IS160-10TP-AC 千兆非管理交换机。

图 5-25 所示为 IS160-10TP-AC 千兆非管理交换机。IS160-10TP-AC 千兆非管理交换机是有 8 个 10/100/1000M 网络接口和 2 个 100/1000MSFP 光纤接口的千兆非管理交换机，满足 IEEE 802.3、IEEE 802.3u、IEEE 802.3ab、IEEE 802.3x 和 IEEE 802.3az 等标准与协议，可以达到 16Gbps 交换容量、11.9Mbps 包转发率，在组网中用以接收和转发现场移动设备的生产相关数据。考虑到车间和办公大楼的直线距离、接入楼内服务器机房的距离及后续服务器机房可能发生变动，从车间到机房的距离大于 100m，超出了五类、六类网线连接距离，同时考虑到车间管理部门已经采用光纤接口连接 IT 网络，因此采用带光纤接口的 IS160-10TP-AC 千兆非管理交换机接收和转发现场移动设备的生产数据。IS160-10TP-AC 是千兆非管理交换机，即插即用，不需要进行相关配置。进行物理安装时注意佩戴防静电手套，避免静电损害设备。

图 5-25　IS160-10TP-AC 千兆非管理交换机

（4）SM3220-28TF-AC 千兆二层智能管理交换机。

如图 5-26 所示，SM3220-28TF-AC 提供 24 个 10/100/1000M 网络接口、4 个 1000MSFP 光接口，提供一个 Micro USB 配置接口、一个 RJ45 Console 配置接口，使用交流电源的千兆二层智能管理交换机。它能够实现高速转发所有端口数据，并具有完善的组播能力、QoS、VLAN 增强功能及迈普特有的相关安全功能，满足用户对安全性的要求。能够帮助用户轻松实现千兆到桌面，能满足企业网、IP 城域网视频和音频的高优先级数据及其他特定数据对交换机的特定需求，可以为企业网总部、IP 城域网、小区汇聚提供低成本、高性能、扩展性强、管理简单的解决方案。

图 5-26　SM3220-28TF-AC 千兆二层智能管理交换机

3．配置准备

（1）用于配置网络设备的计算机（若不带 COM 口，则需准备 USB 转串口模块）。

（2）浏览器（用于无线网络控制器配置）。

（3）MobaXterm 软件（用于配置交换机）。

（4）网线。

（5）RJ45 串口线。

项目 5　工厂内部网络搭建

【任务实施】

公司平面示意图如 5-27 所示，按照李经理的指示，我们要协助小张组建一个工厂内部网络，下面先研究工厂的实际情况。

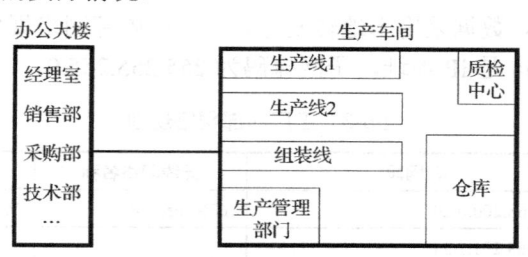

图 5-27　公司平面示意图

从后续生产线升级和网络投资的角度考虑，工厂内部网络需要满足以下几个要求。

（1）新增生产设备的接入及后续的弹性扩展。

（2）满足新增移动生产设备的接入。

（3）满足新增无线办公设备的接入。

（4）满足生产网络和办公网络的隔离。

（5）考虑终端接入的安全性。

同时，工厂内部网络采用生产网络和办公网络物理隔离的方式部署，综合考虑，需要一套无线网络设备同时满足生产设备和办公设备的接入要求。基于以上考虑，工厂内部网络的结构如图 5-28 所示。

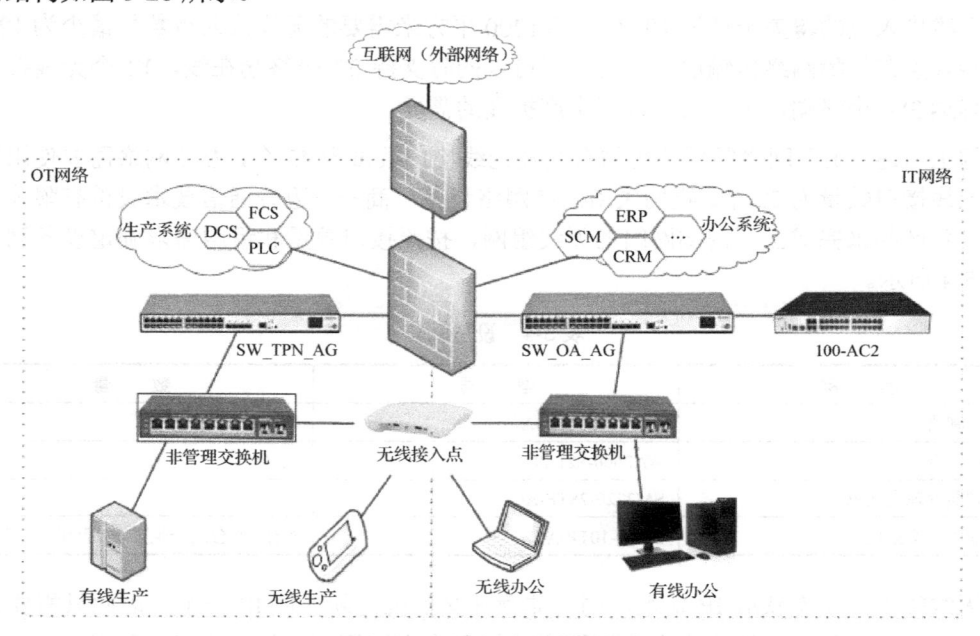

图 5-28　工厂内部网络的结构

对生产网络和办公网络进行物理隔离；将无线控制器和无线接入点接入办公网络，释放两个无线信号供生产终端和办公终端接入，同时开启无线接入点射频与网口绑定，将同一套无线设备的无线生产和无线办公进行物理隔离。为了保障无线网络安全，同时兼容终端，无线办公网络开启 dot1x 认证，无线生产网络开启密码认证，同时采用终端 MAC 白名单方式限制终端的接入，数据采用本地转发方式。工厂内部网络规划如表 5-3 所示，其中，IP 网段 192.168.XXX.254 是 IP 地址，子网掩码为 255.255.255.0。

表 5-3　工厂内部网络规划

网络类型	IP 网段	无线网络名称	无线网络安全方式
生产网络	192.168.200.0/24	TPN_network	WPA2-PSK+MAC 白名单
生产网络连接 IT 系统	192.168.201.1/24 网关：192.168.201.254	N/A	N/A
办公网络	192.168.300.0/24	OA_network	WPA2
办公网络连接 IT 系统	192.168.301.1/24 网关：192.168.301.254	N/A	N/A

车间占地 1200 平方米，根据设备数量和生产需求，测算当前需要无线接入的设备终端有 200 个，无线办公终端有 20 个，需要有线接入的设备终端有 30 个，有线办公终端有 10 个。同时，考虑到后续还会有更多的设备接入，为了快速进行网络扩展，工厂考虑二层组网：生产、办公各自通过汇聚交换机连接到公司 IT 系统。初次部署配置汇聚交换机后，进行网络扩展时不需要再配置，终端接入交换机采用即插即用型号，以便快速部署和维护。

在无线接入方面，无线接入点必须是具备内外网隔离功能的产品，这样可以在车间设备和办公设备通过同一套无线设备联网的情况下，实现生产数据和办公数据的隔离。按照一个无线接入点的覆盖半径为 10 米计算，1200 平方米需要的无线接入点数量最少为 12 个，无线接入点在保障网络传输质量的前提下可以同时支持 32 个终端在线，12 个无线接入点可以容纳 384 个终端，可以兼顾以后生产扩展的需要。

综上所述，工厂网络需要使用的有线及无线接口数量为 42 个，办公网络需要使用的有线和无线接口数量为 22 个。我们采用国产网络设备厂商——迈普通信技术股份有限公司的网络设备产品来完成工厂内部网络的无线组网，按照接口数量和组网需求确定设备列表，如表 5-4 所示。

表 5-4　设备列表

名称	型号	数量
无线控制器	WNC6600-100-AC	1 台
无线接入点	WA2600-821-PE	12 个
千兆智能管理交换机	SM3220-28TF-AC	2 台
千兆非管理交换机	IS160-10TP-AC	8 台（5 台用于生产、3 台用于办公）

无线接入点动态获取 IP 地址，同时非管理交换机无须管理 IP 地址，因此只需要 2 台千兆智能管理交换机分别作为办公汇聚交换机和生产汇聚交换机。设备名称及 IP 地址如

表 5-5 所示。

表 5-5 设备名称及 IP 地址

设 备 功 能	设 备 名 称	IP 地址
办公汇聚交换机	SW_OA_AG	192.168.300.254/24
生产汇聚交换机	SW_TPN_AG	192.168.200.254/24
无线控制器	100-AC2	192.168.300.253/24

1．配置流程

（1）生产网络交换机配置流程。

步骤 1：在生产汇聚交换机（SW_TPN_AG）中配置生产设备所属的网络和接口。

步骤 2：在生产汇聚交换机（SW_TPN_AG）中配置生产设备 DHCP 地址池。

步骤 3：在生产汇聚交换机（SW_TPN_AG）中配置上联生产接入接口。

步骤 4：在生产汇聚交换机（SW_TPN_AG）中配置生产设备到生产业务系统的路由。

步骤 5：连接生产接入交换机（SW_TPN_Access）和生产汇聚交换机（SW_TPN_AG），连接生产汇聚交换机（SW_TPN_AG）和 IT 生产接入交换机。

（2）办公网络交换机配置流程。

步骤 1：在办公汇聚交换机（SW_OA_AG）中配置办公设备所属的网络和接口。

步骤 2：在办公汇聚交换机（SW_OA_AG）中配置办公设备 DHCP 地址池。

步骤 3：在办公汇聚交换机（SW_OA_AG）中配置上联办公接入接口。

步骤 4：在办公汇聚交换机（SW_OA_AG）中配置办公设备到生产业务系统的路由。

步骤 5：连接办公接入交换机（SW_OA_Access）和办公汇聚交换机（SW_OA_AG），连接办公汇聚交换机（SW_OA_AG）和 IT 办公接入交换机。

（3）无线网络配置流程。

步骤 1：将无线控制器接入办公汇聚交换机（SW_OA_AG）。

步骤 2：配置无线控制器 AP 管理接口。

步骤 3：将无线接入点 LAN1 口接入办公接入交换机（SW_OA_Access）。

步骤 4：配置无线接入点射频与接口绑定。

步骤 5：配置办公无线网络。

步骤 6：配置生产无线网络。

步骤 7：将无线接入点 LAN2 口与生产接入交换机（SW_TPN_Access）连接。

2．设备配置方式

（1）交换机配置。

在默认情况下，新出厂的交换机设备采用串口进行连接配置，默认波特率为 9600 波特。将配置计算机串口连接到交换机 COM 口后，在"我的电脑"中确认计算机的串口编号，具体操作是先单击"我的电脑"图标，再右击，选择"计算机管理"，计算机管理界面如图 5-29 所示。

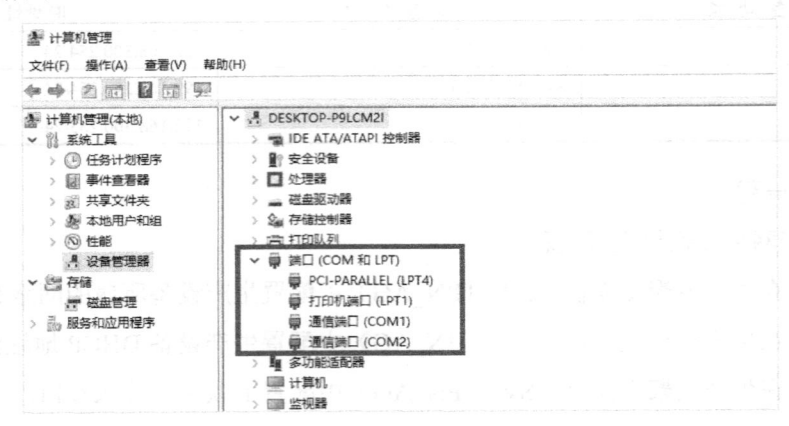

图 5-29　计算机管理界面

如图 5-30 所示，我们采用 MobaXterm 软件设置串口。双击 MobaXterm 软件图标，单击"Session"新建会话，再选择"Serial"确定通信方式，在"Serial port"下拉列表中选择正确的 COM 口和波特率，单击"OK"按钮即可连接设备。

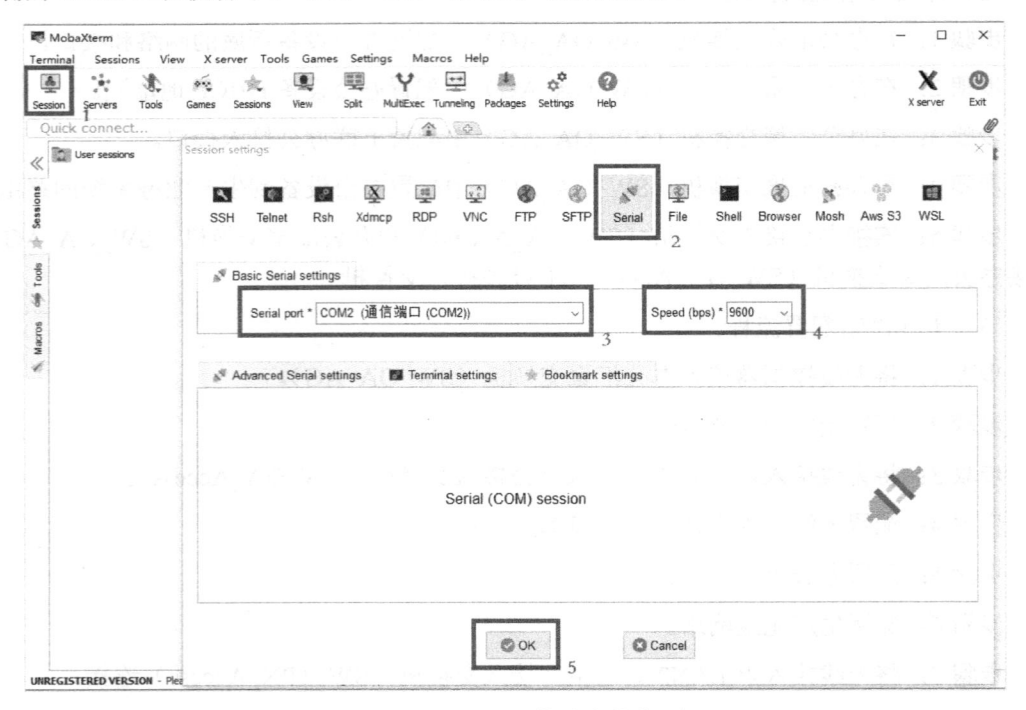

图 5-30　MobaXterm 软件中的串口设置

设置完成后，出现会话界面。为了更好地区分设备在网络中的位置，我们先对设备进行命名。命名规则建议参考：设备类型-所属网络-网络位置。以生产汇聚交换机为例，命名设备为 SW-TPN-AG。我们在会话界面中输入如图 5-31 所示的设备命名语句，对生产汇聚交换机的设备名称进行修改。其他命令的输入方法与此一致。

```
SW>enable
SW#configure terminal
SW#hostname SW_TPN_AG
SW_TPN_AG#
```

图 5-31　设备命名语句

（2）无线控制器配置方式。

图 5-32 所示为无线控制器登录界面。PC 端配置静态地址 192.168.1.0/24。使用网线将配置计算机连接至 AC 的 DC0 口，在 PC 端打开 Web 浏览器，在地址栏中输入 192.168.1.100，即可访问 AC 的 Web 登录界面。默认登录用户名为 admin，密码为 admin。

图 5-32　无线控制器登录界面

3．配置生产网络交换机

步骤 1：如图 5-33 所示，在生产汇聚交换机（SW_TPN_AG）中配置生产设备所属的网络和接口。

```
SW_TPN_AG#con t
SW_TPN_AG(config)#interface vlan 1
SW_TPN_AG(config-if-vlan1)#ip address 192.168.200.254 24
SW_TPN_AG(config-if-vlan1)#exit
```

图 5-33　配置网络和接口

步骤 2：如图 5-34 所示，在生产汇聚交换机（SW_TPN_AG）中配置生产设备 DHCP 地址池。

```
SW_TPN_AG(config)#ip dhcp pool STA_TPN
SW_TPN_AG(dhcp-config)#range 192.168.1.1 192.168.1.253 255.255.255.0
SW_TPN_AG(dhcp-config)#default-router 192.168.1.254
SW_TPN_AG(dhcp-config)#exit
```

图 5-34　配置生产设备 DHCP 地址池

步骤 3：如图 5-35 所示，在生产汇聚交换机（SW_TPN_AG）中配置上联生产接入接口。

```
SW_TPN_AG#con t
SW_TPN_AG(config)#interface vlan 200
SW_TPN_AG(config-if-vlan300)#ip address 192.168.201.1 24
SW_TPN_AG(config-if-vlan300)#exit
SW_TPN_AG(config)#interface gigabitethernet 0/1
SW_TPN_AG(config-if-gigabitethernet0/1)# switchport access vlan 200
SW_TPN_AG(config-if-gigabitethernet0/1)#exit
```

图 5-35　配置上联生产接入接口

步骤4：如图5-36所示，在生产汇聚交换机（SW_TPN_AG）中配置生产设备到生产业务系统的路由。

```
SW_TPN_AG(config)#ip route 0.0.0.0 0.0.0.0 192.168.201.254
```

图5-36　配置路由

步骤5：连接生产接入交换机（SW_TPN_Access）到生产汇聚交换机（SW_TPN_AG），连接生产汇聚交换机（SW_TPN_AG）和IT生产接入交换机。生产汇聚交换机（SW_TPN_AG）的gigabitethernet 0/1口连接IT生产接入交换机，生产接入交换机（SW_TPN_Access）上联到生产汇聚交换机（SW_TPN_AG）的任意接口。

4. 配置办公网络交换机

步骤1：如图5-37所示，在办公汇聚交换机（SW_OA_AG）中配置办公设备所属的网络和接口。

```
SW_OA_AG#con t
SW_OA_AG(config)#interface vlan 1
SW_OA_AG(config-if-vlan1)#ip address 192.168.300.254 24
SW_OA_AG(config-if-vlan1)#exit
```

图5-37　配置网络和接口

步骤2：如图5-38所示，在办公汇聚交换机（SW_OA_AG）中配置办公设备DHCP地址池。

```
SW_OA_AG(config)#ip dhcp pool STA_OA
SW_OA_AG(dhcp-config)#range 192.168.1.1 192.168.1.252 255.255.255.0
SW_OA_AG(dhcp-config)#default-router 192.168.1.254
SW_OA_AG(dhcp-config)#exit
```

图5-38　配置办公设备DHCP地址池

步骤3：如图5-39所示，在办公汇聚交换机（SW_OA_AG）中配置上联办公接入接口。

```
SW_OA_AG#con t
SW_OA_AG(config)#interface vlan 300
SW_OA_AG(config-if-vlan300)#ip address 192.168.301.1 24
SW_OA_AG(config-if-vlan300)#exit
SW_OA_AG(config)#interface gigabitethernet 0/1
SW_OA_AG(config-if-gigabitethernet0/1)# switchport access vlan 300
SW_OA_AG(config-if-gigabitethernet0/1)#exit
```

图5-39　配置上联办公接入接口

步骤4：如图5-40所示，在办公汇聚交换机（SW_OA_AG）中配置办公设备到生产业务系统的路由。

```
SW_OA_AG(config)#ip route 0.0.0.0 0.0.0.0 192.168.301.254
```

图5-40　配置路由

步骤5：连接办公接入交换机（SW_OA_Access）到办公汇聚交换机（SW_OA_AG），连接办公汇聚交换机（SW_OA_AG）和IT办公接入交换机。办公汇聚交换机（SW_OA_AG）

的 gigabitethernet 0/1 口连接 IT 办公接入交换机，办公接入交换机（SW_OA_Access）上联到生产汇聚交换机（SW_TPN_AG）的任意接口。

5．配置无线网络

步骤 1：将无线控制器接入办公汇聚交换机（SW_OA_AG）。

步骤 2：配置无线控制器 AP 管理接口。

如图 5-41 所示，登录无线控制器管理界面后，按照 "网络配置" → "端口配置" → "Vlan 地址配置" 的步骤修改网络 "Vlan 1" 接口的 IP 地址为 192.168.300.283，供无线接入点上线使用。

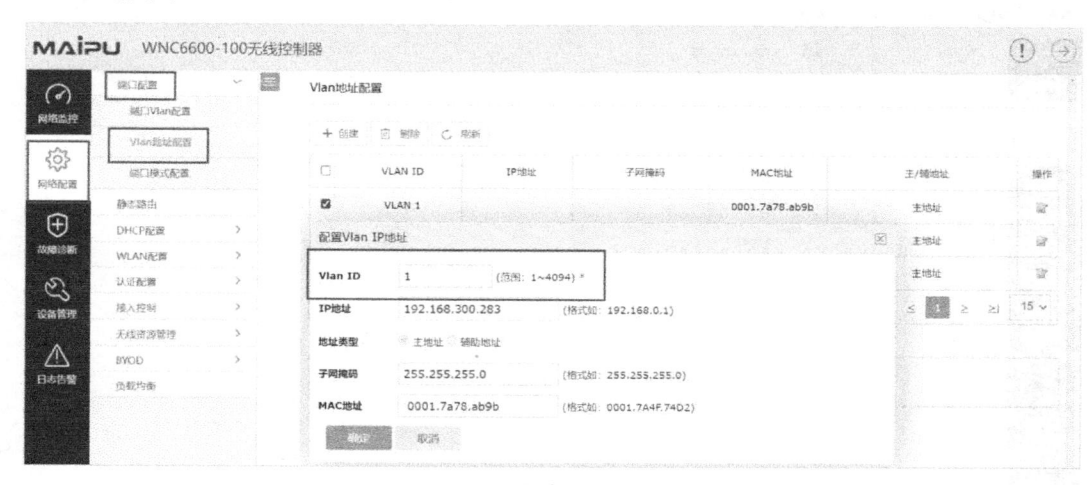

图 5-41　修改网络 IP 地址

步骤 3：将无线接入点 LAN 1 口接入办公接入交换机（SW_OA_Access）。

如图 5-42 所示，将无线接入点 LAN 1 口接入办公接入交换机（SW_OA_Access）的任意接口，无线接入点会自动获取 IP 地址并在 AC 上上线。

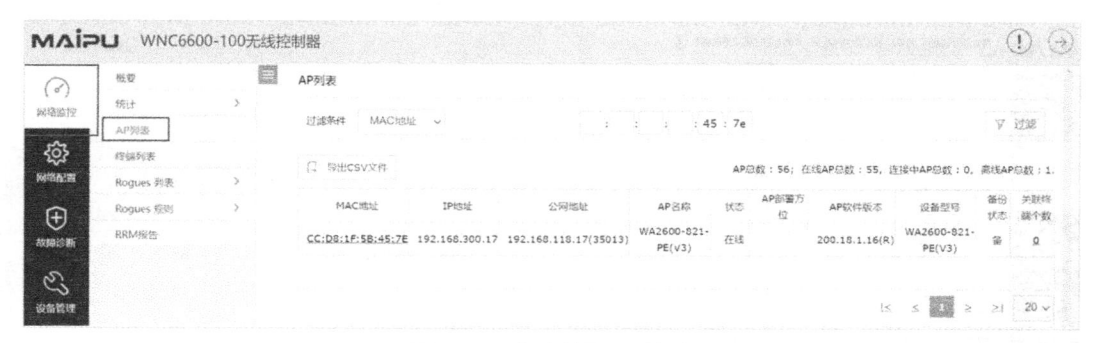

图 5-42　自动获取 IP 地址

步骤 4：配置 AP 射频与接口绑定。

AP 射频与接口绑定的代码如图 5-43 所示。

```
100-AC2#configure terminal
100-AC2(config)#wireless
100-AC2(config-wireless)#ap ccd8.1f5b.457e
100-AC2(config-ap-ccd8.1f5b.457e)#uplink isolate mode 1
100-AC2(config-ap-ccd8.1f5b.457e)#end
```

图 5-43　AP 射频与接口绑定的代码

步骤 5：配置办公无线网络。

如图 5-44 所示，按照 "网络配置" → "认证配置" → "RADIUS 配置" 的步骤创建编辑认证服务器。

图 5-44　编辑认证服务器

如图 5-45 所示，按照 "网络配置" → "认证配置" → "域配置" 的步骤进行认证配置，并引用该认证服务器。

图 5-45　认证配置

如图 5-46 所示，按照"网络配置"→"WLAN 配置"→"无线服务配置"的步骤创建生产无线网络，网络名称为 OA_network，认证方式为 WPA2-PSK（dot1x 认证）。

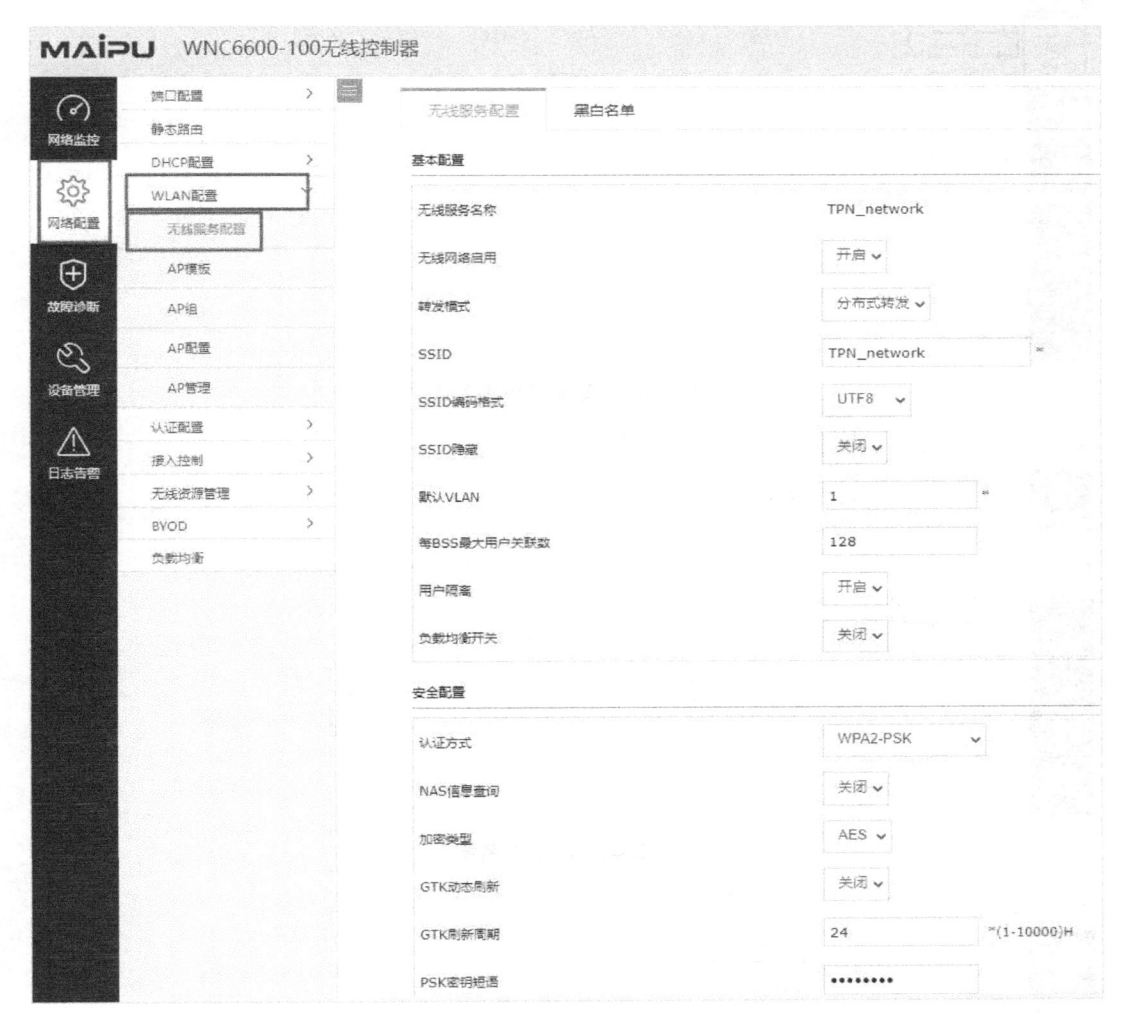

图 5-46 创建生产无线网络

如图 5-47 所示，按照"网络配置"→"WLAN 配置"→"AP 配置"的步骤单击需要配置的 AP MAC 应用无线网络，将其配置到无线接入点 Radio 1。

步骤 6：配置生产无线网络。

按照"网络配置"→"接入控制"→"MAC 地址过滤"的步骤配置终端接入黑白名单组。添加白名单如图 5-48 所示。

如图 5-49 所示，按照"网络配置"→"接入控制"→"MAC 地址过滤"的步骤单击"黑白名单组"后，配置允许接入的终端 MAC。

图 5-47 配置无线接入点

图 5-48 添加白名单

图 5-49 添加终端 MAC

如图 5-50 所示，按照"网络配置"→"WLAN 配置"→"无线服务配置"的步骤创建生产无线网络，网络名称为 TPN_network，认证方式为 WPA2-PSK。

图 5-50 创建生产无线网络

如图 5-51 所示，配置接入白名单，组名为 TPN 网络白名单。

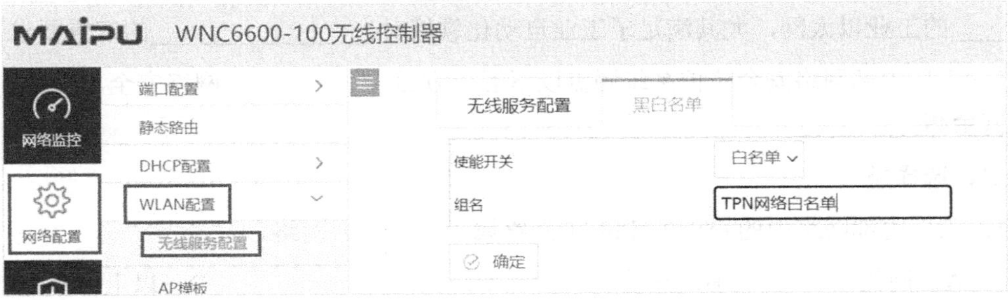

图 5-51 接入 TPN 网络白名单

如图 5-52 所示，按照"网络配置"→"WLAN 配置"→"AP 配置"→"BBS 配置"的步骤，单击需要配置的 AP MAC 应用无线网络，将其配置到无线接入点 Radio 2。

图 5-52　无线网络配置

步骤 7：将无线接入点 LAN2 口连接到生产接入交换机（SW_TPN_Access）的任意接口。

经过以上步骤的设置后，手持终端能够正常接入无线网络，工厂网络设置已经完成。

〈思考与练习〉

一、填空题

1. 工厂内部网络呈现两层三级结构，其中，两层是指_____和_____，三级一般分为_____、_____、_____三个层级。

2. PON，即_____网络，是一种采用_____结构的_____接入网络。

3. 无线网络分为_____、_____、_____和_____。

4. TSN 是 IEEE 802.1 任务组开发的一套_____规范，用于构建更可靠、_____、_____的工业以太网，尤其满足了工业自动化领域对_____的双重要求。

5. 工厂内部网络安全防护系统涵盖以下五个方面：_____、网络安全、_____、应用安全和_____。

二、选择题

1. 工厂内部网络中的 OT 网络和 IT 网络属于（　　）网络。

　　A．同构　　　　B．异构　　　　C．同质　　　　D．以上都不是

2. PON 系统由 OLT、（　　）和 ONU 构成。

　　A．ODN　　　　B．UCC　　　　C．OLP　　　　D．以上都是

3. 无线网络的拓扑结构可归结为两类：（　　）和（　　）。

　　A．集中式拓扑结构　　　　　　B．无中心拓扑结构

　　C．中心拓扑结构　　　　　　　D．分布式拓扑结构

4. TSN 提供（　　）确定性服务。

　　A．秒级　　　B．毫秒级　　　C．微秒级　　　D．皮秒级

5. 工厂内部网络以"三化+灵活组网"为发展趋势，基于以（　　）为基础的互联网技术体系，加快工业生产与互联网技术的融合。

　　A．设备　　　B．IP 技术　　　C．数据　　　　D．管理

三、问答题

1. 简述常见的三种无线网络的组网架构。

2. 车间引入 MES 管理系统，需要联网的无线设备有 4 台 PLC、20 个传感器、3 个摄像头、2 辆 AGV 小车、5 个生产管理用平板、1 个显示大屏，工厂已经使用 ERP 和 SCM 系统。请按照工厂内部网络的结构，对上述设备和系统进行划分。

项目 6

工厂外部网络搭建

学习目标

1. 了解工业互联网中工厂外部网络的概念、发展与特点。
2. 了解工业互联网中常用的工厂外部网络。
3. 借助工厂外部网络创建并使用一种工厂远程生产控制系统。
4. 能搭建一种工厂外部网络为 NB-IoT 形式的智能信息服务系统。

情景故事

某电池生产企业有三个生产基地、一个业务行政部门，分别位于我国四座不同的城市，但各城市中间相隔的距离较远，目前该电池生产企业只有生产基地 A 处使用了企业管理系统。企业生产部李经理希望这套管理系统可以将公司的三个生产基地和一个业务行政部门串联起来，使企业管理部门可以不受地域限制地实时查看基地的生产与库存状况，使业务行政部门可以远程进行产品统计，更加便捷、高效地安排生产与发货，实现生产数据与业务数据的有机整合，提升电池生产的能力并增加企业的生产总体效益，提高本企业在行业内的声誉与产品的市场占有率。

项目描述

企业管理层拟引进一套 Cloud-VPN 网络设备，方便车间生产与销售现场互联，同时搭建 NB-IoT 形式的智能信息服务系统，实现更加高效的产能迭代。

6.1 工厂外部网络

工厂外部网络作为工业互联网的重要组成部分，可以有效地帮助工厂系统管理者对工厂进行自动化控制，有效地帮助工厂管理者对工业生产实现在线监测、维护及问题修复，实现多厂互联、多产业互通、多区域联合。随着工厂外部网络的发展不断加速，工业制造将取得极大突破，运营人力成本也将大大降低。工厂外部网络的主要内容包括工厂虚拟专用网、云虚拟专用网、SD-WAN 新型网络、移动通信网络等。

6.1.1 工厂外部网络的发展

【任务目标】

了解工厂外部网络的发展历史。

【任务准备】

阅读有关资料：清华大学大数据系统软件国家工程实验室人员编写的《工业互联网平台：发展趋势与挑战》。

【知识链接】

1. 工厂外部网络的发展基础

工厂外部网络的基础为信息化网络设施，其本质是实现基于网络的各工厂数据互通开放、基于网络的各工厂操作互联、基于网络的多生态链数字流程化、基于网络的生产价值链重塑，从而改变传统工业制造信息闭塞的现象，构建工业互联网时代下/工业环境下的人、机、物协作。

随着工业互联网的发展，智能制造和数字化工厂的概念逐渐进入人们的视野，越来越多的行业生产将智慧型工厂视为未来生产的重要基础。如图 6-1 所示，工厂外部网络参与了工厂设备联网、工艺质量管理、生产调度管理、物料库存管理、业务数据可视化、全过程数据处理等多个工业化生产环节。智慧型工厂借助工厂外部网络实现了不同生产车间的设施数据、过程数据、管理数据等多数据的互联互通。设施数据是系统和设备集成的关键技术，设备之间信息互联，系统之间数据互通。过程数据强调生产过程可视化，包括生产数据的实时采集和分析、设备故障预警数据处理和组件管理实时数据等。管理数据是指围绕工业现场数据信息所形成的一系列需求、业务和应用数据的统称。工业现场数据管理以"数据"为核心关注点，除了着重解决各类工业现场数据的获取、清洗、预处理等数据初始化问题，还包括对工业现场数据的安全管理、归属权管理、存储管理、调用管理、边缘计算和应用前置（微服务）等全维度的管理内容，以及在个别应用场景中出现的数据反向流动管理。

图 6-1　工厂外部网络在生产中的作用

2．工厂外部网络的发展现状

当前工厂可以通过机器与机器之间、机器与工人之间借助通信来实时适应工作流程，通过传感器连接的设备提供有关设备持续状况的有用数据来进行生产信息交换。将人员、流程和产品结合在一起，通过连接制造过程的所有部分，制造商可以简化和加快跨每个平台构建和测试应用程序的过程。工厂外部网络的企业主管可以监控所有应用程序、工作负载和基础架构的运行状况、性能和利用率。商业智能将通过分析数据来更深入地了解工厂车间发生的动态情况，并及时做出决策。图 6-2 所示为园区产业监控平台。

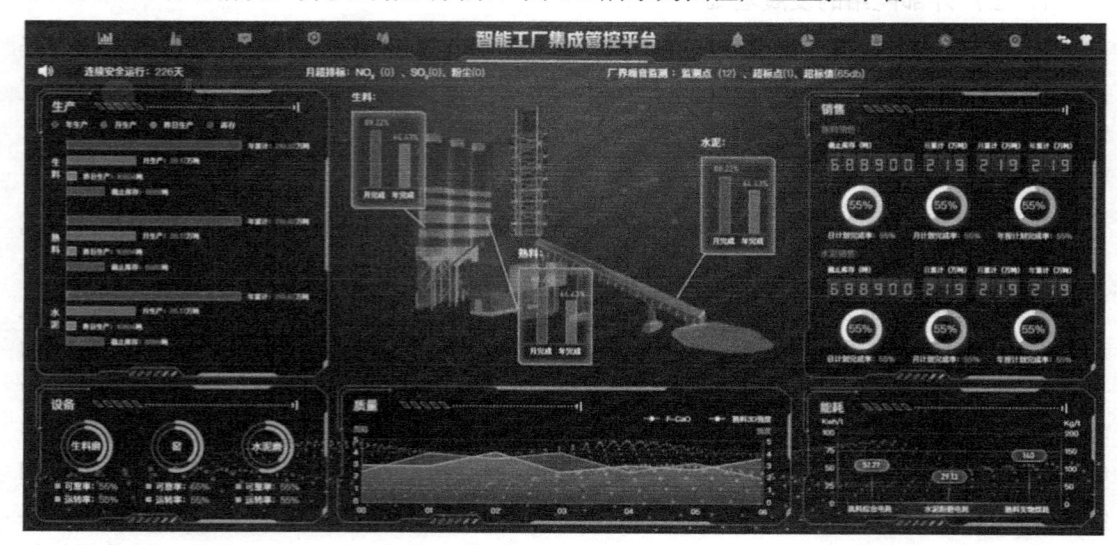

图 6-2　园区产业监控平台

由于工厂外部网络的发展建设依旧依赖传统的互联网信息化技术,其网络连接存在多种接入方式,但网络转发服务依然存在网络延时较长、可靠性无法得到保障、转发方式不够便捷等缺点。因为工业化领域及不同行业的信息化程度参差不齐,对在工厂生产与工厂应用中的信息化利用与业务开发等不够合理与完善,所以工厂外部网络信息化的发展建设存在不平衡的问题。一部分工厂/企业仅申请了普通的互联网接入,一部分工厂/企业存在企业与企业、工厂与工厂、部门与部门之间及不同区域之间的信息沟通差异化的问题。

3. 工厂外部网络的发展趋势

(1)工厂外部网络的普遍化趋势:工厂外部网络最开始存在的作用是向外界传递商用信息,传统的工厂信息管理系统一般应用于工厂内部网络中,工厂外部网络连接对象少、服务单一。随着工业信息化和设备远程服务业务的发展,工厂信息化建设、工厂信息开放与保护、工厂信息开发与利用将会不断提升,在以后的发展中,工厂外部网络将会涌现出大量的装备远程监控、在线维护、管理和优化等延伸业务。

(2)工厂外部网络的精细化趋势:未来,工厂外部网络将贯穿整个工业的产业链、价值链,工厂外部网络连接应用场景多样化促进了新型企业专线技术服务的精细化发展。随着云平台的发展,工厂信息系统逐渐向工厂外部网络的趋势发展,在普遍化的基础上,新的企业专线技术将向精细化方向发展,未来的企业专线技术将针对企业上网、业务系统上云、公有云与私有云互通等不同使用场景提供精细化服务。

(3)工厂外部网络的灵活化趋势:得益于移动通信网络技术的发展,移动端应用使工厂的设备使用更方便,部署速度更快,同时为工厂间的广泛信息互通提供了一种更为灵活的方式。借助 5G 技术,工厂外部网络可以快速开通服务,调整业务,未来借助工厂外部网络,可以实现上下游企业(供应商、经销商、用户、合作伙伴)之间的横向互联;从产品生命周期的维度实现产品从设计、制造到运维、服务,再到报废、回收、再利用的整个生命周期的互联。

【任务实施】

工厂外部网络的发展趋势是什么?

_____
_____
_____
_____

6.1.2 工厂外部网络的概念

【任务目标】

熟悉工厂外部网络的概念。

【任务准备】

1. 查阅工业互联网产业联盟发布的《工业互联网网络体系发展概述》。
2. 网上调研航天云网工业互联网公共服务平台的实施情况。

【知识链接】

云平台技术的成熟和各种网络技术的融合推动和加快了工业互联网的转型,越来越多的工业应用通过工厂外部网络登录工厂云平台中心,各种控制类工业应用、采集类工业应用、交互类工业应用及安全类工业应用的发展都将推动工厂外部网络的不断发展。

1. 工厂外部网络的概念

工厂外部网络是指企业与云平台或其他网络之间的网络,用于支持企业全生命周期的活动,满足工厂生产需求、工业行业应用、工厂业务的需求,以及企业与云平台或其他网络之间的联网,将企业与上下游企业、企业多部门间、企业与云应用/云业务、企业与智能产品、企业与用户连接起来。

工厂外部网络对我国经济发展具有十分重要的意义。随着云平台技术的发展,工厂外部网络可以有效地降低企业综合成本和产业向外转移的风险,通过工厂外部网络的网络部署可以减少工厂用工量,促进制造业资源的配置优化和效率提高,减少工厂生产运营支出,提高竞争力。

2. 工厂外部网络的分类

工业互联网的工厂外部网络主要分为企业专线网络技术和移动通信网络技术两类,是用来连接企业生产资源、企业商业资源、企业生产设备的网络,包括灵活的以太网(FlexE)、虚拟专用网、光传送网、软件定义网络(SDN)、移动通信网络、窄带物联网、云网融合等。

【任务实施】

1. 工厂外部网络包括(   )。

  A. 虚拟专用网   B. 窄带物联网

  C. 云网融合   D. 以上都是

2. 工厂外部网络的定义是什么？

_____
_____
_____

6.1.3 虚拟专用网

【任务目标】

了解虚拟专用网的基础知识。

【任务准备】

1. 查阅百科词条编写的《虚拟专用网》。
2. 调研江苏有线网络发展有限责任公司 MPLS VPN 技术在江阴市应急广播系统网络中的应用案例。

【知识链接】

在工业互联网信息技术不断发展的进程中，越来越多的企业在互联网上借助计算机网络、应用系统开发拓展商务活动。一个规模完善的企业应具有多个办公场地，包含企业行政总部、各部门及分公司、外地办事处、企业生产基地、企业存储仓库等多个业务场地。在企业日常生产活动中，使用计算机和各类软件应用系统（如生产管理、财务管理、文件传输、内部 OA 等系统）来处理企业事务，伴随着企业规模的不断扩展，像传统局域网那样拉网线联网的方法已经不能满足企业应用系统扩展到远程分支机构的需求，同时，使用传统的 DDN 和帧中继组建企业远程专用网络需要昂贵的成本，这让许多企业对"网络"望洋兴叹。

1. 虚拟专用网的概念

虚拟专用网（Virtual Private Network，VPN）作为一种工业互联网网络技术基础，为工业用户在繁杂的公共网络数据传输中创建了一条专属于当前用户的安全、稳定的数据通路，对用户传输的数据包进行加密处理，对用户的目标地址通过转换实现远程访问，从而实现企业用户在公网上传输私有数据，可以使用服务器、硬件、软件等多种方式实现，用于支持企业不同远程分支机构的信息传输与交流。

VPN 为工业应用程序提供了所需的网络安全服务，为设备制造商支持远程访问工厂车间的 PLC、HMI 和其他自动化组件提供了传输基础。在整个网络连接的过程中，任意两个节点之间的连接架构在公用网络服务商所提供的网络平台（如 Internet、ATM、Frame Relay 等）的逻辑网络上，通过逻辑链路传送用户数据，而不需要传统专网所需的端对端物理连接。企业可以通过一条安全加密的 VPN 隧道远程连接和访问企业虚拟云的业务资源与云应用，在线远程访问企业的下游多部门，进行产业链互联，如图 6-3 所示。

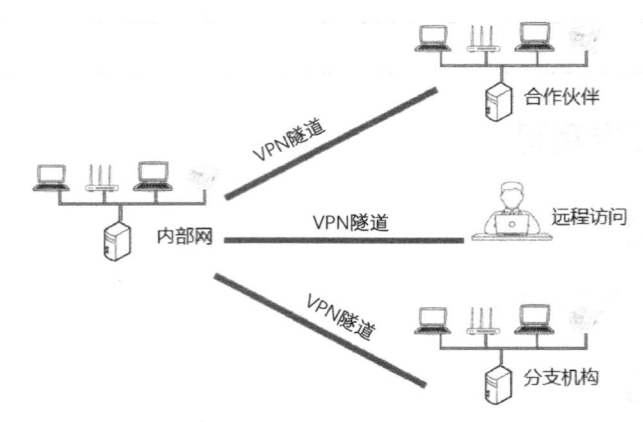

图 6-3　VPN 是企业网在因特网上的延伸

2. VPN 组成

VPN 由两部分组成，其中，VPN 网关向虚拟云设备、各分支机构提供了公网出口。作为企业信息传输的出口网关设备，VPN 网关的使用需要与企业本地存储中心的远端网关配合，一个企业本地存储中心绑定一个远端网关，一个企业云设备或应用绑定一个 VPN 网关。VPN 支持点到点或点到多点连接，因此，VPN 网关与远端网关为一对一或一对多的关系，如图 6-4 所示。如果 VPN 中的所有站点都属于同一企业，那么 VPN 是企业内部网络。如果一个 VPN 中的各个站点属于不同的企业，那么 VPN 是一个外联网，一个站点可以位于多个 VPN 中。

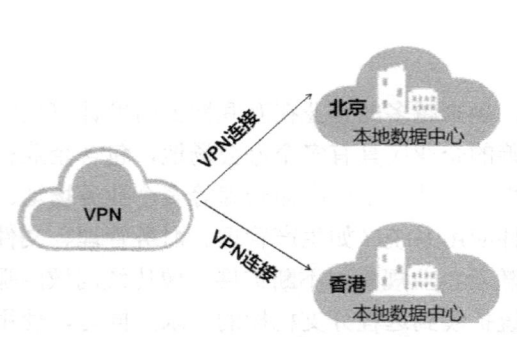

图 6-4　VPN 联通不同的工厂数据中心

VPN 连接使用公用网络（因特网），VPN 网关与远端网关关联，通过此加密通信隧道，企业用户可以远程访问云服务器、块存储等资源，可以将应用程序迁移到远程数据中心，降低了企业 IT 运维成本，提升了企业的生产沟通效率。

3. VPN 分类

在过去的十年里，VPN 技术已经从运营商提供语音服务发展至数据语音混合，甚至是多媒体业务。VPN 接入技术是多种多样的，目前在工厂/企业中最常见的是企业专线，如 MPLS_VPN、Cloud_VPN、SD_WAN 等。

1）MPLS_VPN

MPLS_VPN（多协议标签交换 VPN）是一项全新的 VPN 技术，与传统 VPN 相比，MPLS_VPN 既能通过运营商网络进行隧道连接，将不同区域、不同领域的工厂业务在逻辑上组成一个安全、快速、可靠的工业通信网络，又能通过高性能公用网络承载企业用户网络业务，为企业的工厂网络提供 QoS 的设置，对企业工厂业务网络进行流量控制。如图 6-5 所示，将 MPLS 技术应用于网络路由交换设备中，可以简化核心路由器的路由方式，利用标签交换结合传统路由技术实现 IP-VPN。作为一种用于高性能电信网络的数据承载技术，MPLS_VPN 基于短标签而不是长网络地址将数据从一个网络节点引导到下一个节点，避免了复杂的查找。

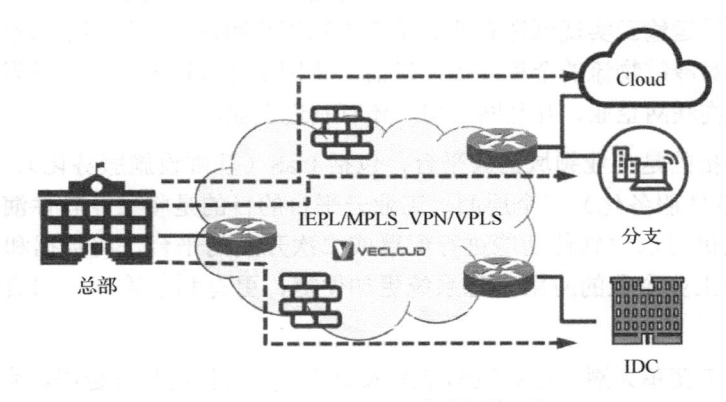

图 6-5 MPLS_VPN 实现网络互通

MPLS 解决方案是一套模块化的网络和服务管理应用程序，是一个网络管理系统，可为服务商定义和监控 VPN 服务，其中，用户与多个站点的连接部署在共享基础架构上，其管理策略与 VPN 相同。

MPLS_VPN 采用多协议标签转换技术，在公共宽带 IP 网络上构建企业 VPN，实现跨地域、安全、高速、可靠的数据、语音、图像多业务通信。MPLS_VPN 结合了差分服务、流量工程等相关技术，将公网可靠的性能、良好的可扩展性，与专网的安全性、灵活性和高效性结合起来。通常在企业路由网关设备接入 MPLS_VPN 技术，就能够在不同的专用网之间，通过加密专用隧道，实现企业网络互通、数据共享、远程接入。

MPLS_VPN 的优势如下。

（1）开设费用低廉。

（2）网络维护便捷。

（3）数据安全性高。

（4）数据开销较低。

（5）软硬件资源丰富。

2）Cloud_VPN

Cloud_VPN（云 VPN）是一种运营商通过公共互联网云网络基础设施，为企业提供的一种新型企业 VPN 技术服务，使企业本地生产业务与 Cloud_VPN 通信，为企业提供全球可访问的企业信息化技术，提供快速、安全地构建混合云的环境。Cloud_VPN 背后的目标是提供相同级别的安全和全球可访问的 VPN 服务，不需要用户端的任何 VPN 基础设施。用户通过服务商的网站或桌面/移动应用程序连接云 VPN。

工业互联网平台是物联网和云 VPN 相融合的产物，工业互联网平台架构的上面三层与工业云平台相似，但是工业互联网平台架构的下面增加了边缘层。工业互联网平台侧重于解决与工业设备、工业产品和工业服务有关的问题，其基础是传感器和物联网。典型的工业互联网应用通过运输云实现制造企业、第三方物流和用户三方的信息共享，提高车辆往返载货率，实现对冷链物流的全程监控。目前，我国工业互联网平台的开发主体既有工业软件企业，又有物联网企业、互联网公司，还有制造企业。

工业云平台指的是工业领域的云平台，包括 IaaS（基础设施服务化）、PaaS（平台服务化）、SaaS（软件服务化）三个层面，工业云平台的目的是将工业软件演化为一种云服务，并为用户提供可以对软件功能进行配置或二次开发的平台，将数据和信息系统存储到云端，从而使工业企业的应用信息系统更加便捷、更有利于管理（如实现服务器和桌面虚拟化）。

面对企业 ICT 变革大潮，计算机网络融入企业生产的程度越来越深，企业的生产业务系统、经营管理系统、办公自动化系统的信息化程度越来越高。Cloud_VPN 为企业提供相同级别的安全和全球可访问的 VPN 服务，企业通过服务商的网站或桌面/移动应用程序连接 Cloud_VPN。

Cloud_VPN 的优势如下。

（1）应用范围广。

（2）业务部署快。

（3）一站式服务。

（4）安全性高。

（5）维护费用低。

（6）业务开发周期短。

【任务实施】

1. MPLS_VPN 的优点包括（　　）。

　　A．开设费用低廉　　　　　　　　B．数据安全性高

　　C．网络维护便捷　　　　　　　　D．以上都是

2. 简要概述工业生产常用的 VPN 有哪些。

_____

_____

_____

6.1.4 无线接入技术——NB-IoT 与 5G

【任务目标】

了解无线接入技术基础知识。

【任务准备】

(1) 查阅中国电信股份有限公司广州研究院发布的《NB-IoT 的产生背景、标准发展以及特性和业务研究》。

(2) 查看工业和信息化部主办的"中国 5G+工业互联网大会"论坛视频。

【知识链接】

我国多个部门做出了工厂/企业制造生产智能化、重点领域数字化的重要发展指示。无线接入技术的低时延、高速率、高覆盖及边缘计算能够给用户带来更优质的服务体验，其作为制造行业实现网络化、数字化、智能化发展的重要基石，可以实现工厂与厂外设备、传感器、工厂系统间的联网，满足工厂/企业对外网业务的增长性需求。

1. NB-IoT

NB-IoT（Narrow Band Internet of Things，窄带物联网）技术是无线接入技术的一种，可满足物联网对低功耗广域网的要求，旨在支持各种新的物联网设备和服务。

NB-IoT 通过优化网络协议、提供改进的室内覆盖方案、支持大量低吞吐量设备、低延迟灵敏度、超低设备成本、低设备功耗和优化的网络架构，填补了物联网技术在部署距离和规模上的诸多不足。NB-IoT 使用 LTE 核心网络框架，其传输带宽为 200kHz，有效带宽与 LTE 核心网络的资源块带宽均为 180kHz，剩下的带宽用来保护网络，减少传输干扰。

NB-IoT 本质上是在传统蜂窝移动网络架构的基础上演进而来的，作为无线接入技术的一个重要基础网络，NB-IoT 在工业互联网市场中占据着不可替代的地位。NB-IoT 既可以采用控制信令的方式，又可以采用简化信令过程的方式来传输 IP 数据与非 IP 数据，对原有的网络系统的功能与接口进行优化，从而达到提升小数据传输效率的目的，以降低通信系统的复杂程度和终端设备的功率消耗。

IHS 最新估计预测，到 2025 年，将有超过 750 亿台智能设备相继投入使用，比目前使

图 6-6　NB-IoT 应用于不同行业

用的大约 150 亿台设备增加 400%。如图 6-6 所示，NB-IoT 可应用于不同行业。一系列 NB-IoT 传感器可以确保对工厂内的特定流程和资产进行被动监控，以进行维护和预测性维护。NB-IoT 在 LTE 核心网络结构的基础上进行优化，引入了业务能力开放传输单元，基于物联网特性，提高了通信系统的安全控制能力。同时，NB-IoT 实现了对待机时间与覆盖范围有较高要求的设备的高效连接，随着 NB-IoT 在制造业应用创新方面的进一步推广，NB-IoT 将与其他工业互联网技术一起，为制造业的产业发展提供助力。

NB-IoT 的优势如下。

（1）成本低。

（2）功耗小。

（3）连接多。

（4）覆盖范围广。

（5）架构优。

2．5G

5G，即第五代移动通信技术（the 5th Generation Mobile Communication Technology），支持的峰值速率为 10Gbps，是第四代移动通信技术的 100 倍，具有毫秒级的端到端时延、每平方公里一百万的连接数密度、每小时 500km 以上的高移动速率等特点，将成为未来通信技术的佼佼者。5G 同时支持中低频和高频频段，其中，中低频满足覆盖和容量需求，高频满足在热点区域提升容量的需求，5G 针对中低频和高频设计了统一的技术方案，并支持数百兆赫兹的基础带宽。综合 5G 关键能力与核心技术，5G 概念可由"性能指标"和"关键技术"来共同定义。采用 5G 技术实现更多场景互联如图 6-7 所示。

图 6-7　采用 5G 技术实现更多场景互联

如图 6-8 所示，3GPP 归纳了 5G 的三类典型通信场景：第一类是增强型移动宽带（eMBB），可将这一场景看作对 4G 技术的升级。5G 技术支持的网络速率高、覆盖范围广，对时延和带宽都有极高的要求的工厂设备与系统可以利用 5G 移动宽带传送更加复杂的信息，如 4K 高清视频远程维护，虚拟工厂及大批量的设备通信现场等业务。第二类是增强型机器类通信（eMTC），这一场景主要解决的是大容量、低功率、广域的工业物联网通信，可以解决超级工厂中百万级别的终端通信设备联网，且网络覆盖面广、功耗低，终端通信设备一旦部署，至少后续 5 年之内不用更新。第三类是高可靠、低时延通信（uRLLC），这一场景可以解决工厂生产环节中，机器与机器之间在瞬间需要传递的海量的通信信息及复杂的远程工业生产控制等问题。

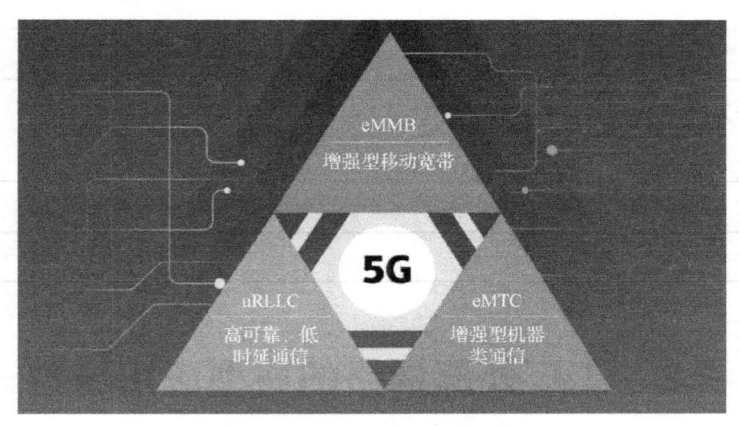

图 6-8 5G 的三类典型通信场景

为了充分利用 5G 在工业领域提供的全部潜力，需要各个领域专家的有效协作，这是为市场带来新可能性的关键。跨行业协作对于定义包含更广泛生态系统要求的整体 5G 架构至关重要。从通信的角度来看，物联网和网络物理系统在很大程度上依赖于移动互联网。5G 将成为促进许多行业增长和转型的平台，直接为社会和经济发展做出贡献。依靠其自身的网络基础设施实施及由其启用的新应用程序，5G 可以通过创造就业机会为行业带来新的机会。

5G 作为工业互联网无线接入技术的一种，其面向工业领域的商业部署也加快了步伐，从而实现 5G+创新应用的多种合作场景，为现代工业企业提供"1+1+N"模块化业务服务应用解决方案，给工业体系变革带来巨大潜力，使工业向智能化方向发展，5G+工业互联网建设将成为推动行业进一步发展的重中之重。

5G 的优势如下。

（1）速率高。

（2）覆盖广。

（3）大连接。

（4）功耗小。

(5)高可靠。

(6)低时延。

【任务实施】

1. 常用的无线接入技术分为哪几类?

_____
_____
_____
_____

2. 无线接入技术的优势有哪些?

_____
_____
_____
_____

6.2　工厂外部网络的典型应用场景

6.2.1　远程生产控制

【任务目标】

根据企业需求搭建电池生产车间的远程生产控制系统。

【任务准备】

(1)硬件环境准备,选择一台处理器大于 4 核、内存大于 8GB、硬盘大于 100GB、操作系统为 Window 7/8/10 的计算机。

(2)学会搭建并使用产业链协同平台,了解电池生产车间的远程生产控制操作。

(3)注册、登录产业链协同平台。

(4)查阅产业链协同平台操作手册。

【知识链接】

中天互联爱尚(Asun)工业互联网平台实现了对无线终端的统一智能接入管理、解析、

项目 6　工厂外部网络搭建

数据管理、分析、应用赋能等基础能力，实现了企业全厂区终端感知设备的数据上云，助力打造智慧应用，围绕工业的生产、分配、流通、消费等各个环节提供具有共性基础的工业个性化服务。该平台现已涉及线缆、电子、纺织、化工等十多个行业，涵盖安全生产、节能减排、供应链管理、产融创新等十多个领域，赋能产业园区，推动地方工业高质量发展。

【任务实施】

1. 登录产业链协同平台

（1）一站式智能办公平台系统无须本地安装，直接通过谷歌浏览器输入网址访问和登录即可。用户输入正确的账号、密码即可登录成功，反之系统将提示"账号密码错误"，提醒重新输入，登录成功后进入系统首页，如图 6-9 所示。

图 6-9　产业链协同平台登录界面

（2）如图 6-10 所示，在产业链协同平台主页的左侧是系统的工具栏，包含 BI 看板、销售协同、采购协同、生产协同、质量协同、物资协同、物流协同、财务协同、设备协同、一码协同、系统权限等功能模块。在产业链协同平台主页的右上角是工具栏，可在该模块中进行密码修改、自定义菜单、查看说明文档、更新日志、安卓端下载及对账号进行退出更换等操作。

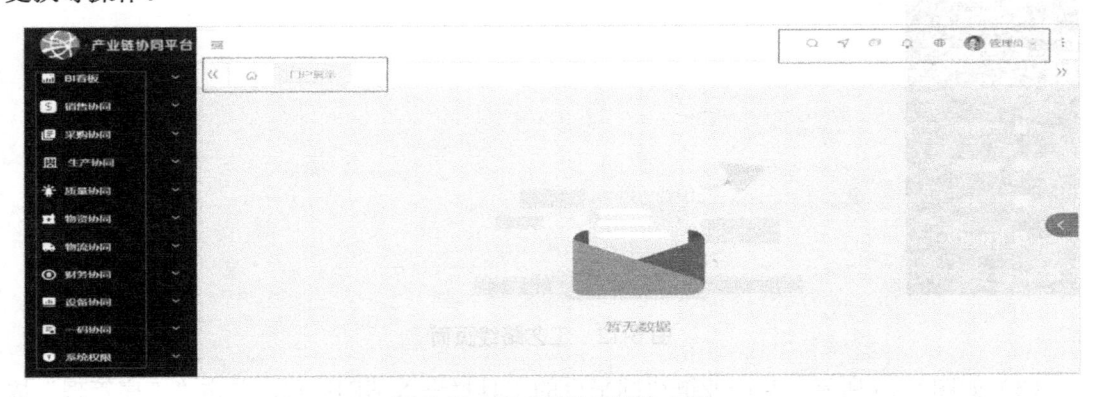

图 6-10　产业链协同平台主页

151

2. 生产制造管理

（1）在工业互联网中，生产制造管理是整个工业产业链发展的基础，技能管理页面如图 6-11 所示，从产业链协同平台的工具栏进入基础设置，单击"技能管理"按钮，可在弹出的技能管理页面新增技能；在搜索栏中输入技能名称、技能编码、备注等信息可以进行技能查询。

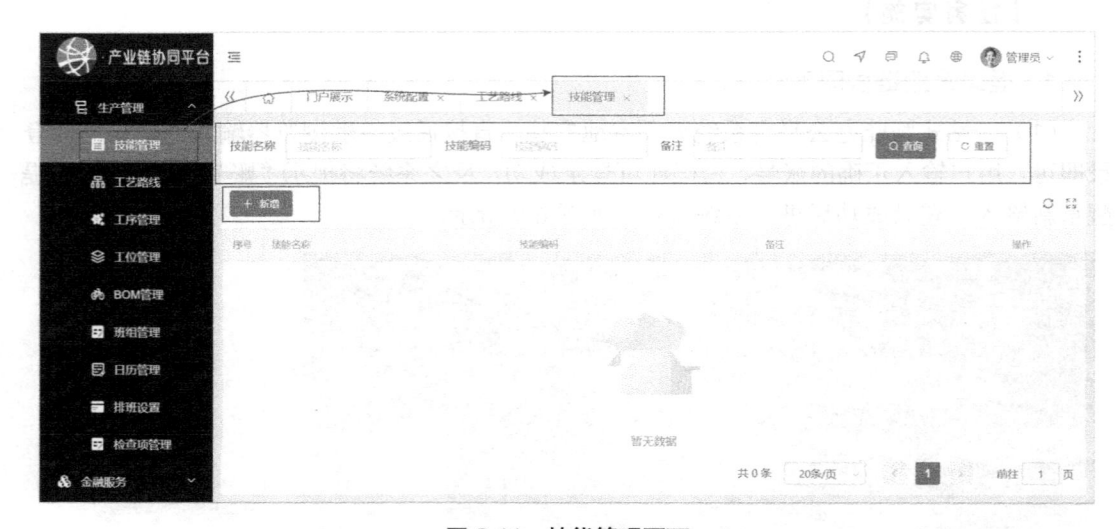

图 6-11 技能管理页面

（2）如图 6-12 所示，从产业链协同平台的工具栏进入基础设置，单击"工艺路线"按钮，可在弹出的工艺路线页面新增功能；在搜索栏中输入工艺信息，单击"查询"按钮查询工艺路线，选择一条工艺路线，单击右侧的"编辑"或"删除"按钮可以进行相关操作。

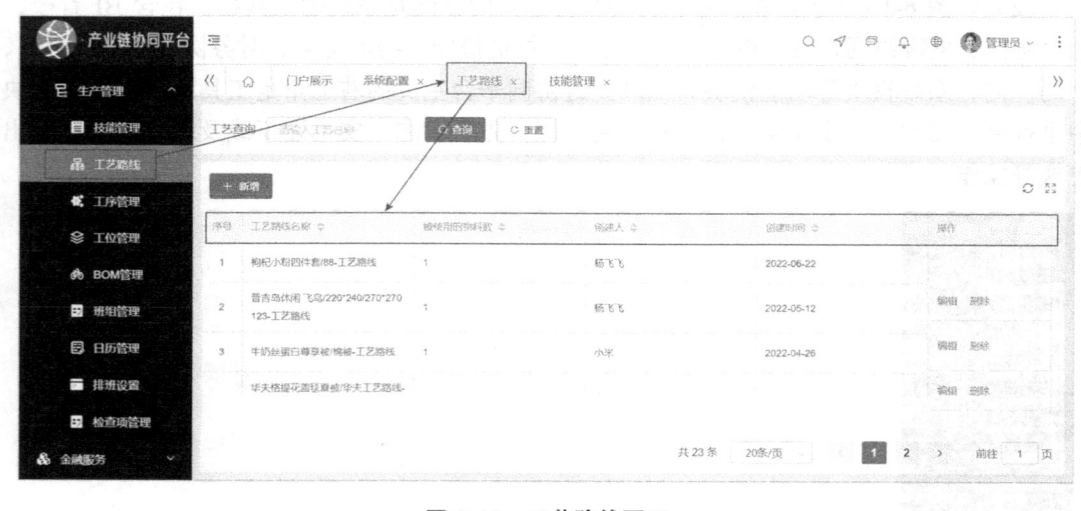

图 6-12 工艺路线页面

（3）如图 6-13 所示，从产业链协同平台的工具栏进入基础设置，单击"工序管理"按钮，可在弹出的工序管理页面中单击"新增"按钮，填写工序信息，新增一条工序；在搜索栏中输入工序信息，单击"查询"按钮进行工序查询，选择一条工序，单击右侧的"编辑"或"删除"按钮可以进行相关操作。

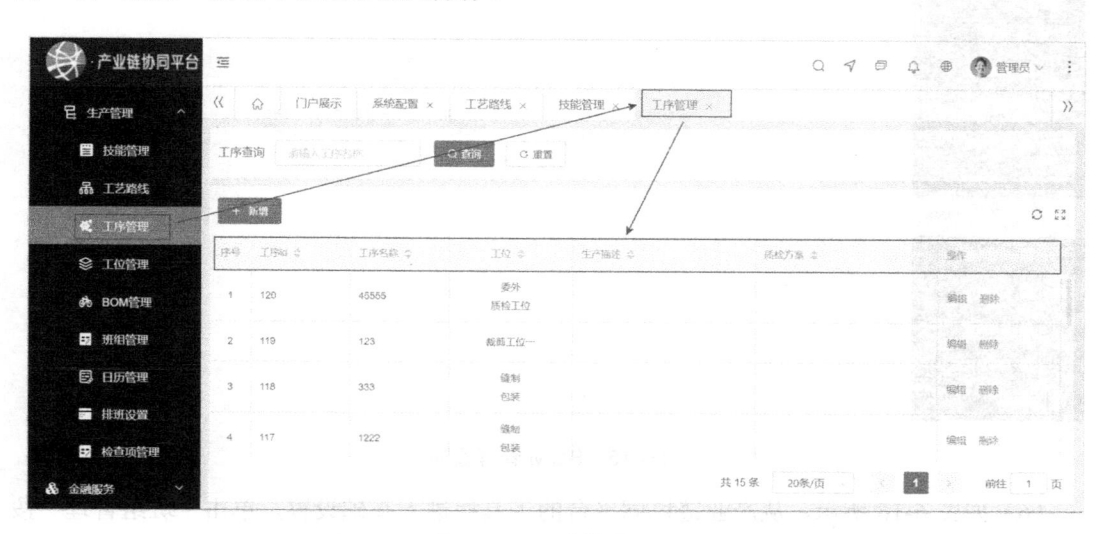

图 6-13 工序管理页面

（4）如图 6-14 所示，从产业链协同平台的工具栏进入基础设置，单击"工位管理"按钮，可在弹出的工位管理页面中单击"新增"按钮，填写工位信息，新增一条工位信息；在搜索栏中输入"工位查询"和"工位编码"信息，单击"查询"按钮进行工位查询，选择一条工位，单击右侧的"编辑"或"删除"按钮可以进行相关操作。

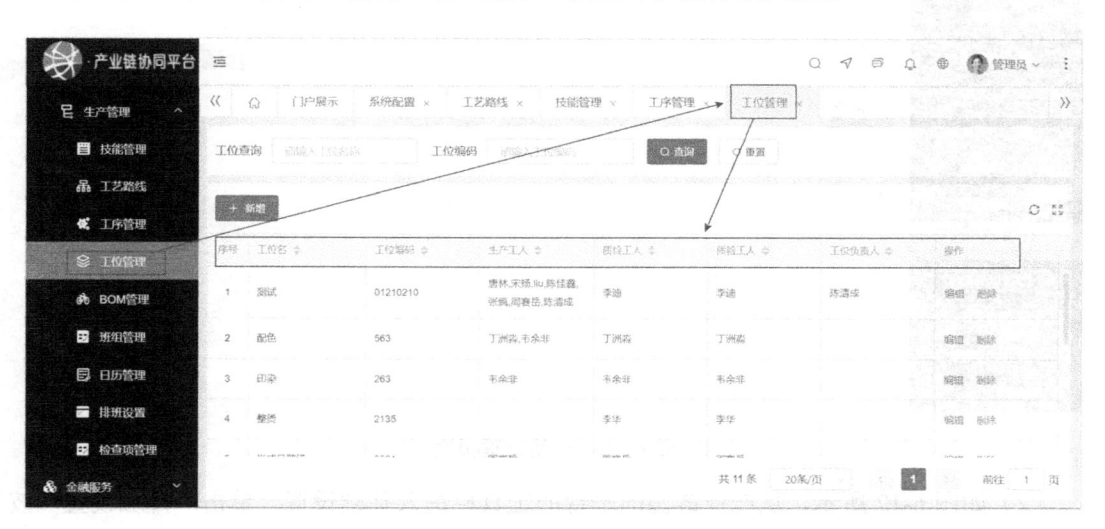

图 6-14 工位管理页面

（5）如图 6-15 所示，从产业链协同平台的工具栏进入基础设置，单击"BOM 管理"按钮，可在弹出的 BOM 管理页面进行 BOM 设置，首先新增父节点，然后新增子节点，可以对生产制造供应链中的物料名称、物料编号、单位、数量等进行设置。

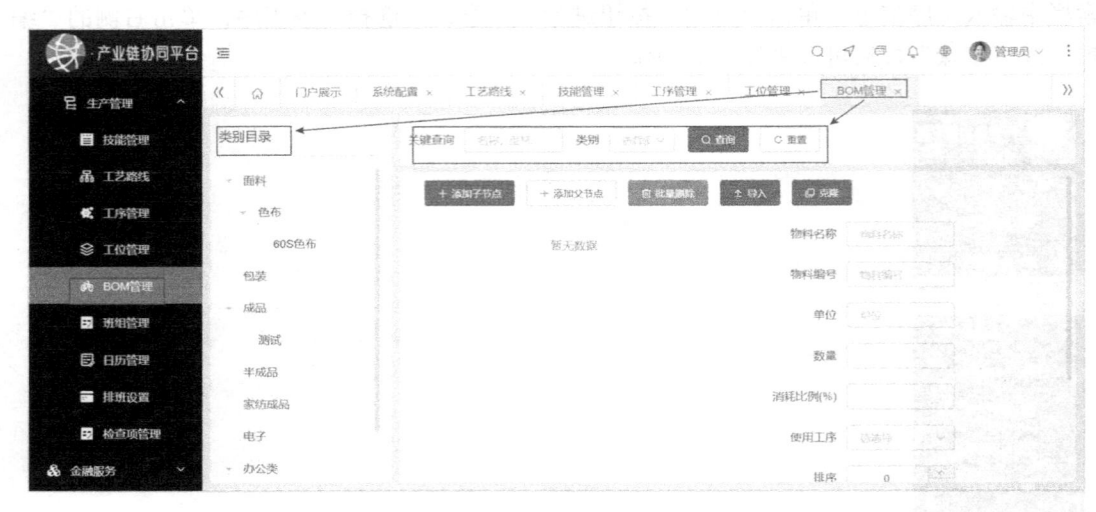

图 6-15　BOM 管理页面

（6）如图 6-16 所示，从产业链协同平台的工具栏进入基础设置，单击"班组管理"按钮，可在弹出的班组管理页面中单击"新增"按钮，填写班组信息，即可新增一条班组信息；在搜索栏中输入班组编码、班组名称、班组成员信息，单击"查询"按钮进行查询，选择一条班组信息，单击右侧的"编辑"或"删除"按钮可以进行相关操作。

图 6-16　班组管理页面

（7）如图 6-17 所示，从产业链协同平台的工具栏进入基础设置，单击"排班设置"按钮，可在弹出的排班设置页面中单击"新增"按钮，填写排班信息，新增一条排班计划信息，在搜索栏中输入班次、开始日期、结束日期等信息，单击"查询"按钮进行查询，选择一条排班信息，单击右侧的"编辑"或"删除"按钮可以进行相关操作。

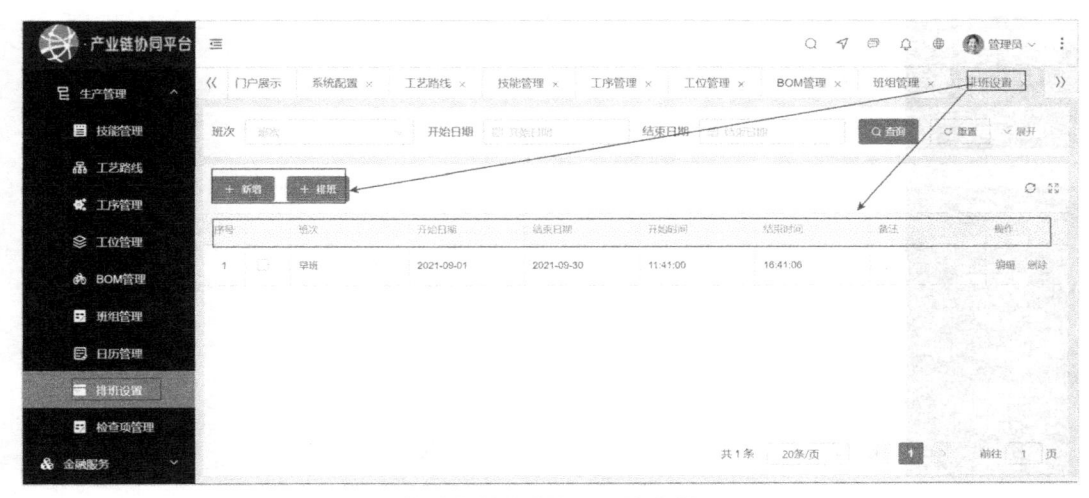

图 6-17 排班设置页面

（8）如图 6-18 所示，从产业链协同平台的工具栏进入基础设置，单击"检查项管理"按钮，可在弹出的检查项管理页面中单击"新增"按钮，填写检查项信息，新增一条检查项信息，在搜索栏中输入检查项名称、检查方式，单击"查询"按钮进行查询；选择一条检查项信息，单击右侧的"编辑"或"删除"按钮可以进行相关操作。

图 6-18 检查项管理页面

3. 生产工单管理

（1）如图 6-19 所示，从产业链协同平台的工具栏进入基础设置，单击"生产工单"按钮，可在弹出的生产工单管理页面中单击"新增"按钮，填写生产工单信息，即可新增一条生产工单信息，在该页面中可以查看工单编号、订单编号、产品编码、产品名称、派工状态等信息，在搜索栏中输入工单编号、订单编号、任务状态等信息，单击"查询"按钮进行生产工单查询。

图 6-19 生产工单管理页面

（2）如图 6-20 所示，从产业链协同平台的工具栏进入基础设置，单击"工序管理"按钮，可在弹出的工序管理页面中单击"新增"按钮，填写生产工序信息，新增一条工序信息，在该页面中可以查看生产中的序号、工序 id、工序名称、工位、生产描述、质检方案等信息，在搜索栏中输入工序名称，单击"查询"按钮进行工序查询；选择一条生产工序信息，单击右侧的"编辑"和"删除"按钮可以进行相关操作。

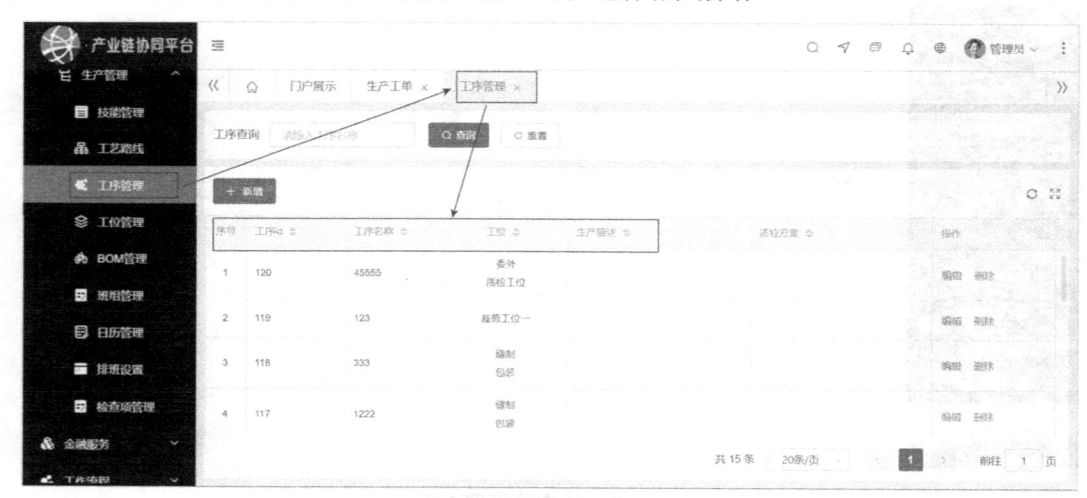

图 6-20 工序管理页面

6.2.2 智能信息服务搭建

【任务目标】

根据企业需求搭建电池生产车间的设备管理系统。

项目 6　工厂外部网络搭建

【任务准备】

1. 浏览华为云网行业领先企业网站，进行方案调研，进一步了解基本平台的构建方案。
2. 学习搭建华为云数据库 RDS 并进行网络端口配置。
3. 学习搭建华为云分布式缓存服务 Redis 并进行网络端口配置。
4. 学习在华为云弹性云服务器上安装 IIS 服务。
5. 学会搭建并使用 Asun 设备云平台。
6. 注册、登录 Asun 设备云平台。
7. 查阅 Asun 设备云平台操作手册。

【任务实施】

1. 云平台的网络搭建

华为云是华为的云服务品牌，致力于为全球客户提供领先的公有云服务，包括弹性云服务器、云数据库、云安全、软件开发服务和场景化的解决方案。

1）华为云注册

图 6-21 所示为华为账[①]号注册页面。

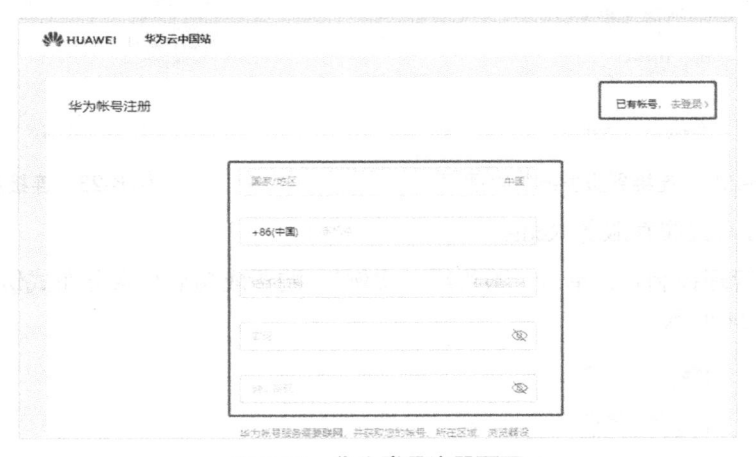

图 6-21　华为账号注册页面

2）搭建云数据库

云数据库（Relational Database Service，RDS）是一种基于云计算平台的稳定可靠、弹性伸缩、管理便捷的在线云数据库服务。云数据库支持以下引擎：MySQL、PostgreSQL、SQL Server。

（1）登录华为云管理控制台，在控制台左上角选择区域和项目。

---

① 界面截图中的帐号应为账号。

（2）在页面左上角单击，选择"数据库"→"云数据库 RDS"。在"实例管理"页面中单击"购买数据库实例"，填写并选择实例相关信息后，单击"立即购买"按钮。

（3）安装 RDS for SQL Server 客户端，绑定弹性公网 IP 地址并设置安全组规则。

（4）下载并上传 SSL 根证书，在"实例管理"页面中单击实例名称，进入"基本信息"页面，单击"数据库信息"模块处的"SSL"，下载根证书或捆绑包。

（5）将根证书上传至需要连接 RDS for SQL Server 实例的弹性云服务器。

（6）将根证书导入弹性云服务器的 Windows 操作系统，启动 SQL Server Management Studio 客户端，选择"连接"→"数据库引擎"。在"连接到服务器"对话框中填选登录信息，如图 6-22 所示。

（7）在"连接属性"选项卡中填选相关信息，并勾选"加密连接"，启用 SSL 加密服务，单击"连接"按钮，如图 6-23 所示。

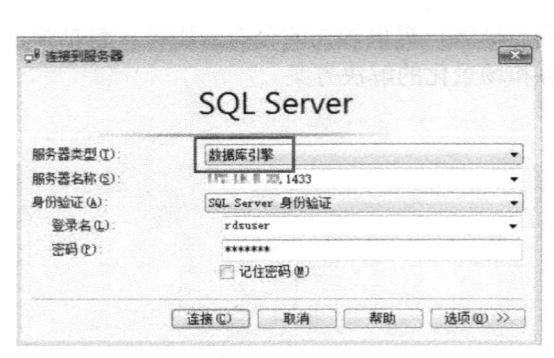

图 6-22 "连接到服务器"对话框　　　　图 6-23 连接属性

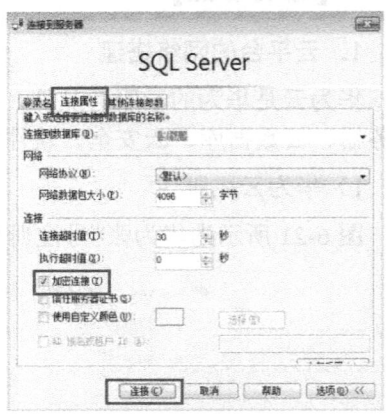

3）搭建分布式缓存服务 Redis

（1）登录管理控制台，单击"购买缓存实例"，购买成功后登录分布式缓存服务管理控制台，如图 6-24 所示。

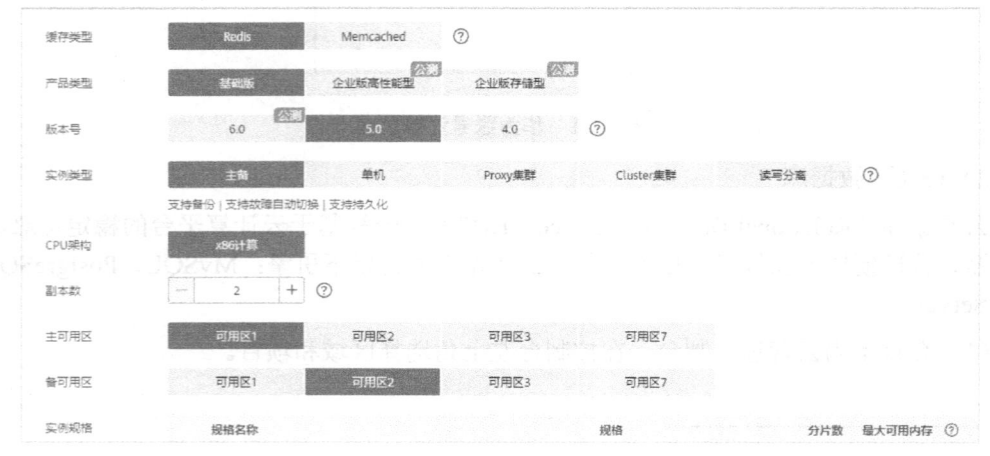

图 6-24 购买缓存实例

（2）在"缓存类型"区域选择"Redis"类型后，选择 Redis 版本 6.0。

（3）设置实际网络环境信息，在"虚拟私有云"区域选择已经创建好的虚拟私有云、子网，设置 IP 地址，如图 6-25 所示。

图 6-25 设置网络环境信息

4）搭建弹性云服务器

弹性云服务器（Elastic Cloud Server，ECS）是由 CPU、内存、操作系统、云硬盘组成的基础的计算组件。弹性云服务器创建成功后，用户就可以像使用自己的本地 PC 或物理服务器一样，在云上使用弹性云服务器。

（1）如图 6-26 所示，打开服务器管理器，单击"添加角色和功能"选项。

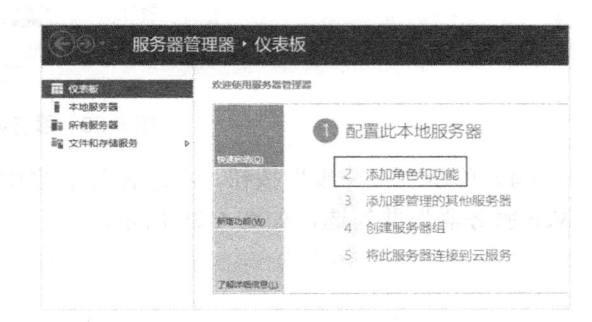

图 6-26 添加角色和功能

（2）在左侧导航栏中选择"安装类型"，如图 6-27 所示。单击"基于角色或基于功能的安装"，并单击"下一步"按钮。

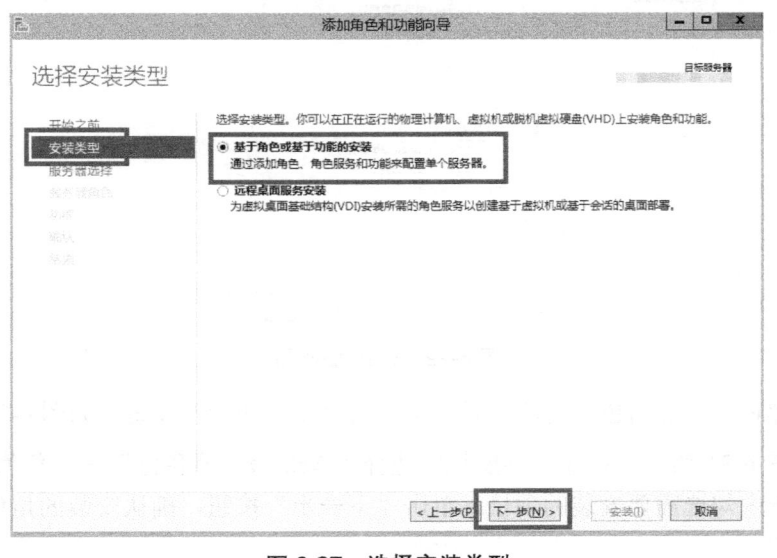

图 6-27 选择安装类型

（3）在左侧导航栏中选择"服务器选择"。勾选"从服务器池中选择服务器"，并在"服务器池"中选择服务器的名称，如图 6-28 所示。

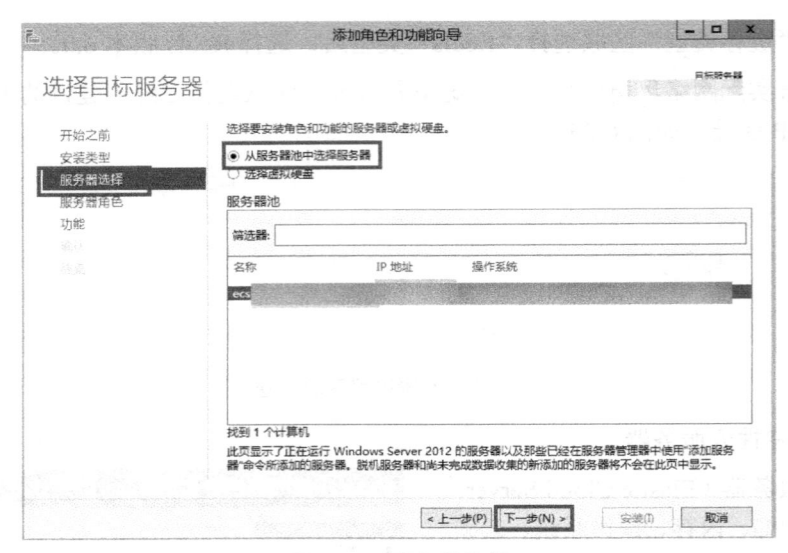

图 6-28 服务器选择

（4）单击"下一步"按钮，在左侧导航栏中选择"服务器角色"，在角色列表内找到"Web 服务器"并勾选，如图 6-29 所示。

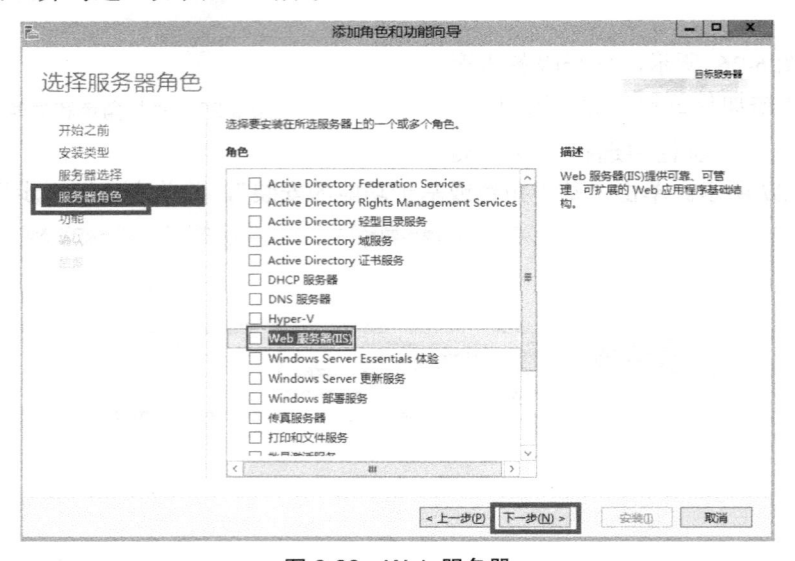

图 6-29　Web 服务器

（5）在弹窗"添加角色和功能向导"中单击"添加功能"按钮，如图 6-30 所示。

（6）如图 6-31 所示，在左侧导航栏中选择"Web 服务器角色"→"角色服务"，并在角色服务列表中勾选需要安装的项目。单击"下一步"按钮，确认安装的角色，单击"安装"按钮安装。

（7）在 IIS 管理器界面中选择需要编辑的网站，如图 6-32 所示，选择待修改的网站，右击选择"添加网站绑定"。选择相应的域名，可添加指定云服务器的私有 IP 地址。

图 6-30 添加功能

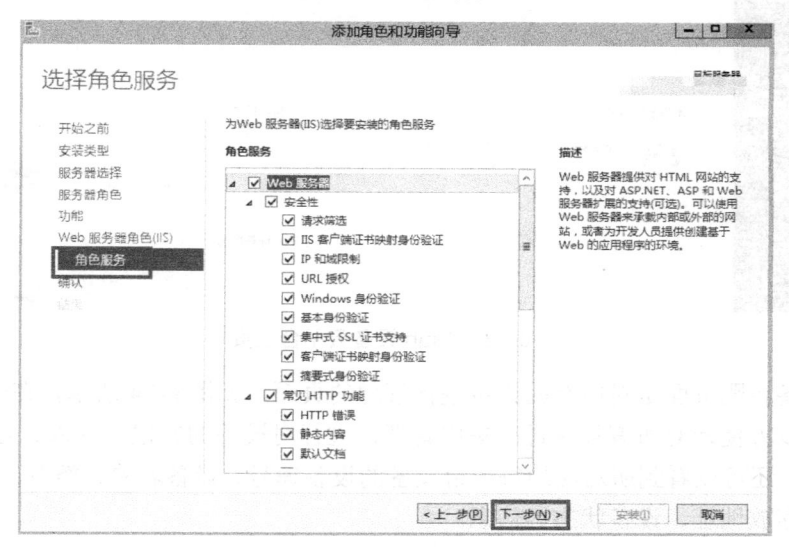

图 6-31 角色服务

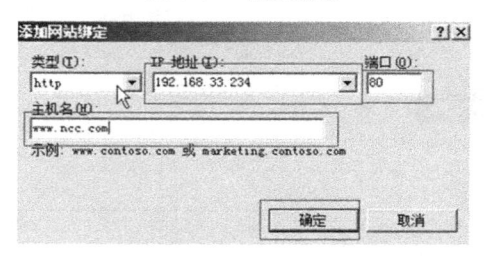

图 6-32 添加私有 IP 地址

5) Asun 设备云平台

Asun 设备云平台借助二维码、RFID 技术实现全生命周期的设备管理,其核心模块包括设备台账、设备日常管理、设备维修保养、设备点巡检、设备备件管理、工具管理、维修人员档案管理、知识库、统计分析等。通过与智能化设备硬件对接或通过外接智能传感器的方式,平台完全具备对所管理的设备的实时数据采集能力,从而实现设备管理的智能化、自动化。

工业互联网网络搭建

（1）需要购买 eam1.4 镜像，并部署到华为云服务器，我们可以直接通过当前服务器的公网 IP 地址进行访问，输入系统账号、密码登录系统。图 6-33 所示为 Asun 设备云平台主页。

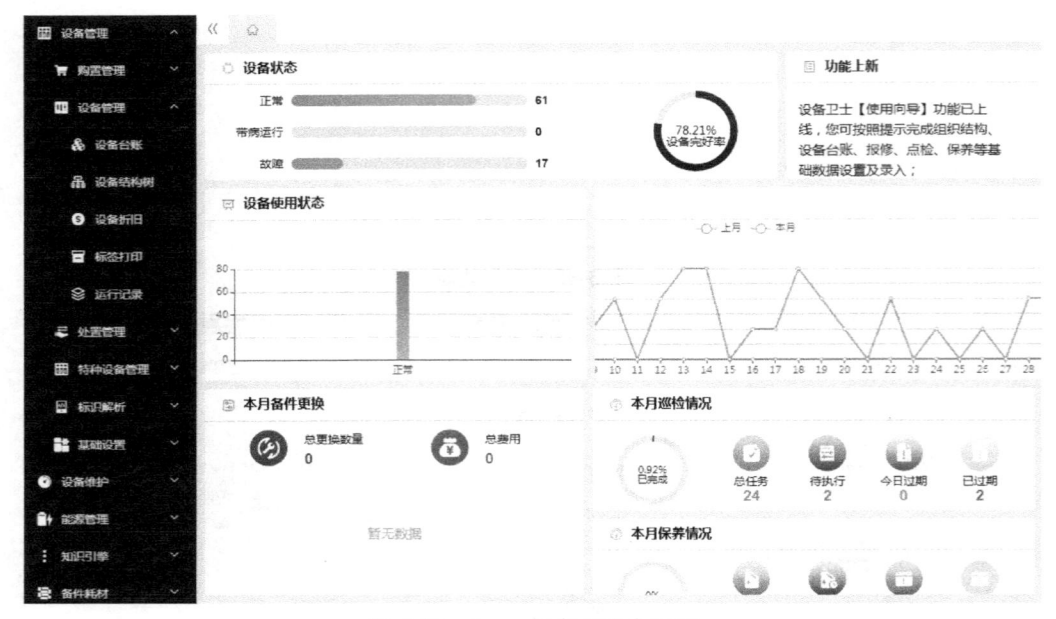

图 6-33　Asun 设备云平台主页

（2）设备台账页面是对所有的设备进行管理的页面，如图 6-34 所示，在 Asun 设备台账页面中可以方便地对所有设备进行集中管理，进行对设备的新建、导入、导出、查询等一系列操作，还可以看到所对应的每一台设备的设备编号、设备名称、类型、类别、等级、规格型号、存放地址、设备状态等信息。

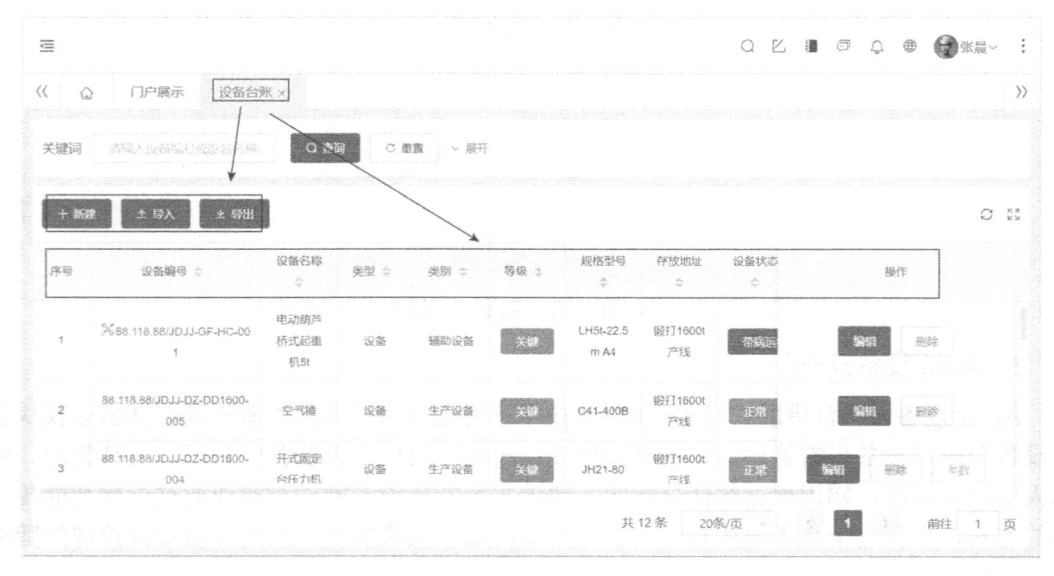

图 6-34　设备台账页面

（3）如图 6-35 所示，在 Asun 设备台账新建页面中，可以看到设备的相关信息，并根据需要进行下一步操作。标准信息包括设备编号、设备名称、设备状态、等级、规格型号、计量单位、类别、类型、购置日期、是否监控、是否管控、主负责人、是否特种设备、品牌等信息。填好相应的参数（其中，标注*的参数为必填项，没有填写的话无法新增成功），单击右上角的"确定"按钮可保存当前数据。

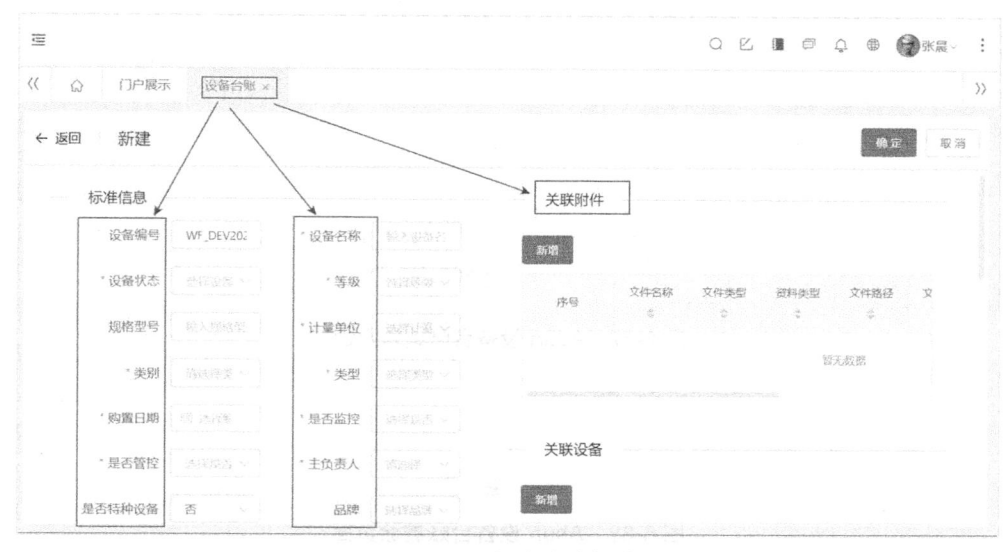

图 6-35　Asun 设备台账新建页面

（4）如图 6-36 所示，在相关文件上传界面中单击"新增"按钮后先选择要上传的文件类型，再单击选择要上传的附件，并单击"点击上传"按钮，提示成功后单击"确定"按钮完成操作（上传的相关文件对应资料库中的设备资料）。

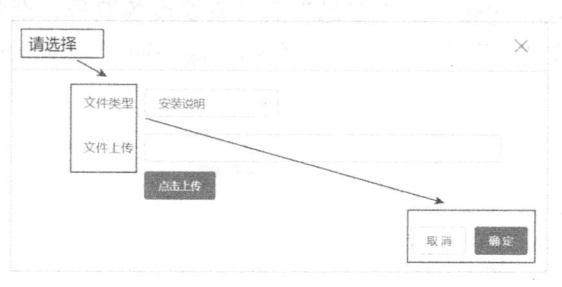

图 6-36　Asun 设备台账文件上传页面

（5）如图 6-37 所示，在设备台账编辑页面选中需要编辑的设备后，单击"编辑"按钮，可以对该条台账的信息进行编辑操作，编辑完成后单击"确定"按钮完成编辑。

（6）图 6-38 所示为 Asun 设备台账删除页面，在设备台账首页选中需要删除的设备台账后单击右上角的删除按钮，将会弹出询问框，单击"确认"按钮即可删除选中的设备台账。

（7）图 6-39 所示为 Asun 设备台账详情页面，在设备台账首页单击"设备编号"一栏，即可进入 Asun 设备台账详情页面，可以查看当前设备的详细信息及各项记录详情。

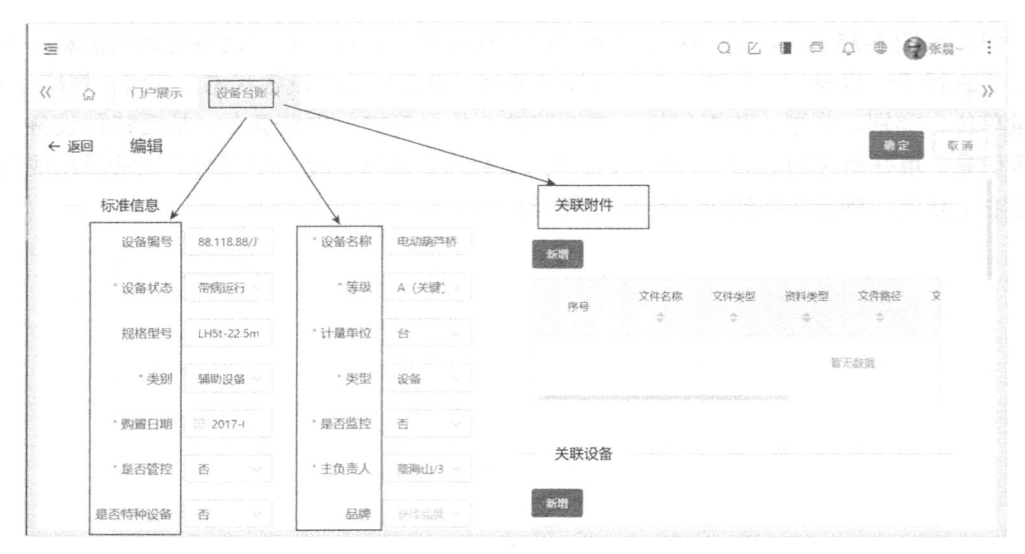

图 6-37　Asun 设备台账编辑页面

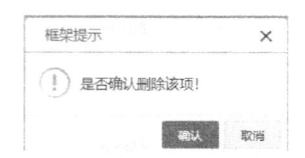

图 6-38　Asun 设备台账删除页面

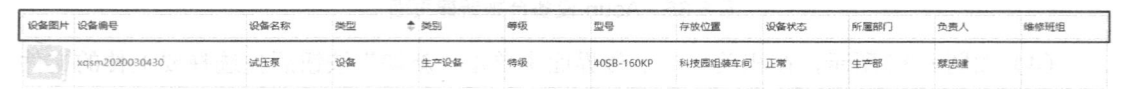

图 6-39　Asun 设备台账详情页面

（8）如图 6-40 所示，单击"基本信息"后可查看设备编号、设备名称、规格型号、类别、类型、品牌、供应商、购置日期、购置金额、保修期、预计报废日期等信息。

图 6-40　Asun 设备台账默认基本信息页面

（9）如图 6-41 所示，单击"维修记录"选项卡可以看到该条设备的维修单号、维修状态、报修人员姓名、报修时间、故障等级、故障类型、故障简述等信息。

图 6-41　Asun 设备维修台账记录页面

（10）如图 6-42 所示，单击"维修单号"或"工单号"可以分别看到对应的设备养护记录信息，单击"整改单号"或"工单号"可以分别看到对应的信息。

图 6-42　Asun 设备养护台账页面

（11）如图 6-43 所示，回到上一级页面中，单击"设备管理""设备结构树"，可以按部门、按位置、按分类查看设备情况，包括设备编号、设备名称、类别、规格型号、设备状态等；还可以在关键词输入栏中输入设备编号或设备名称，单击"查询"按钮查询设备信息。

图 6-43　Asun 设备结构树页面

（12）如图 6-44 所示，单击"设备折旧"，可以看到设备编号、设备名称、折旧年月、折旧方法、采购金额、使用寿命（月）、净残率（%）、折旧月数、初期净值、当期折旧、累计折旧、净值等数据。

图 6-44 Asun 设备折旧页面

（13）如图 6-45 所示，单击"标签打印"，可以看到左侧当前设备列表页面，在右侧的切换模板栏，可以分别选择"横版业务码""横版链接码""竖版业务码""竖版链接码"。选中左侧任意一条设备信息，选中码型，单击"预览"按钮，即可生成固定资产管理标签，单击"导出"按钮可下载标签图片，单击"打印"按钮可打印标签。

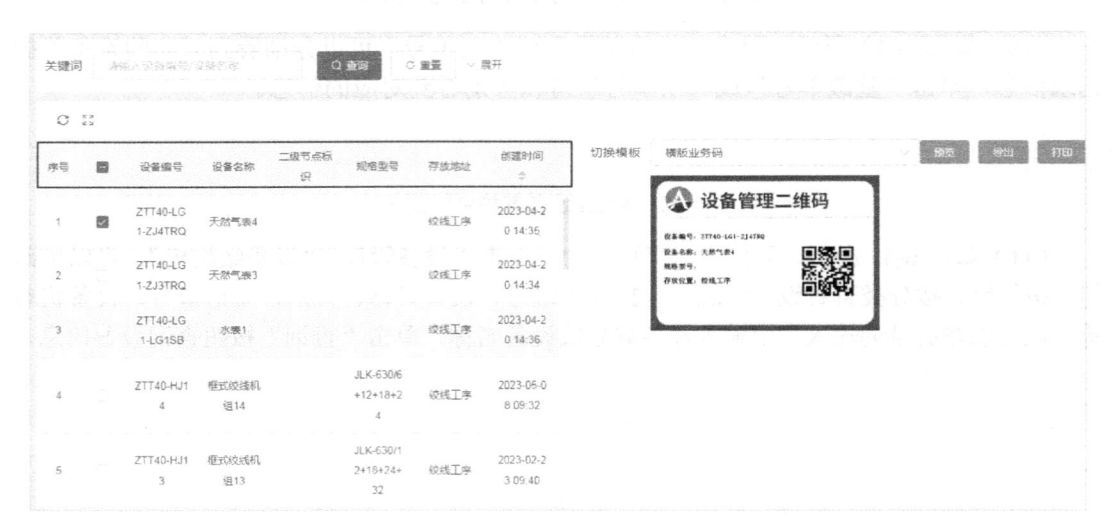

图 6-45 Asun 设备标签打印页面

（14）如图 6-46 所示，单击"运行记录"，可以看到设备编号、设备名称、位置、记录日期、开机时间、关机时间、运行时间（min）、计划停机（min）、异常停机时长（min）等信息。

（15）如图 6-47 所示，依次单击"设备可视"→"维修看板"，通过图形化界面可以看到需要维修的设备的工单总数、已完成、待接单、处理中、待验收等情况，还可以看到维修中和已解决的设备信息，整个维修看板页面让维修信息一目了然。

图 6-46 Asun 设备运行记录页面

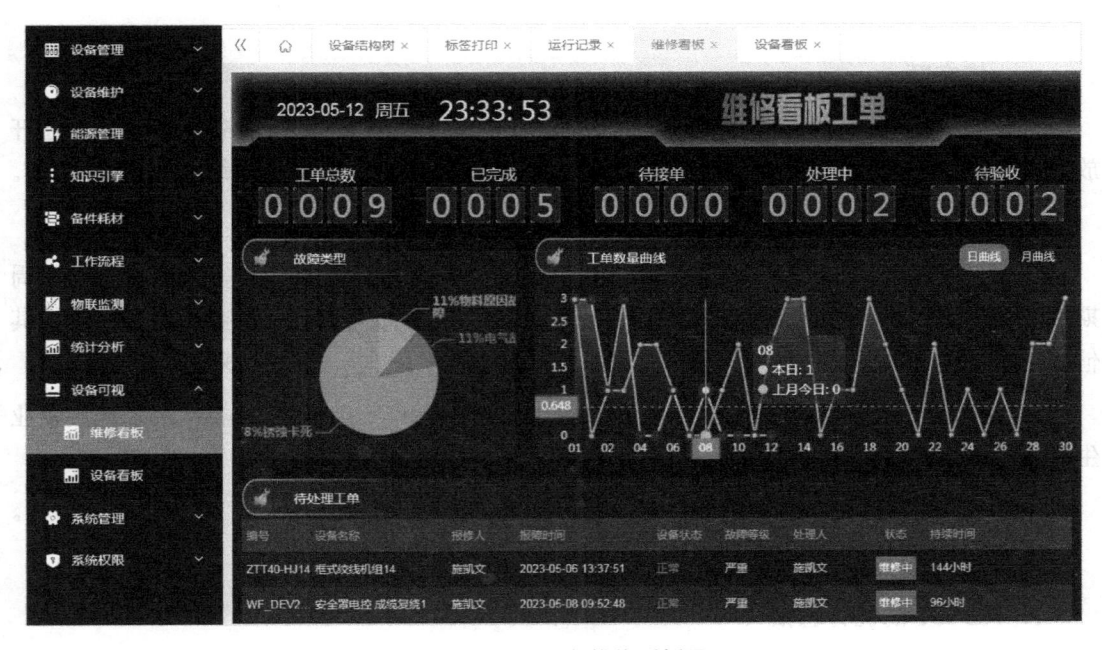

图 6-47 Asun 设备维修看板页面

（16）如图 6-48 所示，单击"设备看板"，通过图形化界面可以看到全公司设备的故障排名、设备总数、接入设备、在线设备、离线设备、报警设备，还能查看点检任务执行率、设备完好率、实时故障率等情况。

工业互联网网络搭建

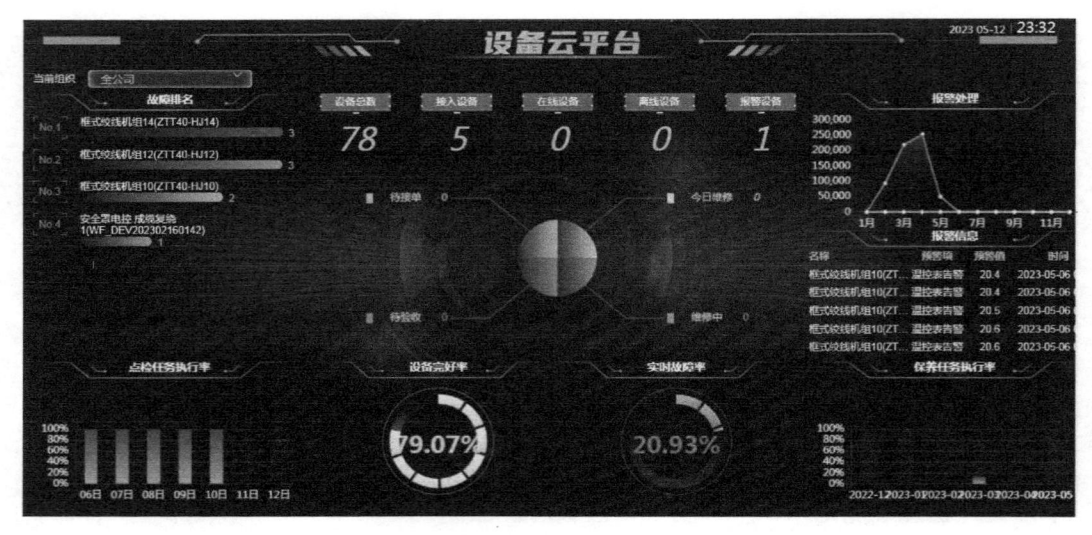

图 6-48　Asun 设备看板页面

〈思考与练习〉

一、填空题

1. 工厂外部网络的基础为信息化网络设施，其本质是实现基于网络的_____互通开放，基于网络的_____互联，基于网络的_____数字流程化，基于网络的_____重塑。

2. 工厂外部网络的发展趋势：_____、_____和_____。

3. 工厂外部网络，是指企业与云平台或其他网络之间的网络，用于支持企业全生命周期的活动，满足工厂生产需求、工业行业应用及工厂业务的需求，以及企业与云平台或其他网络之间的联网，将_____与_____连接起来。

4. 工业互联网的工厂外部网络主要分为_____和_____两类，用来连接企业生产资源。

5. 目前在工厂/企业中最常见的是企业专线，如_____、Cloud_VPN、_____等。

二、选择题

1. NB-IoT 的优势包括（　　）。

　　A．成本低　　　　B．连接多　　　　C．覆盖广　　　　D．以上都是

2. 5G 具有（　　）的优点。

　　A．速率高　　　　B．大连接　　　　C．功耗小　　　　D．以上都是

3. 5G，即第五代移动通信技术，支持峰值速率（　　）Gbps，是第四代移动通信网络的（　　）倍。

  A. 10　10　　　　B. 10　100　　　　C. 100　10　　　　D. 100　100

4. 工业云平台指的是工业领域的云平台，包括（　　）层面。

  A. IaaS　　　　B. PaaS　　　　C. SaaS　　　　D. 以上都是

5. 工业互联网改变了传统制造的信息闭塞现象，构建互联网时代下工业环境下（　　）协作。

  A. 人　　　　B. 机　　　　C. 物　　　　D. 以上都是

三、问答题

1. 华为云数据库 RDS 的特点是什么？
2. Asun 设备云平台从业务层面看有哪些功能？

项目 7

工业互联网标识解析

学习目标

1. 了解标识解析体系中标识编码的概念与作用及相关的编码规则。
2. 了解标识解析体系中标识载体的概念与关键技术。
3. 掌握标识解析体系中解析系统的概念与作用。
4. 掌握标识解析体系中标识数据的共享与管理及标识解析体系的整体架构。
5. 能应用并掌握工业互联网标识解析体系中的产品质量追溯系统。
6. 能应用并掌握工业互联网标识解析体系中的智能化运维平台。

情景故事

某电池生产企业生产部的李经理告诉负责网络管理的小苏,当前工厂供应链仓库管理系统都是单站独立运行的,其上下游供应链不能互联互通,这给企业经营管理和产品质量把控带来了困扰。能不能基于企业现有条件,借助工业互联网标准解析体系,使企业仓库管理变得更智能、更高效,实现电池各组件质量可追溯呢?

项目描述

安装部署 Asun 工业互联网平台,实现对供应链仓库管理系统的应用与维护。

7.1 编码与存储

工业互联网借助标识编码技术实现实体对象与虚拟对象的定位、连接和对话，是我们统一认识、统一观点、交换各类工业生产信息的重要技术手段。工业互联网标识编码具有多种形式，常见的标识编码包含 VAA 标识、GS1 标识、Handle 标识、OID 标识、Ecode 标识、DID 标识六种类型。

7.1.1 标识编码的概念

【任务目标】

了解工业互联网系统中标识编码的概念与常见类型。

【任务准备】

1. 查阅工业互联网产业联盟发布的《工业互联网标识解析 标识编码规范》。
2. 调研国家农产品质量安全追溯平台，分析其中的标识编码类型。

【知识链接】

标识编码（Identification Code）是指能够唯一地识别机器、产品等物理资源，以及算法、工序等虚拟资源的身份符号。工业互联网标识编码就是依托当前的互联网技术理念对工业生产环节所涉及的人、设备、物体的属性、状态、地理与逻辑位置等实体对象和抽象虚拟对象，借助唯一可识别的方式合理分配唯一确定的身份符号。这些被赋予的身份符号是具有一定规则的，且容易被人或自动化机器识别和处理的数字、符号、文字等。

一方面，利用工业互联网标识编码技术对实体对象进行标识的核心理念早已广泛应用于现实工业生产中，如 PC、工业云端、工业智能终端、工业操作执行单元、射频识别读写器、工业应用互联网网关等实体对象。这些实体对象与某种标识编码存在关联，如设备名称、设备入网地址及设备通用资源标识符。不仅如此，这类标识编码可能还包含描述的实体对象的属性，充分描述实体对象关系相关性的附加属性特征数据。

另一方面，工业互联网标识编码技术已经逐步普及应用在标识工业生产涉及的工业生产过程、工业生产应用软件、工业生产模型、工业生产服务保障、工业生产数字数据等虚拟对象领域。这些虚拟对象借助标识编码技术实现了工业互联网的访问互通，借助数字对象的唯一标识符来识别文本文件和其他数字出版资源。

可以预见的是，在未来的工业发展中，工业互联网中的被标识对象间的信息互联变得灵活、简单、快捷，政府部门和企业必然会加大力度推动与普及工业互联网多元化业务和应用的开展和落地。在一定的范围内，工业互联网标识解析技术目前能够提供较多的生产解决方案，并已开始了一系列的研究和应用。随着技术的发展，工业生产对工业互联网标识解析技术的需求会越来越高，新的技术瓶颈和挑战也将随之出现。

不同的工业互联网标识编码分别由不同的组织机构提出，其立足点都是面向实体对象与虚拟对象等予以唯一标识，提供信息查询的功能，由此发展成一种底层的信息基础架构，其某些技术层面类似于互联网中的域名系统。工业互联网相关服务行业或工厂生产企业根据实际应用需求选择其中一种类型的标识编码，遵循该编码基础规则制定本行业或企业对象的唯一编码。

常见的标识编码如下。

1. DID 标识编码

下面介绍去中心化身份（Decentralized IDentifiers，DID）标识编码，将 DID 定义为一种新的全球唯一标识符，是一个特定格式的字符串。这种标识符不仅可以用于人，还可以用于宇宙万物，如一个工业企业、一台人工智能机器，甚至是一只动物，从而代表一个对象的数字身份，常见的实体 DID 标识编码如图 7-1 所示。

| 物体 | 数据库 | 人工智能算法 | 工厂工人 | 企业组织 |

DID标识编码　did:bid:gsifew37hk03rh22535　did:bid:rsiffi37ko43rh2ip2　did:bid:gilif3h37h7j3rht9p5
　　　　　　　did:bid:sitfewt9h3i9rh2h95　did:bid:asifew37h393rh2292

图 7-1　常见的实体 DID 标识编码

DID 标识编码通常与加密信息和服务断点相关联，提供可验证的分布式数字身份，以建立安全的通信信道，广泛地应用于数字资产、加密货币、政务服务等场景。2017 年，W3C 正式制定 DID 标识基本规范，并在全球拥有较高的权威和影响力，DID 标识编码常见的格式如图 7-2 所示。

方案标识符（DID）	DID 方案标识符	DID 方案特定标识符
DID	不定长英文字母	不定长字符串

图 7-2　DID 标识编码常见的格式

DID 标识编码具有以下优点。

（1）应用场景广。

（2）安全性高。

（3）自主可控。

（4）具有永久性。

2. Ecode 标识编码

Ecode 标识编码是我国独立自主设计研发，具有一整套完整的编码规则设计理念的标准化编码数据结构，可以适用于任意一种应用场合。2015 年，我国物品编码中心发布了标准号为 GB/T 31866—2015 的《物联网标识体系物品编码 Ecode》编码标识体系。图 7-3 所示为国家物联网标识管理与公共服务平台。

图 7-3　国家物联网标识管理与公共服务平台

Ecode 标识编码采用唯一的身份认证标识，在感知层面，Ecode 标识编码的中间件可以兼容设备二维码、设备铭牌、工业生产环境等被动标识载体；Ecode 标识编码在解析层对工业生产中涉及的信息进行及时反馈，并可以延伸到其他标识编码系统中。Ecode 标识编码体系已广泛应用于各行各业，为构建工厂生命周期的追溯系统、产品线上营销活动、生产质量反向溯源活动等提供有力保障。

Ecode 标识编码是建立我国工业互联网标识公共服务平台和工业互联网标识系统的关键技术，可以在工厂生产应用上完成对象的唯一性标识编码，同时适应目前工业互联网中多个不同的编码方式并存的情况，并能与各种不同的标识编码方式兼容，是一种适用于各种实体对象和虚拟对象的编码。

Ecode 标识编码具有以下优点。

（1）可靠性。

（2）唯一性。

（3）包容性。

(4)安全性。

由于 Ecode 标识编码中含有 MD 语义信息，若某一语义发生改变，则此编码不可读，会造成标识丢失、反向溯源不成功等现象。同时，Ecode 标识编码最大长度已限定，虽然能提高查询效率，但是编码的延展性差，可能会造成 MD 中语义信息展示不充分、信息遗漏严重等一系列问题。

3. Handle 标识编码

Handle 标识编码的数据结构与表达形式来自"互联网之父"罗伯特博士之手，罗伯特博士参加世界互联网大会如图 7-4 所示。该标识系统由美国国家创新研究所于 20 世纪提出，IETF 发布了 3 个相关 RFC 标准，主要为被标识对象提供永久标识、动态解析和安全管理等服务。目前，Handle 标识编码由 DONA 基金会负责管理和运营。

图 7-4　罗伯特博士参加世界互联网大会

Handle 标识解析体系主要由标识编码和解析系统组成。Handle 标识编码主要用于唯一标识实体对象、虚拟服务对象及一切资源，可与二维码、RFID、数据库、信息系统等有机融合，低成本实现与原有系统的无缝对接及不同应用系统间低成本的互操作，为工业互联网上下游企业提供符合标识和信息管理的服务。标识编码相当于"身份证"，根据标识编码，解析系统可对工业设备、物料、零部件、产品等进行唯一性定位和信息查询，进而实现对全网资源的灵活区分和信息管理，适用于工业互联网场景，我国 Handle 标识解析全球根节点于 2021 年落户青岛。

任意标识编码体系的本地编码规则都可通过 Handle 系统获取一个前缀，将本地编码规则接入 Handle 标识体系，具有可扩展性，并且 Handle 系统是全局的分布式系统，各节点互不干扰。

Handle 标识编码具有以下优点。

（1）唯一性。

（2）溯源性。

(3)兼容性。

(4)无限期性。

(5)可扩展性。

(6)独立性。

4．GS1 标识编码

GS1 标识编码是由国际物品编码协会建立的一种标识体系。国际物品编码协会作为一个中立的全球合作平台，将行业领袖、政府、监管机构、学术界和协会聚集在一起，开发基于标准的解决方案，以应对数据交换的挑战。GS1 标识编码引发了一场新的数字革命，它永远改变了世界的工业生产方式。通过简单的扫描，产品就可以被识别并上传到计算机系统。通过编码捕获数据的威力有助于解决大型而复杂的行业挑战。

GSI 包括编码系统、载体系统和数据交换系统三大体系，能够标识工业生产链整个生命周期中所产生的数据信息。GS1 编码体系使企业能够创建与物理产品一样好的产品的数字版本，从而实现行业的数字化转型。通过 GS1 标识编码能够实现工厂与企业、企业与企业之间的信息交流互通，从而实现高效、低成本的产品管理与物流仓库跟踪。

GS1 标识编码系统拥有一套完整的全球统一编码体系，已广泛应用于全球不同领域。GS1 标识编码一般包括指示符+厂商识别代码+商品项目代码+校验码，为了适应工业互联网网络技术的发展，国际物品编码协会提出了域名+厂商识别代码+应用标识符的超级链接方案。

在一个完整的工业生产供应链中，标识编码可以解决信息不对等的难题，参与的主要对象包含生产管理人员、产品项目、物流项目、仓储项目、资产项目、服务项目、交易项目、追溯管理项目等。标识编码是实现计算机对工业生产供应链进行信息检索的关键，是实现整个工业生产供应链信息共享的重要途径。GS1 标识编码作为工业互联网的纽带，将产品生态链上的生产数据、产品数据、营销数据、物流数据、仓储数据等多环节的静态数据、动态数据整合，将进一步助力我国建立工业互联网的大数据生态系统。

全球贸易项目代码（CTIN）是 GS1 标识编码体系中应用最广泛的标识代码。该系统对不同的编码对象采用不同的编码结构，并且这些编码结构间存在内在联系，这套标识代码也用于电子数据交换（EDI）、可扩展标记语言（XML）电子报文、全球数据同步（CDSN）和 CSI 网络系统。

GS1 标识编码系统提供的产品/服务包括标识编码、数据采集、数据交换等。GS1 标识编码为条码及 EPC/RFID 卷标，用于解释流通领域中所有产品与服务的数据属性、格式与内容，包括批号、序号及有效期限等信息。在数据收集上，GS1 标识编码系统借助载体，使用数据自动收集技术对实物流和信息流进行同步自动识别；在数据交换方面，GS1 标识编码系统通过数据交换标准，在交易双方之间共享信息，为电子商务交易、可视化和其他信息应用提供支撑。

随着社会信息化和智能化水平的提高，GS1 标识编码在工业互联网、医疗卫生、智慧交通、互联网金融、食品生鲜加工等方面的应用越来越广泛。如图7-5所示，对GS1标识编码的深入运用将为人们的生产与制造带来更多的便利，该系统也在不断地发展和完善。

图7-5 GS1标识编码应用于各个行业

GS1标识编码具有以下优点。

（1）系统性。

（2）科学性。

（3）可扩展性。

（4）全球统一性。

5．VAA标识编码

VAA标识编码是ISO/IEC 15459国际标准的一个重要组成部分，在国际上广泛应用于工业制造、生产供应链、物料加工等领域。2020年6月，国际自动识别与移动技术协会批准中国信息通信研究院成为与国际物品编码协会、美国电气与电子工程师协会及美国邮政联盟等国际组织并列的国际发码机构，代码为"VAA"。同年8月，VAA标识方案被成功纳入万维网联盟（W3C）DID规范注册表，如图7-6所示。这标志着我国掌握了全球编码这一核心资源，可面向全球提供标识编码分配服务，具备全球标识编码分配能力，同时为推动我国工业互联网国际化发展打下了良好基础。

did:sirius:	PROVISIONAL	ProximaX Sirius Chain	ProximaX enterprise, Proximax Inc	ProximaX SiriusID
did:dock:	PROVISIONAL	Dock	Dock.io	Dock DID Method
did:twit:	PROVISIONAL	Twit	DID Twit GitHub	Twit DID Method
did:near:	PROVISIONAL	Near	Ontology Foundation	Near DID Method
did:vaa:	PROVISIONAL	bif	China Academic of Information and Communications Technology （CAICT）	VAA Method
did:bba:	PROVISIONAL	Ardor	Attila Aldemir	BBA DID Method
did:morpheus:	PROVISIONAL	hydra	Internet of People	Morpheus DID Method

图7-6 DID规范注册表

VAA标识编码技术在工业互联网领域中的广泛应用，可为工业互联网领域多种标识对象提供全球唯一标识，同时具备注册服务和用户管理等多种功能，以适应工业互联网发展和工业互联网标识分析领域的应用要求。作为在我国工业互联网标识解析体系应用实践的基础上发展而来的新型标识体系,目前 VAA 标识编码体系已广泛应用,已分配 VAA 前缀的二级节点达 154 家,分布于 25 个省,覆盖 30 个行业,涉及供应链管理、产品追溯、智能化生产等 18 大应用场景,标识注册量超过 530 亿。然而,由于国内对 VAA 标识编码的认识尚不够深入,所以中国信息通信研究院作为国际发码组织,还有一段很长的路要走。

VAA 标识编码具有以下优点。

(1) 系统性。

(2) 科学性。

(3) 可扩展性。

6. OID 标识编码

OID(Object IDentifier,对象标识符)标识编码是由国际标准化组织、国际电工委员会和国际电信联盟共同提出的一种标识机制,其标识对象可以是实体对象也可以是虚拟对象,标识名称具有全球无歧义、唯一命名的属性。OID 标识编码层级为分层的树型结构,可以灵活地扩展 OID 标识编码的层级,以适应不同层级对象的标识需求,不同层次用"."分隔,对层数无限制。编码长度均可灵活扩展,因此具有足够的编码空间。

OID 标识编码是一种能够区分各种层次的对象的通用标识符,它能够标识不同种类的标识体系,兼容不同的标识方案,无须对现有的企业标识和信息系统进行大规模的更新。在工业物联网的影响下,很多对象可以通过各种网络技术进行互联互通,OID 独立于网络技术,不会受到底层设备的影响。图 7-7 所示为借助 OID 平台实现产品安全质量追溯,OID 已经被广泛应用到各种网络环境中,如数据库中的数据结构、云计算中的云存储。现在,OID 标识编码已经应用于二百多个国家,并被各国相关部门自行管理。

图 7-7 借助 OID 平台实现产品安全质量追溯

国家 OID 注册中心成立于 2006 年,作为我国唯一一家国家级 OID 根节点的运维管理机构，初步建立了我国的 OID 标识分配方案和注册管理体系，研制开发了注册解析系统，研制了 30 项相关标准，先后为国内 164 家机关、企事业单位和社会团体分配了 OID 标识编码，并为卫生、农业、公安、交通、供销总社及其他多个行业部门提供了领域标准研制、解析系统开发、标识方案咨询等服务。OID 标识编码已广泛应用于包含信息安全、RFID、3GPP、生物识别、网络管理及医疗影像的计算机网络、通信、信息处理系统等相关领域。例如，互联网域名，OID 标识编码是国家信息技术及相关领域的重要信息资源，需要规范管理。同时，随着我国国民经济的不断增长，近年来我国在网络通信领域的自主研发、创新能力不断提高，对外贸易也日益增加，对信息系统中注册 OID 标识编码的需求正在日益增多。

OID 标识编码具有以下优点。

（1）空间充足。

（2）结构灵活。

（3）唯一性。

（4）兼容性。

【任务实施】

1. 什么是 VAA 标识编码？

_____

_____

_____

_____

2. 常见的标识编码包含_____、_____、_____、_____、_____、_____六种类型。

3. 标识编码具有的共同优点是（　　）。

　　A．安全性　　　　B．唯一性　　　　C．系统性　　　　D．以上都是

7.1.2　标识编码的作用

【任务目标】

了解标识编码在工业互联网系统中的作用。

【任务准备】

调研 Asun 工业互联网平台，了解平台行业应用案例。

【知识链接】

当前，建设完整系统的工业互联网已成为世界各国产业竞争的主战场，而我国是否能够实现"逆势而上"的关键在于产业互联网的发展。由于工业互联网的强大辐射，我国的企业已经把"万物互联"的生产经营理念融入了供应链设计、采购材料、装配、配送、物流、远程维修等各个环节，使企业的上下游间的联系更加紧密，积极促进了不同领域的深度合作，产业链的流程更加优化，制造车间更智能化，产品质量大幅提升，产业效益明显提高。德国的西门子公司率先采用了工业互联网，通过统一设计、流水线、物流、机器等各个环节的标识实现自动化程度的提升，同时将管理、运维、存储、销售的成本大幅降低，在员工、产品、信息、客户之间形成了一个闭环网络。

就目前而言，我国工业互联网核心技术还面临着诸多问题，但我国政府与企业正在大力发展和建设工业互联网完整体系，相信不久的将来，我国将会取得巨大的成就。在产业网络飞速发展的今天，标识编码系统已经成为企业的重要基础和战略资源。在工业网络中，可以通过对零部件、机器、产品等对象进行统一编码，并通过构建一个统一的识别和分析体系来方便用户进行信息检索。标识编码和相关数据将会是企业的一项重要资产。统一的标识编码服务可以帮助企业克服数据/信息孤岛的问题，促进异构、异域数据的交流和利用，加快"万物互联"的工业生态建设。

工业互联网是借助标识编码技术将人、设备、物体连接起来的，利用条形码、二维码、无线射频识别标签等方法，为每个实体对象和虚拟对象提供独一无二的标识编码，便于生产、加工过程中的信息传输。随着互联网与工业互联网及其他未来的网络结构的结合，一批面向实体信息和虚拟信息的标识分析技术将被广泛应用于各行各业，且将在工业领域乃至全社会各个层面得到应用和部署。

标识编码的本质是用于识别对象的技术（包含实体对象、虚拟对象等），且对于不同的自动识别技术而言各不相同，包括对识别对象（物品）的编码与识别过程的编码。利用标识编码技术可以实现信息资源的互联，提高企业信息处理效率，从而使各种信息处理系统、资源管理系统、网络管理系统等有效地管理和控制被测对象，为整个工业产业链的发展、工厂设备系统的部署、大规模的工业互联网应用的运行和服务提供必不可少的基础。

【任务实施】

标识编码在工业互联网发展中的作用有哪些？

_____

_____

_____

7.1.3 工业互联网标识编码规则

【任务目标】

掌握工业互联网系统中标识编码的编码规则。

【任务准备】

1. 查阅工业互联网标识解析的《VAA 编码导则》。

2. 查阅工业互联网产业联盟湖北分联盟发表的《工业互联网标识解析联盟编码标准解读》。

3. 查阅工业互联网产业联盟发表的《工业互联网标识解析 标识编码规范》手册。

【知识链接】

在工业互联网领域要实现对被标识对象的准确定位、获取、交换、控制和管理，必须建立一套统一的标识编码规则。目前，不同的标识编码系统有不同的编码规则、应用领域和应用模式，而在此基础上，可以根据不同的识别分析节点，为不同的识别和寻址提供不同的识别和寻址服务，但是各行业的面向对象编码系统还不完善，需要制定相关的规范来指导企业建立和实施标准化应用。

1. 标识编码规范

标识编码规范包括命名空间规划、标识编码申请、标识编码分配、标识编码赋予、标识载体管理、标识编码读写、读写设备管理、标识编码回收等部分，定义了在工业制造中对实体对象与虚拟对象进行数字化标识的技术手段和相关管理规范，为每一个对象赋予一个独一无二的身份标识符。

（1）命名空间规划：是指标识编码管理者对标识编码空间整体性、长期性、基本性等问题进行深思熟虑后，设计出的一套完整的命名方案。

（2）标识编码申请：是指企业或相关用户等标识使用者向标识编码管理者申请唯一标识的过程。

（3）标识编码分配：是指标识编码管理者根据标识编码规则给企业或相关用户等标识使用者分配标识编码的过程。

（4）标识编码赋予：是指企业或相关用户等标识使用者利用可赋码标识设备对能载带标识的介质进行赋码的过程。

（5）标识载体管理：是指企业或相关用户等标识使用者应用科学的手段对能载带标识的介质进行管理的过程。

（6）标识编码读写：是指企业或相关用户等标识使用者利用标识读写设备对标识或可写入标识的对象进行信息读取或信息写入的过程。

（7）读写设备管理：是指企业或相关用户等标识使用者利用科学的手段对可以读/写标识编码的设备进行管理的过程。

（8）标识编码回收：是指企业或相关用户等标识使用者在已经分配的标识编码中分离出过期或失效的标识编码，使其成为可以再次分配的标识编码的过程。

1）标识编码原则

（1）唯一性：工业互联网是新一代信息通信技术与工业经济深度融合的全新工业生态，在工业互联网领域内，要确保对象的标识编码不能重复，每一个编码仅对应一个对象。

（2）兼容性：要与我国现有的相关行业编码标准相协调，保证其可持续的继承性和实用性，满足各有关信息系统间的数据交流需求。

（3）实用性：为了实现产业资源的管理与信息交流，编码原则应该与业界的共识一致，并结合企业的信息化建设与应用现状，设计出相对全面、合理、有用的编码结构。

（4）可扩展性：在上述基础上，考虑到工业网络的实际应用需要，对其进行合理的编码，并提供相应的存储空间，以确保该编码系统的扩展和细化。

（5）科学性：在标识编码结构上，必要时可设置校验码位、安全码，以保证编码的正确性和安全性。编码结构一旦确定，应保持相对稳定。

2）DID 标识编码规则

DID 标识编码方案可以参考 W3C 组织发布的《Decentralized Identifiers (DIDs) v1.0》指南，DID 标识编码是由三段字符串组成的统一资源标识符，包括方案标识符（DID）、DID 方案标识符（Method）、DID 方案特定标识符，其中，DID 方案标识符一般是由使用者自行定义的字符串，无长度限制，一般采用英文字母。DID 方案特定标识符是由哈希算法生成的随机字符串，其长度由 DID 方案决定。DID 标识编码结构如表 7-1 所示。

表 7-1 DID 标识编码结构

DID Scheme	DID 方案标识符	DID 方案特定标识符
Scheme	DID Method	不定长字符串

3）Ecode 标识编码规则

Ecode 标识编码方案可以参考中国物品编码中心发布的《物联网标识体系 Ecode 标识应用指南》，Ecode 标识编码由三段组成，包括版本（V）、编码体系标识（NSI）及主码（MD）。Ecode 标识编码由版本决定编码体系标识和主码的数据结构，通常 Ecode 标识编码的版本为 1~4，编码体系标识由 4~5 位数字组成，主码由不定长数字字母组合而成，Ecode 标识编码结构如表 7-2 所示。

表 7-2 Ecode 标识编码结构

版本（V）	编码体系标识（NSI）	主码（MD）
1~4	4~5 位数字	不定长数字字母组合

4）Handle 标识编码规则

基于区块链技术的 Handle 标识编码使用层次编码方案，由 Handle 前缀和 Handle 后缀组成。前缀和后缀编码间通过 ASCII 字符"/"来分隔，其编码方式为 UTF-8，后缀没有限制，用户可以自行定义，通常长度不要超过 256 字节，Handle 标识编码结构如表 7-3 所示。

表 7-3　Handle 标识编码结构

Handle 前缀	Handle 后缀
XX.XXXX.XX	$X_1X_2 \cdots X_n$

Handle 前缀命名空间是由一个或无数个标识后缀空间组成的，而每个标识后缀空间具有唯一的标识前缀，它们之间是一对多的映射关系，前缀标识＋后缀标识可以申请唯一的产品标识，这不仅延伸了前缀的空间意义，还使拥有统一标识前缀的产品标识形成信息互联局面，便于对各个车间的统一化管理，Handle 标识编码在企业中的应用如图 7-8 所示。

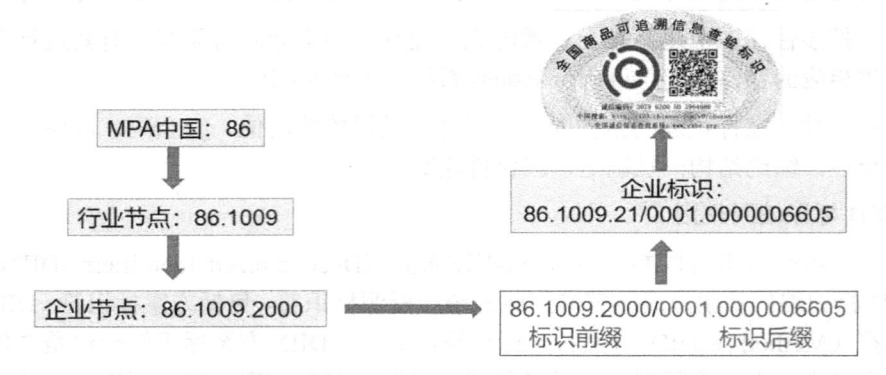

图 7-8　Handle 标识编码在企业中的应用

5）GS1 标识编码规则

面向不同应用场景，GS1 定义了不同的编码类型，典型代表有 GTIN、SSCC、GIAI、GRSN 等，这些编码分别适用于零售结算、物流、资产管理、服务业等领域。以零售结算领域的 GTIN 编码为例，其由国家（地区）代号、厂商代码、商品代码和检核码四部分组成，GTIN 标识编码结构如表 7-4 所示。

表 7-4　GTIN 标识编码结构

国家（地区）代号	厂 商 代 码	商 品 代 号	检 核 码
$(X_1X_2X_3)$	$X_1X_2X_3X_4X_5X_6$	$X_1X_2X_3$	X_1

6）VAA 标识编码规则

作为国际发码机构代码，VAA 标识编码应尽量遵从 ISO/IEC 15459 和 ISO/IEC 15418 等相关标准，当用于工业互联网领域时，还需要满足《工业互联网标识解析标识编码规范》等相关要求。VAA 标识编码结构如表 7-5 所示。

表 7-5 VAA 标识编码结构

发码机构代码	服务机构代码	分 隔 符	企业内部编码
VAA	08810012345678	/	abc123

其中，"VAA"为发码机构代码，"088"为国家代码，"100"为行业代码，"12345678"为企业代码，"abc123"为企业内部编码。服务机构代码和企业内部编码之间由分隔符"/"分开。行业可以根据实际需要设计企业代码长度，总体编码长度越短越好。VAA 编码结构说明如表 7-6 所示。

表 7-6 VAA 编码结构说明

代 码 段		长 度	数 据 类 型	说 明
发码机构代码		3 位	VAA（固定）	由 ISO 授权中国信息通信研究院，代码为"VAA"
服务机构代码	国家代码	3 位	A～Z, 0～9	原则上采用 3 位定长，不足位时采用前置补 0 方式。国家代码应遵从标识发码机构的相关要求，其中，80～89、156 等被预留给中国
	行业代码	3 位	A～Z, 0～9	由 VAA 标识注册管理机构分配
	企业代码	≤20 位	A～Z, 0～9	由获得行业代码的机构分配
企业内部编码		不定长	A～Z, a～z, 0～9, *, +, -, ., /,(,), !	由企业自定义

【任务实施】

1. 某产品的标识编码：did:bid:gsifew37hk03rh2253，请判断其是否正确？（   ）
2. 标识编码的原则有（   ）。
   A．唯一性　　　　B．兼容性　　　　C．实用性
   D．可扩展性　　　E．科学性
3. 中国电池生产企业拟对车用蓄电池产品进行 VAA 标识编码，查询工业互联网产业联盟所编制的《工业互联网标识解析 VAA 编码导则》，填写下表。

发码机构	国家代码	行业代码	企业代码	分 隔 符	企业内部编码
			12345678	.	abc123

7.1.4 标识载体的概念

【任务目标】

了解工业互联网系统中标识载体的概念。

【任务准备】

调研条形码标签软件解决方案行业领军企业 TEKLYNX 公司，了解其产品系列如何能够帮助供应链正常运作。

工业互联网网络搭建

【知识链接】

标识载体，即承载标识编码资源信息的标签，在推动标识编码技术应用落地的过程中起到了重要作用。谈到标识载体技术，过去我们往往会联想到一维条形码、二维条形码等日常生活中常见的标识标签。即便是采用射频电子标签技术，也无法像在移动通信网络中那样，通过用户身份识别卡（Subscriber Identification Module，SIM）在任何时间、任何地点实现可识别的关联。若将通用 IC 卡、芯片、模组、智能终端等应用到工业网络标识载体上，将有利于提高行业网络标识产品的规模化、标准化，提高供应链管理、生产流程管理、产品生命周期管理等核心能力。

标识载体可以分为被动标识载体和主动标识载体，这取决于标识载体能否主动地与标识数据读写设备、标识解析服务节点、标识数据应用平台等进行信息交互。被动标识载体主要有条码标签、RFID 标签、NFC 标签等，这些都是需要通过设备识别的，常见被动标识载体及其读写设备如图 7-9 所示，这些类型的标识载体具有以下几个主要特征。

（1）载体附着于装置表面，容易造成信息泄露。

（2）需要通过读写器进行信息读取。

（3）没有足够的安全保障和证书。

（4）难以被找到。

（5）非实时在线。

篮球条形码	扫码枪
RFID 标签	RFID 阅读器
NFC 标签	NFC 读写器

图 7-9　常见被动标识载体及其读写设备

通常主动标识载体被嵌入工业互联网生产设备中，具有工业互联网标识编码、安全证书、算法识别、密钥握手及网络信息传递能力。常见的主动标识载体如图 7-10 所示，这类标识载体可以在不通过识别、读取和写入装置的情况下，主动与识别分析服务节点或识别数据应用平台等进行连接。常见的主动标识载体有通用集成电路卡（UICC）、集成电路芯片、通信模组、智能终端设备等，它们可以主动向解析节点和应用平台发起连接。与被动标识载体相比，主动标识载体具有以下几个方面的优势。

（1）嵌入设备内部，不易损坏。

（2）自动获取标识信息。

（3）安全性强。

（4）具有网络地址，易查询。

（5）可实时传输数据。

| UICC | 集成电路芯片 | 通信模组 | 智能终端设备 |

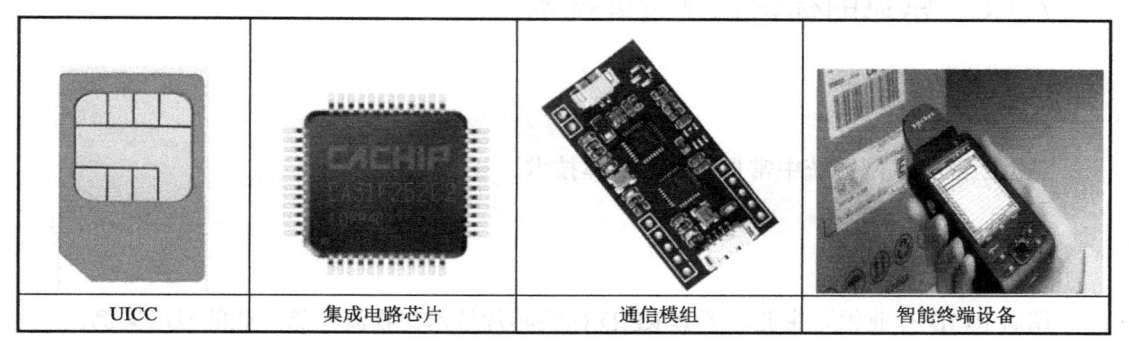

图 7-10　常见的主动标识载体

标识载体技术是一种新型的信息存储、传输和识别技术，这项技术被广泛用于公安、政府等部门对各类证件的管理中，如海关、税务等部门对各类报表和票据的管理，商业、交通运输等部门对商品和货物运输的管理，邮政部门对邮政包裹的管理，工业生产领域对工业生产线的自动化设备管理、产品追溯管理等。

【任务实施】

1. 什么是标识载体？

_____

_____

_____

_____

2. 请在下列设备中选择出主动标识载体。（　　）

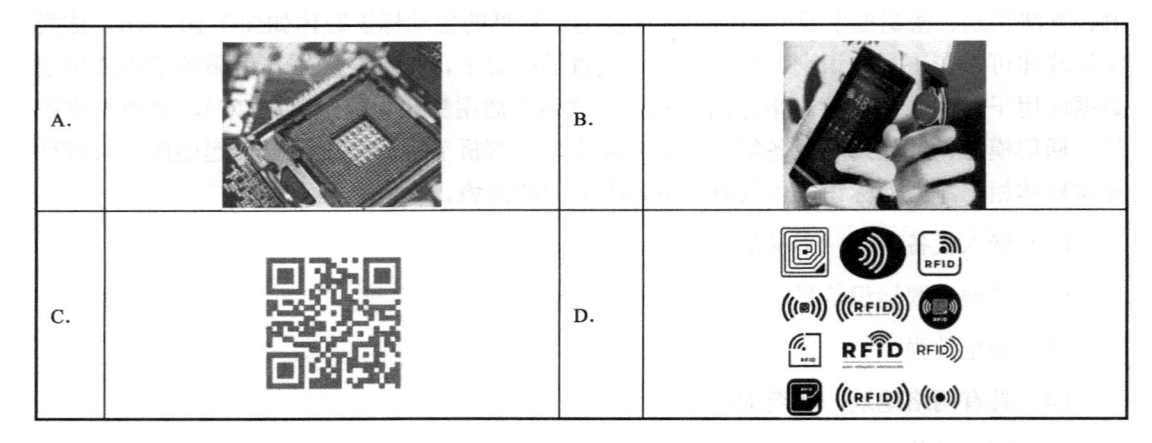

A.		B.	
C.		D.	

7.1.5　常见的标识载体关键技术

【任务目标】

熟悉工业互联网系统中常见的标识载体技术。

【任务准备】

调研 RFID 行业领军企业，了解 RFID 标签芯片技术在物流仓储行业的应用案例。

【知识链接】

标识载体是物理世界中可储存标识编码的实体，它可以对工业设备、设备运行维护人员和设备数据进行标识，从而在基础识别和信息系统之间进行数据共享，并对数据进行全生命周期的分析，为企业提供增值服务。

1. 被动标识载体

（1）一维条形码只在一个方向（一般是水平方向）表达信息，在垂直方向不表达任何信息，如图 7-11 所示，一维条形码是由黑白相间的条纹组成的图案，黑色部分称为"条"，白色部分称为"空"，"条"和"空"代表二进制的"1"和"0"，对其进行编码，可以组成不同粗细间隔的黑白图案，可以代表数字、字符和符号等信息，反映某种信息。

图 7-11　一维条形码

（2）二维条形码是基于一维条形码技术发展形成的，二维条形码也是按照"0"和"1"的比特流原理设计的，其标识信息被记录在水平和垂直两个维度空间上，既包含了一维条形码的横向信息，又延伸记录了纵向信息，图 7-12 所示为常见的二维条形码标识载体。目前该技术广泛应用于国防安全信息、交通运输识别、工业产品追溯及商业支付领域。

Maxi Code　　QR Code　　Data Matrix　　Aztec Code

图 7-12　常见的二维条形码标识载体

（3）现代射频识别（RFID）技术起源于 1973 年，它是一种非接触式的自动识别技术，由无线电应答器、接收器和发射器组成。RFID 借助无线电信号标识特定目标对象并读写相关数据，而不需要识别系统与特定目标之间建立机械或光学接触，适用于多种生产环境。作为条形码技术的延拓，RFID 用于数据收集、身份标签（用于人类身份证和动物保护）跟踪、物品标签和机器可读文件，图 7-13 所示为 RFID 被应用于门禁系统。

（4）近场通信（NFC）是一种短距离的高频无线通信技术，与 Wi-Fi 或蓝牙不同，NFC 交互仅限于极短的范围（在 10cm 内）。NFC 基于感应耦合原理运行，当读卡器设备的电流通过线圈产生磁场或当标签（带有自己的线圈）被带到附近时，磁场会在标签内感应电流——不需要任何电线，也不需要物理接触。一旦初始握手完成，标签上存储的任何数据都会被无线传输到读卡器中，图 7-14 所示为在支付系统中使用 NFC 技术。

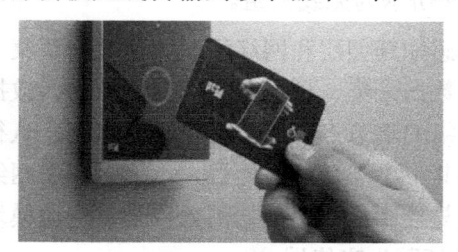

图 7-13　RFID 被应用于门禁系统　　图 7-14　在支付系统中使用 NFC 技术

2. 主动标识载体关键技术

（1）通用集成电路卡（UICC）是新一代 SIM（用户识别模块），包含在一些高速无线 3G 网络中使用的手机或笔记本电脑中。UICC 通过无线运营商身份实现安全、可靠的语音和多媒体数据连接全球漫游，并远程添加新的应用程序和服务。

从技术上讲，UICC 适用于所有移动电信网络，这是一种智能卡技术。它比一张完整的卡小，包含一台计算机或微处理器，以及自己的数据存储器和软件。它是 GSM 网络中用于识别用户的 SIM 卡的演变产品。GSM 或全球移动通信系统是世界上最流行的无线技术标准，据全球移动供应商协会（GSA）的统计数据可知，在巅峰时期，全球的 GSM 用户总数超过 45 亿，全球移动用户的占有率达 80%。图 7-15 所示为通用集成电路卡（UICC）。

（2）芯片（IC），又称微电路、微芯片、集成电路，芯片是终端的中央处理器，负责整个终端的正常运行。现代电子电路不是由单个元件组成的，这意味着它们不能像过去那样由单独的元件组成，取而代之的是许多小型电路被嵌入一块复杂的硅和其他材料中，称为集成电路、芯片或微芯片，集成电路的制造始于几英寸宽的简单圆形硅片，当将其用作计算机存储器（如 RAM 和 ROM）时，微处理器采用数字设计方法设计。这种设计方法保证了电路密度最大、整体效率最高。使用这种方法设计的芯片可以处理二进制输入数据。图 7-16 所示为芯片（IC）。

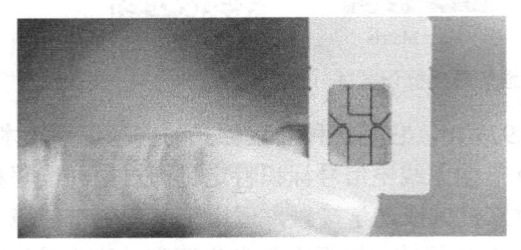

图 7-15　通用集成电路卡（UICC）　　　　图 7-16　芯片（IC）

（3）模组是连接感知层和网络层的关键环节，属于底层硬件，具备不可替代性。无线通信模块与终端存在一一对应关系，它借助 DSP 技术和无线电技术实现高性能专业数据传输无线模块。无线模块应用于许多领域，如工业自动化、污水处理监控、远程抄表、家庭自动化、遥测等。无线模块通常嵌入设备中，它的重要作用是配合单片机实现数据通信。用户可以通过 PC 软件或连接的设备在线设置修改串行端口和射频相关参数。无线模组按功能分为"通信模组"与"定位模组"。图 7-17 所示为无线模组。

（4）工业互联网终端是工业互联网中连接感知延伸层和网络层、实现数据采集（或汇聚）及向电信网络发送数据的设备，它担负着数据采集、预处理、加密、控制和数据传输等多种功能。从通信技术的角度看，终端是网络的端节点，是消息传递的末端。从行业应用的角度看，终端提供行业所需的功能，因此其形态和功能差异很大。工业互联网终端架构包括主控模块、电信网接入模块、数据采集与控制模块、数据汇聚模块、电源模块、外设接口模块等。图 7-18 所示为工业互联网中的智慧生产终端。

图 7-17　无线模组　　　　图 7-18　工业互联网中的智慧生产终端

【任务实施】

试分析主动标识载体关键技术与被动标识载体关键技术的差别。

_____
_____
_____

7.2 标识解析体系

近年来,随着工业互联网的发展,单一形式的设备和不同类型的企业被工业互联网连接起来,不同环节的资源得以有机结合。工业互联网的核心建立在互联互通的基础上,以数据为主导的智能标识解析体系作为工业互联网的关键神经系统,是实现工业系统互联和工业数据传输交换的支撑基础。赋码系统是标识解析的基础应用,主要负责物料、设备、成品等编码规则管理,并根据不同的应用环节生成多种形态的编码标签。

7.2.1 标识解析赋码管理

【任务目标】

1. 了解工业互联网系统中标识解析的概念。
2. 理解工业互联网标识解析赋码系统的功能。
3. 掌握工业互联网标识解析赋码管理平台操作。

【任务准备】

1. 查阅工业互联网产业联盟《工业互联网标识解析二级节点技术要求》。
2. 查阅工业互联网产业联盟《工业互联网标识解析二级节点建设导则(试行版)》。
3. 注册登录工业互联网工业码云平台。

【知识链接】

工业互联网标识解析是一种基于标识编码识别的系统设备,它可以通过识别码来查找被测物体的位置或有关信息,从而对设备和产品进行唯一的定位和查询。它可以实现全球

工业互联网网络搭建

供应链与企业生产系统的精准对接,是产品生命周期的管理与智能化服务的前提和基础。工业互联网标识解析工作流程如图 7-19 所示。

在工业互联网中,标识编码是产品、零部件和机器设备的独一无二的身份信息,可通过解析产品被赋予的编码值来查询产品所存储的服务器信息,或者直接对产品的信息和其他相关服务进行查询,通过给每一个对象(机器、产品等物理资源,以及算法、工艺等虚拟资源)标识唯一"身份"编码,实现跨地域、跨行业、跨企业的信息查询和共享。在应用支持体系(如万维网、应用协议)与网络互联系统中,标识解析体系扮演了解决标识与标识、标识与地址、标识与数据的映射与转化问题的角色,是支撑工业互联网互联互通的重要枢纽。

图 7-19 工业互联网标识解析工作流程

【任务实施】

赋码系统包括编码管理和赋码管理两大功能。下面以中天互联工业码云平台为例,工业码云平台基于华为云 Linux Cento7.4 服务器进行部署,对应用户购买华为云服务器后进行部署,服务器所需开放出入端口:8001。工业码云平台是底层基于工业互联网标识解析体系的标识应用云平台,可以快速对接标识,接入工业互联网,做到一物一码,一码全览,追根溯源,一码到底。

进入系统登录界面,用户输入用户名、密码进行登录,如图 7-20 所示。

图 7-20 登录界面

1. 标识管理

公司管理员根据公司的组织架构对用户、角色、权限等进行设置。单击"标识明细",展示已经生产的工业标识列表,如图7-21所示。

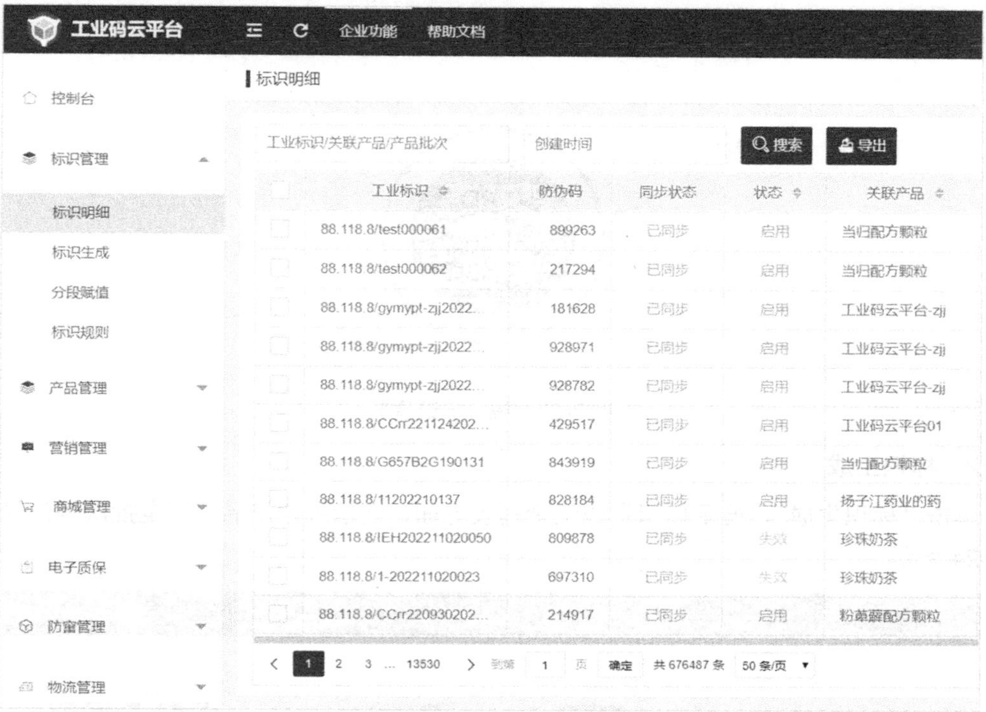

图7-21 标识明细界面

单击详情可查看每个标识的产品名称、产品编号等详细数据,如图7-22所示。

图7-22 标识明细详情界面

可扫描标识的二维码查看产品的中国工业互联网标识管理中心统一标识信息,如图7-23所示。

图 7-23　统一标识信息

2. 标识生成

单击"标识生成",展示标识生成记录列表界面,展示绑定产品、绑定批次等信息,如图 7-24 所示。

图 7-24　标识生成记录列表界面

单击"添加"按钮,系统弹出添加标识信息界面,根据提示填写信息,填写完毕后单击"提交"按钮,如图 7-25 所示。

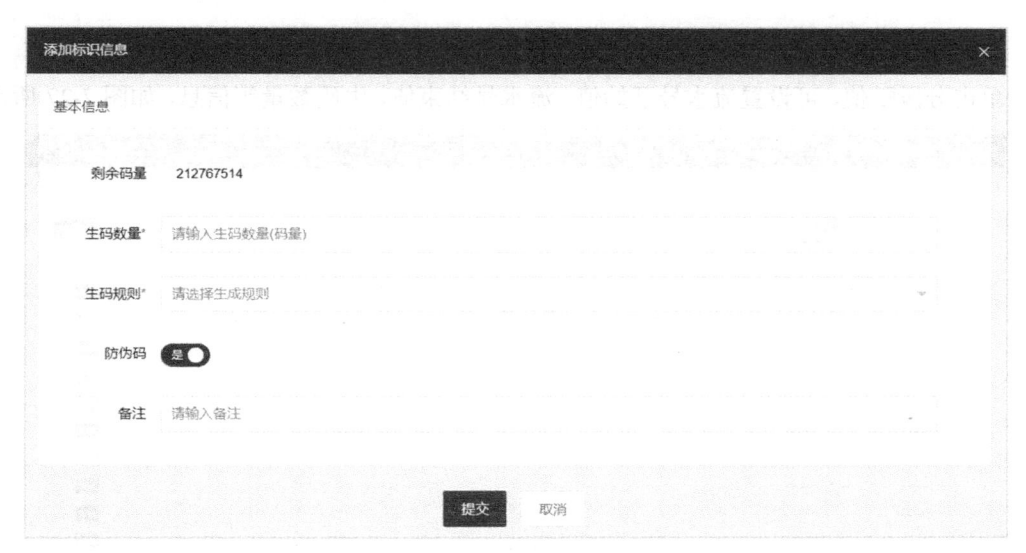

图 7-25 添加标识信息界面

如图 7-26 所示，在下载二维码界面中，在"下载 Excel"条目中，单击"标识 Excel"，系统自动下载该条记录下所有码汇总成的 Excel 表格；在"下载 txt 压缩包"条目中，可选择要下载的 txt 压缩包链接类型；在"下载二维图片"条目中，可选择"仅工业标识"或是否带防伪码链接按钮；在"下载二维图片-含流水批次"条目中，可选择是否带防伪码的"带标识流水号"或"带标识批次号"按钮。

图 7-26 下载二维码界面

3. 分段赋值

单击分段赋值，可设置流水号开始值、流水号结束值、生码数量等信息，如图 7-27 所示。

图 7-27　分段赋值界面

单击"添加"按钮，系统弹出添加分段生码的记录界面，根据提示填写信息，填写完毕后单击"提交"按钮，如图 7-28 所示。

图 7-28　添加分段生码的记录界面

4. 标识规则

（1）单击"标识规则"，展示配置的规则信息，如规则名称、规则拼接等信息，如图 7-29 所示。

单击"添加"按钮可展示添加规则页面，选择关联的产品，单击"配置规则"可以对已经生成的规则进行编辑修改，单击"赋值规则"可以赋值当前规则，并进行修改调整，单击"删除"按钮可以删除已生成的规则，如图 7-30 所示。

图 7-29 标识规则界面（左侧）

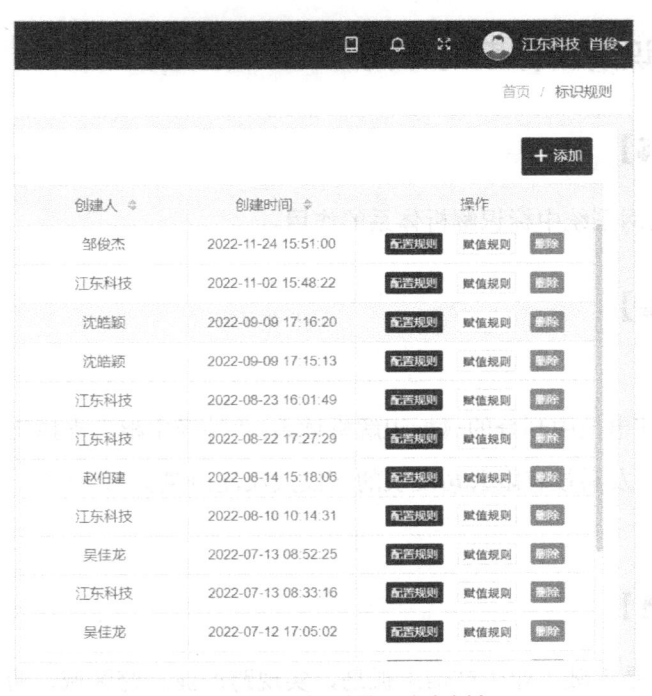

图 7-30 标识规则界面（右侧）

可以设置固定标识、自定参数、日期格式、自增流水等，自定属性如图 7-31 所示。

图 7-31　自定属性

7.2.2　标识解析体系的作用

【任务目标】

了解工业互联网系统中标识解析体系的作用。

【任务准备】

查阅资料：

1. 查阅人民邮电报中刊登的《标识解析体系："神经中枢"支撑工业互联互通》。

2. 查看深圳联友科技有限公司发表的《仅武汉注册量就超 48 亿，标识解析到底有什么用？》。

【知识链接】

标识解析体系是突破工业生产信息孤岛，实现跨产业、跨区域、跨系统互联互通的重要基础。在全世界工业发展的历史长河中，由于缺乏统一的数据规范，不同的产业、区域、系统之间信息闭锁，协同办公效率低，生产成本高，在相关产品防伪追溯和产业链全生命周期管理等方面都有很大的问题，因此，各个行业都迫切要求对标识进行分析，并提供公共标识信息的查询与分析功能，以达到对资源的准确定位与共享。

标识解析技术的早期应用主要是生产企业的管理者对所在领域涉及的生产产品数字化管理，其本身并非一项新兴技术，近年来，在政府监管部门的推动下，其在药品和食品安全追溯方面的应用也越来越广泛。由于市场自发的驱动力不够，标识解析技术与其相应的信息尚未得到充分开发，其价值也没有被完全挖掘。在工业领域，随着物联网和工业互联网的不断发展，人们越来越意识到标识解析技术是物联网、工业互联网基础信息融合的支撑技术，是未来物联网和智能化工业互联网建设的基础支撑技术。

在工业互联网领域，标识解析体系还处于初级阶段，发挥的作用也许不是很明显，但随着工业互联网的发展及制造业的智能化进程，标识解析体系将会和智能手机一样，普及各行各业，到了那时，企业就不可能不使用标识解析体系了。

标识解析体系在工业互联网中的作用主要体现在两个层面：一方面，从垂直整合的角度来看，标识解析体系可以打通产品、设备、车间、企业等不同环节，实现对底层识别数据的采集、信息系统间的数据共享、标识信息的分析和应用；另一方面，从横向整合的角度来看，大型公司可以将自己的上下游企业横向连接起来，而非强制进行数据同步，采用识别分析进行需求查询，中小型公司可以通过平台的横向连接来实现数据的共享分析需求。

但是，要真正实现标识解析体系的应用价值，还必须解决两个关键问题：第一个是标准问题，以及各种标识解析技术在应用中的"互联互通"，目前业界已经提出了一些基本的解决办法，但其核心问题是如何将标识解析技术与现实需求相结合的标准化问题；第二个是利用自然语言处理技术进行标识解析技术的演化，其目标是实现基于"互联互通"的信息融合理解。

在层次结构、功能定位等方面，标识解析体系与网络域名系统具有许多相同之处，但是在对象范围、使用场景等方面却有不同之处。在建设的过程中，要引入新一代的人工智能、区块链等新一代信息技术，并借助数字孪生、工业软件等技术，加强对新技术、新产品的标准研制，填补标识解析关键领域的标准化空白，推动工业互联网科技创新的成果转化，形成产业竞争优势。

针对工业应用场景，实现数据管理、交互、共享，加速行业、特定场景应用标准的输出，实现标准化服务，促进新模式和新应用的扩展，建立可复制、可推广的应用模式，形成工业互联网示范与标准研制双驱动发展模式。

【任务实施】

标识解析体系的研究意义是什么？

7.2.3 标识数据共享与管理

【任务目标】

熟悉工业互联网系统中的标识数据共享与管理。

【任务准备】

1. 查阅中国信息通信研究院发表的《基于工业互联网标识解析体系的数据共享机制》。
2. 查看基于工业互联网标识解析的数字化治理研究的相关文章。

【知识链接】

标识数据共享与管理是工业互联网的血液，是实现工业互联网互联互通的重要保障。互联是指工业物联网设备通过所在网络高速传输、相互连接，而互通意味着相关设备交换信息并利用这些信息来执行数据分析。换句话说，需要在制造商、供应商和运营商等各个区域、行业实体及其系统之间进行无缝数据共享，以打破工业互联网中标识数据存在的隔离现象。

要实现标识数据共享机制，应满足三个要求。首先，被共享的标识数据中应包含一些必要证据，在数据泄露发生后可被明确提取。其次，应该有一个权威接收者在线收集证据，以便在数据泄露发生后追究责任。最后，因为工业物联网设备上的资源有限，所以设备间进行数据共享时应降低计算成本，提升共享效率。

标识数据管理机制是指基于采集设备感知和获取对象标识及其相关信息的过程，应具备协议转换、数据过滤清洗、数据关联、语义匹配等能力。在工业物联网场景中，数据采集问题是首要问题，为工业生产衍生的数据处理、数据分析、大数据和人工智能提供素材。实现标识数据采集的高兼容性、高灵活性、高可靠性，可以有力支撑数据采集、系统集成、大数据、数字孪生、故障诊断等方面的研究和应用，提高工业系统的数字化、信息化水平。

标识数据共享与管理具备以下功能。

（1）多功能连接和处理各种数据的能力。

（2）边缘处理。

（3）大数据处理和机器学习。

（4）地址数据漂移。

（5）实时监控和警报。

【任务实施】

标识数据共享与管理功能有（　　）。

    A. 多功能连接和处理各种数据的能力

    B. 边缘处理

    C. 实时监控和警报

    D. 地址数据漂移

    E. 以上全是

7.2.4　工业互联网标识解析

【任务目标】

掌握工业互联网标识解析的整体架构。

【任务准备】

查阅资料：

1. 查看国家工业互联网标识解析体系颁布的《工业互联网整体架构和布局》。

2. 查阅中国信息通信研究院工业互联网与物联网研究所发表的《工业互联网标识解析体系架构及部署进展》期刊。

【知识链接】

工业互联网标识解析体系是支撑工业互联网网络互联互通和数据互操作的神经枢纽，其核心要素包括标识编码、标识解析体系和标识数据服务。通过对大量实践的提炼，工业互联网标识解析应用可归纳为四种基本模式，包括跨系统单标识查询模式、跨企业单标识查询模式、跨企业多标识查询模式、跨企业标识复合查询模式。

图 7-32 所示为工业互联网标识解析体系功能图，在参考工业、软件、通信等不同领域研究方法论的基础上，中国信息通信研究院研究提出的工业互联网标识解析体系主要包括业务、功能、实施、技术、管理五类视图。

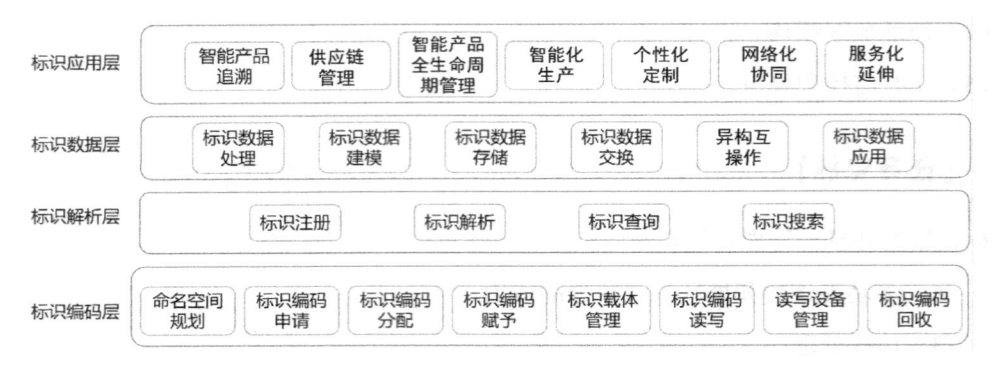

图 7-32　工业互联网标识解析体系功能图

一是业务视图：将标识解析主要参与者分为提供标识识别采集的设备商、提供标识服务的注册机构、提供标识服务的解析机构、提供数据治理的数据运营商、提供数据治理的数据服务商及提供信任管理的认证机构六类主体。

二是功能视图：以系统级业务功能划分为主要原则，定义了识别采集域、标识服务域、数据治理域和信任管理域四域模型。

三是实施视图：按企业侧、基础设施侧、应用侧三个层级开展标识系统建设，采用分层、分级模式构建包括根节点、国家顶级节点、二级节点、递归节点在内的公共服务平台。

四是技术视图：设计了不同功能域所需的支撑性技术、融合性技术、创新性技术，并在此基础上考虑集合功能实现或系统建设所需重点技术的新技术体系。

五是管理视图：给出了政府监管侧、产业服务侧的多种管理模式，并研判其主要管理对象、管理主体和管理依据。

工业互联网标识解析体系的功能视图自下而上分别为标识编码层、标识解析层、标识数据层和标识应用层四层。

标识编码层定义：工业制造中各类对象进行数字化标识的技术手段和相关管理规范，为每个对象赋予一个唯一的身份标识。

标识解析层定义：根据标识编码查询对象的网络位置或相关信息的服务，实现对标识对象进行精准、安全的寻址、定位及查询，包括标识注册、标识解析、标识查询、标识搜索。

标识数据层定义：标识数据的识读、处理，以及和单元（组织、企业、工厂）内部与单元之间的信息传递及交互机制，包括标识数据处理、标识数据建模、标识数据存储、标识数据交换、异构互操作和标识数据应用。

标识应用层定义：标识服务的具体应用场景，包括智能产品追溯、供应链管理、智能产品全生命周期管理、智能化生产、个性化定制、网络化协同和服务化延伸。

工业互联网标识解析体系的整体架构采用分层、分级模式构建，面向各行业、各类工业企业提供标识解析公共服务。标识解析体系的主要元素包括根节点、国家顶级节点、二级节点、企业节点、公共递归节点等，图 7-33 所示为工业互联网标识解析体系整体架构图。

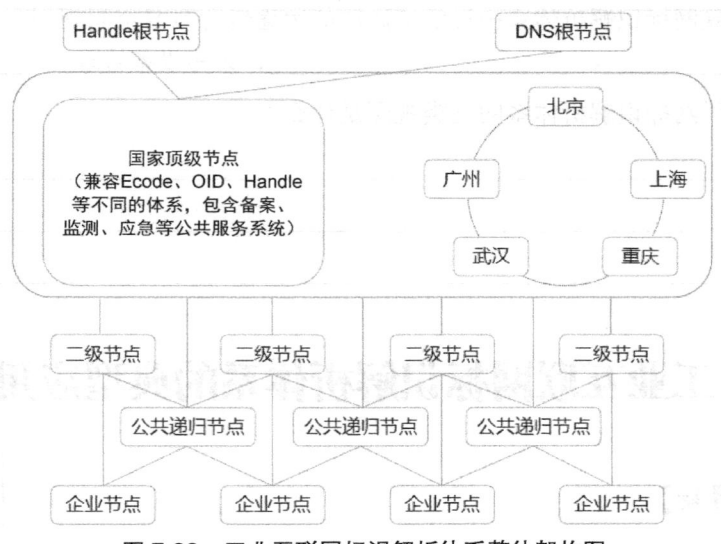

图 7-33 工业互联网标识解析体系整体架构图

根节点：是标识管理体系中最高等级的国际性标识服务节点，提供面向全球范围或若干国家/地区的公共的根级别的标识服务。

国家顶级节点是一个国家或区域内的最高等级的标识服务节点，它可以在全国范围内为用户提供标识注册、标识解析、审核认证、数据存储等服务，同时可以为企业节点提供相应的查询指导功能。国家顶级节点与支持各种标识系统的国际根节点连接，并与全国/区域内的工业（或企业）的二级节点连接，为国家或区域内的行业发展提供了技术保障。

二级节点具有行业灵活性，可以为特定行业平台、通用平台或大型企业平台提供标识服务，二级节点向上连接国家顶级节点，向下分配标识资源，提供标识注册、标识解析、公共查询等多种服务，满足系统对稳定性、安全性和可扩充性的要求，是推进工业互联网标识产业规模发展与应用的重要手段，为企业在行业标识应用中树立标杆，对开创可持续发展的商业模式具有重要意义。

企业节点指面向企业内部的标识服务节点，它能够独立部署，为企业内部提供标识注册、标识分配、标识解析等功能。基于企业的规模，可以自由地定义企业内的标识分析系统的网络形式和内部的标识数据格式。企业节点的标识编码和标识解析服务没有技术方案限制，可以与国家顶级节点进行连接，实现信息共享。

公共递归节点是标识解析体系中的一个重要的输入设施，它取代了用户复杂的查询过程。采用高速缓存技术，将查询结果直接反馈给用户，提高了标识解析体系的整体解析能力。公共递归节点在接收到设备端的标识解析请求后，会在本地缓存进行查询，若没有命中查询结果，则会查询标识解析服务器，按照其返回的应答查询路径进行查询，直至查询到标识对应的地址和关联信息为止，将其返回给用户，并对查询结果进行缓存。

【任务实施】

1. 工业互联网标识解析体系中标识编码层的用途包含命名空间规划、_____、_____、_____、_____、_____、读写设备管理、_____等。
2. 工业互联网标识解析体系的五类视图是什么？

_____

_____

_____

7.3　工业互联网标识解析体系的典型应用场景

【任务目标】

根据企业要求，通过中天互联供应链平台实现企业的产品追溯管理。

【任务准备】

调研华为云工业互联网产业云平台电子制造行业解决方案，了解其平台方案特征。

【知识链接】

纺织业作为我国传统产业，一直以来在国内生产总值 GDP 中占有一席之地，同时在繁荣市场、扩大出口、吸纳就业、增加国民收入及促进城镇化发展等方面发挥着十分重要的作用。2022 年 7 月，中国纺织工业联合会发布的《纺织行业数字化转型三年行动计划（2022—2024 年）》中指出，"以深化新一代信息技术与纺织工业融合发展为主线，以智能制造为主攻方向，以工业互联网创新应用为着力点，加快推动纺织行业数字化转型"；在《现代轻工纺织产业 2022 年行动计划》中也明确指出"深化工业互联网赋能""引导更多企业上平台、用平台，促进产业链对接重构""继续推动中国纺织服装大数据中心建设。推进行业工业互联网平台、工业互联网示范基地、工业互联网重点实验室等平台的建设，推动智能制造、智慧设计、智慧营销创新发展"。

经过十余年的数字化科技发展，通过数字化赋能，行业的数字化、网络化、智能化加速走向纵深。化纤、纺纱、印染、服装、家纺等领域的智能化生产线建设取得明显成效，棉纺梳并联合机、高性能特种编织装备、全自动电脑针织横机等关键单机、装备实现了重大突破。化纤智能示范工厂和智能车间实现了卷绕自动落丝、在线检测、自动包装、智能仓储等全流程自动化生产；棉纺新一代数控技术被广泛应用，新建了多条自动化、数字化纺纱生产线。

色纺行业级工业互联网平台在阿里云的云计算、物联网、大数据、IT基础设施、数据整合等核心技术的支撑下，依托于阿里云supET工业互联网平台，可以实现企业销售、采购、仓储的精益化管理，从资金、订单、技术、服务等方位为供应链上的企业提供精准服务，使供应链上的物品、服务实现规范化、在线化，交易数据透明清晰公开。

工业互联网平台纺织服装行业供应链协同优化解决方案借助互联网、物联网、大数据挖掘与分析等技术手段，打造纺织服装行业全产业链数字化平台。面向客户多样化和动态化的定制需求，平台覆盖了用户需求、产品设计、研发、面辅料采购及溯源、柔性生产制造、仓储物流调度跟踪等关键环节，采用Style 3D、面辅料平台、ERP、MES、WMS等工业软件，配套相应工业互联网系统与设备，汇聚上下游的采购数据、生产数据和销售数据，打通数据链条，实现服装全产业链资源集成，实现产业链各核心环节的数字智能化，提高设计作品的转化率，在实现小批量、多批次生产的同时，适应定制化生产模式，提高整个产业链各环节的协同竞争力。

产品追溯是指在产品从设计、生产规划、制造、运输、服务到回收的整个生命周期过程中，利用标识解析技术记录和查询产品状态、属性、位置等信息的过程，其目的是全过程、全方位掌握产品数据，促进企业内部各系统之间、企业之间、企业和客户之间信息数据的互联互通，实现企业资源优化配置，提高产品质量、生产效率和企业的核心竞争力。

工业互联网标识解析体系是实现产品追溯的核心关键。工业互联网标识解析体系将各阶段的溯源和定位信息存储在各企业的数据库中，形成分布式数据存储模式；通过标识解析体系进行信息查询，有效提高了信息的真实性和权威性。

在传统供应链管理中，企业通过自己的供应链管理系统，面向仓储物流企业或制造企业进行信息传递，交叉环节众多，影响协同效率，无法实现对资源的灵活调度。企业通过唯一标识在标识解析体系平台注册、解析、查询，解决了企业间因信息不对称、物资标识不统一而引起的生产效率低下等问题，促进生产、运输、服务等环节的高效协同，有效实现企业资源优化配置，实现整个企业的制造敏捷性。

WMS智能仓储管理系统的功能如下。以江苏中天互联科技有限公司工业级全供应链产品管理系统为例，该系统包含查询统计模块，包含日志查询、流水报表查询、监控报警、使用率报表等；设备档案管理模块主要面向3PL，包含对计费科目、计费模式、计费统计与明细的管理与查询；在库管理模块，按照物料、批次、库位、托盘等多个维度，以表单、二维图等多种方式查询库存，包含盘点管理、库位调整、养护管理等；出入库管理模块包含出入库单据管理、出入库流水管理、任务管理；业务设置模块包含监控策略、上架策略、分配策略设置等；权限管理模块包含对人员、部门、菜单、权限的配置；基础信息模块包含仓库、物料、库位、出入口、月台管理等基础信息管理。

WMS 智能仓储管理系统具有以下优势：设备集成，实时监控库内各项设备的运行情况，包括 AGV、RGV、堆垛机等设备报警；可追溯性，通过流水等数据追溯原材料、半成品、成品的历史出入库记录；日志完整性，记录系统所有模块的新增、修改、删除操作，并提供查询页面；可配置性高，满足制造业、医药行业、第三方物流等各行业的特殊要求，后期做少量开发即可；数据分离，单据、流水、日志、报警等实时数据与历史数据定时分离，提高实时作业效率并保证数据的完整性。除此之外，还包括报表的自定义 SQL、字段可配置、权限可配置、库位初始化等。

图 7-34 所示为产业链协同平台系统导航图。供应链平台系统使用户成为公司内部人员，员工和管理员根据需要进行登录后才能使用系统。根据员工登录信息自动判别普通员工和管理员，从而动态生成功能菜单，使用户行使自己的权限。为了适应不同人员进行管理，分权管控拥有独特性、创新性，通过扫码让不同人员在同一设备扫码可解析出不同信息，分权掌控设备或产品的数据及信息。通过扫描设备标识码，普通员工只可以查询到设备的基本参数、维保任务、维修记录；管理人员可以查询到设备的基本参数、维保任务、维修记录、数据监控和告警记录。通过扫描产品标识码，普通员工只可以查询到产品的基础信息和物流信息；管理或质检人员可以查询产品的基础信息、物流信息、质检信息和溯源信息。中天互联的"一码多识，分权管控"合理划分了企业工作人员的责任，并保证了信息安全。

图 7-34　产业链协同平台系统导航图

【任务实施】

1. 供应链平台信息管理

用户可以购买 Asun 产业链协同平台，镜像部署到华为云服务器后，直接通过当前服务器的公网 IP 地址进行访问，如 http://122.122.122.122，输入系统默认账号与密码，登录成功之后跳转至供应链平台首页。用户输入正确的账号、密码即可成功登录，反之系统会提示"账号/密码错误"，提醒重新输入账号或密码，登录成功后进入系统主页。图 7-35 所示为供应链平台登录主页。

图 7-35　供应链平台登录主页

2. 供应链平台产品质量追溯管理

图 7-36 所示为供应链平台质检项字典功能页。在供应链平台主页左侧的工具栏中单击进入检测管理模块，可在该模块进行质检项字典、检测项目基础信息、检测方案配置、质检配置和问题类型创建等相关操作。

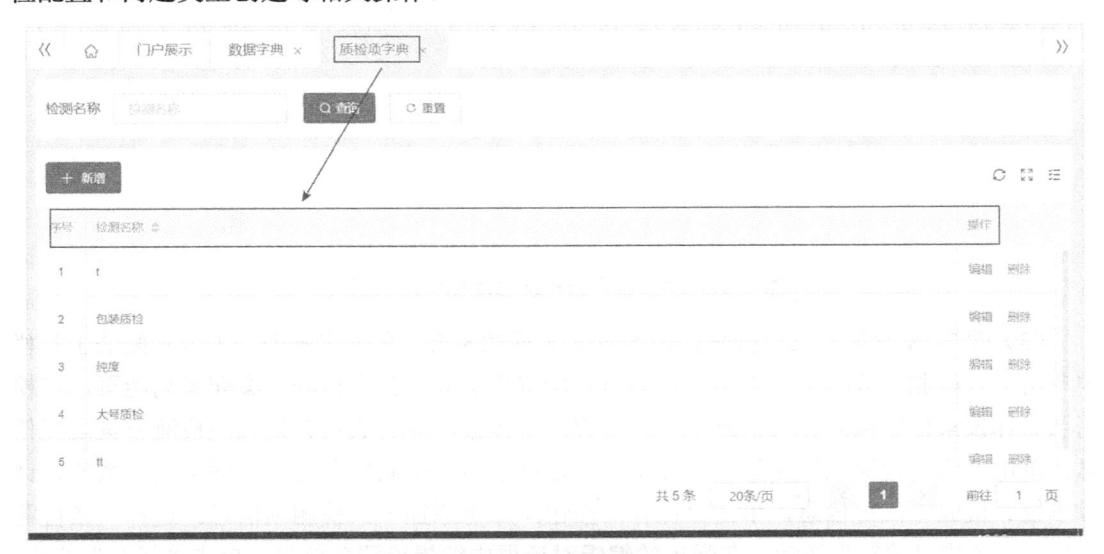

图 7-36　供应链平台质检项字典功能页

（1）在供应链平台主页左侧的工具栏中单击进入检测管理模块，单击"质检项字典"选项，弹出质检项字典功能页。在检测名称搜索框中输入相关信息，单击"查询"按钮，即可查询相关检测信息；单击"新增"按钮，在弹出的新增对话框中填写相关检测信息，单击"保存"按钮，即可成功新增一条检测信息；选择一条检测信息数据，单击"编辑"按钮，在弹出的编辑对话框中填写检测信息，单击"保存"按钮，即可成功编辑检测信息；选择一条检测信息数据，单击"删除"按钮，即可成功删除一条检测信息。

（2）图 7-37 所示为供应链平台检测项基础信息功能页。在供应链平台主页左侧的工具栏中单击进入检测管理模块，单击"检测项基础信息"选项，弹出检测项基础信息功能页。在检测项名称搜索框中输入相关信息，单击"查询"按钮，即可查询相关检测项基础信息；单击"新增"按钮，在弹出的新增对话框中填写相关检测项基础信息，单击"保存"按钮，即可成功新增一条检测项基础信息；选择一条检测项基础信息数据，单击"编辑"按钮，在弹出的编辑对话框中编辑检测项基础信息，单击"保存"按钮，即可成功编辑检测项基础信息；选择一条检测项基础信息数据，单击"删除"按钮，即可成功删除一条检测项基础信息。

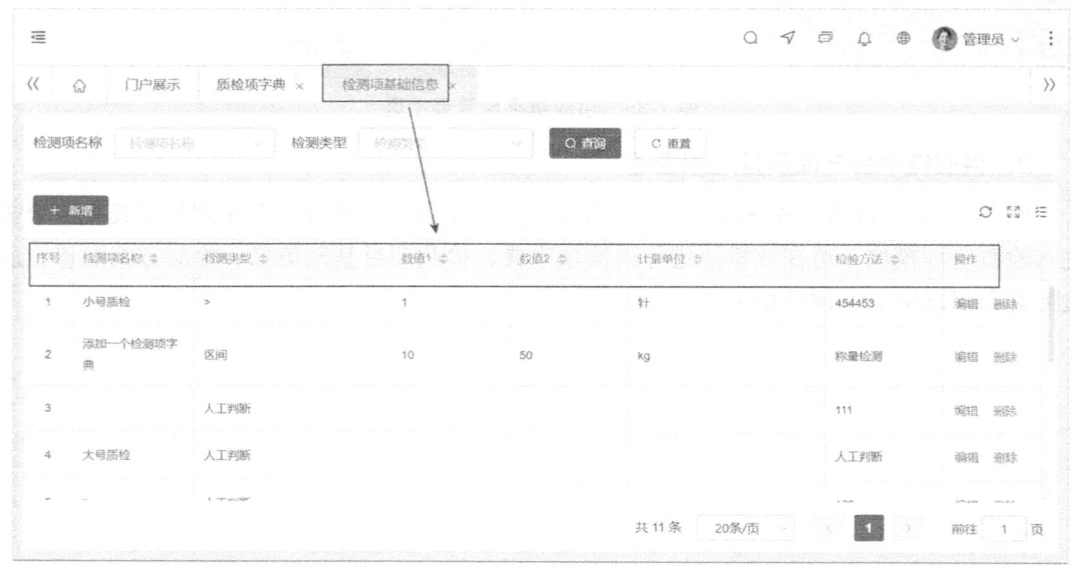

图 7-37　供应链平台检测项基础信息功能页

（3）图 7-38 所示为供应链平台检测方案配置功能页。在供应链平台主页左侧的工具栏中单击进入检测管理模块，单击"检测方案配置"选项，弹出检测方案配置功能页，在检测项名称搜索框中输入相关信息，单击"查询"按钮，即可成功查询相关检测方案配置信息；单击"添加检测项"按钮，在弹出的对话框中填写检测项名称、检测类型、数值、计量单位、检验方法等信息，单击"保存"按钮，即可添加一条检测项信息。选择一条检测项信息，单击"编辑"按钮，在弹出的编辑对话框中编辑检测项信息，单击"保存"按钮，即可编辑检测项信息。选择一条检测项信息，单击"删除"按钮，即可成功删除一条检测项信息。

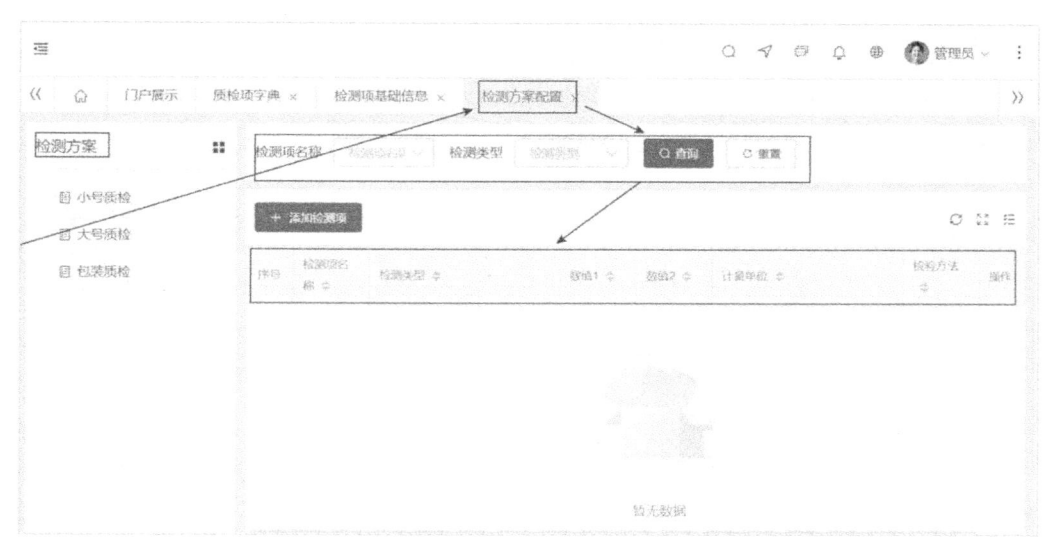

图 7-38　供应链平台检测方案配置功能页

（4）图 7-39 所示为供应链平台质检配置功能页。在供应链平台主页左侧的工具栏中单击进入检测管理模块，单击"质检配置"选项，弹出质检配置功能页。单击"新增"按钮，在弹出的新增对话框中填写质检策略、工艺路线、工序名称、物料名称、质检模板、质检方式、质检阶段等，单击"保存"按钮，即可成功新增一条质检配置信息；同时可以对每一条质检配置信息进行"编辑"或"删除"操作。

图 7-39　供应链平台质检配置功能页

（5）图 7-40 所示为供应链平台问题类型功能页。在供应链平台主页左侧的工具栏中单击进入检测管理模块，单击"问题类型"选项，可进行问题类型编辑，在问题类型功能页中可以设置具体问题描述信息；同时可以对每一条具体问题描述信息进行"编辑"或"删除"操作。

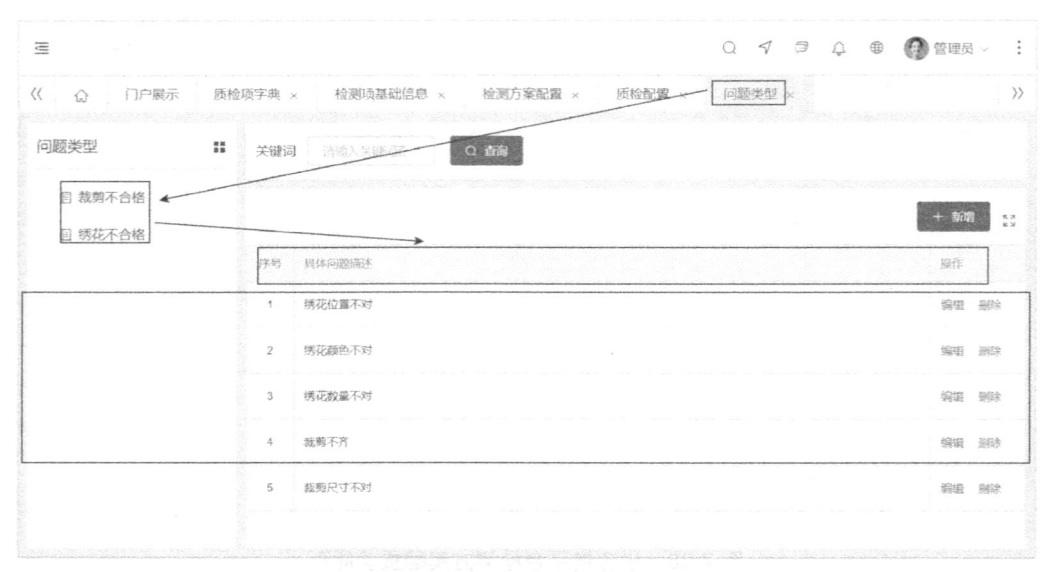

图 7-40 供应链平台问题类型功能页

3. 供应链平台产品质检统计

在供应链平台主页左侧的工具栏中单击进入质检统计模块，可在该模块完成成品质检统计和工序质检统计，方便企业了解和管理生产节点与信息。

（1）图 7-41 所示为供应链平台成品质检统计功能页。在供应链平台主页左侧的工具栏中单击进入质检统计模块，并进入供应链平台成品质检统计功能页，在搜索栏输入相关信息，单击"查询"按钮，可以详细查询到生产过程中涉及的工单号、物料编码、物料名称、产品编号、标识、完成时间、质检状态、质检结果等信息。

图 7-41 供应链平台成品质检统计功能页

（2）图 7-42 所示为供应链平台工序质检统计功能页。在供应链平台主页左侧的工具栏中单击进入质检统计模块，并进入供应链平台工序质检统计功能页，在搜索栏输入相关信息，单击"查询"按钮，可以详细查询到生产过程中涉及的工单号、物料编码、物料名称、产品编号、完成时间、质检状态、质检结果、生产人员、质检人员、工序名称等信息。

图 7-42 供应链平台工序质检统计功能页

〈思考与练习〉

一、填空题

1．工业互联网标识编码就是依托当前的互联网技术理念将工业生产环节所涉及的人、设备、物体的_____和_____对象借助唯一可识别的方式分配唯一确定的身份符号。

2．Ecode 标识编码方案可以参考中国物品编码中心发布的《物联网标识体系—Ecode 标识应用指南》，Ecode 标识编码由三段组成，包括_____、_____及_____。

3．标识载体可以分为_____和_____。

4．近场通信是一种_____距离的_____频无线通信技术。

5．赋码系统包括_____和_____两大功能。

二、选择题

1．GSI 包括（   ）体系。

　　A．编码系统　　　B．载体系统　　　C．数据交换系统　　　D．以上都是

2. Ecode 标识编码具有以下优点（　　）。

  A．可靠性　　　　B．唯一性　　　　C．系统性　　　　D．以上都是

3. （　　）是 GSI 标识编码体系中应用最广泛的标识编码。

  A．DID　　　　　B．Handle　　　　C．CTIN　　　　　D．OID

4. 标识编码的本质是用于（　　）的技术。

  A．网络连接　　　B．识别对象　　　C．数据传输　　　D．以上都不是

5. 标识解析体系是突破工业生产信息孤岛，实现（　　）互联互通的重要基础。

  A．跨产业　　　　B．跨区域　　　　C．跨系统　　　　D．以上都是

三、问答题

1. 常见的主动标识载体有哪些？
2. 简述工业互联网标识解析体系在实现产品追溯中的意义。

项目 8

工业互联网边缘计算

学习目标

1. 了解边缘计算的概念、设备与核心技术。
2. 了解边缘智能的概念和关键技术。
3. 能组建基于英伟达 Jetson Nano 和 Arduino UNO 的分布式厂房内的温度、湿度和空气质量检测系统。
4. 能组建基于英伟达 Jetson Nano 的厂房内的明火检测系统。
5. 能组建基于英特尔 FPGA 的铝片表面缺陷检测系统。

情景故事

某电池生产企业生产部的李经理在公司例会上提出,目前工厂生产电池的原材料之一——铝板可能存在表面容易产生划痕等缺陷,这些缺陷可能会影响生产出来的电池的质量,如果依靠工人肉眼识别,存在疲劳和疏忽的情况。能否基于企业现有条件,选用合适的设备和模块,升级产线,实现对铝板缺陷的自动化检测呢?因为涉及行业机密,数据不能上云,所以需要进行本地处理。

企业安全部的赵经理也在公司例会上反映,目前工厂内工人的上班环境,特别是厂房内的温度、湿度和空气质量未得到控制,无法保证工人一直处于最佳的工作状态,同时,因为是电池生产企业,对于各种明火的检测是保证工人和工厂财产安全的防线,所以应选用合适的设备和模块,做出一套监控系统,实现对厂房内的温度、湿度、空气质量和明火的自动化检测。同时,因为涉及机密,数据不能上云,所以需要进行本地处理。

项目描述

通过边缘计算和边缘智能实现铝板表面缺陷自动化检测,并对厂房内的温度、湿度、空气质量进行自动控制,对明火进行自动监测与报警。

8.1　边缘计算和边缘智能

边缘计算是相较于云计算而言的，传统云计算将海量数据传输至云端，极易造成网络拥塞，尤其是在 5G 条件下，对数据处理的实时性需求越来越大。因此，边缘计算模式应运而生。边缘计算是指在靠近物体或数据源头一侧进行计算、存储和应用的服务模式，即在数据产生源头附近分析、处理数据，避免冗余的数据流转，进而减少网络流量和响应时间。

基于边缘计算这一新型计算模式，边缘智能在更加靠近用户和数据源头的网络边缘侧训练和部署深度学习模型，从而改善应用的性能、成本和隐私性。受限于边缘计算平台的算力，边缘智能相较于可运行于云端的人工智能模型，其模型规格、参数等存在剪裁和阉割风险，当然随着边缘计算设备性能的不断提升，拥有更高算力的设备不断被推出，我们有理由相信最终边缘智能模型在处理能力上会与云智能模型相当。本节主要介绍边缘计算的概念和核心技术、边缘计算设备、边缘智能的概念和关键技术。

8.1.1　边缘计算的概念和核心技术

【任务目标】

了解边缘计算的概念和核心技术。

【任务准备】

1. 通过网络社区 CSDN 查阅边缘计算的相关资料，了解边缘计算的概念和核心技术。
2. 调研现有案例，了解各类企业对边缘计算的需求及应用现状，以及相关技术人员的需求。

【知识链接】

边缘计算是一种计算模式：在该计算模式下，服务与计算资源被放置在靠近终端用户的网络边缘设备中。与传统的云计算数据中心相比，边缘计算是直接为用户提供服务的计算实体（如移动通信基站、WLAN 网络、家用网关等），距离用户很近。

边缘计算将处理、分析能力下沉至更靠近数据源的网络边缘节点，而非完全依靠云服务，这样可以弥补云计算在计算实时性、数据隐私安全等方面的缺陷，其优势如下。

（1）在网络可访问性和延迟方面，将设备放置在网络连接条件差的恶劣环境下，可以降低数据上传到云端的成本。

（2）在带宽成本方面，支持数据本地处理，对大流量业务的本地卸载可以减轻回传压力,有效降低成本。

(3)在安全性方面,数据仅在数据产生端和边缘设备之间交换,无须全部上传至云端,降低了数据泄露风险,进而保护了数据安全和用户隐私。

边缘计算的研究趋势和最新进展主要集中在物联网+边缘计算、5G+边缘计算、虚拟化技术、计算卸载、资源分配、支持边缘计算的低功耗物联网系统、边缘计算与人工智能算法等部分,其核心技术主要研究以下问题。

(1)系统架构。

系统架构是边缘计算系统的核心问题,主要研究计算卸载、服务管理、资源分配、网络部署等问题。当前研究较多的边缘系统包含云端架构、边端架构及泛在边缘架构(如Device to Device 网络)。针对各类不同的架构,边缘计算中的各种关键技术及优化策略需要根据其架构特点及面向的场景来设计调整。

(2)模型与优化设计。

在明确了应用场景和系统架构之后,更重要的工作是将边缘系统落地。除了物理基础设施的部署,边缘计算的完整周期还涉及对重要的模型、策略和方法的优化设计,包括网络的软硬件部署、边缘服务接入、计算卸载、任务分配、云边协同、资源管理服务编排、服务缓存等。

(3)支撑技术与开源工具。

为了在真实环境中实现上述边缘计算的设计与优化思想,需要在系统层面配置一系列支持技术与系统工具,包括操作系统、编程模型、通信技术、虚拟化技术和集群控制。

(4)产品应用。

边缘计算已经在多个领域展示出其不可替代的作用,如自动驾驶车联网、远程医疗、VR/AR、透明计算等。这些应用的总体特点是将计算变得无处不在,前端设备资源或多或少都可以随时随地完成复杂的计算任务,这与"透明计算"的思想不谋而合。

【任务实施】

1. 边缘计算的优势有哪些?

_____
_____
_____
_____

2. 边缘计算的核心技术是什么?

_____
_____
_____

8.1.2　边缘计算设备

【任务目标】

了解常见的边缘计算设备。

【任务准备】

利用互联网输入关键词"边缘计算设备",对搜索结果进行列表汇总,列表内容包括设备型号、生产厂家、技术参数(包括系统名称、内存容量、存储空间、算力水平和外接设备能力等)和可应用场景,至少查询三款不同的边缘计算设备或开发板。

【知识链接】

边缘计算设备是完成边缘计算的硬件载体,一般包括板载 CPU、算力单元、模型加速器和存储单元,目前常见的边缘计算平台包括英伟达的 Jetson 系列、英特尔的 FPGA 系列、树莓派系列和嘉楠耘智的 K210,各系列设备的简介、性能和优点如下。

1. 英伟达的 Jetson 系列

AI 正在通过各种方式实现竞争优势,英伟达 Jetson 是世界领先的边缘计算平台,适用于自主机器和其他嵌入式应用程序。该平台包括 Jetson 模组(外形小巧的高性能计算机)、用于加速软件的英伟达 JetPack SDK,以及包含传感器、SDK、服务和产品的生态系统,从而加快开发速度。

每个英伟达 Jetson 都是一个完整的系统模组(SOM),其中包括 GPU、CPU、内存、电源管理和高速接口等。Jetson 提供了软件、硬件设计服务,以及涵盖从载板到完整系统的现成兼容产品,因此可以借助 AI 嵌入式边缘设备更快地打入市场。

(1) Jetson AGX Orin 系列。

Jetson AGX Xavier 系列模组提供高达 32 TOPS 的 AI 性能,并且英伟达整套丰富的 AI 工具和工作流程可帮助开发者快速训练和部署神经网络。与英伟达 Jetson Xavier NX 相比,它能够提供高达 5 倍的性能和两倍的 CUDA 核心数,以及多个传感器的高速接口支持。

(2) Jetson AGX Xavier 系列。

Jetson AGX Xavier 是率先推出的专为自主机器打造的计算机,其外形紧凑、节能高效的模组可为整个 AI 软件架构流程提供硬件加速及高速 I/O 性能,因此用户可以将新的 AI 应用程序应用到边缘端。

（3）Jetson Xavier NX 系列。

外形小巧的 Jetson Xavier NX 模组将高达 21 TOPS 的加速 AI 计算带到边缘端。它能并行运行多个现代神经网络，处理来自多个高分辨率传感器的数据，满足完整 AI 系统的需求。Jetson Xavier NX 是一款支持量产的产品，支持所有热门 AI 框架。

（4）Jetson TX2 系列。

扩展的 Jetson TX2 系列嵌入式模组提供高达 2.5 倍的 Jetson Nano 性能，同时，其功耗低至 7.5 W。Jetson TX2 NX 与 Jetson Nano 的引脚和外形规格相兼容，Jetson TX2、TX2 4GB 和 TX2i 均与最初的 Jetson TX2 的外形和规格相同。

（5）Jetson Nano 系列。

Jetson Nano 模组是一款小巧的 AI 计算机，具备超高的性能和功耗，可以运行现代 AI 工作负载，并行运行多个神经网络，可同时处理来自多个高分辨率传感器的数据。这使其成为在嵌入式产品中增添先进 AI 思想的入门级选择。

2. 英特尔的 FPGA 系列

英特尔 Cyclone V SoC FPGA 工业缺陷检测实训套件是以工业互联网铝片表面缺陷检测应用为背景，面向高校人工智能、FPGA 等技术的实训产品，其贴合真实应用场景，通过加入专业的工业相机、光源、传输履带、机械臂形成一套完整的智能检测应用系统，实现基于 FPGA 的数据推理、机械臂自动分拣和检测数据可视化展示等功能。该系列产品利用 SSD 深度学习算法和铝片表面缺陷数据集实现，并使用英特尔 Cyclone V SoC FPGA 来运行模型，可检测铝表面划痕、针孔、褶皱、脏污 4 种缺陷类型，用户可二次开发增加缺陷种类。同时，结合教学内容、实际产业与岗位需求，该实训套件提供丰富的实验课程及配套资源，可使学生快速掌握相关技能知识，加强对行业需求的理解和认知。

3. 树莓派系列

树莓派（英文名称为 Raspberry Pi）是由树莓派基金会研发的，是一种基于 ARM 处理器运行 Linux 系统，且只有信用卡大小的单板机计算机，其最初的设计目标是用较为廉价的硬件和开源软件为儿童提供一个计算机教育平台，但其优秀的扩展性和易于开发的特性，使其不仅可用于儿童教育，还能替代日常桌面计算机的多种用途，包括文字处理、电子表格和介质中心，甚至广泛应用于人工智能领域。

树莓派发展至今已经发布了 4 代产品，每一代产品主要分为 A 型、B 型，同时有增强版 A+型、B+型，其中，B 型是最常用的型号，而 A 型、B 型也只在尺寸和接口上有所不同，其 SoC 基本是一致的。2012 年发布了第一代 Raspberry Pi Model B，其内存只有 512 MB，GPIO 只有 26 Pin。2014 年发布了 Raspberry Pi Model B+。2015 年发布了 Raspberry Pi 2 Model B，此时其内存达到了 1 GB，GPIO 有 40 Pin。2016 年发布了 Raspberry Pi Model 3 B。2018 年发布了 Raspberry Pi Model 3 B+。随着新一代树莓派的不断出现，树莓派的处理器的性能不断增强，接口不断丰富。最新款 Raspberry Pi Model 4 B 发布于 2019 年 6 月，其内存最高可达 8 GB，有 40 个 GPIO 口，相比于 Raspberry Pi

Model 3 B+，Raspberry Pi Model 4 B 的处理器性能提升了 3 倍以上，接口更加丰富。

由于树莓派具有体积微小、处理器性能强、接口丰富等特点，因此可以完成更复杂的任务管理与调度，能够支持更上层应用的开发，为开发者提供了更广阔的应用空间。除此之外，树莓派是一种常见的边缘计算嵌入式设备，拥有完整的操作系统、CPU、算力单元和存储单元，能部署 PyTorch 等深度学习框架，运行深度学习模型，因此广泛应用于人工智能领域。

4．嘉楠耘智的 K210

K210 是嘉楠（Canaan）科技的一款集成机器视觉与机器听觉能力的边缘侧 AI 芯片，内置卷积神经网络加速器 KPU，其算力有 0.8 TOPS［TOPS 是 Tera Operations Per Second 的缩写，1 TOPS 代表处理器每秒钟可进行一万亿（10^{12}）次操作］。K210 的其他参数如下。

- 双核 64-bit RISC-V RV64IMAFDC（RV64GC）CPU/400 MHz（可超频到 600 MHz）。
- 双精度 FPU。
- 8MiB 64bit 片上 SRAM（6MiB 通用 SRAM+2MiB 的 AI 专用 SRAM）。
- 神经网络处理器（KPU）/0.8TFLOPS。
- 音频处理器（APU）。
- 可编程 IO 阵列（FPIOA）。
- 双硬件 512 点 16 位复数 FFT。
- 支持 SPI、I2C、UART、I2S、RTC、PWM、定时器。
- AES、SHA256 加速器。
- 直接内存存取控制器（DMAC）。

MicroPython 是基于 Python3 语法做的一款解析器，包含了 Python3 的大多数基础语法，主要运行在性能和内存有限的嵌入式芯片上。在 MaixPy IDE 上，可以利用 MircoPython 对 K210 进行编程。K210 基于强大的算力和丰富的配件可以实现物体检测、人脸识别、声音定位、无线通信等功能，是一款出色的边缘计算设备。

【任务实施】

常见的边缘计算平台有哪些，它们各自的优势是什么？

8.1.3 边缘智能的概念和关键技术

【任务目标】

了解边缘智能的概念和关键技术。

【任务准备】

调研高校等科研机构对边缘智能的前沿研究热点的探索进展和未来的发展方向。

【知识链接】

边缘智能指的是远离核心网，靠近用户侧网络边缘的各种终端设备所具备的智能的集合。在边缘智能的场景中，人工智能通常以深度学习模型的形式体现。终端设备通过将深度学习模型的推理或训练任务卸载到邻近的边缘计算节点，来完成终端设备的本地计算与边缘服务器强计算能力的协同互补，进而降低移动设备自身资源消耗、任务推理的时延或模型训练的能耗，以保证良好的用户体验。本质上，边缘智能的前提是安全，核心是智能，关键是优化。针对边缘智能面临的挑战和研究方向，边缘智能的关键技术如下。

1. 安全与智能

在模型训练中，多个节点与中央服务器交换模型参数，但不交换本地原始训练数据，这样不仅大大降低了数据隐私泄露的风险，更增强了数据及整个体系的安全性。

2. 云—边—端协同

云-边-端协同中的云、边和端分别指云计算、边缘计算和终端设备，云-边-端协同是指云计算、边缘计算和终端设备三者紧密配合、分工协作，共同完成工业互联网中的数据存储、计算分析和控制任务等功能。云计算主要实现对大型智能模型的训练，边缘计算则用于部署已训练好的智能模型，实现对终端设备数据的收集和本地化智能处理，进而面向终端设备发出控制指令。总体而言，云计算提供了大数据分析能力，通过将云计算训练好的模型部署在边缘设备上，最终完成对数据的本地化分析处理。

3. 模型压缩

为了将人工智能模型部署在边缘设备上，可以采用模型压缩的方式对深度神经网络模型进行定制化改造。这种改造可以分为两种方法。一种是模型划分，即将人工智能模型划分为面向强算力和弱算力的两部分，将计算量大的计算任务卸载到边缘端服务器进行计算，而将计算量小的任务保留在终端设备本地，实现边缘服务器和终端设备的推断与协同训练，以有效降低深度学习模型的推断与训练时延。另一种是以稀疏化为代表的模型压缩方法，具体方案是在不影响准确度的前提下，采用降维（低秩）、随机稀疏模式、子抽样、概率量化等方案中的一种或多种。

【任务实施】

边缘智能的概念是什么？与云智能相比，其优缺点各是什么？

_____
_____
_____

8.2　边缘计算的典型应用场景

8.2.1　工业厂房内的温度、湿度和空气质量检测

【任务目标】

根据企业需要，组建基于英伟达 Jetson Nano 和 Arduino UNO 的分布式厂房内的温度、湿度和空气质量检测系统。

【任务准备】

硬件与软件需求如表 8-1 所示。

表 8-1　硬件与软件需求

名　　称	数　　量	订 货 号
英伟达 Jetson Nano 开发板	1	2 GB 版
Arduino 开发板	2	UNO R3 版
Zigbee 无线通信	3	DL-20
TF 数据存储卡	1	32 GB
气体传感器 1	2	MQ-2
气体传感器 2	2	MQ-4
温湿度传感器	2	DHT11
AD 模块	2	PCF8591
键盘	1	USB 有线
鼠标	1	USB 有线
显示屏	1	HDMI 接口
无线 USB 网卡	1	Ubuntu 18.04
蜂鸣器	1	有源
操作系统	—	Ubuntu 18.04
VScode	—	Python3.6
杜邦线	若干	—

【知识链接】

1. 嵌入式设备 Jetson Nano

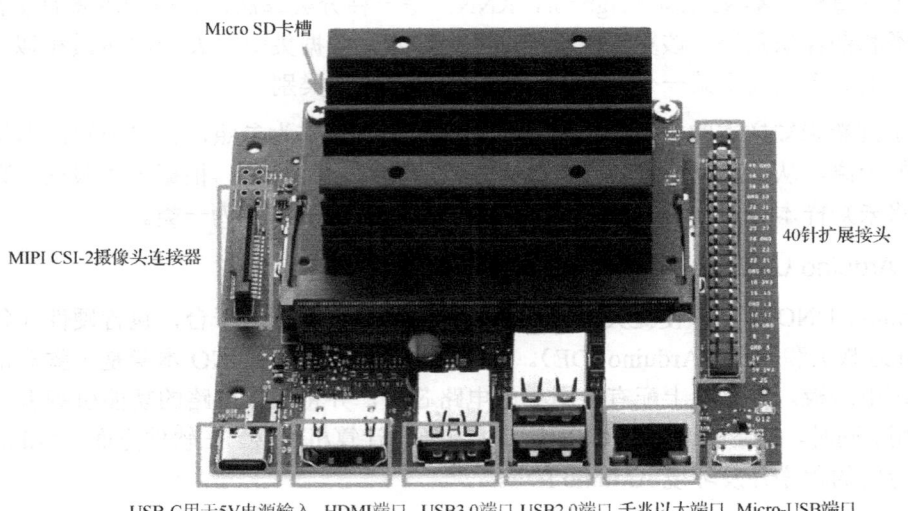

Jetson Nano 2GB 版本在硬件上搭载四核 Cortex-A57 处理器、128 核 Maxwell GPU、2GB LPDDR 内存，在软件上基于 Ubuntu 18.04 的 Jetson Nano 提供了完整的 Linux 桌面环境，可以运行各种各样的高级网络，包括流行的 ML 框架的完整原生版本，如 TensorFlow、PyTorch、Caffe / Caffe2、Keras 和 MXNet 等，可实现图像识别、对象检测和定位、姿势估计、语义分割、视频增强和智能分析等功能，这些网络可用于构建自动机器和复杂 AI 系统。

1）设备接口功能及位置

Jetson Nano 2GB 具有丰富的接口，便于交互式使用。Jetson Nano 接口类型如表 8-2 所示，Jetson Nano 接口功能及位置图如图 8-1 所示，Jetson Nano 引脚图如图 8-2 所示。

表 8-2 Jetson Nano 接口类型

接　　口	功　　能
USB	2 个 USB 2.0 Type A 端口，仅支持 USB 2.0 信号，提供 1A 输出电流；1 个 USB 3.0 Type A 端口，支持 USB 2.0、USB 3.0 信号，提供 1A 输出电流；1 个 USB 2.0 Micro-B 端口，1 个 USB-C 接口，可用于 5V 电源输入
HDMI	1 个 HDMI 接口
网口	1 个千兆以太网
I/O 口	3 个 UART、2 个 SPI、2 个 I2S、4 个 I2C、GPIO
相机接口	1 个 MIPI 接口
SD/EMMC	Micro SD 卡
SIM 接口	1 个 Micro SIM 端口
风扇	1 个 FAN 风扇接口
外形尺寸	100mm×80mm×29mm

图 8-1 Jetson Nano 接口功能及位置图

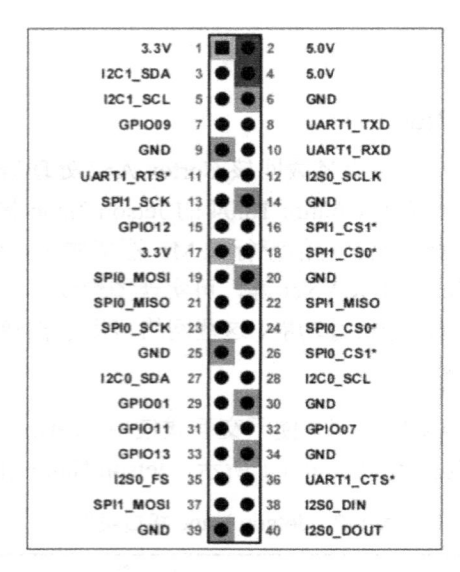

图 8-2　Jetson Nano 引脚图

2）Ubuntu 操作系统概述

Ubuntu 是一个以桌面应用为主的 Linux 操作系统，其名称来自非洲南部祖鲁语或豪萨语的"ubuntu"一词，意为"我的存在是因为大家的存在"，是非洲一种传统的价值观。Ubuntu 基于 Debian 发行版和 Gnome 桌面环境，而从 11.04 版起，Ubuntu 发行版放弃了 Gnome 桌面环境，改为 Unity。从前，人们认为 Linux 难以安装、难以使用，在 Ubuntu 出现后，这些都成为历史。Ubuntu 也拥有庞大的社区力量，用户可以方便地从社区获得帮助。自 Ubuntu 18.04 LTS 起，Ubuntu 发行版又重新开始使用 Gnome3 桌面环境。

3）K-Nearest Neighbor 算法简介

最近邻算法（K-Nearest Neighbor，KNN）是一种分类算法，其应用场景有字符识别、文本分类和图像识别等。该算法的思想：一个样本与数据集中的 K 个样本最相似，若这 K 个样本中的大多数属于某一个类别，则该样本也属于该类别。

为了判断未知样本的类别，以所有已知类别的样本作为参照，计算未知样本与所有已知样本的距离，从中选取与未知样本距离最近的 K 个已知样本，根据少数服从多数的投票法则，将未知样本与 K 个最邻近样本中所属类别占比较多的归为一类。

2. Arduino UNO

Arduino UNO 是一款便捷灵活、方便上手的开源电子原型平台，包含硬件（各种型号的 Arduino 板）和软件（Arduino IDE）。在硬件方面，Arduino UNO 本身是一款非常容易使用的印刷电路板。电路板上配有专用集成电路芯片，并将集成电路的功能引脚引出，方便外接使用。同时，电路板设计有 USB 接口，方便与计算机连接。在软件方面，Arduino UNO 提供了专门的程序开发环境 Arduino IDE。

Arduino UNO 微控制器采用的是 Atmel 的 ATmega328，包含 14 个数字引脚、6 个模拟输入、电源插孔、USB 连接和 ICSP 插头。引脚的复用功能提供了更多的不同选项，如驱动电机、LED、读取传感器等（复用指的是同一个引脚可以拥有多种功能，如引脚 5，它不仅可以当作数字引脚来使用，也可以用于 PWM，还是定时器端口）。

1）设备接口功能及位置

Arduino UNO 外接接口功能如表 8-3 所示，Arduino UNO 外接接口位置图如图 8-3 所示，Arduino UNO 引脚图如图 8-4 所示。

表 8-3 Arduino UNO 外接接口功能

接　　口	功　　能
电源接口	1 个；为 Arduino UNO 供电
USB	1 个 USB JACK TYPE B 端口；用于供电及代码载入

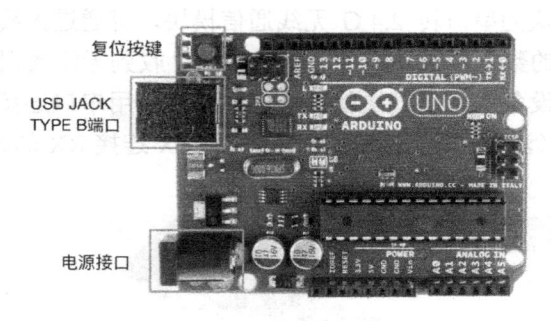

图 8-3 Arduino UNO 外接接口位置图

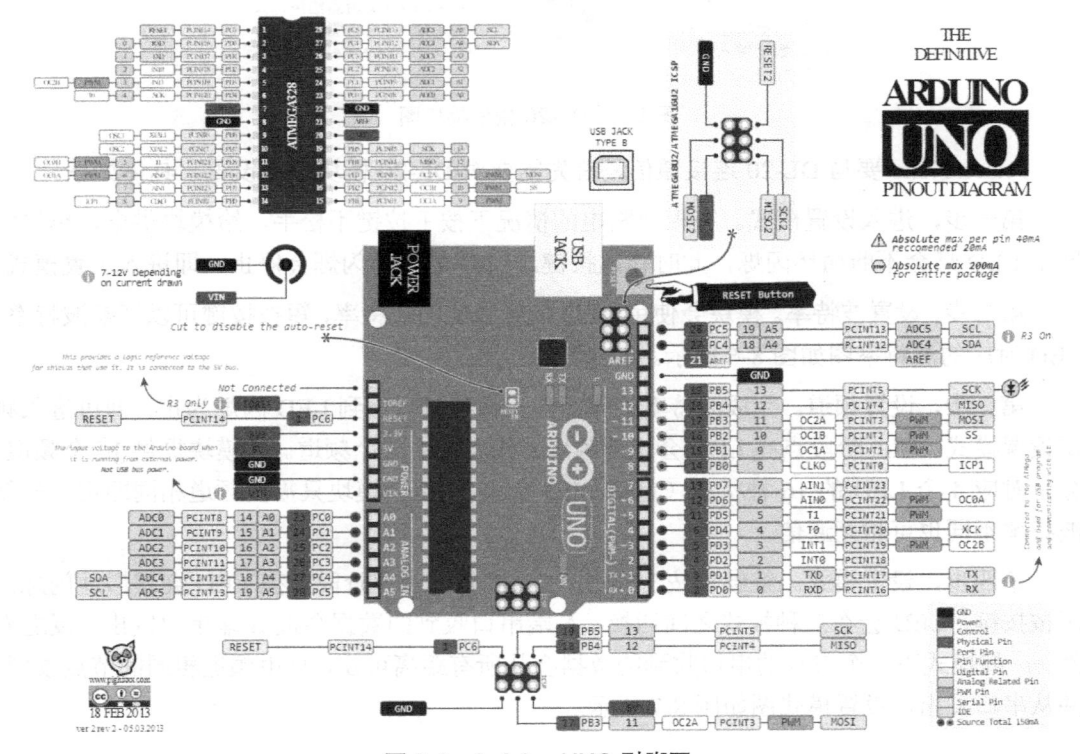

图 8-4 Arduino UNO 引脚图

2）Arduino IDE 操作系统

Arduino IDE 是一款专业的 Arduino 开发工具，主要用于 Arduino 程序的编写和开发，拥有开放源代码的电路设计图，支持 ISP 在线烧录，同时支持 Flash、Max/Msp、VVVV、PD、C 和 Processing 等多种程序。

3．编程软件

英伟达 Jetson Nano 的编程软件为 VScode，编程语言是 Python；Arduino 的编程软件为 Arduino IDE，使用 C/C++编写程序。

4．无线通信模块

DL-20 无线通信模块为串口转 2.4 G 无线通信模块，可通过无线将两个或多个串口连接起来。串口发出模块的数据会被模块使用无线发出，收到无线数据的模块会将这个数据使用串口发出，在两个设备上使用模块就像将这两个设备用串口连接起来一样，DL-20 模块接口图如图 8-5 所示（注意：无线通信串口都是用 TX 连接 RX 的）。

图 8-5 DL-20 模块接口图

Jetson Nano 要与 DL-20 连接通信，首先需要对 DL-20 模块进行设置，具体如下。

第一步，进入设置模式。在模块断电的情况下按下按键不松手，给模块供电，模块的四个 LED 灯会不断循环闪烁，此时释放按键，LED 的循环闪烁会停止，即进入设置模式。

第二步，设置波特率。模块会使用 LED 指示当前的波特率，短按按键可以切换波特率。LED 对应的波特率图如图 8-6 所示。

第三步，设置频道。完成波特率设置后，长按按键，直到 LED 闪烁为止，即可进入频道设置模式。在此阶段点亮 LED 会快速闪烁，代表选中一个频道。本模块提供 16 个频道，分别对应 4 个 LED 的 16 种状态（包括 LED 全灭），两个模块只需要频道相同即可，即使波特率不同也可相互通信。

第四步，设置模式。继续长按 LED 进入该模式，在此阶段点亮 LED 会缓慢地闪烁。短按按键，LED 会在三种模式之间切换，A 端串口收到的数据会被 B 端串口发出，反之亦然。广播模式下一个节点的串口收到的数据会从所有距离可及，且由频道相同的节点收到，并从串口发出，设置模式图如图 8-7 所示。

项目 8　工业互联网边缘计算

```
■2400    ■4800           ■点对点A端
■9600    ■14400          ■点对点B端
■19200   ■38400          ■广播模式
■57600   ■115200
```

图 8-6　LED 对应的波特率图　　　　图 8-7　设置模式图

第五步，长按按键，直到 LED 循环闪烁为止，释放按键后，所有 LED 亮两秒钟，之后进入正常工作模式，刚配置的内容即可保存并生效。

【任务实施】

1. Jetson Nano 设备配置

1）通过 TF 卡进行映像设置

开发人员套件使用 TF 卡作为引导设备和主存储。对于该项目，拥有一张足够快且足够大的 TF 卡很重要（最低容量要求是 32GB）。而且需要在英伟达官网下载 Jetson Nano 2GB 开发人员套件 TF 卡映像，并记下它在计算机上的保存位置。根据使用的计算机类型（Windows）将映像写入 TF 卡。Jetson Nano 2GB 开发人员套件 TF 卡映像下载地址为：https://developer.nvidia.com/embedded/learn/get-started-jetson-nano-2gb-devkit#write。

使用 SD Association 的 SD Memory Card Formatter 格式化 TF 卡，SD Card Formatter 界面如图 8-8 所示。

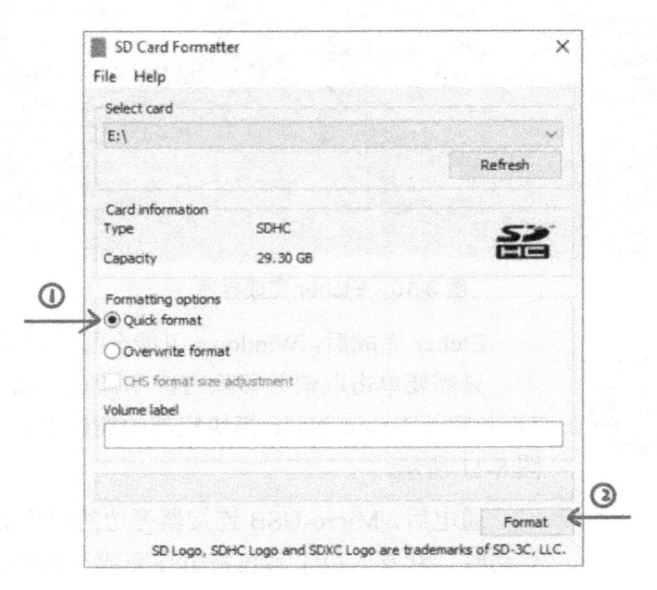

图 8-8　SD Card Formatter 界面

使用 Etcher 将 Jetson Nano Developer Kit SD 卡映像写入 TF 卡。Etcher 界面如图 8-9 所示。单击"Flash from file"按钮并选择之前下载的压缩图像文件。

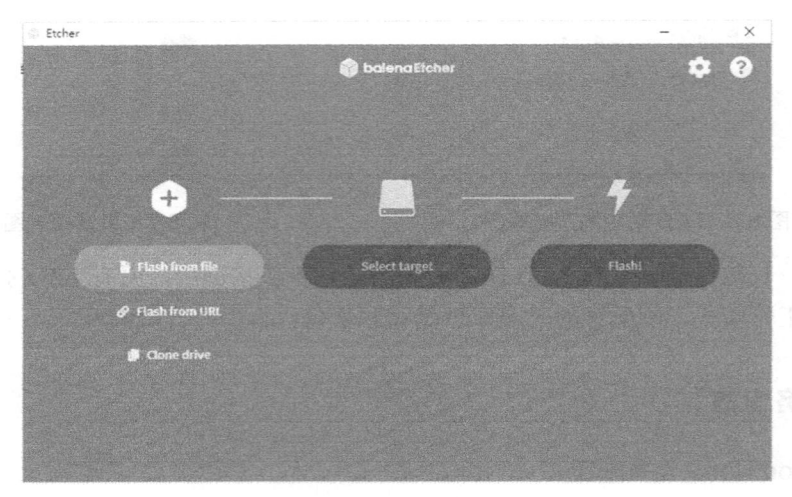

图 8-9 Etcher 界面

单击"Select target"按钮并选择正确的设备。单击"Flash!"按钮，Etcher 完成界面如图 8-10 所示。若 TF 卡通过 USB 3.0 连接，则 Etcher 大约需要 10min 来写入和验证图像。

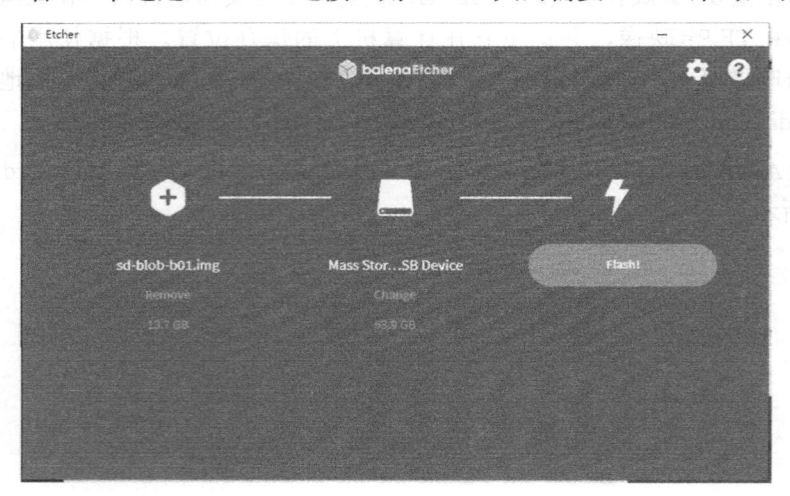

图 8-10 Etcher 完成界面

Etcher 完成后，Windows 可能会显示它不知道如何读取 TF 卡，只需要单击取消并移除 TF 卡即可。将已写入系统映像的 TF 卡插入 Jetson Nano 模块底部的插槽中，卡槽位置示意图如图 8-11 所示。

图 8-11 卡槽位置示意图

通电后，Micro-USB 连接器旁边的绿色 LED 将亮起。首次启动时，开发人员工具包将引导完成一些初始设置，包括查看并接受英伟达 Jetson 软件 EULA；选择系统语言、键盘布局和时区；创建用户名、密码和计算机名；可选择配置无线网络；选择 App 分区大小；建议使用建议的最大尺寸；创建交换文件

（建议创建交换文件）。登录后，便可以看到 Jetson Nano 界面，如图 8-12 所示。

图 8-12　Jetson Nano 界面

2）更换国内镜像源

源是 Linux 系统中的一个文件，可以说源是 Linux 的灵魂，一个 Linux 配置的源文件决定了 Linux 系统可以获取哪些资源和文件，源文件损坏意味着 Linux 系统无法下载或更新等。

除了部分国内的 Linux 系统（Deepin/麒麟），国外的系统（如 Ubuntu/Kali/Parrot）默认集成的源是国外的，但因为使用国外源时下载/更新速度十分缓慢，可能会导致下载报错、中途停止等情况发生，所以国内的下载源十分重要。

打开终端，输入指令，打开源文件的位置：sudo gedit /etc/apt/sources.list，输入开机设置的密码即可打开源文件。将其替换为华为云的镜像源，换源步骤如图 8-13 所示。

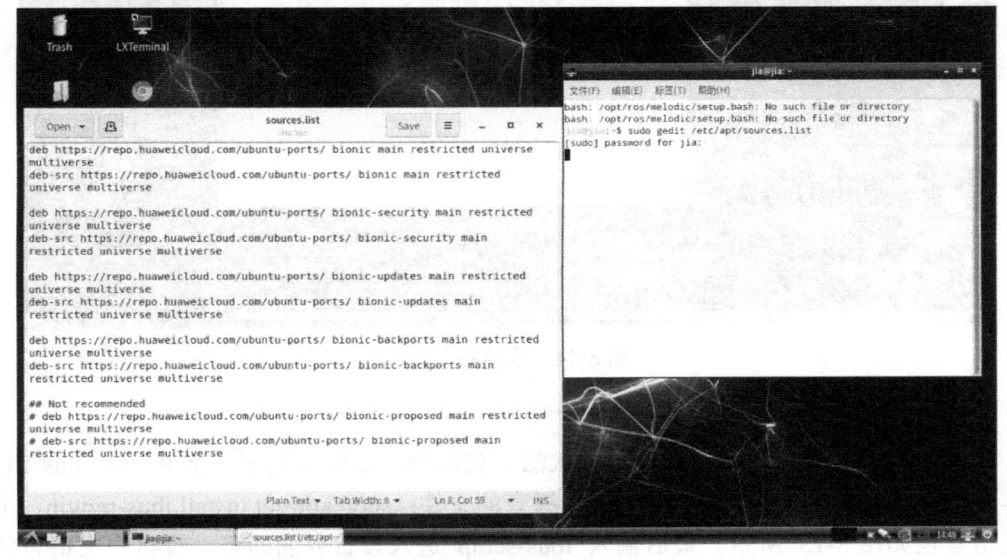

图 8-13　换源步骤

华为云的镜像源：

```
deb https://repo.huaweicloud.com/ubuntu-ports/ bionic main restricted universe multiverse
deb-src https://repo.huaweicloud.com/ubuntu-ports/ bionic main restricted universe multiverse
deb https://repo.huaweicloud.com/ubuntu-ports/ bionic-security main restricted universe multiverse
deb-src https://repo.huaweicloud.com/ubuntu-ports/ bionic-security main restricted universe multiverse
deb https://repo.huaweicloud.com/ubuntu-ports/ bionic-updates main restricted universe multiverse
deb-src https://repo.huaweicloud.com/ubuntu-ports/ bionic-updates main restricted universe multiverse
deb https://repo.huaweicloud.com/ubuntu-ports/ bionic-backports main restricted universe multiverse
deb-src https://repo.huaweicloud.com/ubuntu-ports/ bionic-backports main restricted universe multiverse
```

在换完镜像源后，输入 sudo apt-get update 进行更新，换源完成显示如图 8-14 所示（注意：需要在联网状态下进行操作）。

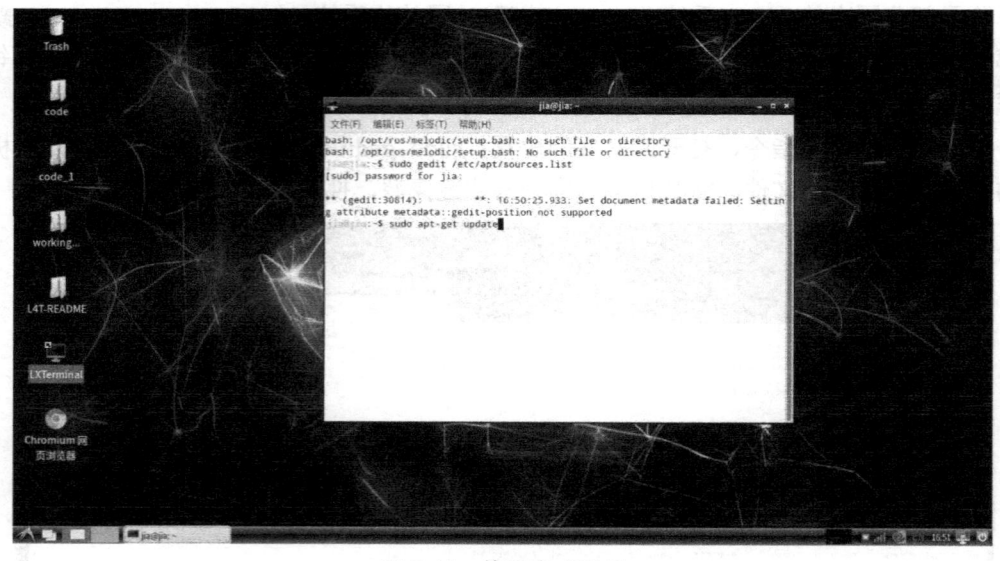

图 8-14 换源完成显示

3）更换中文输入法

首先打开终端，在其中输入 ibus 输入法下载指令：sudo apt-get install ibus ibus-clutter ibus-gtk ibus-qt4 ibus-gtk3。然后安装一个拼音的文件：sudo apt-get install ibus-pinyin，下载中文语言包如图 8-15 所示。最后输入 ibus-setup 进入设置界面即可，设置中文语言包如图 8-16 所示。

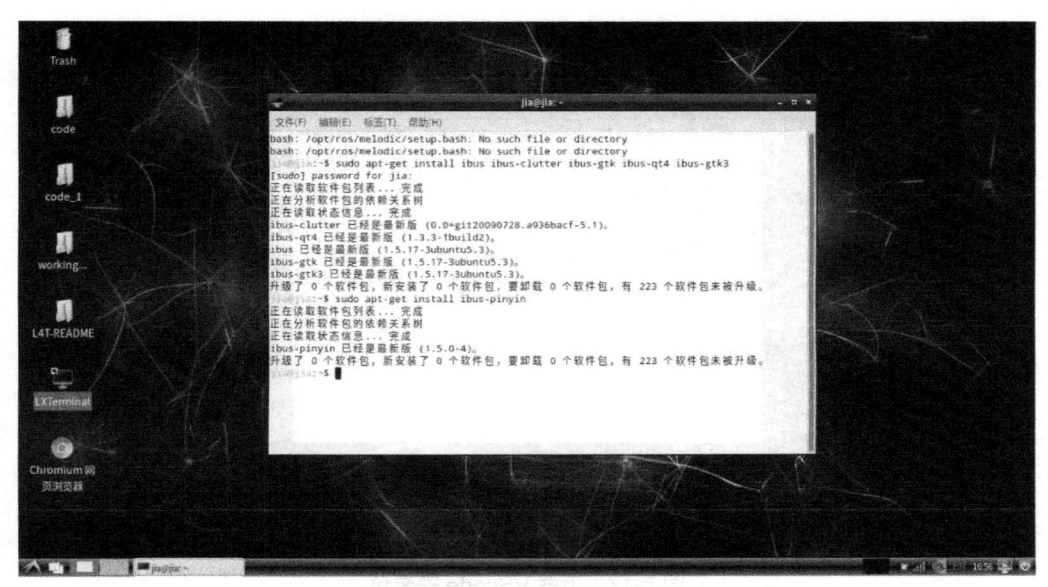

图 8-15 下载中文语言包

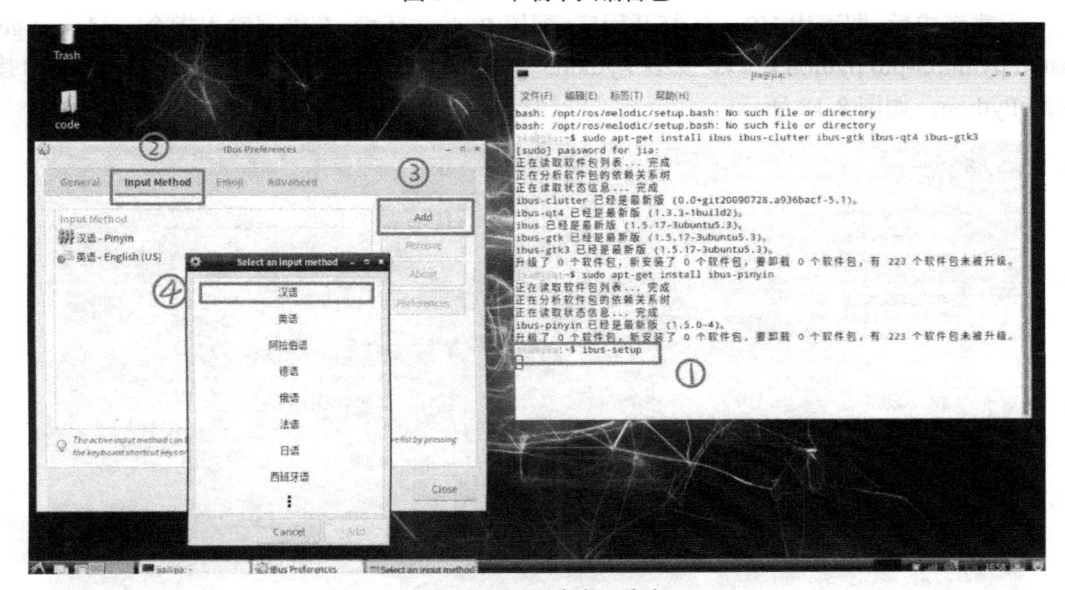

图 8-16 设置中文语言包

2. 安装 VScode 和配置 Python 环境

打开终端，输入以下命令，下载 VScode 安装包，如图 8-17 所示。

```
sudo apt-get install curl
curl -L
https://github.com/toolboc/vscode/releases/download/1.32.3/code-oss_1.32.3-a
rm64.deb -o code-oss_1.32.3-arm64.deb
sudo dpkg -i code-oss_1.32.3-arm64.deb
```

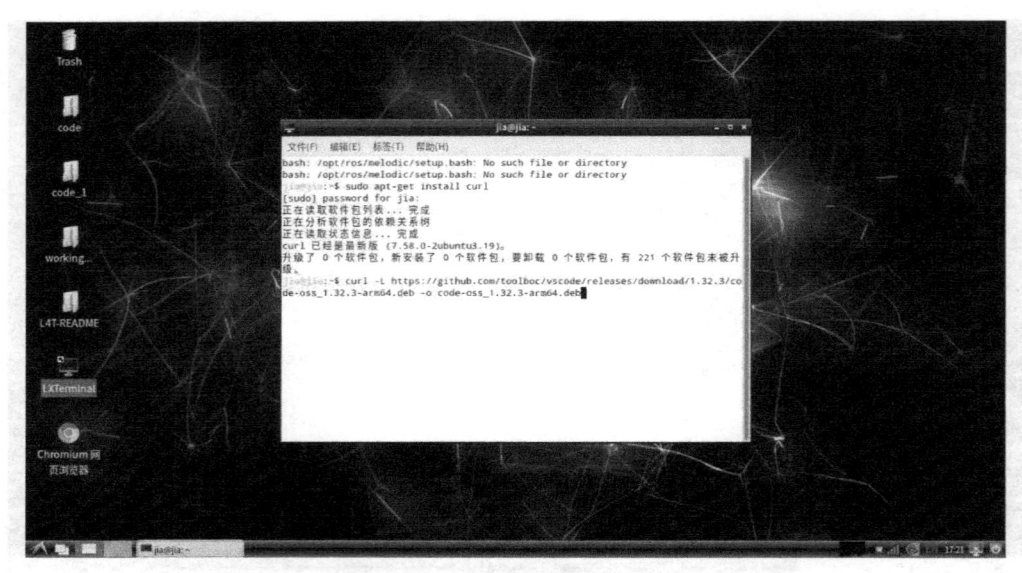

图 8-17 下载 VScode 安装包

下载完成后，即可用 VScode 打开程序。配置 Python 环境，在终端输入指令：sudo apt-get install python3-pip python3-dev，安装 Python3 和常用的 Python 库；或者打开 VScode，直接安装 Python，如图 8-18 所示。

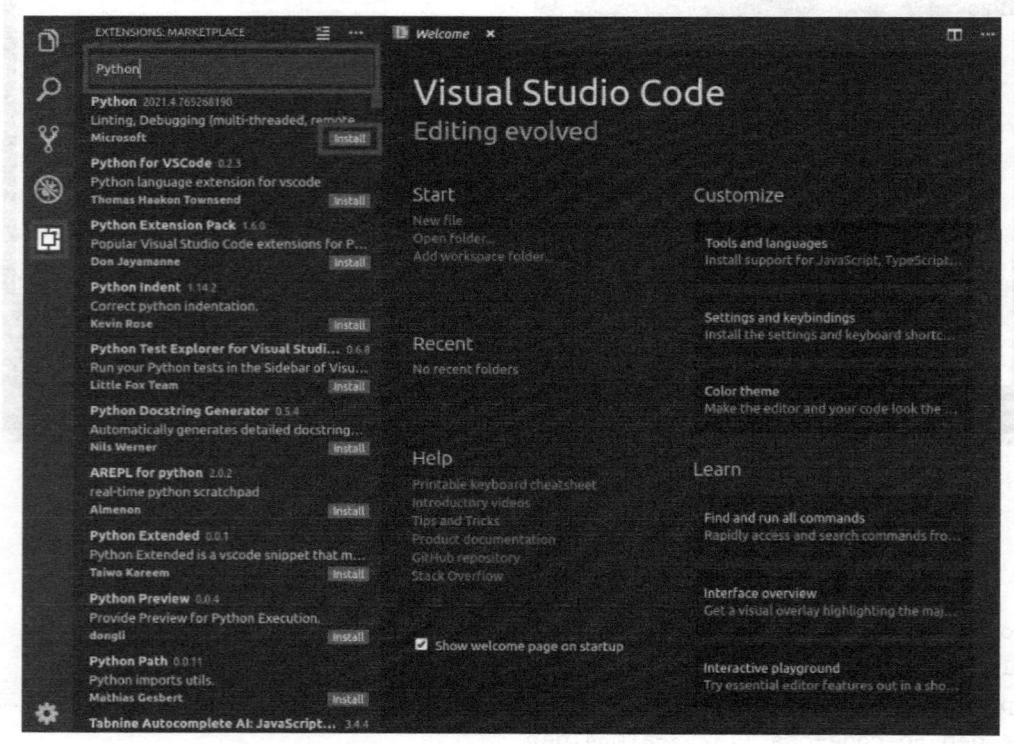

图 8-18 在 VScode 内安装 Python

对 VScode 的中文语言进行设置。打开 VScode，在商店输入 Chinese 安装中文插件，使用快捷键组合"Ctrl+Shift+P",在搜索框中输入 configure display language,单击"确定"按钮后;修改 locale.json 文件下的属性"locale"为"zh-CN";重启 VScode 即可完成 VScode 中文设置,如图 8-19 所示。

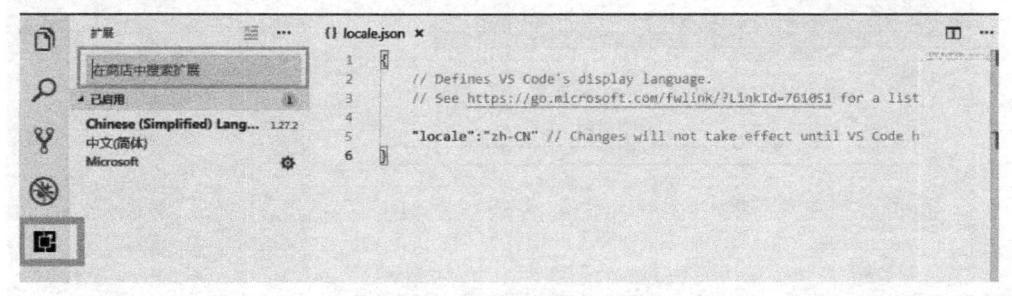

图 8-19　VScode 中文设置

3. Arduino IDE 安装

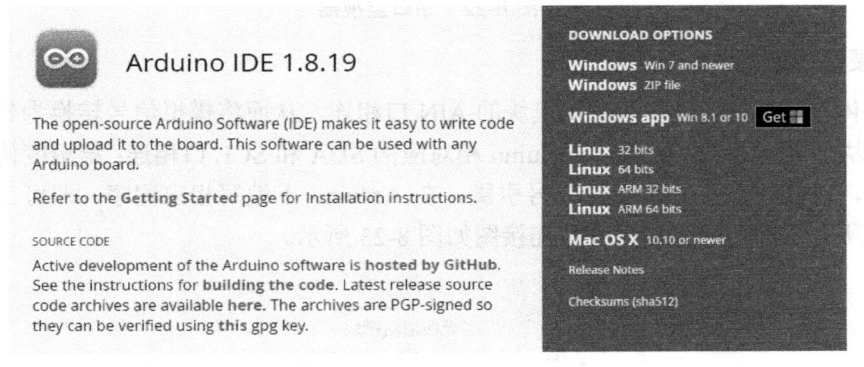

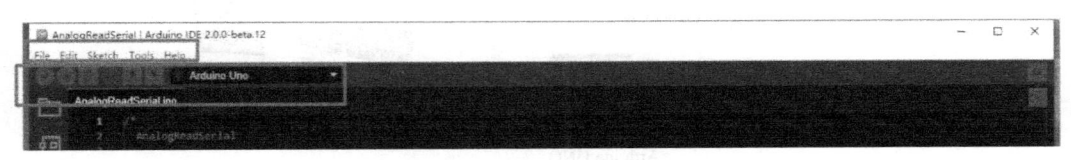

在 Arduino 官方网站下载 Arduino IDE,Arduino IDE 版本如图 8-20 所示。

图 8-20　Arduino IDE 版本

安装完成之后,就可以打开 Arduino IDE 界面了,如图 8-21 所示。其中,第一个框为菜单栏,分别为文件菜单、编辑菜单、项目菜单、工具菜单和帮助菜单;第二个框为工具栏,分别是编译程序、下载程序、新建程序、Debug、打开程序和保存程序,最后为 Arduino 串口,显示连接串口名称;接下来为代码编译区,是编写程序代码的区域;单击"编译"按钮就会出现代码状态区,显示程序编译和上传等信息,如果程序出现错误,会有错误提示。

图 8-21　Arduino IDE 界面

连接 Arduino 后,在串口连接栏找到串口名称,在"Tools"中选择"Serial Monitor"即可打开串口监视器,对串口发出的数据进行实时监视,串口监视器如图 8-22 所示。

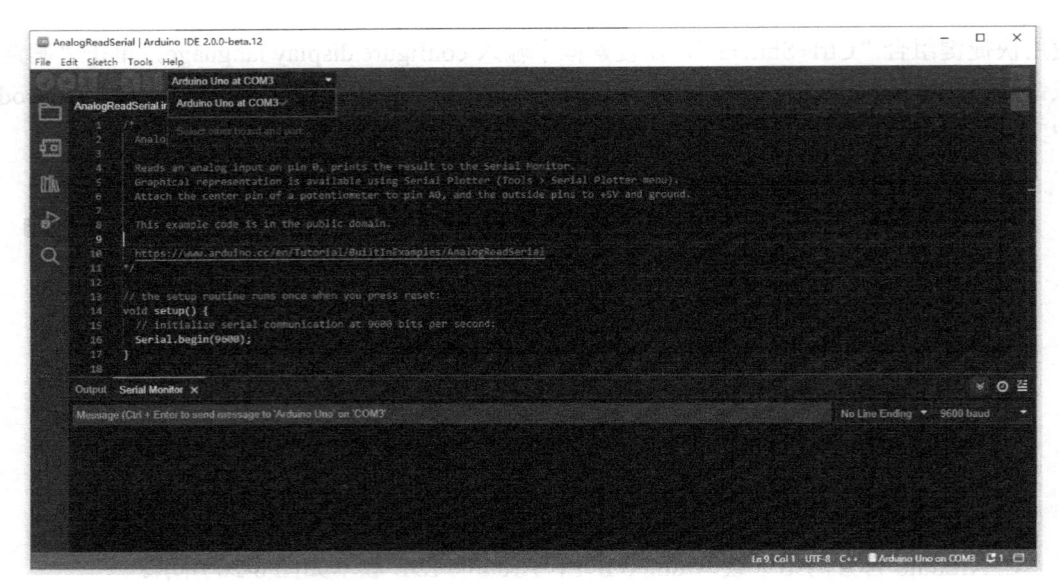

图 8-22　串口监视器

4. 硬件连接

将气体传感器的 AO 口与 AD 模块的 AIN 口相连，从而将模拟信号转换为数字信号，将 AD 模块的 SDA 和 SCL 口与 Arduino 相对应的 SDA 和 SCL 口相连；温湿度传感器为数字传感器，直接连入 Arduino 的 2 号引脚。在 Arduino 上编写相应程序，即可在串口监视器内读到所有传感器的数据，硬件连接图如图 8-23 所示。

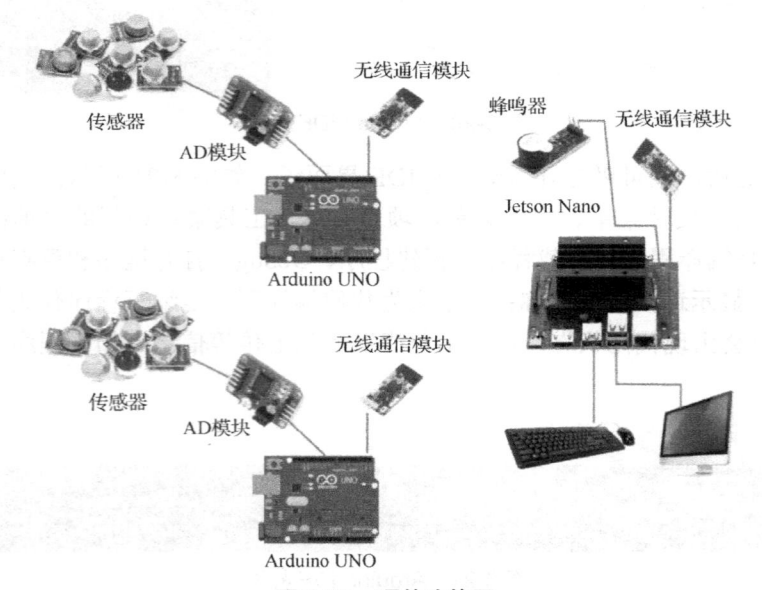

图 8-23　硬件连接图

传感器数据通过 Arduino 端的无线通信模块发出，由 Jetson Nano 端的无线通信模块接收数据，通过编写的软件程序对数据进行读取和分析。

5. 软件编写

1）Arduino UNO

Arduino 的工作是收集传感器数据，并通过无线通信模块传输数据。

首先调用本次需要使用的库函数，Wire.h 库用于 I2C 协议；Arduino.h 用于读取 AD 模块传输的数据；DHT.h 库用于读取温湿度数字模块的数据，只需要指定串口即可。

```
#include<Wire.h>
#include<Arduino.h>
#include <DHT.h>
```

然后对串口进行定义，Arduino 的 2 号串口读取温湿度传感器数据；接着定义引脚类型为 DHT11；并对 AD 模块及串口地址进行定义。

```
#define DHTPIN 2                       /定义串口
#define DHTTYPE DHT11                  /定义引脚类型
DHT dht(DHTPIN, DHTTYPE);
#define PCF85911 (0x90 > 1)            /AD模块
#define AIN0 0x00                      /AD模块串口
#define AIN1 0x01
#define AIN2 0x02
#define AIN3 0x03
```

进入 Arduino 设置函数，初始化 Wire 和 DHT，并设置波特率为 9600。

```
int X=1,Value0=0,Value1=0,Value2=0,Value3=0;
void setup()

  Wire.begin();/Wire初始化
  Serial.begin(9600);/设置波特率
  dht.begin(); /DHT初始化
```

进入循环写入函数，因为存在两个 Arduino 发射端，所以先写一个 if 语句来判断是否有从 Jetson Nano 传来的允许发送的信号（无线通信串口采用全双工方式，可以边发送数据边接收数据）。判断后，AD 模块的 AIN 口读取气体传感器的数据并发出。同理，调用 dht 可以读取温湿度传感器的数据并发出。

```
void loop()

  X=Serial.read();
  if(X == -1 )                             /判断是否接收到数据
  Wire.beginTransmission(PCF85911);        /打开与AD模块的接口
  Wire.write(AIN0);                        /读取AIN0口数据
  Wire.endTransmission();
  Wire.requestFrom(PCF85911, 1);
  Value0 = Wire.read();                    /将AIN0口数据赋值给Value0
```

```
Wire.beginTransmission(PCF85911);
Wire.write(AIN1);
Wire.endTransmission();
Wire.requestFrom(PCF85911, 1);
Value1 = Wire.read();

Serial.print(0);Serial.print(' ');
Serial.print(Value0);Serial.print(' ');
Serial.print(Value1);Serial.print(' ');

float h = dht.readHumidity();            /读取湿度
float t = dht.readTemperature();         /读取温度
float f = dht.readTemperature(true);     /判断是否读取到了温度
Serial.print(h);Serial.print(' ');
Serial.print(t);Serial.print('\n');
delay(2000);
```

有两组 Arduino，Arduino 运行图如图 8-24 所示。首位数字为标记位，接下来是两个气体传感器的数据，之后是湿度和温度（注意：每次将程序下载到 Arduino 时，需要 TX 和 RX 短接）。

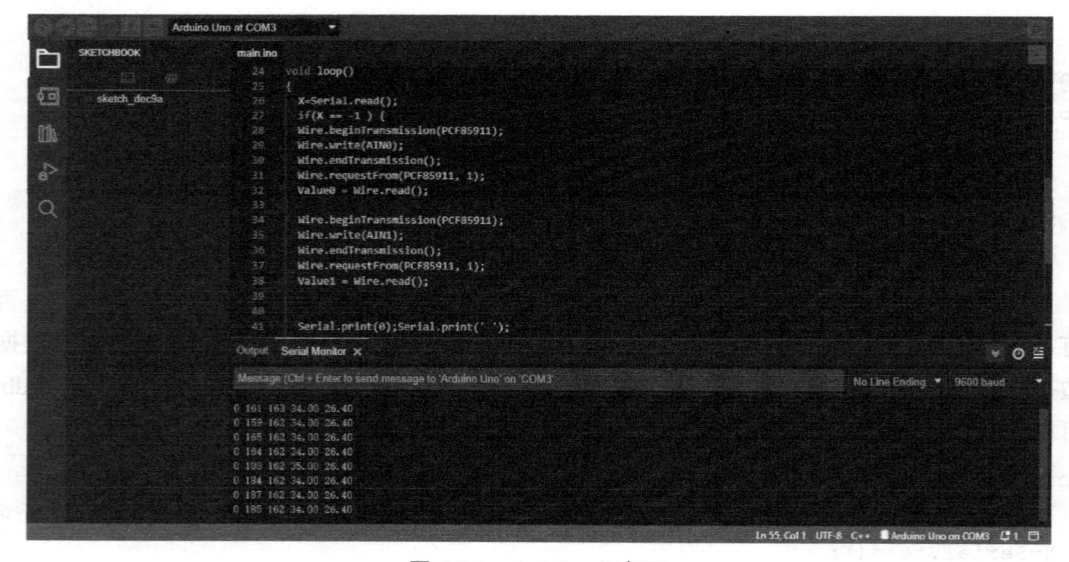

图 8-24　Arduino 运行图

2）Jetson Nano

Jetson Nano 的工作是通过无线通信模块接收数据，对数据进行实时分析和监测，并绘制成图表。在终端输入指令：sudo chmod 777 /dev/ttyTHS1（每次重启都需要输入），从而打开无线通信串口，串口打开界面如图 8-25 所示。

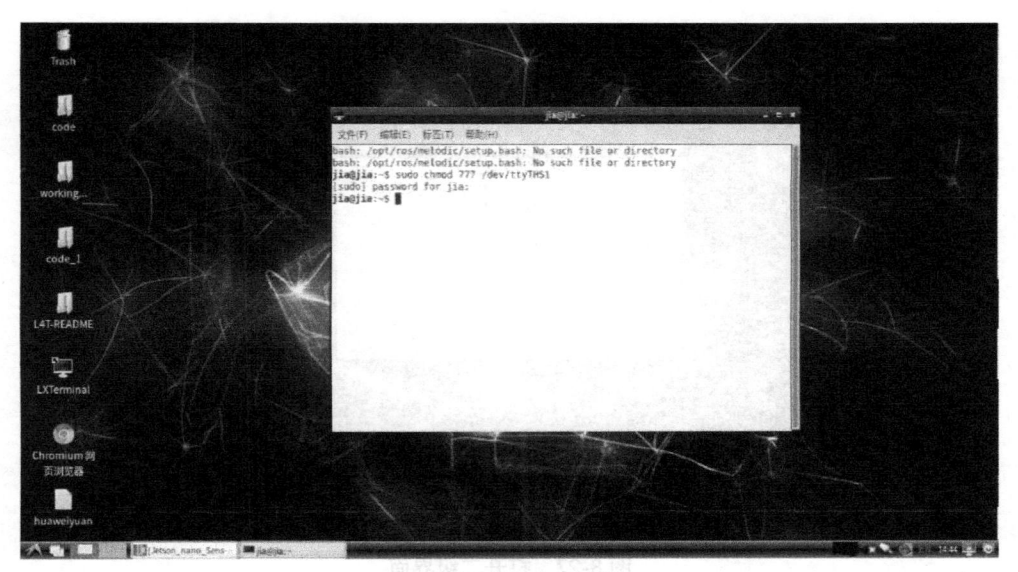

图 8-25 串口打开界面

进入程序编译阶段，先对"Pattern_selection_0.py"进行编译，再对"Jetson_nano_Sensors.py"进行编译，即可打开一级界面，如图 8-26 所示。

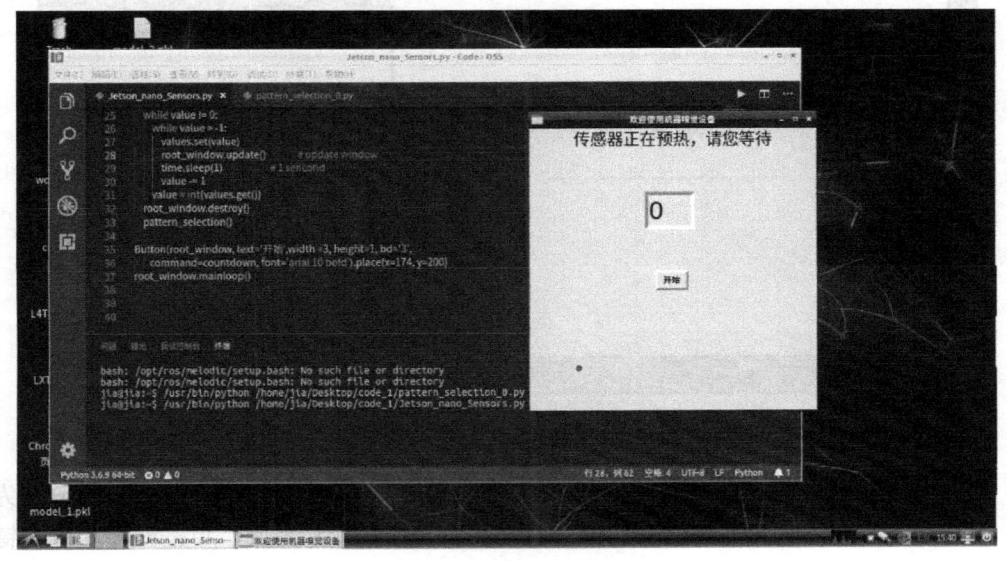

图 8-26 打开一级界面

单击"开始"按钮进入下一级界面，可以看见 4 个进入按键分别为感知端 1-采集、感知端 2-采集、感知端 1-实测和感知端 2-实测，单击即可进入，如图 8-27 所示。

单击感知端 1-采集或感知端 2-采集即可进入采样界面；采样端的三个按键分别为关闭图表、打开图表和返回。单击打开图表按键即可看到两个气体传感器实时收集的数据，打开采样界面，如图 8-28 所示。

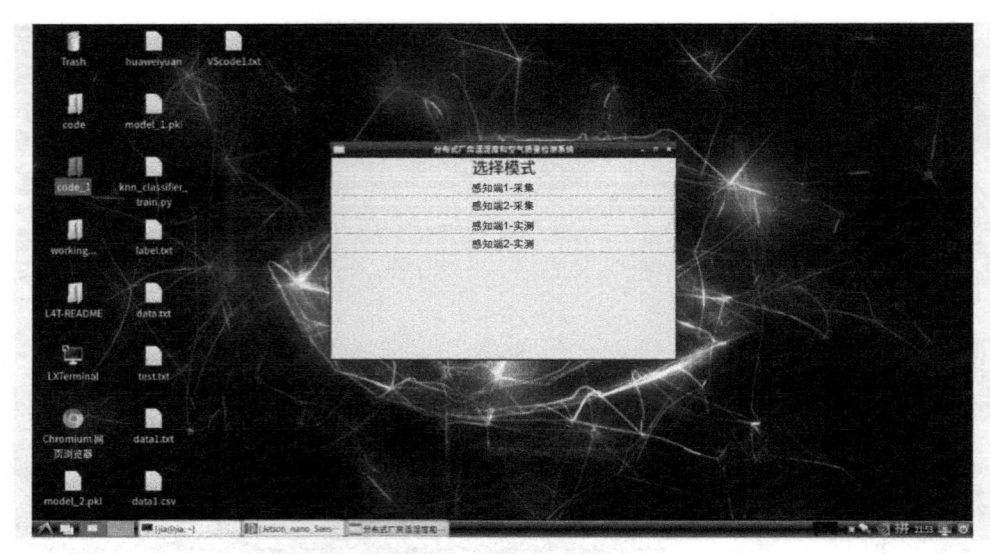

图 8-27　打开二级界面

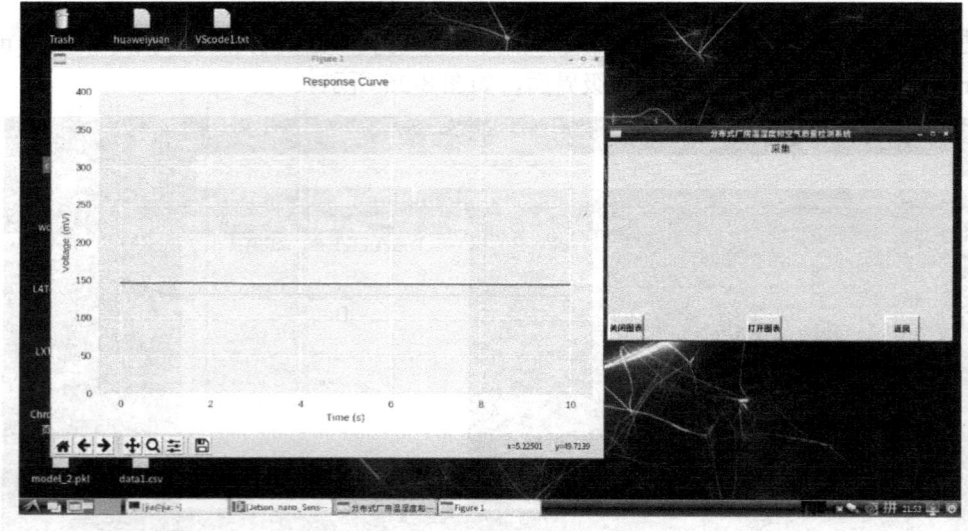

图 8-28　打开采样界面

单击感知端 1-实测或感知端 2-实测即可进入实测界面；测试端的 3 个显示值分别为湿度、空气质量和温度；3 个按键分别为结束实测、开始实测和返回。单击开始实测按键，显示端开始实时出现传感器收集的数据，打开实测界面，如图 8-29 所示。

空气质量的标准有 3 种：优、良、差，分别对应的是气体传感器在正常室内、少量花露水和大量花露水（花露水气味明显）下的空气质量。将收集到的这 3 种数据分别打上对应标签。通过 KNN 算法进行训练可以得到训练好的模型，最后用训练好的模型直接对实时收集到的数据进行判断。

注意：此处考虑到进行具体实验时，不应配置对人体有害的气体，因此选用花露水来代替能让人产生不适的气体。

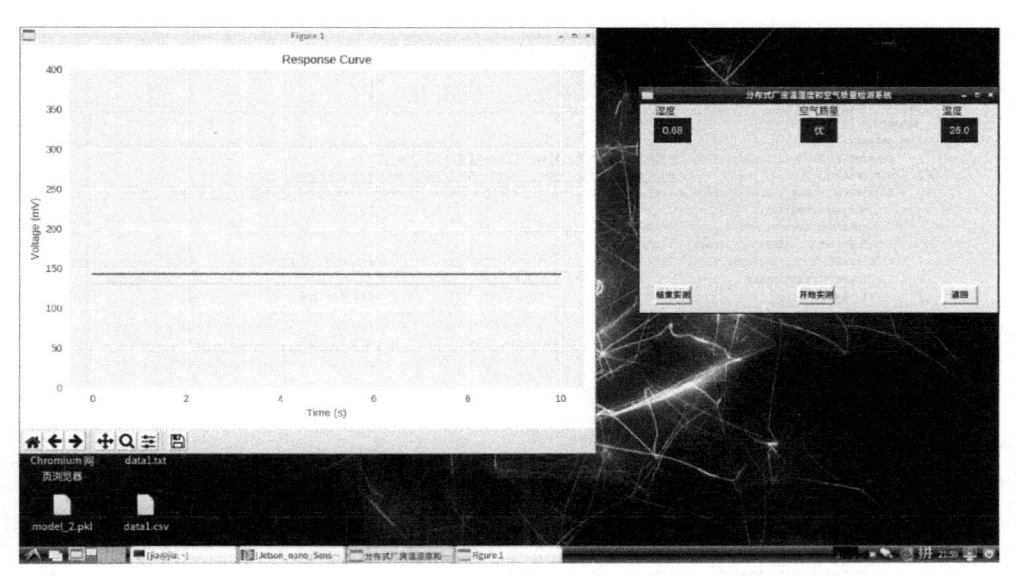

图 8-29 打开实测界面

打开"Pattern_selection_0.py",导入库函数,matplotlib.pyplot 为画图表;Jetson.GPIO 为调用 Jetson.Nano 的 GPIO 口;tkinter 为制作界面;serial 为调用串口;joblib 为装载训练的模型,库函数如图 8-30 所示。

```python
import matplotlib.pyplot as plt
import Jetson.GPIO as GPIO
import numpy as np
import time
from tkinter import *
import serial
import joblib
```

图 8-30 库函数

调用 tkinter 库,实现对初始界面的编辑,设计界面如图 8-31 所示。

```python
def pattern_selection():                                    # 模式选择窗口
    window_pattern_selection = Tk()
    window_pattern_selection.geometry('500x300')            # 改变窗体大小('宽x高'),注意是x不是*
    window_pattern_selection.resizable(0, 0)                # 将窗口大小设置为不可变
    #root1.config(bg='blanched almond')   # 设置背景色
    window_pattern_selection.title('分布式厂房温湿度和空气质量检测系统')     # 修改框体的名字
    Label(window_pattern_selection, text='选择模式', font='arial 20 normal').pack()   # 用来显示文字或图
```

图 8-31 设计界面

接下来为采样设置,首先对需要用到的值进行初始化,写入读取数据函数(getdata)。通过无线通信模块读取数据,将数据写入 txt 文件保存,通过读取 txt 文件的数据绘图,如图 8-32 所示。

下面是采样界面,分别编写打开图表函数和关闭图表函数,并设置对应的按键,采样按键设计如图 8-33 所示。

```
def draw_sampling(state):
    sensors_data = []
    t_list = []
    global times
    sensor1 = []
    sensor2 = []
    def getdata():
        ser=serial.Serial("/dev/ttyTHS1")   #使用THS1连接串行口,THS1,对应nano上面的物理引脚8_10
        ser.write(1)                         #向Arduino传输信号(另一个不发送) 这样来区分两个Arduino发送来的数据
        with open('/home/jia/Desktop/data.txt', mode='a', encoding='utf-8', errors='ignore') as f:   # 读取串口数据,并写入data文件
            num=ser.readline()
            nums=num.decode('utf-8', errors='ignore')
            f.write(str(times)+' '+nums)  # write
        with open('/home/jia/Desktop/data.txt', mode='r', encoding='utf-8', errors='ignore') as f:   # 读取data文件数据,并赋值到sensors_data中
            lines=f.readlines()
            line=lines[-1]                                                # 读取最新一行数据
            sensor_data = line.strip('\n').split(' ')
            sensor_data = list(map(float, sensor_data))
            sensors_data.append(sensor_data[2:4])                         # 将两个传感器数据读入(第二列和第三列)
    times = 0
    plt.ion()
    plt.style.use('seaborn')
    while flag_:
        while state:
            plt.clf()                                                      # 开始绘图
            ax = plt.subplot()
            getdata()
            t_list.append(times)
            sensor1.append(sensors_data[times][0])
            sensor2.append(sensors_data[times][1])                         # 将传感器数据分别写入
            ax.plot(t_list, sensor1, color='pink', label='Sensor1')
            ax.plot(t_list, sensor2, color='green', label='Sensor2')       # 设置曲线颜色和标签
            plt.ylim(0,400)                                                # 设置图表Y轴长度
            ax.set_title('Response Curve')                                 # 设置图表标题
            ax.set_ylabel('Voltage (mV)')
            ax.set_xlabel('Time (s)')
            plt.tight_layout()
```

图 8-32　数据采集及绘图

```
def open_chart():
    flag=True
    state=True
    draw_sampling(state)

def sampling():                                                            # 采样
    def return_pattern_selection():                                        # 定义函数返回模式选择,关掉采样窗口
        window_sampling.destroy()
        pattern_selection()

    def destroy_chart():
        flag=False
        state=False
        plt.close()
        window_sampling.destroy()
        pattern_selection()
        draw_sampling(state)

    window_pattern_selection.destroy()
    window_sampling = Tk()
    window_sampling.geometry('500x300')                                    # 改变窗体大小('宽x高'),注意是x不是*
    window_sampling.resizable(0, 0)                                        # 将窗口大小设置为不可变
    #root1.config(bg='blanched_almond')                                    # 设置背景色
    window_sampling.title('分布式厂房温湿度和空气质量检测系统')                # 标题
    Label(window_sampling, text='采集', font='arial 12 normal').pack()      # 显示文字或图片

    Button(window_sampling, text='返回', width=4, height=2, bd='3',         # 创建NEXT按钮
           command=return_pattern_selection, font='arial 10 bold').place(x=400, y=260)
    Button(window_sampling, text='打开图表', width=4, height=2, bd='3',     # 创建按钮
           command=open_chart, font='arial 10 bold').place(x=200, y=260)
    Button(window_sampling, text='关闭图表', width=4, height=2, bd='3',     # 创建按钮
           command=destroy_chart, font='arial 10 bold').place(x=0, y=260)

    window_sampling.mainloop()
```

图 8-33　采样按键设计

在测试界面中,首先写入开始实测函数和关闭实测函数,并设置对应按键,实测按键设计如图 8-34 所示。

项目 8　工业互联网边缘计算

```python
def testing():                                          # 测试
    def return_pattern_selection():                     # 定义函数返回模式选择，关掉采样窗口
        window_testing.destroy()
        pattern_selection()
    window_pattern_selection.destroy()
    window_testing = Tk()
    window_testing.geometry('500x300')                  # 改变窗体大小（'宽x高'），注意是x不是*
    window_testing.resizable(0, 0)                      # 将窗口大小设置为不可变
    window_testing.title('分布式厂房温湿度和空气质量检测系统')     # 标题
    Label(window_testing, text='空气质量', font='arial 12 normal').pack()    # 显示文字或图片
    testing_result = StringVar()                        # IntVar
    Label(window_testing, textvariable=testing_result, bg='blue',
          fg='white', font='arial 12 normal', width=6, height=2).pack()

    Label(window_testing, text='温度', font='arial 12 normal').place(x=420, y=0)   # 显示文字或图片
    Temp_result = StringVar()                           # IntVar
    Label(window_testing, textvariable=Temp_result, bg='blue',
          fg='white', font='arial 12 normal', width=6, height=2).place(x=420, y=20)

    Label(window_testing, text='湿度', font='arial 12 normal').place(x=20, y=0)    # 显示文字或图片
    Humi_result = StringVar()                           # IntVar
    Label(window_testing, textvariable=Humi_result, bg='blue',
          fg='white', font='arial 12 normal', width=6, height=2).place(x=20, y=20)
    def close_testing():
        flag=False
        state=False
        plt.close()
        window_testing.destroy()
        pattern_selection()
```

图 8-34　实测按键设计

接下来读取实测中的数据，读取已训练好的模型，得出预测标签，通过预测标签对应设置空气质量：优、良、差。当空气质量为差的时候，Jetson Nano 上连接的蜂鸣器发出警报，数据实测如图 8-35 所示。

```python
with open('/home/jia/Desktop/test.txt', mode='r', encoding='utf-8', errors='ignore') as f:
    for line in f:
        tempData = line.strip('\n').split(' ')
        tempData = list(map(float, tempData))
        Temp_result.set(tempData[-1])              #读取湿度
        Humi_result.set(tempData[-2]/100)          #读取温度
        input.append(tempData[2:4])                #读取气体传感器数据
# 读取Model
clf = joblib.load('/home/jia/Desktop/model_1.pkl')
predict = clf.predict(input)                       #通过输入值来预测标签
f = open('/home/jia/Desktop/label.txt', mode='a', encoding='UTF-8')    # 打开文件，若文件不存在系统自动创建。
f.write(str(predict[0])+'\n')                      # write 写入标签
times = 0
plt.ion()
plt.style.use('seaborn')
while flag_:
    plt.clf()
    ax = plt.subplot()
    #sensors_data.clear()
    getdata()
    # draw
    label=[]
    testing_result.set('')
    with open('/home/jia/Desktop/label.txt', mode='r', encoding='utf-8', errors='ignore') as f:
        for line in f:
            for i in line:
                label=int(line[0])
                if label == 2:                      #读取标签进行判断，2为差；1为良；0为优
                    testing_result.set('差')
                    GPIO.setup(7, GPIO.HIGH)        #当执行label为2时，设置GPIO口为高电平
                elif label == 1:
                    testing_result.set('良')
                else:
                    testing_result.set('优')
```

图 8-35　数据实测

打开"Jetson_nano_Sensors.py",调用"pattern_selection_0"中的所有函数。分别对首页的名称和界面进行设置,并对传感器预热时间进行设置(气体传感器需要预热),一级界面设置如图 8-36 所示。

```python
from pattern_selection_0 import *
from tkinter import *
import time
## ******************************************************************
## display countdown window
root_window = Tk()                              # 生成窗口
root_window.geometry('400x400')                 # 改变窗体大小('宽x高'),注意是x不是*
root_window.resizable(0, 0)                     # 将窗口大小设置为不可变
#root.config(bg='blanched_almond')              # 设置背景色
root_window.title('欢迎使用机器嗅觉设备')         # 修改框体的名字
Label(root_window, text='传感器正在预热,请您等待',
        font='arial 20 normal').pack()          # 用来显示文字或图片

values = IntVar()
Entry(root_window, textvariable=values, width=3,
        bd='5', font='arial 30', state='readonly').place(x=160, y=90)
values.set(0)
## ******************************************************************
## define countdown function
def countdown():                                # 设置倒计时函数
    value = int(values.get())                   # dedaodangqiankuanglimiandezhi
    while value != 0:
        while value > -1:
            values.set(value)
            root_window.update()                # update window
            time.sleep(1)                       # 1 sencond
            value -= 1
        value = int(values.get())
    root_window.destroy()
    pattern_selection()

Button(root_window, text='START', width =3, height=1, bd='3',
        command=countdown, font='arial 10 bold').place(x=174, y=200)
root_window.mainloop()
```

图 8-36 一级界面设置

3)KNN 算法

用不同浓度的花露水的数据作为空气质量数据集,训练 KNN 算法,数据集的保存形式是 txt 格式,txt 文档内数据的具体形式如图 8-37 所示。

首先将数据集转换为 csv 格式,如图 8-38 所示。手动将标签写入第一行,标好标签的数据集如图 8-39 所示,此处并未显示完成,其中,标签 2 为在大量花露水下的空气质量数据;标签 1 为在少量花露水下的空气质量数据;标签 0 为正常室内的空气质量数据。

通过 KNN 算法对已标记好的空气质量数据集进行训练,并将其打包为模型。接下来可以直接在"pattern_selection_0.py"中调用该模型,KNN 算法如图 8-40 所示。

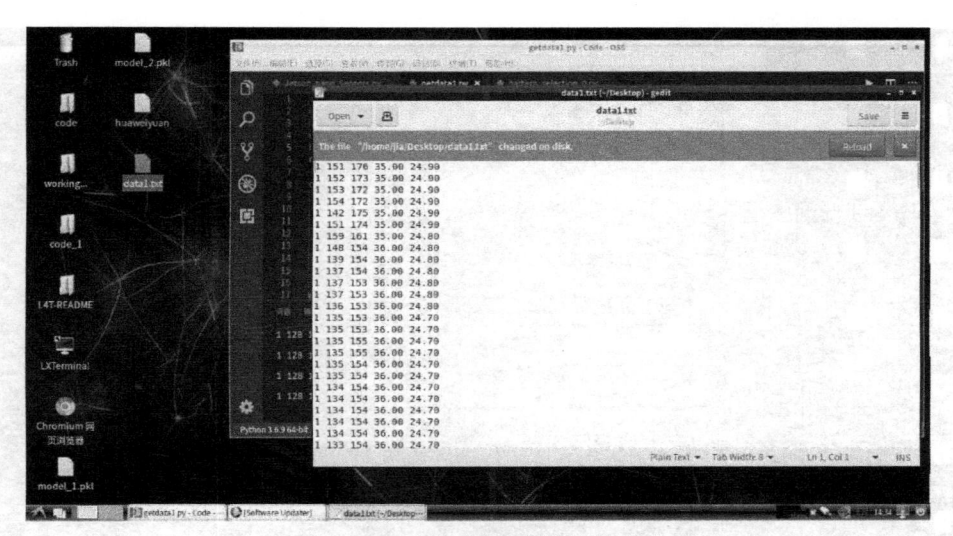

图 8-37 txt 文档内数据的具体形式

```python
ls = open("C:\\Users\\admin\\Desktop\\研究生内容\\脚本\\data1.txt").readlines()
newTxt = ""
for line in ls:
    newTxt = newTxt + ",".join(line.split()) + "\n"
print(newTxt)

fo = open("C:\\Users\\admin\\Desktop\\研究生内容\\脚本\\data1.csv", "x")
fo.write(newTxt)
fo.close()
```

图 8-38 将数据集转换为 csv 格式

	A	B	C	D	E
1	2	151	176	35	24.9
2	2	152	173	35	24.9
3	2	153	172	35	24.9
4	2	154	172	35	24.9
5	2	142	175	35	24.9
6	2	151	174	35	24.9
7	2	159	161	35	24.8
8	2	148	154	36	24.8
9	2	139	154	36	24.8
10	2	137	154	36	24.8
11	2	137	153	36	24.8
12	2	137	153	36	24.8
13	2	136	153	36	24.8
14	2	135	153	36	24.7
15	2	135	153	36	24.7
16	2	135	155	36	24.7
17	2	135	155	36	24.7
18	2	135	154	36	24.7
19	2	135	154	36	24.7
20	2	134	154	36	24.7
21	2	134	154	36	24.7
22	2	134	154	36	24.7
23	2	134	154	36	24.7
24	2	134	154	36	24.7
25	2	133	154	36	24.7
26	2	133	154	36	24.7
27	2	133	154	36	24.7
28	1	133	154	36	24.7
29	1	133	154	36	24.7
30	1	133	154	36	24.7
31	1	133	153	36	24.7
32	1	132	153	36	24.7
33	1	132	153	36	24.7

图 8-39 标好标签的数据集

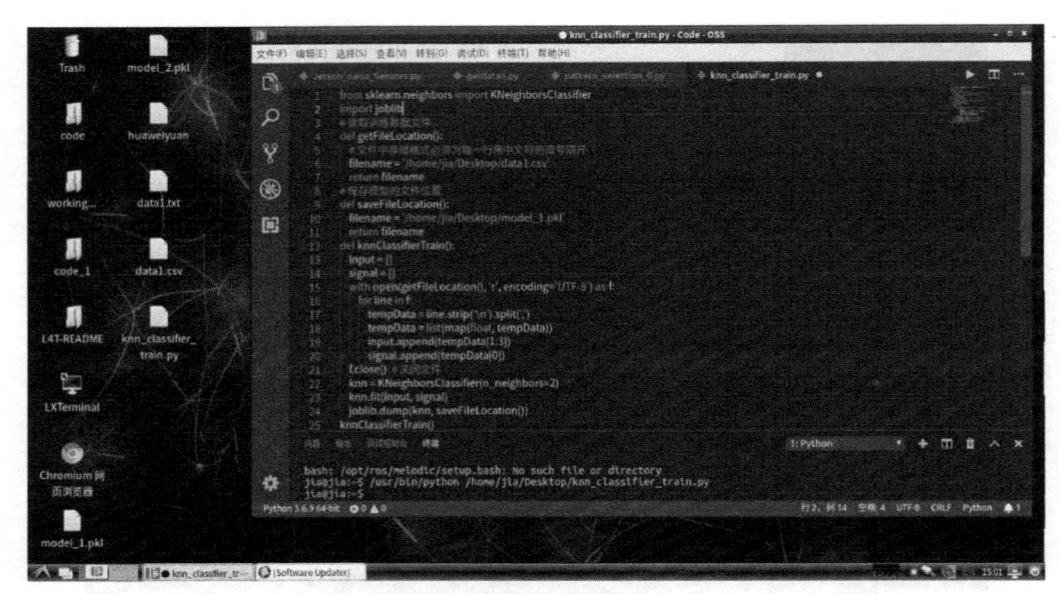

图 8-40　KNN 算法

8.2.2　工业厂房明火检测

【任务目标】

搭建基于 Jetson Nano 的厂房内的明火边缘检测系统。

【任务准备】

硬件与软件需求如表 8-4 所示。

表 8-4　硬件与软件需求

名　　称	数　量	订　货　号
英伟达 Jetson Nano 开发板	1	2GB 版
TF 数据存储卡	1	32GB
键盘	1	USB 有线
鼠标	1	USB 有线
显示屏	1	HDMI 接口
无线 USB 网卡	1	Ubuntu 18.04
操作系统		Ubuntu 18.04
摄像头	1	2K USB
蜂鸣器	1	有源蜂鸣器、高电平触发
Miniforge	1	Miniforge3-Linux-aarch64
VScode	1	1.32.3

【知识链接】

基于 Jetson Nano 的厂房内的明火边缘检测系统由英伟达 Jetson Nano 开发板、YOLO 模式识别算法和其他软硬件设备组成,是边缘计算的一种典型应用。

1. 嵌入式设备 Jetson Nano

嵌入式设备 Jetson Nano 的相关介绍及外部接口见 8.2.1 小节。

2. YOLO 算法

YOLO,即 You Only Look Once,是一种目标检测算法,其目标检测任务是找到图像中所有感兴趣的区域,并确定区域的位置和类别概率。基于深度学习的目标检测方法主要分为两类:两阶段式目标检测算法和单阶段式目标检测算法。前者是指算法先生成一系列候选边界框作为样本,再通过卷积神经网络对这些样本进行分类,如 R-CNN、Fast R-CNN 和 R-FCN 等;后者是指直接将目标边界定位问题转换成回归问题,图像会被缩放到同一尺寸,并以网络形式均等划分,模型仅需要处理图像一次就能得到边界框坐标跟类别概率,如 YOLO、SSD 等。这两种算法的区别导致其性能也不同,前者的检测准确率和定位准确率更高,而后者的算法速度更快。YOLO 是单阶段式目标检测算法,其运行速度快、检测准确率高,容易部署在边缘计算设备上。

【任务实施】

1. 硬件连接

系统硬件结构如图 8-41 所示。

2. 配置 Python 环境

本例使用 Python 编程语言编写明火检测算法,这就要求配置 Python 运行环境,下面介绍环境配置方法。

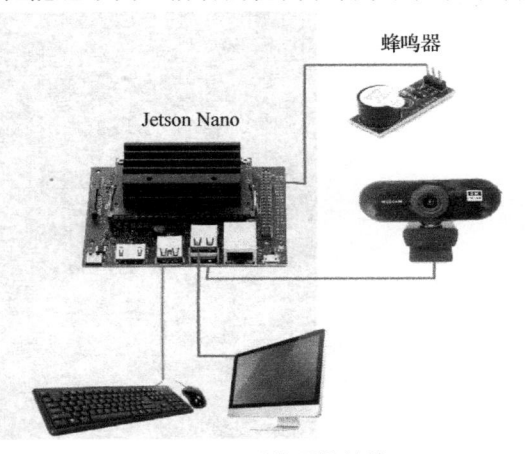

图 8-41 系统硬件结构

1)配置 CUDA 环境变量

英伟达 Jetson Nano 系统已经安装好了 CUDA、cuDNN、OpenCV 等组件,但需要修改 CUDA 环境变量才可以正常使用。首先打开"终端",输入命令 sudo vim~bashrc,打开 .bashrc 文件,将以下内容添加到文件最后,然后输入命令 sources~bashrc 更新文件。

```
export PATH=/usr/local/cuda-10.2/bin:$PATH
export LD_LIBRARY_PATH=/usr/local/cuda/lib64:$LD_LIBRARY_PATH
export CUDA_HOME=/usr/local/cuda-10.2
```

2）安装 Miniforge

Miniforge 类似于 Anaconda，提供管理与环境配置功能，可以很方便地解决多版本 Python 并存、切换及各种第三方包安装问题。英伟达 Jetson Nano 采用 ARM 64 架构，但 Anaconda 不支持 ARM 64 架构，因此本例选择 Miniforge 代替 Anaconda。下面介绍 Miniforge 的安装方法。

进入 Miniforge 官方网站下载 ARM 64 架构的 Miniforge 安装包，如 Mambaforge-pypy3-4.12.0-0-Linux-aarch64.sh。然后进入安装包所在文件夹，右击打开终端，输入命令 sh Mambaforge-pypy3-4.12.0-0-Linux-arrch64.h，当命令行出现 Plese press Enter to continue 时输入以下内容配置 conda 环境。

```
conda config --prepend channels https://mirrors.ustc.edu.cn/anaconda/pkgs/main/
conda config --prepend channels https://mirrors.ustc.edu.cn/anaconda/pkgs/free/
conda config --set show_channel_urls yes
```

打开终端输入命令 vim~bashrc，添加环境变量，将内容 export PATH=/home/<username>/miniforge-pypy3/bin:$PATH 添加到文末（<username>是设备用户名），输入命令 source~bashrc，更新文件。重启终端后会在命令行前面显示"base"，终端界面如图 8-42 所示。

图 8-42　终端界面

注意事项如下。

使用命令 vim~bashrc 打开文件后，按 a 进入编辑模式，按 Esc 键退出编辑模式，输入 wq！即可保存并退出。

3）创建虚拟环境

打开终端，输入命令 conda create -n pytorch python=3.8，将会创建名为 pytorch、Python 版本为 3.8 的 Python 虚拟环境。

打开终端，输入命令 conda activate pytorch，将会激活所创建的 Python 虚拟环境，如图 8-43 所示。使用 conda install〈库名称〉会在这个虚拟环境中安装 Python 库。

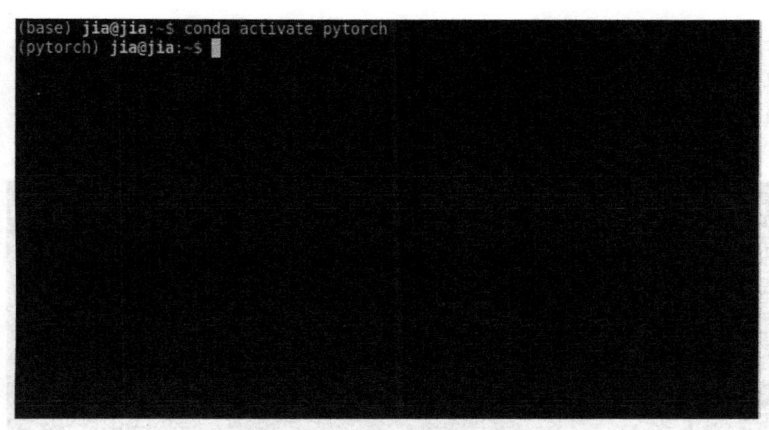

图 8-43 激活 Python 虚拟环境

4）配置 YOLO 运行环境

下载 YOLO 神经网络模型源程序，在终端输入以下命令：

```
pip install git
git clone https://github.com/ultralytics/yolov5.git
```

运行 YOLO 神经网络需要安装 PyTorch 和 torchvision，进入 NVIDIA 官网下载与 JetPack 版本对应的 PyTorch 版本，如图 8-44 所示。

图 8-44 PyTorch 版本

将下载的文件 torch-1.9.0-cp36-cp36m-linux_arrch64.whl 复制到创建的虚拟环境包中，路径是 home/jia/mambaforge/envs/pytorch/lib/python3.8/site-packages。打开终端将路径切换到文件包下，输入以下命令安装 PyTorch，安装 PyTorch 如图 8-45 所示。

```
wget https://nvidia.box.com/shared/static/p57jwntv436lfrd78inwl7iml6p13fzh.whl
-O torch-1.8.0-cp36-cp36m-linux_aarch64.whl
```

```
sudo apt-get install python3-pip libopenblas-base libopenmpi-dev libomp-dev
conda install Cython
conda install numpy
pip install torch-1.9.0-cp36-cp36m-linux_arrch64.whl
```

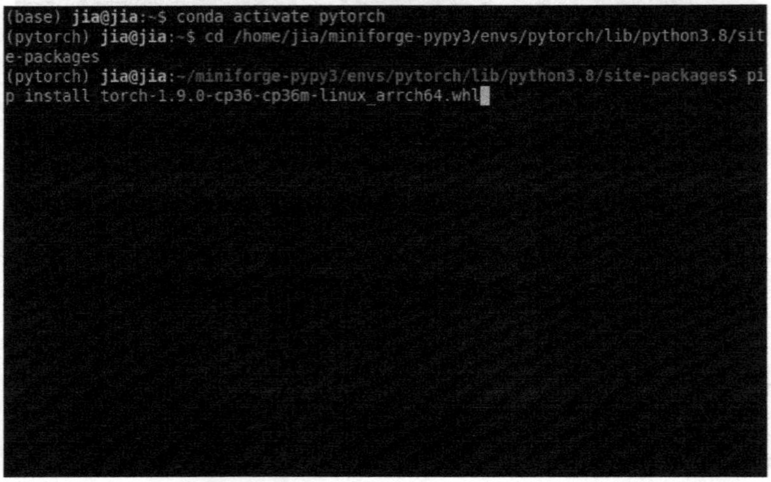

图 8-45　安装 PyTorch

安装的 torchvision 应与 PyTorch 版本相匹配，匹配关系如图 8-46 所示，在终端输入以下命令：

```
torchvision:
sudo apt-get install libjpeg-dev zlib1g-dev libpython3-dev libavcodec-dev libavformat-dev libswscale-dev
git clone --branch v0.10.0 https://github.com/pytorch/vision torchvision
cd torchvision
export BUILD_VERSION=0.10.0
python3 setup.py install --user
cd .
```

- PyTorch v1.0 - torchvision v0.2.2
- PyTorch v1.1 - torchvision v0.3.0
- PyTorch v1.2 - torchvision v0.4.0
- PyTorch v1.3 - torchvision v0.4.2
- PyTorch v1.4 - torchvision v0.5.0
- PyTorch v1.5 - torchvision v0.6.0
- PyTorch v1.6 - torchvision v0.7.0
- PyTorch v1.7 - torchvision v0.8.1
- PyTorch v1.8 - torchvision v0.9.0
- PyTorch v1.9 - torchvision v0.10.0
- PyTorch v1.10 - torchvision v0.11.1

图 8-46　匹配关系

在激活虚拟环境的情况下，安装 Python 的其他库，命令如下：

```
cd yolov5
```

```
conda activate pytorch
pip install -r requirements.txt
```

注意事项：若使用 conda install〈库〉时出错，则可以考虑使用 pip install〈库〉，运行程序时，可能会报错，即出现 ModuleNotFoundError 提示，如图 8-47 所示，此时需要安装相关的 Python 库，在终端输入以下命令：

```
conda activate pytorch
pip install Pillow
```

图 8-47 ModuleNotFoundError

5）默认使用 Python3

在命令行输入以下内容，默认使用 Python3。

```
sudo update-alternatives --install /usr/bin/python python /usr/bin/python2 100
sudo update-alternatives --install /usr/bin/python python /usr/bin/python3 150
```

3. 训练模型

本例使用 yolov5 神经网络训练明火检测模型，需要制作火焰数据集。下面介绍数据集制作和模型训练方法。

1）数据集制作

需要收集一定数量的各种场景下的火焰图片，如图 8-48 所示，使用 LabelImg 进行图像标注，LabelImg 下载地址是 https://github.com/tzutalin/labelImg/releases/tag/v1.8.1。运行 LabelImg 后，打开火焰图片所在文件夹，选择标注图片，单击"Edit"→"Create\nRectBox"标注图片，框选火焰位置，输入类别标签，如图 8-49 和图 8-50 所示。

图 8-48 火焰图片

工业互联网网络搭建

图 8-49　启动框选

图 8-50　位置和类别

标注好图片后，单击保存按钮，将图片和标签分别存放在不同文件夹中，图片和标签如图 8-51 所示。标注好后的图片和标签是相对应的，将所有标注好的图片分为训练集和验证集，文件夹结构如图 8-52 所示。

images　　　　labels

图 8-51　图片和标签

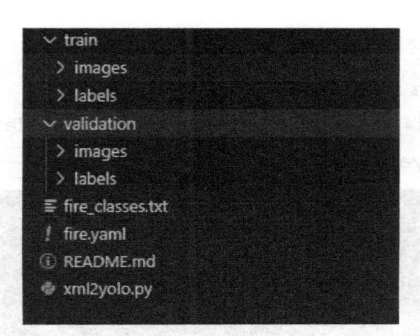

图 8-52 文件夹结构

注意事项：数据集制作是一项耗时耗力的工作，需要标注大量的火焰图片（成千上万张），为了节省时间，可以在网上寻找公开的火焰数据集。

2）模型训练

将数据集存放到 yolov5 同级目录下，使用 VScode 打开 fire.yaml 文件，如图 8-53 所示，修改训练集和验证集地址及类别数 nc，这里 nc=1，表示只有 1 个类别，将其命名为 fire。

图 8-53 fire.yaml 文件

使用 VScode 打开 yolov5 文件夹，将 yolov5/models/yolov5s.yaml 中的 nc=80 改为 nc=1，如图 8-54 所示。

图 8-54 yolov5s.yaml 文件

使用 yolov5 中的 train.py 程序训练明火检测模型，如图 8-55 和图 8-56 所示。执行以下命令即可开始明火检测的 yolov5 模型训练。

```
cd yolov5
conda activate pytorch
python train.py --img 640 --batch 16 --epochs 300 --data .fire_dataset/fire.yaml
--cfg models/yolov5s.yaml --weights ''
```

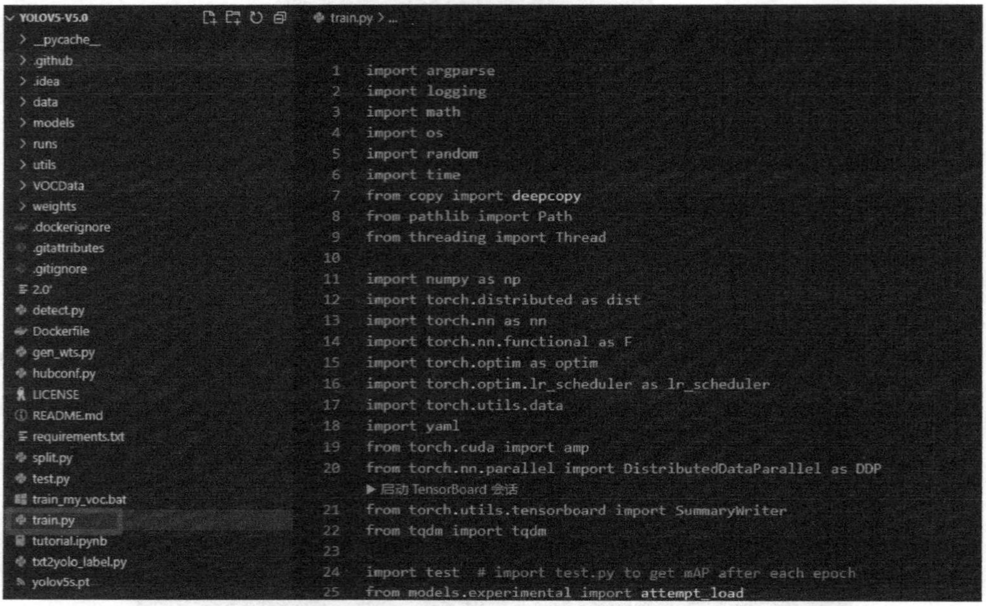

图 8-55　训练程序

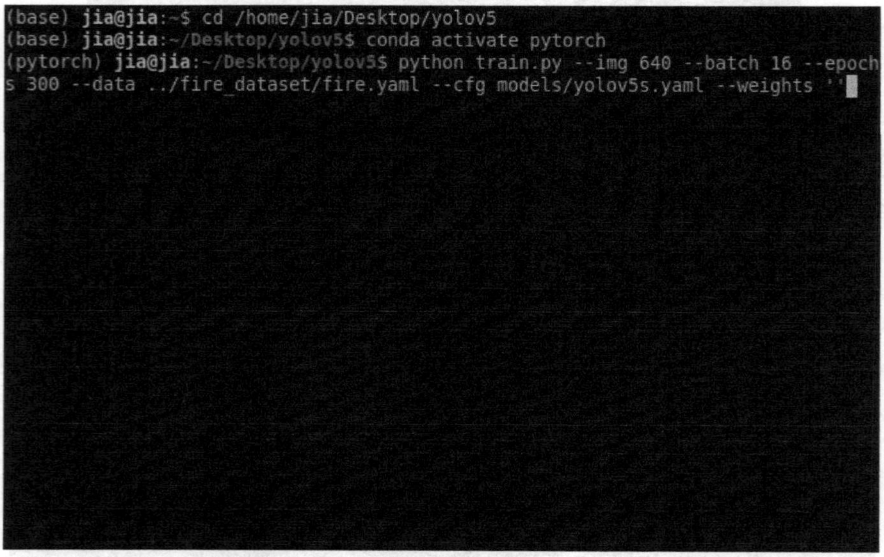

图 8-56　模型训练

训练模型的时间可能很长，这主要取决于设备的算力和数据集大小。可以通过更改 train.py 程序中的 batch、epochs 等参数来改变训练时间。训练结束后，将在 weights 文件夹中生成训练好的权重 best.pt 和 last.pt。

4. 系统测试

将训练好的模型部署到边缘计算嵌入式设备 Jetson Nano 上，搭建好明火边缘检测系统。实时明火检测采用 2K USB 摄像头，使用蜂鸣器制作报警系统，当算法检测到明火时，系统调用 Jetson Nano 设备的 I/O 口控制蜂鸣器报警。

打开终端，输入以下命令启动明火边缘检测系统：

```
cd yolov5
python detect.py --weight weight/best.pt --source 0
```

其中，"--source 0"将调用摄像头进行实时明火检测，检测结果如图 8-57 和图 8-58 所示，当系统检测到明火时，会框选出明火的位置，并给出类别概率，同时报警响应。

图 8-57　检测结果 1　　　　　　图 8-58　检测结果 2

8.2.3　铝板表面缺陷智能检测

【任务目标】

根据企业需要组建基于英特尔 FPGA 的铝片表面缺陷智能检测系统。

【任务准备】

硬件与软件需求如表 8-5 所示。

表 8-5　硬件与软件需求

名　称	数　量	订　货　号
工业缺陷检测实训套件	1	ISDD
AILab 实验课程系统 V3.0	1	工业缺陷检测实训课程

【知识链接】

C++编程语言、人工智能开发模型基础、FPGA 基础、Paddle-Lite 框架基础。

工业互联网网络搭建

【任务实施】

1. 组装指南

实验设备整体拓扑示意图如图 8-59 所示。

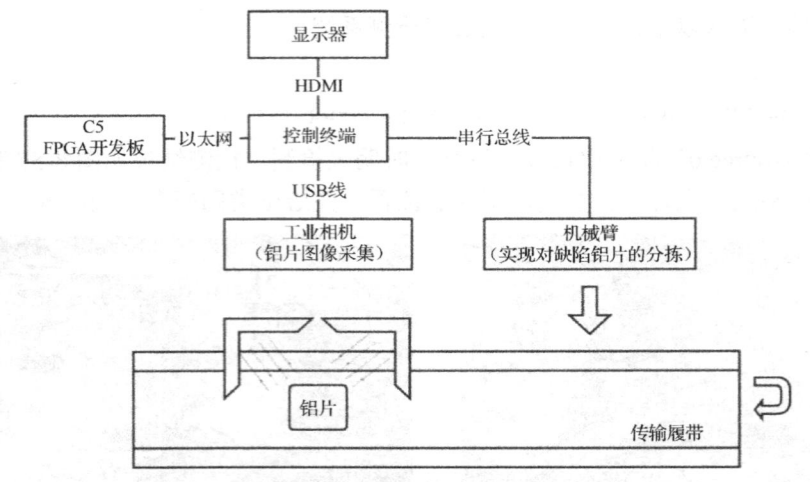

图 8-59 实验设备整体拓扑示意图

1）机械臂套件

（1）机械臂接线。

根据图 8-60 进行机械臂、气泵盒、控制终端等硬件模块间的线材连接。

- 将机械臂和控制终端通过 3P 端子线进行连接。
- 将气泵盒的输入端 USB 线插到控制终端的 USB 接口中。
- 将供电线与控制点的 USB 接口、5V 供电接口连接。
- 将从气泵盒输出的软管与机械臂的吸盘连接。

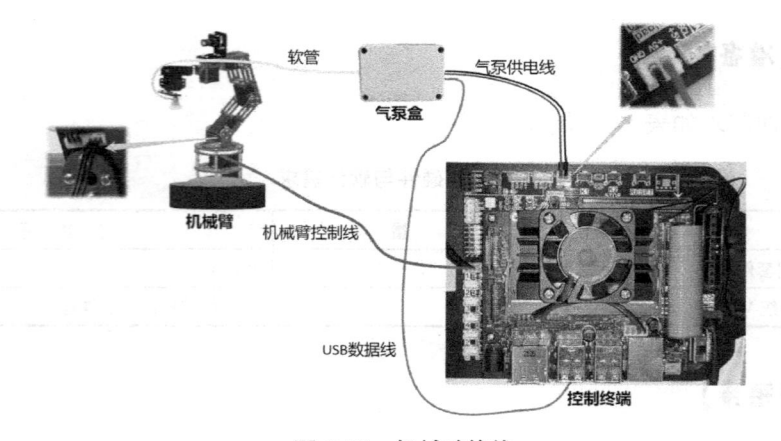

图 8-60 机械臂接线

（2）气泵盒套件安装。

说明：气泵盒套件的各模块已完成集成封装，以下对各模块的接线方式进行补充说明。

① 主要模块介绍。气泵盒套件模块如图8-61所示。

② ZLink模块功能介绍。ZLink模块示意图如图8-62所示。

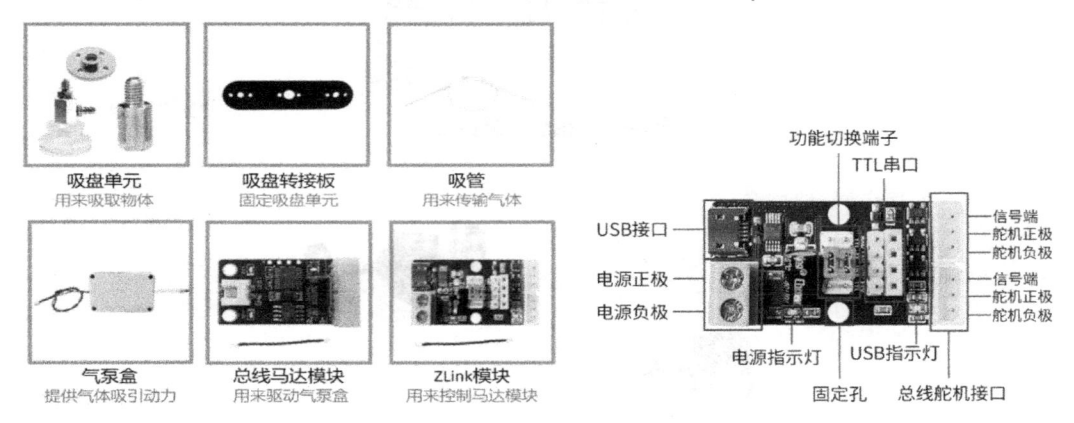

图8-61 气泵盒套件模块

图8-62 ZLink模块示意图

③ 气泵盒套件连线说明。气泵盒套件连线图如图8-63所示。

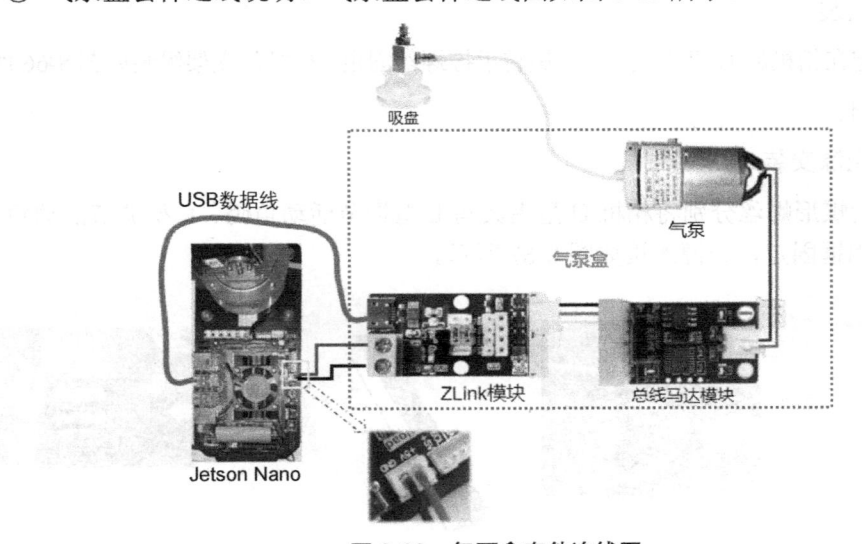

图8-63 气泵盒套件连线图

2）工业相机套件

（1）相机支架组装。

将横杆一字架通过M3的蝶形螺丝进行固定，如图8-64中的A位置所示。将L型调节活动角码通过M5蝶形螺丝进行固定，如图8-64中的B位置所示。

通过M3的蝶形螺丝将相机U型夹具与L型调节活动角码固定，如图8-65所示。

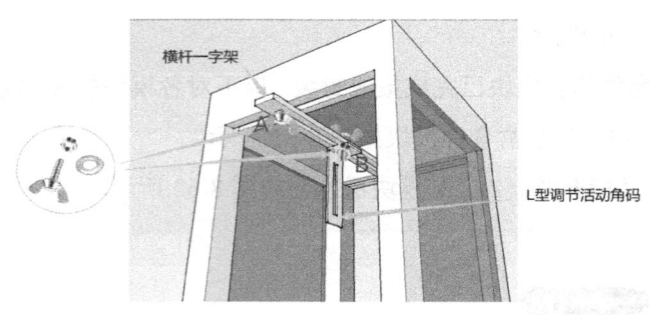

图 8-64 相机支架组装 1

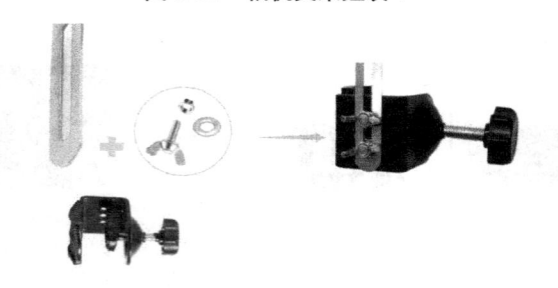

图 8-65 相机支架组装 2

（2）相机安装。

将相机固定在相机的 U 型夹具上，并旋转手拧螺丝固定，相机与支架组装如图 8-66 所示。

3）光源套件

（1）条形光源安装。

通过 M3 的蝶形螺丝分别将相机 U 型夹具与 L 型调节活动角码、L 型调节活动角码与相机安装箱体铝框固定，光源连接如图 8-67 所示。

图 8-66 相机与支架组装

图 8-67 光源连接

（2）接线连线。

如图 8-68 所示，将条形光源接线的电源线分别插入电源控制器 CH1 和 CH2 接口。

4）显示器安装

通过手拧螺丝将显示器支架固定在传送带侧面，显示器通过螺丝和支架固定。通过 HDMI 线、USB 线将显示器和控制终端连接，同时给显示器接入配套的电源，如图 8-69 所示。

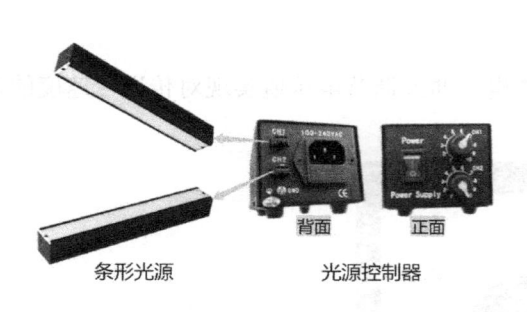

图 8-68 条形光源接线　　　　　　　　图 8-69 显示器安装

5）报警器

报警器为磁吸式安装方式，将报警器安装在相机铝框架正上部，传输线沿铝型材凹槽垂直铺设。USB 口接入控制终端即可。报警器系统接线示意图如图 8-70 所示。

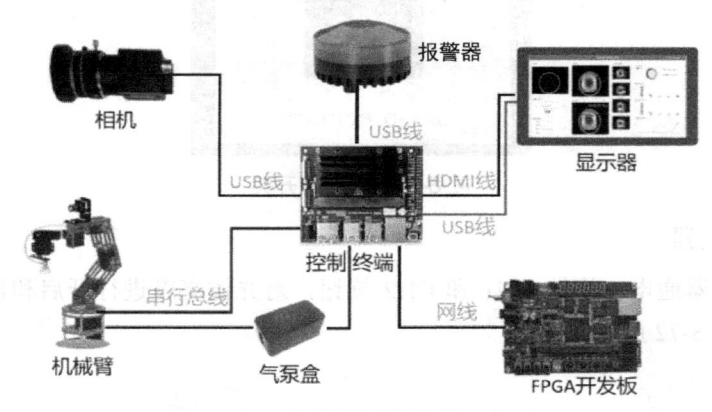

图 8-70 报警器系统接线示意图

各硬件模块的连接方式如下。

（1）通过相机 USB 线将相机与控制终端 USB 接口连接。

（2）通过网线将 FPGA 开发板和控制终端连接。

（3）通过串行总线将机械臂和控制终端连接。

（4）通过报警器串口线将报警器和控制终端连接。

（5）通过 USB 线和 HDMI 线将显示器和控制终端连接。

（6）将气泵盒和机械臂、控制终端连接。

2．系统调试

1）运行调试

按照"组装指南"将系统正确组装后，下一步进行对系统的运行测试。

（1）设备通电开机。

① 传送带。

打开传送带调速器电源开关，将传送带通电，通过调节电压值实现对传送带速度的调节。传送带开关如图 8-71 所示。

图 8-71 传送带开关

② 光源控制器。

将光源控制器通电，旋转 CH1 和 CH2 旋钮，对光源亮度进行开启和调节。光源控制器功能说明如图 8-72 所示。

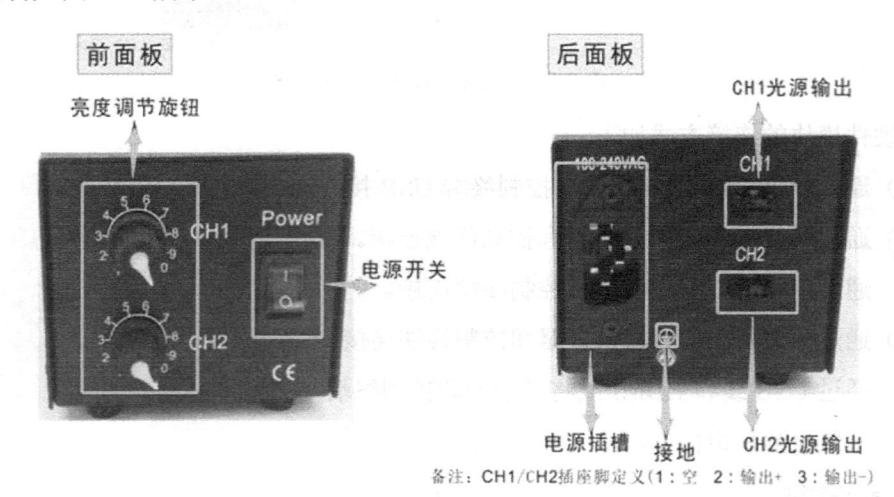

图 8-72 光源控制器功能说明

③ FPGA 开发板。

打开左上角的"开关"按键，打开 FPGA 开发板接通电源，开机启动 FPGA 开发板，如图 8-73 所示。

图 8-73 启动 FPGA 开发板

④ 控制终端。

将控制终端通电,开启机控终端开关电源,启动系统应用(控制终端、机械臂与工业相机公用一个电源),如图 8-74 所示。

图 8-74 启动控制终端

(2)相机图像调取。

对于相机获取的实时视频图像,可通过工业缺陷检测实训套件的显示大屏或 MVS 客户端查看。

① 采用显示大屏方式查看。

工业缺陷检测实训套件系统运行后,登录浏览器主页面,在其显示界面左上角的"检测区域"可查看相机图像的效果,如图 8-75 所示。

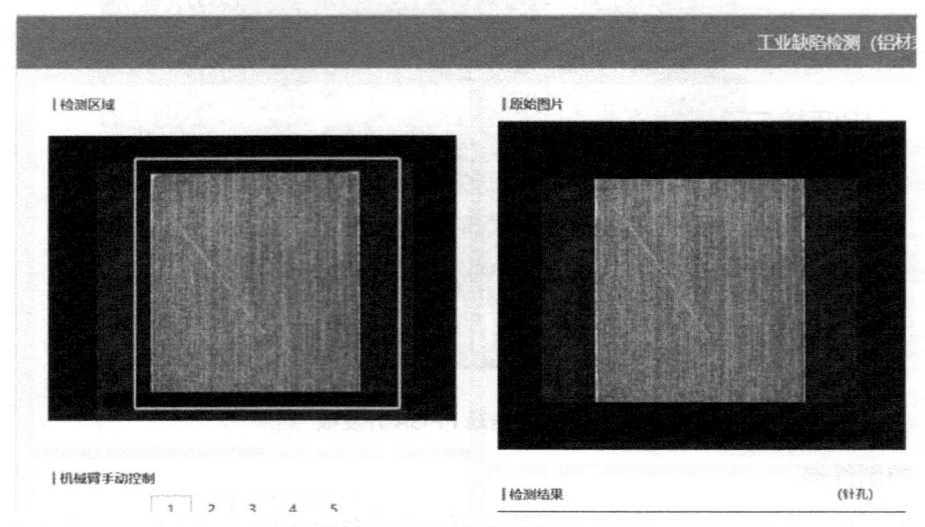

图 8-75 显示大屏的"检测区域"

② 通过 MVS 客户端查看。

下载 Windows 或 Linux 环境下的 MVS 客户端并成功安装后,可通过 MVS 客户端进行相机图像查看。

下载 MVS 客户端后,将相机连接到计算机或控制终端,单击"刷新"按钮,可查看到已接入相机的设备名称,如图 8-76 所示。

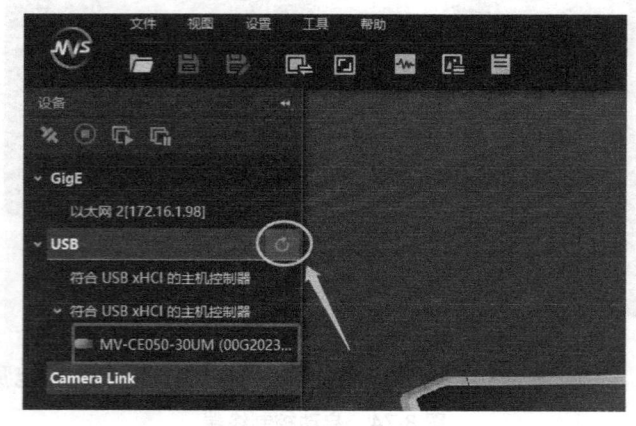

图 8-76 在 MVS 客户端添加相机

双击加载的设备名称后,在视频显示窗提示"正在打开相机"信息,待相机成功打开后,单击"播放"按钮,如图 8-77 和图 8-78 所示。

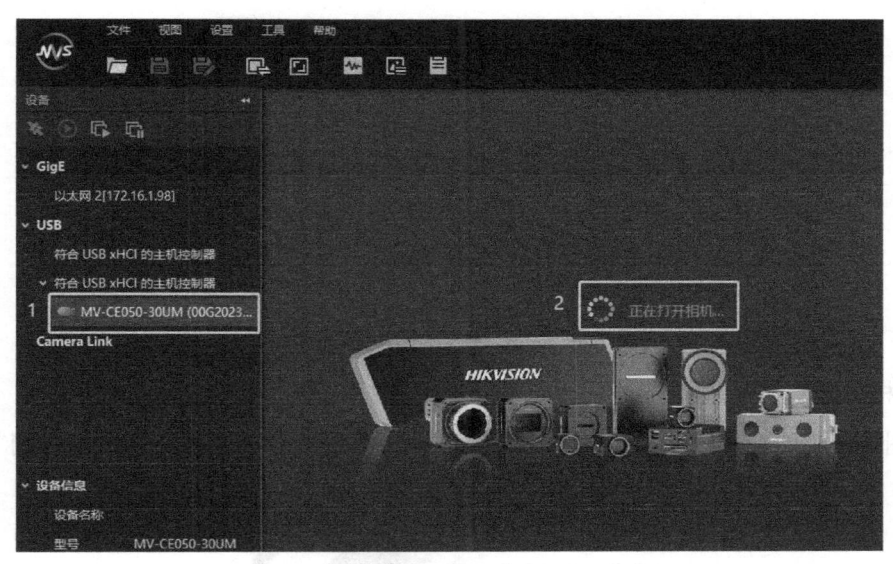

图 8-77 打开相机

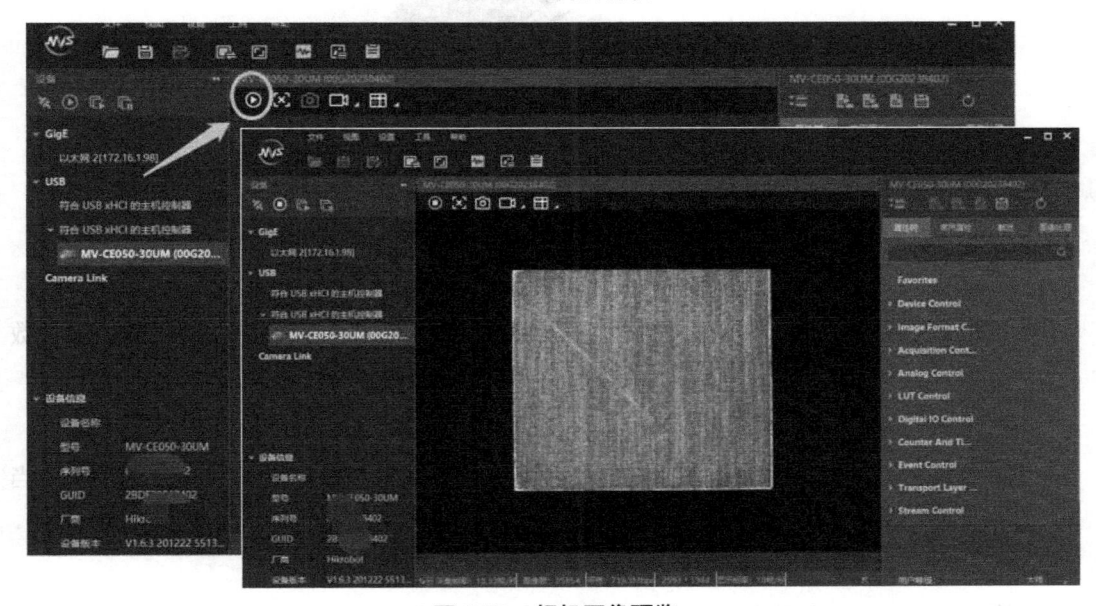

图 8-78 相机图像预览

（3）相机图像效果调试。

为保证铝片的识别效果，需要合理调节相机和被检测物的间距及相机参数，确保相机获取的图像不能过曝或过暗，可通过相机位置、相机光圈及对焦、光源等方面进行调节。

① 相机位置调节。

建议相机镜头和传送带的间距为 100~200mm，相机镜头垂直正对传送带正中间位置，如图 8-79 所示。

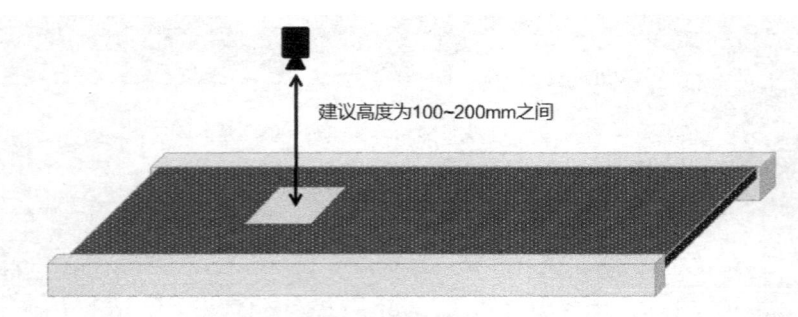

图 8-79　相机间距示意图

② 相机光圈及对焦调节。

如图 8-80 所示，根据光圈调节按钮和聚焦调节按钮来进行相机光圈及对焦调节。

图 8-80　相机功能按钮说明

【光圈】
- 光圈是控制镜头进光量的装置，以英文字母 F 作为标识，数值越小，光圈越大，数值越大，光圈越小，它们是反比的关系。
- 光圈大小会影响画面明暗程度，同时直接关联景深。
- 当需要突出主体虚化背景或在弱光环境下获得正确曝光时需要使用大光圈拍摄；当光线强烈或需要画面中各种元素都清晰时需要使用小光圈拍摄。

【聚焦】
- 聚焦（Focus）：将物体清晰地成像到感光器件上的过程，这一过程会将镜头的焦点落到感光器件上，也称为对焦。
- 聚焦在手动可调的镜头上一般会标示为 FAR<---->NEAR 或 ∞<---->N。

③ 光源调节。

结合被识别铝片和相机图像，确保相机抓拍的图片光线均匀，铝片上的缺陷痕迹清晰可见，条形光源的安装高度和角度可参考图 8-81。光源亮度过亮或过暗都会影响铝片缺陷检测的准确率，在实际操作过程中，需要结合实际环境调节光源亮度，以确保达到铝片检测最佳效果。

光源安装示意图如图 8-81 所示，可通过光源控制器调节光源亮度。

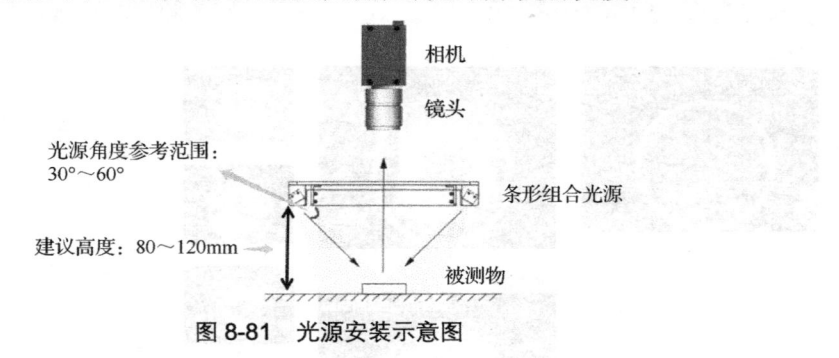

图 8-81　光源安装示意图

（4）机械臂调试。

可通过显示大屏的"机械臂手动控制"和"机械臂参数设置"对机械臂的角度、吸盘抓力、抓取位置等进行调试，并结合缺陷检测应用实现对缺陷铝片的自动分拣功能，如图 8-82 所示。

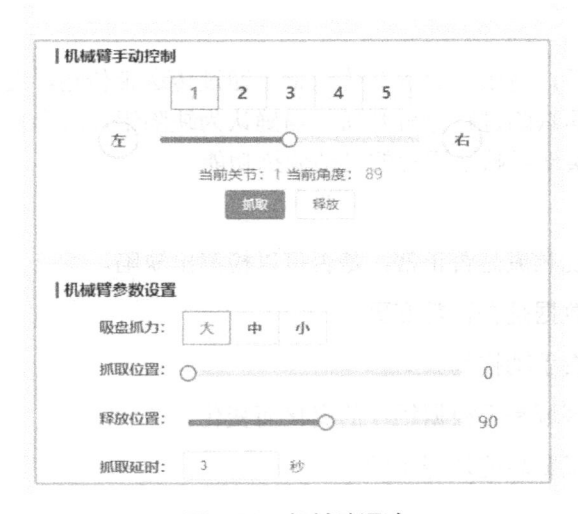

图 8-82　机械臂调试

（5）传送履带与机械臂联动。

在系统运行过程中，需要保证被检测到的有缺陷的铝片能成功被机械臂抓取，结合机械臂的摆放位置调节传输履带的速度，确保传输履带的传输速度和机械臂的抓取动作相匹配，保证每次能成功抓取被检测到的缺陷铝片，传输履带的运行速度通过传送带电源调速器调节。

（6）实训平台的连接与配置。

进入实训平台，图 8-83 所示为工业产品表面缺陷检测实训平台，可以看到图左上角为工业相机传送的实时影像。

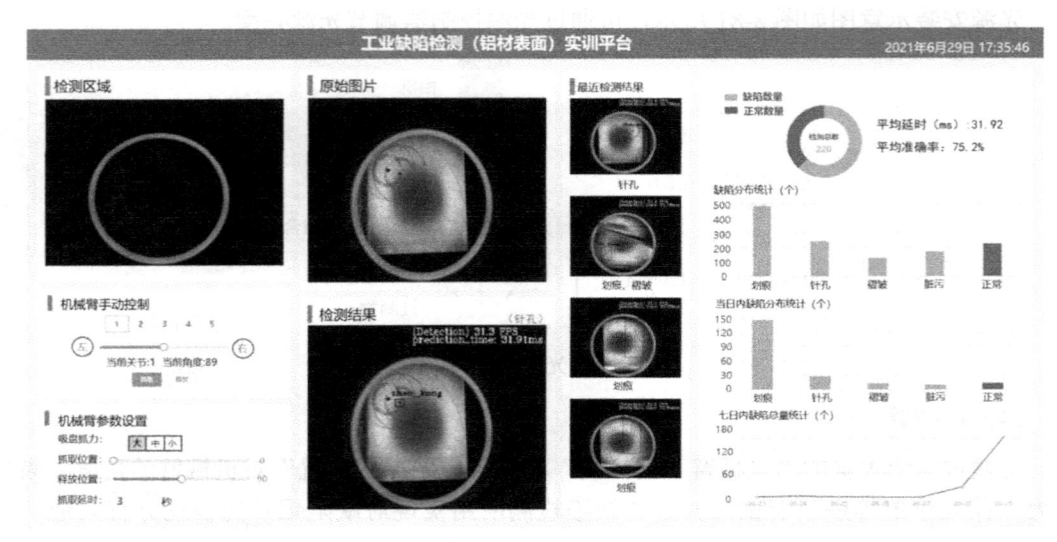

图 8-83 工业产品表面缺陷检测实训平台

2）运行系统

各模块调试完成后，将铝片放置在传送带上通过传送带传输，经过相机抓拍区域时，系统会对该铝片的表面缺陷进行分析判断，当确认为缺陷铝片时会自动显示与报警，并通过机械臂自动抓取，实现对缺陷铝片的自动分拣功能。

3）重点检查事项

- 检查检测区域视频流是否正常，是否可以检测出缺陷。
- 检查检测统计数据是否正常变更。
- 检查机械臂能否手动控制。
- 检查图像展示区域是否根据铝片的变化而变化。
- 检查报警器的报警功能是否正常。

3. 平台应用

平台地址为 http://172.16.1.199，通过平台页面可观测到工业相机视频流，若使用铝片推理可正常显示结果，则证明服务正常，可由此判断识别效果是否达到预期。平台功能主要由检测区域、原始图片区域和缺陷标注区域三个部分组成。

（1）通过对摄像头采集的视频流进行膨胀、腐蚀等处理后，得到对应的黑白图像；调用推理接口，推理得出当前视野下的铝片是否存在缺陷，当铝片存在缺陷时，对相关铝片进行画框和信息标注。同时在页面中间会显示最近四张检测结果图。

（2）机械臂控制。分为手动控制和参数设置两个部分。手动控制部分主要控制机械臂舵机的角度、左右旋转、抓取、释放等操作；参数设置部分主要包括抓取位置、释放位置、吸盘吸力及抓取延时设置等操作。

（3）数据的统计分析功能。在右侧页面主要显示各数据统计信息，包括检测铝片总数、平均延时、各缺陷的数据统计分析等。

实验 1：利用 Paddle-Lite 检测缺陷

1）实验目的

学习 Paddle-Lite 框架的基本使用方式，编写简单的模型推理服务（通过图片推理）。

2）实验内容

应用 C++编写程序，使用 Paddle-Lite 框架进行模型推理。

3）实验环境搭建

本节实验基于带有 FPGA 的 edgeboard 开发板。

4）实验原理

Paddle-Lite：Paddle-Lite 是飞桨基于 Paddle Mobile 全新升级推出的端侧推理引擎，在多硬件、多平台及硬件混合调度的支持上更加完备，为包括手机在内的端侧场景的 AI 应用提供高效、轻量级的推理能力，有效解决手机算力和内存限制等问题，致力于推动 AI 应用的广泛落地。Paddle-Lite 框架如图 8-84 所示。

```
edgeboard-183:~/workspace/PaddleLiteSample/classification/build# ./image_classify ../configs/resnet50/drink.json
driver_version: 1.5.1
paddle_lite_version: 1.5.1
Running Time: 3274.44 ms
label:2:cestbon
index:2
score:0.99856
```

图 8-84　Paddle-Lite 框架

5）实验步骤

（1）查看开发板 IP 地址并 ssh 登录到开发板，假设开发板 IP 地址为 172.16.1.191，用户名/密码：

```
root/root
ssh root@172.16.1.191
```

（2）进入 classification 工程目录：

```
cd /home/root/workspace/PaddleLiteSample/classification
```

（3）编辑 image_classify.cpp：

```
vim src/image_classify.cpp
```

（4）若没有 build 目录，则创建一个：

```
mkdir build
cd build
rm -rf *
```

（5）调用 cmake 命令创建 Makefile：

```
cmake
```

(6) 编译工程：

```
make
```

(7) 执行编译好的脚本：

```
image_classify .configs/resnet50/drink.json
```

实验 2：封装模型推理服务

1) 实验目的

基于实验 1 的推理程序继续扩展，封装外部 http 接口，对外提供模型推理服务。

2) 实验内容

应用 C++封装接口，提供服务。

3) 实验环境搭建

本节实验基于带有 FPGA 的 edgeboard 开发板。

4) 实验原理

Paddle-Lite 推理程序使用 C++语言进行编写，需要在原有的程序上进行扩展，使得外部能够使用该程序进行模型推理，因此需要了解 C++如何提供 http 服务。

5) 实验步骤

(1) 在主函数 detection_server.cpp 中补全若干空缺的代码行，实现调用头文件、完善 main 函数、提供 http 服务。

其中，主函数位于：

```
/home/root/workspace/PaddleLiteSample/detection-server/src
```

(2) 编译程序：

```
cd /home/root/workspace/PaddleLiteSample/detection-server/build
make
```

(3) 运行编译后的程序：

```
detection_server
```

〈思考与练习〉

一、填空题

1. 边缘计算是指在靠近物体或数据源头一侧进行_____、_____、_____和_____的服务模式。

2. 边缘智能的前提是_____，核心是_____，关键是_____。

3. I2C 总线是一种简单、双向二线制_____总线。它只需要____根线，即可在连接于总线上的器件之间传送信息。

4. 人工神经网络可以用来模拟大脑神经系统的结构和功能，是一种使用大量简单处理单元，经广泛连接而组成的_____。

5. DL-20 无线通信模块为_____，其优点为_____。

二、选择题

1. K210 的 KPU 算力为处理器每秒钟可进行（　　）次操作。
　　A. 1×10^{11}　　B. 1×10^{12}　　C. 8×10^{11}　　D. 8×10^{12}

2. 边缘计算相较于云计算技术而言所具有的特点是（　　）。
　　A. 体积小型化　　B. 算力巨大化　　C. 部署简单化　　D. 以上都是

3. 以下（　　）不是边缘计算的特点。
　　A. 低时延　　B. 离设备远　　C. 高带宽　　D. 安全性

4. Jetson 系列的入门级设备是（　　）。
　　A. Jetson AGX Orin　　　　B. Jetson Xavier NX
　　C. Jetson TX2　　　　　　D. Jetson Nano

5. 以下（　　）可以在 Jetson 设备上运行。
　　A. YOLO 算法　　B. KNN 算法　　C. ELM 算法　　D. 以上都是

三、问答题

1. 简述边缘智能的狭义定义和广义定义。

2. 简述边缘计算与云计算的关系。

项目 9 工业互联网网络安全防护

学习目标

1. 了解网络安全的概念。
2. 了解网络安全漏洞的种类。
3. 了解工业互联网网络安全防护范围、等级及内容。
4. 能配置工业互联网安全设备。

情景故事

某电池生产企业目前的电池包装设备都已经联网,但是发现其在安全方面还存在潜在隐患。王总经理召开网络安全专题会议,要求网管部门与相关技术人员基于企业现有条件,选用合适的网络安全设备,解决工厂网络已出现或潜在的安全问题。

项目描述

根据企业现场已有的工控安全产品(包括工业防火墙、工业安全审计系统)解决工厂网络的安全问题。

9.1 网络安全概述

当今世界正在经历前所未有的变化，新的科技不断涌现，使得产业不断发展，日新月异，数字经济已深入影响各行各业，各国政府都在大力发展数字经济，积极主动出台各种政策，不断推进数字产业化进程，进一步促进数字经济和实体经济的相互融合，数字经济已成为经济发展的强大动力。数字经济的不断推进确实给人民生活带来了翻天覆地的变化，但必须对它面临的安全隐患足够重视。网络安全已成为国家经济健康发展、国家安全稳定的重要基石。

9.1.1 网络安全的概念

【任务目标】

了解网络安全的概念及特征。

【任务准备】

通过网络或书本，认真查阅国家有关网络安全的法律法规，了解国家对网络安全的相关要求。

【知识链接】

1. 网络安全的概念

何为安全？一般来讲，安全就是指客观的正常状态不会受到其他因素的影响。网络安全的定义：对于一个网络系统，在各种因素的影响下都能保证其硬件、软件正常运行，能保证数据交换的安全，能正常实现资源共享，即该网络能抵挡任何威胁与侵害，那么我们就称这个网络系统是安全的。

国际标准化组织（ISO）对计算机系统安全的定义：为保护计算机系统中的计算机硬件、软件和数据，使它们不会由于偶然和恶意的原因遭到更改、破坏和泄露而建立或采用的安全保护技术。

计算机网络的安全的概念和计算机系统的安全的概念类似，我们可以将计算机网络的安全定义为为确保网络数据的可用性、完整性和保密性而采取的各种技术和管理措施，从而使网络系统能正常运行。网络安全保护措施的最终目的就是确保经过网络传输和交换的数据不会发生丢失、修改、增加和泄露等，保证数据传递的正确性和完整性。

网络安全的定义有狭义和广义之分。

狭义的网络安全覆盖面比较窄，一般就是指信息处理和信息传输的安全。它主要包括系统的硬件安全、软件安全（包括操作系统和应用软件的安全），系统运行的可靠性，数据库系统的安全，以及阻止信息泄露等。

广义的网络安全是指网络系统中所有的硬件、软件及其系统中的信息都将受到保护。它主要体现在网络服务不能中断，系统连续、可靠、正常地运行，系统中的信息不会由于偶然的事件或他人的恶意行为而遭到修改、删除或泄露。

2．网络安全的特征

网络安全根据其本质的界定，应具有以下基本特征。

（1）保密性。

所谓保密性，就是指信息不会对非授权的实体进行信息泄露，即非授权的实体不能获取未对其授权的信息。为保障网络的保密性，应在网络系统的各个层次上采取相应的防范措施，以达到完全的信息安全。例如，在物理层面，应确保任何信息不能以电、磁等方式向外泄露；在运行层面，要确保服务都依据授权提供，任何时候，非授权人都不能非法使用系统资源，以有效防止黑客的各种入侵，避免实体非法获取权限等。

（2）完整性。

所谓完整性，是指数据不能未经授权就进行改变的特性，即数据在网络存储、传输过程中能一直保持不被破坏、丢失和修改，接收到的数据和发出的数据具有一致性。

（3）可用性。

所谓可用性，是指网络可被授权实体访问，并按实体的访问需求使用资源的特性，也就是说，当实体需要时，网络能提供所需的信息。对于非授权实体的请求，网络应该拒绝服务，以防网络被破坏，影响系统的正常运行。

（4）可控性。

对信息传播及信息内容具有控制能力。

（5）可审查性。

当出现安全问题时，可提供依据与手段。

针对不同的应用环境，网络安全有不同的解释，同时，对于不同的网络用户角色，因为其使用网络的功能及等级不同，所以对网络安全有着不尽相同的要求。

下面我们分别从用户、网络运行与管理者、安全保密部门等角度来分析一下对网络安全的要求。

从用户（个人或企业）的角度来讲，他们对网络安全有如下要求。

（1）对保密性的要求，即在网络上传输的一些涉及个人隐私的信息不能被别人截取，也不能被泄露，这就是对保密性的要求。

（2）对信息完整性的要求，即在网络上传输的信息不能被他人随意修改，保证发送和接收的数据具有一致性,这就是对完整性的要求。

(3) 对身份认证的要求,即要保证在网络上发送的信息源是真实的,别人不能伪造,要确保在发送信息之前进行必要的身份认证,没有经身份认证的信息不能被发送。

(4) 对不可否认的要求,即信息具有不可否认的特性,对发送过的信息或完成的某种操作具有不可抵赖性。

从网络运行与管理者的角度来讲,他们对网络的要求就是网络能正常运行,能正常为用户提供相关的信息服务,并且要确保网络不会受到他人的恶意攻击,不会对网络服务和数据造成泄露、破坏和非法访问。

从安全保密部门的角度来讲,其要求主要是对网络中的机密数据、非法数据、有害数据进行过滤和删选,避免泄露涉及国家安全和商业机密的信息,避免对国家、社会和企业造成危害。

从社会教育和意识形态的角度来讲,要杜绝通过网络传播不健康的内容和不正确的价值观,要积极引导正确的网络文化,传递正能量、宣扬真善美。

【任务实施】

企业现场已有工控安全产品,包括工业防火墙、工业安全审计系统,利用这些安全产品解决工厂网络的安全问题。

1. 工厂网络有哪些隐患?

_____

_____

2. 从工厂的角度考虑,对网络安全有什么要求?

_____

_____

3. 认真阅读《工业互联网安全实训平台操作手册》,依据自己的理解绘制工业互联网平台的系统框架。

_____

_____

9.1.2 网络安全漏洞

【任务目标】

了解常见网络安全漏洞的种类。

【任务准备】

查阅网络安全漏洞的相关资料，了解常见网络安全漏洞的种类。

【知识链接】

俗话说"金无足赤，人无完人"，网络安全系统也是一样的，虽然我们希望它尽善尽美，但在组建网络安全系统的各个环节都有可能有意或无意地产生一些缺陷和薄弱点，这些缺陷和薄弱点就是网络安全漏洞。网络安全漏洞的存在会使网络安全方面存在隐患，攻击者要攻击网络，首先会找到这些网络安全漏洞，然后通过分析和利用这些网络安全漏洞来入侵网络。根据网络安全漏洞的来源，我们可以将其分为以下几类。

（1）软件漏洞。

任何软件都存在一定的脆弱性，也就是说，任何软件都存在一些安全漏洞，这些安全漏洞产生的原因可以分为两种，一种是操作系统本身的漏洞，软件运行在操作系统上，这个操作系统的漏洞都会被软件继承；另一种是应用软件本身的安全漏洞，这是在设计软件时无意留下的，很常见，需要密切关注。

（2）结构漏洞。

结构漏洞是指在组建网络的过程中，忽略了对安全问题的考虑，没有采取严密的网络安全措施，从而使整个网络处于不设防或防范措施不严密的状态。结构漏洞是由考虑不周导致的，因此要尽量避免，否则整个网络都将暴露在攻击者面前，非常危险。

（3）配置漏洞。

配置漏洞是指在网络设计中就忽略了安全策略的制定，或者虽然采取了网络安全措施，但是由于配置不正确，安全策略没有发挥作用，以及在网络设备中，当环境发生变化后，由于没有及时更新安全配置而造成的安全漏洞。

（4）管理漏洞。

管理漏洞是指网络管理者由于不小心或疏忽大意而造成的安全漏洞，如管理员口令长时间不更换，口令简单，这样容易造成口令攻击；多台服务器公用一个账号和密码，这样会导致安全连锁事件。

（5）信任漏洞。

信任漏洞是指网络过分信任外来的机器，赋予它一些特权，一旦这个机器被攻击，可以借用这个机器对网络进行入侵。

从以上网络安全漏洞来看，导致网络安全漏洞的原因是多方面的，既有技术因素，也有管理因素。攻击者通常会仔细分析某个网络安全相关的技术因素和管理因素，寻找其中可以利用的网络安全漏洞来入侵系统，因此，要避免网络安全漏洞，必须从技术手段和管理制度等多方面采取有效措施，才能真正使网络更加安全。在网络建设中，要求用户选用稳定的服务器，在网络的后台密码设置中，一方面密码应尽量长，另一方面应尽量频繁地更换密码。

因为网络安全漏洞比较复杂，所以必须对漏洞进行有效管理。漏洞管理是一种实践，包括对网络安全漏洞的识别、分类、修复和缓解等。它需要的不仅仅是扫描和修补。相反，漏洞管理需要 360 度全方位了解系统、流程和人员，以便做出明智决策，制定检测和缓解漏洞的最佳行动方案，以便 IT 安全团队通过修补和配置适当的安全设置来实施补救。

漏洞扫描是识别系统应用程序及设备中的漏洞的过程。该过程通过漏洞扫描程序实现自动化，并拍摄网络安全漏洞快照，从而使安全团队就缓解措施做出合理的决策。确定漏洞和威胁后，分析和确定它们的优先级，按优先级消除它们，这就是漏洞修复工作，一些常见的修复方法如下。

（1）使用防病毒软件和其他端点保护措施。

（2）定期更新操作系统补丁。

（3）保护和隐藏 Wi-Fi 网络。

（4）安装或更新监控网络流量的防火墙。

（5）通过最低权限和用户控制，实施和强化安全访问。

【任务实施】

1．工程网络有哪些漏洞？

_____

_____

_____

2．修复漏洞的方法有哪些？

_____

_____

_____

3．参照《工业互联网安全实训平台操作手册》的内容，完成工业互联网平台的组建。

_____

_____

9.2 工业互联网网络安全

工业互联网（Industrial Internet）是互联网与工业经济相融合的新型应用模式，它采用新一代的信息通信技术，对工业经济里的各种元素（人、机、物、系统等）进行全面连接，旨在构建覆盖全产业链、全价值链的全新制造和服务体系，为工业的数字化、智能化发展提供有效途径，同时，工业互联网是第四次工业革命的重要基石。

工业互联网不是简单的互联网+工业，它具有更为丰富的内涵和外延。它以数据为要素、以网络为基础、以安全为保障、以平台为中枢，既是工业数字化、智能化、网络化转型的基础设施，也是互联网、人工智能、大数据与实体经济深度融合的应用模式，同时，它是一种新产业、新业态，必然会重塑企业形态，重新整合供应链和产业链，给工业发展带来翻天覆地的变化。

工业互联网的安全与传统的网络安全有一定的区别，在国际标准《工业过程测量、控制和自动化 网络与系统信息安全》（IEC 62443）中，针对工控安全的定义包括以下几个方面。

（1）保护系统所采取的措施。
（2）根据保护系统的措施而得到系统正常状态。
（3）能够拒绝对系统资源的非授权访问。
（4）能够保证非授权操作无法修改数据，也无法访问系统功能。
（5）能够保证授权操作不被阻止。
（6）阻止对工控系统的非法或有害入侵，避免干扰其正常操作。

9.2.1 工业互联网网络安全的潜在风险

【任务目标】

了解工业互联网网络安全的潜在风险。

【任务准备】

查阅工业互联网网络安全的潜在风险的相关资料，了解工业互联网安全方面的潜在风险及其攻击路径。

【知识链接】

作为第四次工业革命的重要基石，工业互联网已成为新基建的重要组成部分，它是新一代信息技术与现代工业深度融合所形成的新业态与新模式。新技术在带来新机遇的同时，往往会带来新问题。工业互联网中各种设备互联，设备种类多、数量多，漏洞后门多，攻击路径多，攻击可达性强，因此新问题主要聚焦于安全方面。目前，在工业互联网的发展过程中，主要面临着以下几类安全风险。

(1) 工业协议风险。

工业领域的通信协议在设计初期主要是为了保证生产的连续性与稳定性，所以在设计的时候就在安全性和可用性之间做了取舍，牺牲了一部分安全性，因此工业协议面临着安全性方面的挑战，常用的工业协议有 Modbus、PROFIBUS、OPC、S7 等。

(2) 控制设备风险。

我国工业发展比较晚，工业生产线采用的设备大多来自国外的一些品牌，如西门子、施耐德等，为了实现更多的功能，这些设备存在安全方面的隐患，一旦这些漏洞及安全隐患被攻击，会造成非常严重的后果。

(3) 操作系统风险。

操作系统风险是指计算机的操作系统自带的风险。由于我们的控制软件都安装在系统中，因此必须考虑到操作系统的安全问题。现在的服务器大量使用 Windows 系列操作系统，但该系统存在大量安全隐患，而且计算机很少打补丁，甚至有些老旧系统已经停止更新，这使得该系统容易遭受攻击。

(4) 应用软件风险。

在设计工业网络中使用的各种组态软件时，为了实现各种功能，可能缺乏安全方面的考虑，因此存在大量的安全漏洞。很多组态软件都已曝出大量高危、中危漏洞，对生产造成严重影响。同时，一些别有用心的人员也可以通过这些漏洞发起对工业控制系统的攻击行为。

(5) 病毒传播风险。

经过大量的实际项目建设，发现在大部分工业控制网络中，工控主机、服务器均存在大量的病毒，这些病毒已经影响到企业的正常生产工作。通过对这些病毒的入侵途径进行分析，发现这些病毒大多是由移动存储介质的滥用造成的。

(6) 误操作风险。

在工业生产线内，上位机操作工程师权限过大，通过上位机直接发布操作指令、组态变更、程序下装等，一旦误操作或恶意操作，必然会导致错误生产，从而造成生产损失。

(7) 管理缺失风险。

管理缺失风险包括未严格遵守、执行工控安全的各项管理制度、规范、标准，没有将人和技术结合在一起，技术防护手段未能真正发挥作用。

(8) 人员意识风险。

人是最关键的一个因素。不管是技术的实施和维护，流程的遵从、改善和管理，都离不开经过培训合格、具有专业素质的人员的参与。工业用户安全意识不足是很多安全事件产生的根本原因。

表 9-1 所示为工业互联网工控系统威胁源分析，威胁主要来自三个方面，分别是内部威胁、外部威胁和可用性威胁。

表 9-1 工业互联网工控系统威胁源分析

威 胁 源			可能给工控系统带来的风险	风险等级
内部威胁	操作人员		1. 员工有意或无意的错误操作对工控系统造成的威胁	非常高
	维护人员		2. 由维护人员携带移动计算机或移动存储设备随意接入工控系统带来的威胁	非常高
外部威胁	工业间谍		通过互联网，以管理网作为跳板，入侵工控网络，从而获取工控系统中的涉密配方与工艺数据	低
	病毒	工控病毒	针对自动化系统的特定病毒（如震网、Duqu 等），通过管理网或其他移动存储设备进入工控网络，对工控系统进行破坏	高
		非工控病毒	工控系统大量采用 IT 技术，病毒很容易被引入工控系统，从而对工控系统的正常运行造成影响	高
	异常行为与流量		病毒、木马或软硬件故障都可能导致异常行为或异常流量，从而对工控系统造成影响	中
可用性威胁	系统的可用性		由 CPU、内存、硬盘、端口流量等性能问题导致工控系统产生故障	中

工业互联网存在安全漏洞，也面临着很多威胁，因此工业互联网容易受到来自各方面的攻击，攻击者可以选择不同的路径对网络进行侵入和破坏。图 9-1 所示为工控系统攻击路径分析，图中标出了 6 种攻击路径，分别为来自互联网的攻击、来自企业网的攻击、野外搭线、远程拨号攻击、现场外包人员及工控系统人员。因此，在设计网络安全策略时，必须考虑到这些攻击路径，并尽量阻断这些攻击路径。

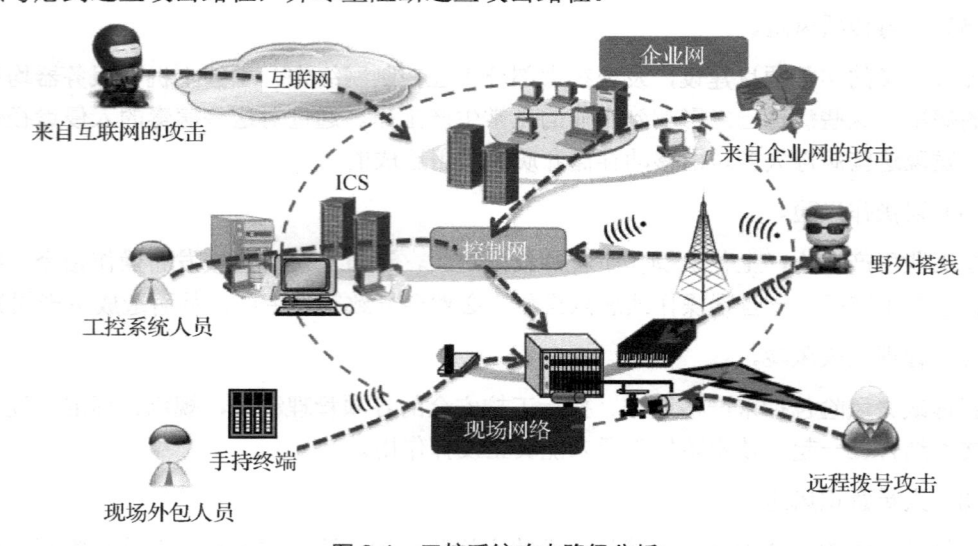

图 9-1 工控系统攻击路径分析

表 9-2 列出了工控系统与传统 IT 信息系统在建设目标、体系结构、操作系统、数据交换协议、系统实时性、系统故障响应和系统升级难度方面的差异化对比，这些差异导致两者在网络安全方面存在较大区别。

表 9-2　工控系统与传统 IT 信息系统的差异化对比

对 比 项	工 控 系 统	传统 IT 信息系统
建设目标	使工厂的生产和制造实现自动化，并具有可控性及可视性	实现数据处理与信息共享
体系结构	ICS 系统主要由工控设备及工控系统组成	通过协议组成的计算机网络
操作系统	广泛使用嵌入式操作系统，并根据需要进行功能裁减或定制	通用操作系统，功能比较多
数据交换协议	专用通信协议，可作为 TCP/IP 协议的应用层使用	TCP/IP 协议栈
系统实时性	对实时性要求高、不能停机和重启恢复	对实时性要求不高，信息传输允许存在延迟，可以停机和重启恢复
系统故障响应	因为控制的是生产线上的设备，所以中断会造成经济损失或灾难，必须紧急响应并处理故障	中断可能会造成任务损失，对系统故障的处理响应级别依客户需求而定
系统升级难度	因为软硬件都是特定的，所以软硬件升级较困难，一般很少进行系统升级，若要升级，则可能需要对整个系统进行升级换代	软硬件升级较容易，较频繁

【任务实施】

1. 工业互联网网络安全的潜在风险有哪些？

_____

_____

2. 根据《工业互联网安全实训平台操作手册》，在 HMI 上实现电机控制。

_____

_____

9.2.2　工业互联网网络安全防护范围及内容

【任务目标】

了解工业互联网网络安全防护范围及内容。

【任务准备】

查阅工业互联网网络安全防护范围的相关资料，并调研吉利工业互联网平台（Geega）所提供的安全防护内容，对工业互联网网络安全防护范围有大致了解。

【知识链接】

工业互联网安全防护场景如图 9-2 所示，从图 9-2 中可以看出，工业互联网的防护对象可分为五个层级，分别为设备安全、控制安全、网络安全、应用安全、数据安全。

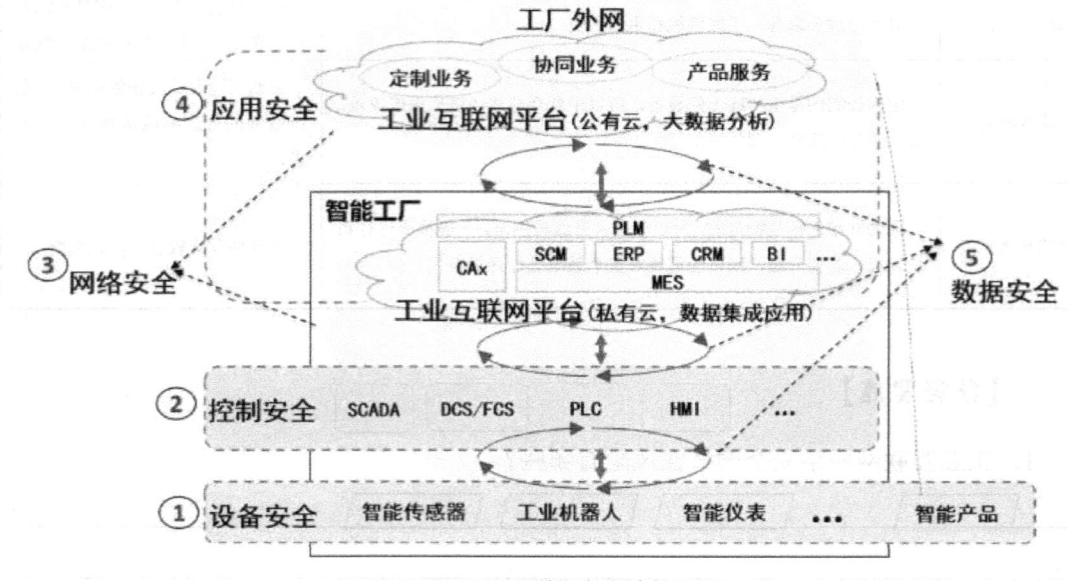

图 9-2 工业互联网安全防护场景

（1）设备安全：指工业互联网中所有设备的安全，包括软硬件的安全等。

（2）控制安全：指生产控制安全，包括控制软件安全与控制协议安全等。

（3）网络安全：指工厂内所有网络的安全，包括有线网络、无线网络的安全，以及实现互联的公共网络的安全。

（4）应用安全：指业务平台安全及应用程序安全等。

（5）数据安全：指工厂内部数据及工厂外部数据等各类数据的安全。

工业互联网安全防护旨在加强工业互联网各层级防护对象的安全水平，保障系统网络安全运营，防范网络攻击。工业互联网安全防护内容具体如下。

（1）设备安全：主要对设备或运维用户进行身份鉴别、访问控制，以及对其他非授权设备进行安全审计、入侵防范等。

（2）控制安全：主要实现对控制协议的完整性保护、对控制软件的身份鉴别和访问控制，以及对其他非认可设备的安全审计、入侵防范等。

（3）网络安全：主要实现对网络与边界的访问控制、划分隔离、机密性与完整性保护、异常监测、安全审计、入侵防范等。

（4）应用安全：主要实现对工业互联网平台及工业应用程序的攻击防范、访问控制、入侵防范、来源控制、行为管控等。

（5）数据安全：主要实现数据机密性保护、数据安全销毁、数据备份恢复、完整性保护等。

工控网络存在以下安全特殊性。

（1）网络通信协议不同：很多工控系统由于设备不同而采用私有协议。

（2）对系统稳定性的要求高：网络安全不稳定会造成系统误报，使生产混乱。

（3）系统运行环境不同：工控系统的运行环境一般为工厂，环境比较差，设备比较旧。

（4）网络结构和行为相对稳定：网络结构和生产设备关系紧密，不能频繁变动或调整。

（5）对安全防护的要求高：无法通过补丁来解决安全问题。

工控网络安全和传统网络安全存在以下区别。

（1）防护目标的区别。

工控网络安全首先要保证在不利条件下维护生产系统正常运行，不影响生产；而传统网络安全需要在不利条件下保证不出现信息泄露，这是这两者之间的区别。

（2）防护手段的区别。

工控网络安全主要采用主动防御手段，常见的主动防御手段有旁路机制、白名单机制、学习建立防护策略、抵御已知/未知病毒、五元组+协议解析。

而传统网络安全采用被动防御，采取的手段主要有黑名单机制、冗余设备保证网络畅通、识别和清除已知病毒、预先设置防护策略、五元组。

（3）网络架构的区别。

工控网络安全的架构比较复杂，多种网络混合，包含有线、无线、卫星通信、无线电通信、移动通信等，通信协议复杂，包含很多专用通信协议及私有协议，且其设备复杂，包括网络设备、主机设备、防护设备、控制设备、现场设备等。

传统网络安全的架构简单，多为有线或无线网络，采用标准 TCP/IP 协议，设备类型相对简单，以网络设备、主机设备、防护设备为主。

（4）数据传输的区别。

工控网络安全对实时性的要求高，不允许有延迟，基本无加密认证机制，以指令、组态、采集数据为主，流向明确，基本无交叉。

而传统网络安全对实时性的要求不高，允许有延迟，加密认证防护，以文件、邮件、即时消息为主，数据交叉传输。

（5）运行环境的区别。

工控网络安全相对隔离，不与互联网相通，操作系统老旧，很少更新补丁，基本不安装杀毒软件，以专用软件为主，类型数量不多，信息交互多通过 U 盘实现，安全漏洞较多，易受攻击。

传统网络安全与互联网相通，操作系统新，频繁更新补丁，杀毒软件是标配，以办公软件为主，类型数量繁多，信息交互多通过网络实现，安全漏洞较少，防护措施完善。

（6）物理环境区别。

工控网络安全一般无机房，直接部署在生产环境，无专用散热装备，环境条件恶劣（如高温、高湿、粉尘大、振动、酸碱腐蚀等），基本无监控、登记管理措施。

传统网络安全配有专用机房，统一放置设备，配有空调，环境条件优良，温湿度基本恒定，灰尘小，无振动，无腐蚀，配有防盗门，有视频监控，还要进行出入登记。

（7）防护硬件的区别。

工业网络安全硬件采用工业级设计，全密封，采用 RISC 架构，功耗低，自身可散热，宽温工作，时延在 100μs 以下，标配为 Bypass 机制，深度识别工业协议，使用寿命为 15～20 年。

传统网络安全硬件基本无三防设计，采用 X86 架构，功耗高，采用风扇散热，温度范围有限，时延在毫秒级以上，Bypass 机制非标配，基本不支持工业协议，使用寿命为 5～8 年。

（8）防护软件的区别。

工业网络安全采用白名单机制，不需要升级库和补丁，操作系统加固，可抵御已知/未知病毒，具备自我保护能力，运行占用的资源少，支持老旧系统。

传统网络安全采用黑名单机制，需要频繁升级库和补丁，不加固操作系统，可防范已知病毒，缺少自我保护能力，支持新版系统，运行占用的资源多。

（9）管理维护的区别。

工业网络安全的管理制度不完善甚至缺失，缺乏专业技术人员，设备维护依赖提供商，政策标准文件不完善。

传统网络安全的管理制度比较完善，配备专业维护技术人员，能够实现自我维护，政策标准文件完善。

图 9-3 所示为工控安全防护总体规划，一个安全的工控系统应该具备系统可靠性、信息安全和功能安全。

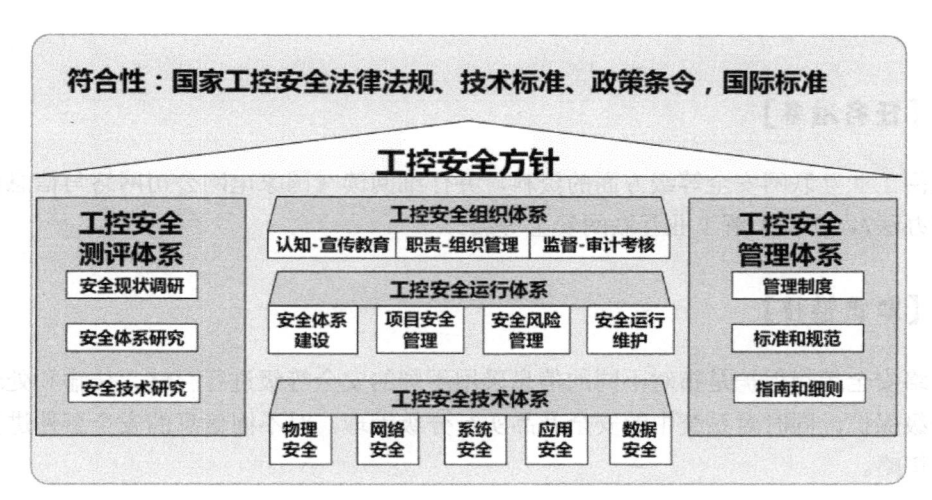

图 9-3 工控安全防护总体规划

系统可靠性（System Reliability）：是指系统在一定时间内、在一定条件下无故障地重复执行指定功能的能力，系统可靠性是产品自身固有的质量特性的体现。

信息安全（Information Security）：是指信息网络的软硬件及其系统中的数据受到严格保护，不会因偶然的或恶意的原因而遭到更改、破坏、泄露，信息服务不中断。信息安全的重点在于防止人为的恶意破坏。

功能安全（Safety）：从相关的控制系统考虑，着重避免由控制设备仪器失效而导致的风险。功能安全强调设备自身的可靠性及人与设备的关系，未考虑恶意的攻击因素。

【任务实施】

1．工业互联网安全防护范围包括哪些？

_____

_____

2．参考《工业互联网安全实训平台操作手册》，获取 PLC 设备型号并记录。

_____

_____

9.2.3 工业互联网安全等级

【任务目标】

了解工业互联网安全等级划分方法及标准。

【任务准备】

查阅工业互联网安全等级方面的资料,并仔细阅读《国家电网公司网络与信息系统安全管理办法》,初步了解工业互联网安全等级。

【知识链接】

网络安全等级保护是指对不同的信息采用不同的安全等级进行存储、传输和处理,并实行分级保护,同时对系统中的安全产品实行分级管理,对不同信息的安全事件进行分级响应的策略。

工业互联网系统安全等级分为以下五个等级。

(1)第一级——自主保护级。

自主保护级适用于不需要备案,对评估周期没有要求的系统。当这类工业互联网系统被破坏后,会对公民、法人和其他组织造成普遍损害,但不会影响国家安全、社会秩序和公众利益,如小型私营企业、个体企业、中小学,以及乡镇、县级单位中一般的信息系统都适用于自主保护级。

(2)第二级——指导保护级。

指导保护级适用于在公安机关须备案并建议两年评估一次的系统。当这类信息系统被破坏后,将严重损害公民、法人和其他组织的合法权益。同时会对公共利益、社会秩序造成一般损害,但不损害国家安全。一般适用于县级其他单位中的重要信息系统,以及企事业单位内部一般的信息系统和地市级以上国家机关,如非涉及商业秘密、工作秘密、敏感信息的办公系统和管理系统等。

(3)第三级——监督保护级。

监督保护级适用于在公安机关须备案并要求每年检测一次的信息系统。当这类信息系统被破坏后,将会对社会秩序和国家安全造成危害,对公共利益会造成严重损害,尤其是会对公民、法人和其他组织的合法权益造成严重损害。地市级以上国家机关、企业、事业单位内部重要的信息系统,如涉及商业秘密、工作秘密、敏感信息的办公系统和管理系统适用于监督保护级。

(4)第四级——强制保护级。

强制保护级适用于在公安部门须备案并要求半年检测一次的信息系统。当此类信息系统被破坏后,会对国家安全造成严重损害,对社会秩序、公共利益造成特别严重的损害。一般适用于国家一些重要领域、重要部门中的特别重要的系统及核心系统。例如,银行、民航、广电、电力、铁路、电信、税务等重要部门的生产、调度、指挥等涉及国家安全、国计民生的核心系统。

（5）第五级——专控保护级。

专控保护级适用于在公安部门根据特殊安全需要进行备案的信息系统。当这类信息系统被破坏后，会严重损害国家安全。一般适用于国家重要领域、重要部门中的极端重要的系统。

近几年来，为进一步完善工业互联网安全保障体系，提升工业互联网安全保障能力，中华人民共和国工业和信息化部积极努力完善工业互联网安全保障体系架构，在短短几年时间内相继发布了多个工业互联网相关的安全标准及指导意见。这些标准从安全评估、安全建设、安全运维、安全应急等多个方面提出了安全要求，如 2016 年发布的《工业控制系统信息安全防护指南》、2017 年发布的《工业控制系统信息安全事件应急管理工作指南》《工业控制信息安全防护能力评估工作管理办法》《工业控制系统信息安全行动计划（2018—2020）》等，这些标准的出台大大促进了国内工业互联网的发展。

依据企业属性，工业互联网企业主要包括以下三类。

（1）工业互联网应用企业，主要涉及消费品工业、电子信息制造业、原材料工业和装备工业等行业。

（2）工业互联网平台企业，主要指对外提供工业互联网平台服务、互联网信息服务的企业。

（3）工业互联网基础设施运营企业，主要有两类，一类是基础电信运营企业，另一类是标识解析系统建设运营机构。

联网工业企业分级标准如下。

根据企业所属行业网络安全影响程度、企业规模、企业应用工业互联网的程度、企业发生网络安全事件的影响程度等要素，可以对联网工业企业进行分级。其中，所属行业网络安全影响程度由低到高分别可划分为一类、二类和三类。

企业分级采用计分方式进行，满分为 100 分：

评分≥80 分的，为三级企业；

评分≥60 分且<80 分的，为二级企业；

评分<60 分的，为一级企业。

联网工业企业分级评定参考规则如表 9-3 所示。

表 9-3 联网工业企业分级评定参考规则

序 号	一级指标	评 定 要 素
1	企业所属行业网络安全影响程度（40分）	根据企业所属行业网络安全影响程度，先开展安全生产标准化工作，再考虑行业网络安全对我国政治、经济、社会等的影响程度，将企业所在行业分为一类行业、二类行业和三类行业

续表

序号	一级指标	评定要素	
2	企业规模（10分）	根据从业人员数量、营业收入、资产总额等将企业分为大型企业、中型企业、小微企业	
3	企业应用工业互联网的程度（30分）	根据企业信息化和工业化融合程度、互联互通、综合集成、数据分析利用四个方面，综合判定企业应用工业互联网的程度为高、中、低三个等级	企业信息化和工业化融合程度：根据两化融合评估规范，分为起步建设阶段、单项覆盖阶段、集成提升阶段和创新突破阶段
			互联互通程度：根据智能设备联网、信息网络设施建设、生产资源链接程度判定
			综合集成程度：根据企业与产业链上下游横向集成、企业内部纵向集成，以及贯穿整个价值链的端到端集成程度判定
			数据分析利用程度：根据运营智能决策、产品生命周期优化、生产智能管理、供应链优化、网络化协同、能耗与安全管理优化、服务化延伸程度判定
4	企业发生网络安全事件的影响程度（20分）	企业根据自身情况判定一旦发生重大网络安全事件后，关键数据、重要敏感信息和国家秘密信息丢失或被窃取、篡改、假冒的程度，以及对国家安全、社会秩序、经济建设和公众利益构成威胁的程度，分为一般影响、较大影响、重大影响和特别重大影响	

各级联网工业企业的安全防护要求如下。

（1）三级联网工业企业应当根据工业互联网相关标准规范的要求，采取适当的技术防护措施；建设完善的企业级工业互联网安全监测平台，并接入省级以上工业互联网安全监测平台；省级以上工业互联网安全监测平台要定期向三级联网工业企业通报安全风险。

（2）二级联网工业企业应当根据工业互联网相关标准规范的要求，采取相应的技术防护措施；积极建设企业级工业互联网安全监测平台，并与省级工业互联网安全监测平台对接。

【任务实施】

1. 工业互联网系统的安全保护分为几个等级？分别是什么？

2. 根据《工业互联网安全实训平台操作手册》，篡改 PLC 相关数据。

9.2.4 工业互联网安全防护要求

【任务目标】

了解工业互联网安全防护要求。

【任务准备】

通过各种平台积极查阅工业互联网安全防护相关资料,并认真阅读《信息安全技术网络安全等级保护基本要求》GB/T 22239—2019,了解工业互联网安全防护要求。

【知识链接】

根据《信息安全技术网络安全等级保护基本要求》GB/T 22239—2019,其中定义了网络安全保护对象分为设备安全防护、控制安全防护、数据安全防护、应用安全防护和网络安全防护,并对网络安全等级从第一级到第四级的安全防护要求做了具体说明,工业互联网要满足一般网络的防护要求,也要具有它的特殊性,下面简单介绍每一级安全防护的具体要求。

第一级安全防护要求如下。

(1) 对接入的设备和用户要进行身份鉴别。

(2) 制定访问控制列表。

(3) 关闭设备中不需要的服务、共享和端口。

(4) 将室外控制设备安装在箱体内并紧固,远离强电磁干扰。

(5) 确保控制协议中的各类指令不被非法篡改和破坏。

(6) 要及时删除多余的、过期的账户,避免共享账户存在。

(7) 将工厂内部网络划分为不同的安全区域,不同安全区域之间应采用技术隔离手段。

(8) 采用密码技术支持的数据保密机制。

第二级安全防护要求如下。

(1) 防止身份鉴别信息在网络传输过程中被窃听。

(2) 实现对管理设备的用户的权限分离。

(3) 能发现可能存在的漏洞,并能及时修补漏洞。

(4) 应启用安全审计功能。

（5）安装防恶意代码软件。

（6）网络异常监测报警。

（7）应强制用户首次登录时修改初始口令。

（8）应设置针对工业应用程序的白名单功能。

（9）仅采集和保存业务必需的用户个人信息。

第三级安全防护要求如下。

（1）可对部署的多重设备进行实时审计跟踪。

（2）能识别和防范破坏控制协议完整性的攻击行为。

（3）能够检测到对重要控制系统进行入侵的行为。

（4）应对进出网络的信息内容进行过滤，实现对内容的访问控制。

（5）应能对网络中发生的各类安全事件进行识别、报警和分析。

（6）应采用两种或两种以上的组合机制进行用户身份鉴别。

（7）数据保密性保护。

（8）提供重要数据处理系统的热冗余。

第四级安全防护要求如下。

（1）采用由密码技术支持的完整性校验机制。

（2）应能够对非授权连接进行限制或检查，并对其进行有效阻断。

（3）对重要通信过程进行密码运算和密钥管理。

（4）执行重要操作时应再次进行身份鉴别。

（5）数据抗抵赖。

（6）应建立异地灾难备份中心。

【任务实施】

1. 网络安全保护对象有哪些？

_____

_____

2. 根据《工业互联网安全实训平台操作手册》，完成防火墙及工业设计配置。

_____

_____

9.2.5 工业防火墙配置

【任务目标】

了解工业防火墙工作原理,能够对主流工业防火墙进行配置。

【任务准备】

在网上查阅工业防火墙主流产品的规格型号、相关功能及参数。

【知识链接】

工业互联网拓扑图如图 9-4 所示,利用相应的安全设备实现工业互联网的安全防护。

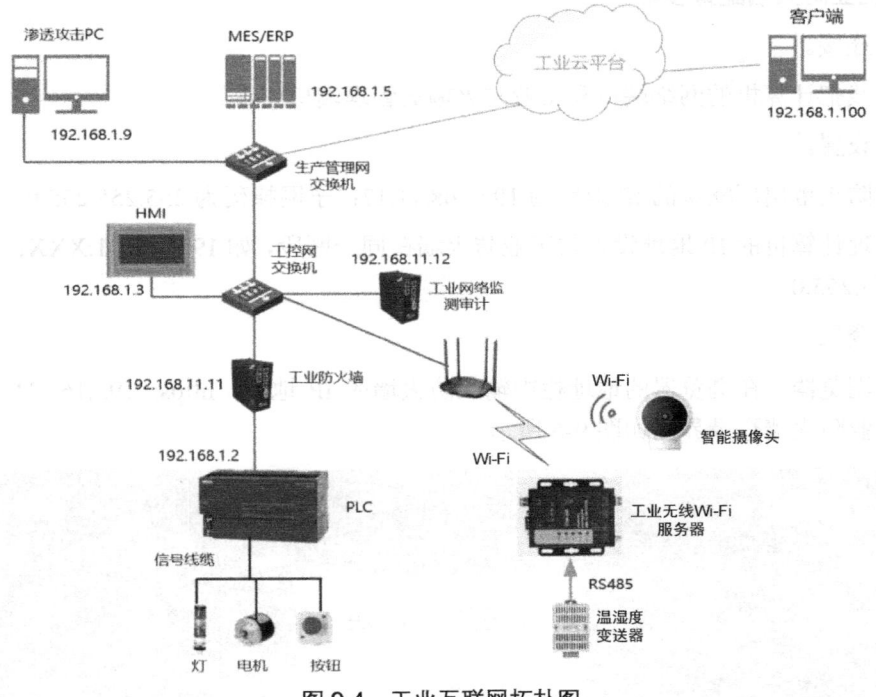

图 9-4 工业互联网拓扑图

1. 工业防火墙简介

工业防火墙是专门为工业控制网络量身打造,满足众多工业行业、多种工业控制与监测及信息化系统现场应用的工业防火墙产品,机架式(标准 1U)工业防火墙如图 9-5 所示。

图 9-5 机架式(标准 1U)工业防火墙

通过不同的防护策略，工业防火墙能够对工业网络的安全事件进行监控和防护，及时告警或阻断，并记录事件，便于分析溯源。防护策略包括基础防火墙、自定义工业策略、自学习工业应用白名单、工业漏洞黑名单等，综合保护工业网络安全。

工业防火墙适用于 DCS、SCADA、PLC、PCS 等工业控制系统，可以被广泛应用于电力、智能制造、水利、铁路、石油石化、天然气、城市轨道交通、城市市政及其他与国计民生紧密相关的领域的工业控制系统。

产品硬件采用工业级芯片、电源冗余设计，无风扇、有 IP40 防护，使产品达到了工业级的可靠性和稳定性。

工业防火墙支持对 Modbus、OPCDA、TCP、IEC104、S7、DNP3、MMS、PROFINET IO、PROFINET DCP、Ethernet/IP、GOOSE、OPCUA_TCP、SV 等众多工业协议进行深度解析和防护。

2．工业防火墙配置步骤

（1）连接。

用网线把计算机的网络端口和工业防火墙的管理端口相连。

（2）设置。

工业防火墙出厂默认的 IP 地址为 192.168.11.12；子网掩码为 255.255.255.0。

将管理计算机的 IP 地址设为与工业防火墙在同一网段，如 192.168.11.XXX；子网掩码为 255.255.255.0。

（3）登录。

打开浏览器，在浏览器的地址栏中输入防火墙的 IP 地址：https://192.168.11.12，按回车键，工业防火墙登录界面如图 9-6 所示。

图 9-6　工业防火墙登录界面

项目 9　工业互联网网络安全防护

工业防火墙系统出厂时已进行授权。授权后，在使用过程中，当 License 授权的有效期不足 15 天时，在登录页面会弹出提示信息，用户可选择"立即更新 License"，或者选择"已知晓，跳过"继续登录系统。License 提示窗口如图 9-7 所示。

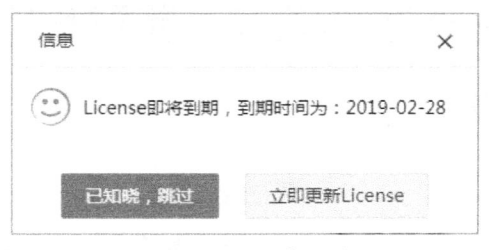

图 9-7　License 提示窗口

默认账号：防火墙默认的账号信息如表 9-4 所示，不同的账号有不同的权限。

表 9-4　防火墙默认的账号信息

出厂默认账户	账 户 名	密　　码	权　　限
系统管理员	admin	admin@123456	用户管理
安全操作员	operator	admin@123456	配置与管理
安全审计员	auditor	admin@123456	日志审计

系统管理员：可以增加用户、删除用户。

安全操作员：启用/禁用用户、系统状态、事件信息、设备管理、网络配置、安全策略、工控审计、网络拓扑、安全防护、报表统计、数据备份、网络诊断。

安全审计员：登录日志、用户管理日志。

角色权限：使用"operator"账户登录系统进行配置，工业防火墙主页面如图 9-8 所示。

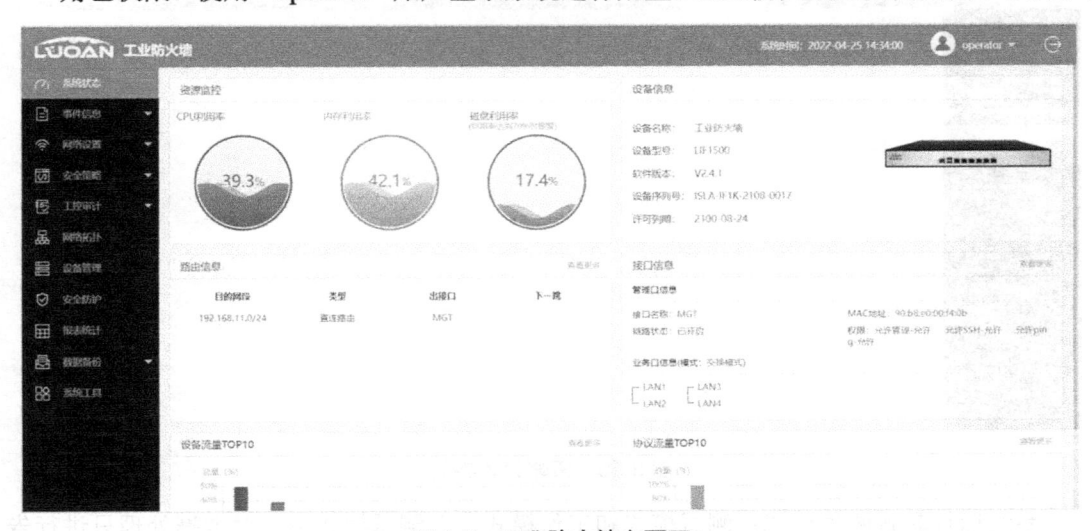

图 9-8　工业防火墙主页面

(4) 修改管理口的 IP 地址。

在"网络设置"→"接口配置"→"管理口"中修改管理口的 IP 地址，如图 9-9 所示。

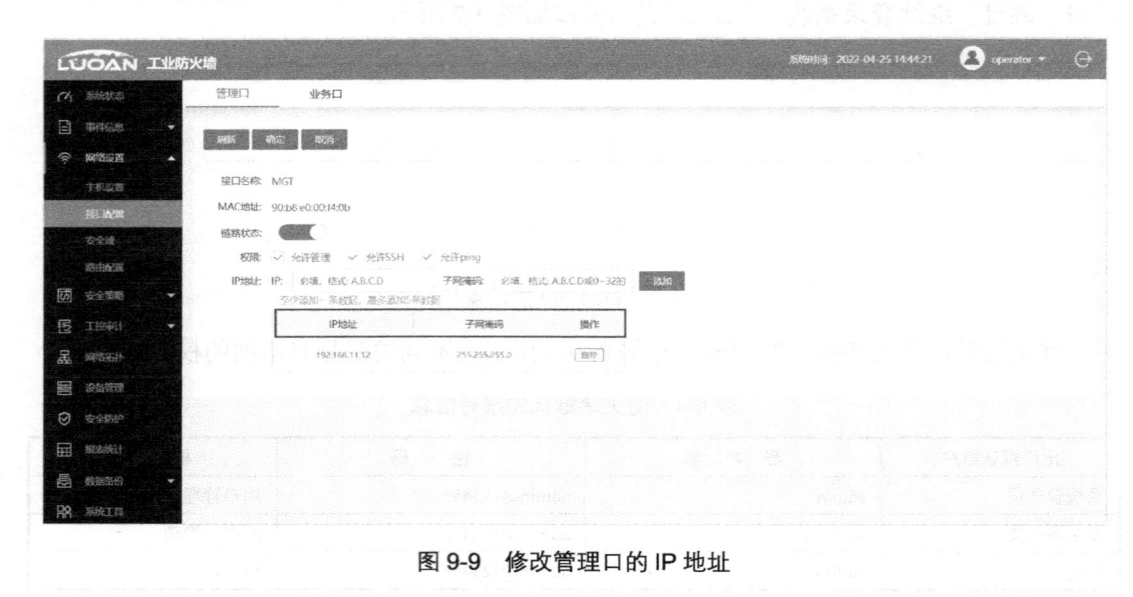

图 9-9　修改管理口的 IP 地址

输入 IP 地址、子网掩码，删除原有 IP 地址后，单击"添加"按钮，即可修改 IP 地址。

(5) 策略设置。

在"安全策略"→"策略设置"中，确认"策略设置"的状态，策略设置界面如图 9-10 所示。

图 9-10　策略设置界面

系统运行具备两种模式：测试模式和工作模式。在测试模式下，对数据处理只进行告警，并不拦截数据，适合在试运行时使用。在工作模式下，按实际下发的规则进行响应，

项目 9　工业互联网网络安全防护

对命中规则的数据流进行实际拦截或告警，适合在正式运行时使用。

（6）白名单自学习。

在"安全策略"→"白名单自学习"界面设置白名单自学习，如图 9-11 所示。

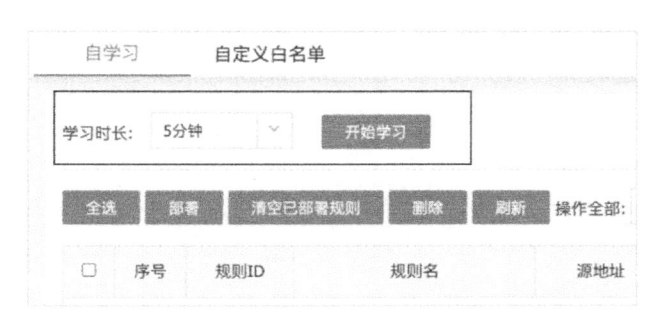

图 9-11　设置白名单自学习

设置好"学习时长"后单击"开始学习"按钮。

在学习过程中，可单击"停止学习"按钮终止自学习。

完成学习后，会在页面下方显示从学习到规则的详细信息，如图 9-12 所示。可全选或单击特定规则，设置学习时长等。

图 9-12　白名单设置

（7）黑名单设置。

在"安全策略"→"黑名单"下进行设置，从黑名单库中选择漏洞进行防护设置。

首先单击"全选"按钮，然后在"操作全部："提示处的下拉菜单中选择"阻断"，最后单击"部署"按钮，至此，防火墙的基本配置已完成，黑名单设置如图 9-13 所示。

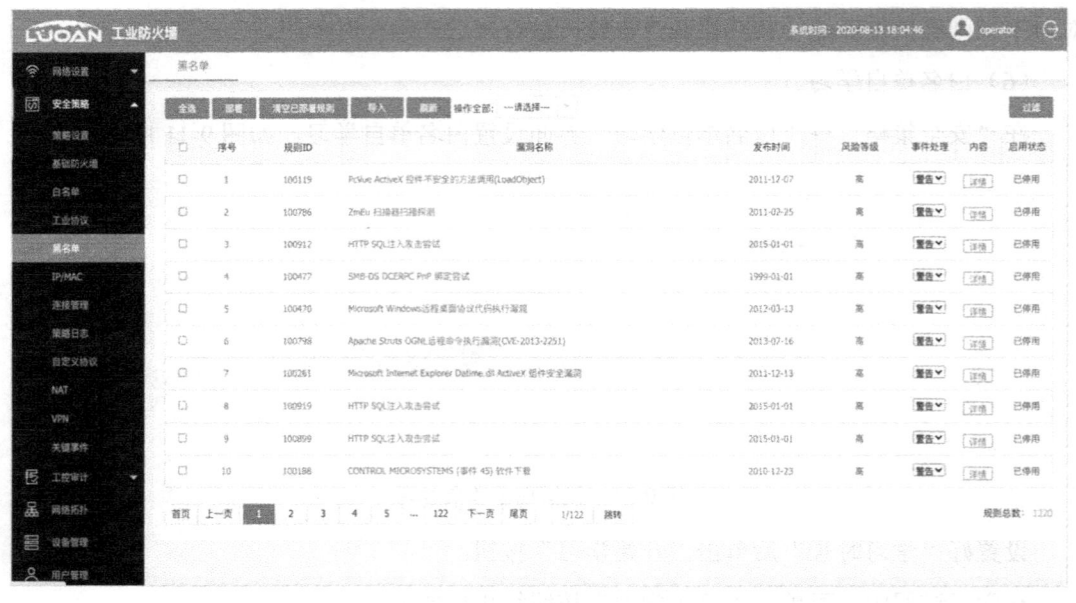

图 9-13 黑名单设置

〈思考与练习〉

一、选择题

1. 当控制器（PLC/DCS）受到攻击后，存在哪些潜在后果？（多选）（　　）
   A．传感器数据损坏　　　　　　　B．过程控制中断、过程图像中断
   C．工厂陷入混乱或停工　　　　　D．公司声誉受损

2. 以下属于安全区域边界范畴的是（　　）。
   A．工业防火墙　　　　　　　　　B．工业安全态势感知平台
   C．堡垒机　　　　　　　　　　　D．工业主机安全防护

3. 《工业数据分类指南》中指出，"易引发特别重大生产安全事故或突发环境事件，或造成直接经济损失特别巨大"的数据属于（　　）数据。
   A．一级　　　　B．二级　　　　C．三级　　　　D．特级

4. 传统 IT 网络中的信息安全体现在工业互联网中是（　　）。
   A．平台安全　　B．数据安全　　C．控制安全　　D．网络安全

5. 工业互联网系统的安全保护分为（　　）个等级。
   A．4　　　　　B．5　　　　　C．6　　　　　D．7

二、填空题

1. 工业互联网的基础是_____，核心是_____，保障是_____，关键是_____。
2. 网络安全级别由高到低可分为____个级别。
3. 工业互联网有三个特征：_____、_____和_____。
4. 现阶段工业互联网安全威胁主要呈现三大特点，分别是_____、_____和_____。
5. 工业互联网安全标准体系包括_____、_____和_____3个类别。

三、问答题

1. 工业互联网网络安全问题有哪些？
2. 我国工业互联网网络安全主要面临哪些技术难题？

项目 10

工业互联网网络发展现状及发展趋势

学习目标

1. 了解我国工业互联网发展现状及发展趋势。
2. 熟悉扁平化网络结构，并能搭建扁平化网络结构。
3. 了解数据信息标准化的概念及工业数字孪生接口技术场景运用。
4. 了解工业互联网标识解析技术的发展趋势，熟悉并能正确运用标识解析技术。

情景故事

某电池生产企业的王总经理召集生产部李经理、技术部网络管理员小苏开会，根据企业发展实际情况，要求相关人员研究部署如何利用新一代网络助力工厂全要素、全环节高效互联互通，对工厂的工业互联网进行技术改造升级，强化行业数字化转型的数据赋能，积极布局新赛道，探索研究人工智能、VR/AR、数字孪生等新科技在工业场景中的融合应用，催生新产品、新模式和新业态，力争将企业建设为高水平工业互联网促进数字化转型标杆企业。

项目描述

探索研究人工智能、VR/AR、数字孪生等新科技在工业场景中的融合应用，催生新产品、新模式和新业态，为建设高水平工业互联网促进数字化转型标杆企业做好准备。

10.1　网络结构扁平化

【任务目标】

了解传统网络结构的类型及特点、网络扁平化的优点、工业互联网标识解析体系的核心。根据企业需求，搭建扁平化网络结构体系。

【任务准备】

调研行业领军企业的三层网络结构，并查阅扁平化网络的相关资料。

【知识链接】

网络结构扁平化是指改变目前的分层结构，使智能设备之间横向互联，此外，整个工厂智能控制系统的扁平化可减少工厂内数据传输的层级，实现工业数据在生产现场和 IT 系统之间的快速流通，支持进行实时或准实时的数据分析和决策反馈，从而达到智能生产的目的。

扁平化是指用工业以太网取代工业走线。目前，扁平化的 OT 级，将传统的现场级、车间级、控制级等复杂分层的 OT 网络统一成一个扁平化的二层网络，未来，IT 和 OT 将进一步融合，通过业务网关设备实现 IT 层和 OT 层数据的融合互通，整个工厂由一个网络组成，该网络将使用新技术、新切片，承载各种不同的服务，不同的服务可以实现不同的服务质量。

扁平化网络一般被认作一种网络架构，其优势在于能够允许更多的路径通过网络，以满足数据中心的新要求，包括对虚拟化网络和虚拟机迁移的支持。

扁平化网络旨在缩短延迟、增加可用带宽，同时提供虚拟化环境下所需的众多网络路径。由于其对传统的接入、汇聚、核心三层网络架构进行了简化，因此人们形象地将其冠以"扁平化"的称号。随着工业互联网的发展，国内的制造企业大部分面临着制造资源云改造、云迁移的需求，企业网络架构设计正在从复杂多层架构向着更加灵活的扁平化方向发展。

1. 传统的三层网络架构

传统的三层网络架构是路由器到交换机，向下连接到子交换机的结构，具有核心层、汇聚层和接入层。

核心层是网络的高速交换骨干网，在整个数据网的连接中起着重要作用。

汇聚层提供基于策略的链接，是接入层与核心层之间的连接层，可实现虚拟局域网

（VLAN）之间与路由选择、数据转发、地址过滤等功能的隔离。

接入层，顾名思义，就是将工作站连接到网络，即为本地网段提供工作站接入服务，如传统防火墙、IPS、流量控制服务器。接入层构建在防火墙和核心交换机之间。

图 10-1 所示为单/双层结构示意图。为了便于管理和提高网络性能，大中型网络应按照标准的三层网络结构进行设计。但是，对于网络规模小、组网距离短的环境，可以采用"收缩核心"进行设计，忽略汇聚层。核心层设备可以直接连接到接入层，这样可以在一定程度上节省部分汇聚层成本，减轻维护负担，使监控网络状态更加容易。

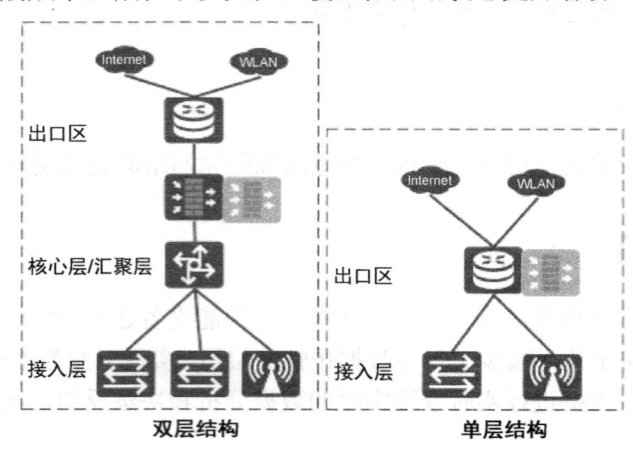

图 10-1　单/双层结构示意图

2. 三层网络架构的不足

（1）用户管理困难。

为了避免环路，接入交换机和汇聚交换机需要启用复杂的 MSTP 生成树协议，配置复杂造成了管理复杂，网络管理员需要熟知整网的状况及每台设备的配置情况，以便在出现网络问题时能够快速定位，这种架构要求网络管理员的主要精力必须花费在功能配置、技术细节等烦琐的问题上，无法将工作聚焦在用户体验和服务创新上，影响整个网络的使用体验。

（2）网络功能扩展性能差。

为了配合企业信息化生态系统正常运行，一般采购的网络设备应为同一厂家的产品，这将给后续用其他厂家的设备升级或拓展业务带来不便。

（3）配置难度和维护量大。

随着企业信息化的快速发展，企业的研发和生产网络被完全覆盖，因此提供的网络设备也在不断增加。如果需要根据业务修改网络，那么设备维护量很大。

3. 扁平化网络架构

工业互联网网络的整体发展趋势是工厂内部网络的扁平化、IP 化和无线网络化。网络结构扁平化是指取消中间层，加强基层地位，从路由器直接到交换机，其结构分为业务控制层和用户接入层。业务控制层由核心层设备组成，提供网络用户访问控制、业务隔离等功能；用户接入层由汇聚层和接入层设备组成，汇聚层和接入层直接采用 VLAN 透明传输方式，仅提供基本的用户接入功能和安全隔离功能。这种结构可以使设备功能清晰、网络层面清晰，降低业务和管理维护的复杂度，可以显著提高应用程序和服务性能，有利于对企业信息生态网络的管理和维护。

4．扁平化网络架构的优势

扁平化网络架构的优势在于，原有五层架构下的工业设备可以通过网关相互连接，实现了网络连接与控制逻辑的解耦，也实现了预测性维护数据流自下而上的开放。基于有线网络实现扁平化架构受限于组网配置与有线网关端口的物理绑定，难以适应灵活快速的调整，整个域的扁平化架构配置较为复杂。目前，5G 支持基于无线接入的终端，自然提供了全球网络的基础设施，摆脱了物理线路和端口的绑定约束，可以灵活快速地调整组网配置。

此外，与 4G 相比，5G 支持基于 5G 局域网特性的第二层接入，可以轻松实现 OT 和 IT 网络的扁平化融合，基于 5G 的切片功能可以进一步实现单个设备中多个业务承载不同 VLAN 的能力。基于这些特性，5G 可以更便捷地使能全域扁平化架构。这使得工厂 IT 网络和 OT 网络之间的信息能够更灵活地流动，最大限度地满足高级系统扩展到现场层的需求，并实时回传数据，以优化生产数据。综上所述，扁平化网络架构具有更简单的操作和运维，可以更灵活地部署新业务系统，有利于业务系统集中控制，增强了可靠性和稳定性。

（1）操作和维护更简单。

扁平化架构网络在功能扩展和运行维护方面将更加方便，因为核心层设备只涉及业务功能，所以只需要考虑核心层设备是否能够支持这些业务系统的特性即可，对于汇聚层和接入层这些边缘设备，只需要考虑端口的扩充、带宽的增加即可。

（2）新业务系统部署更加灵活。

路由核心设备的高可靠性为应用和业务的部署提供了保障，业务控制和管理功能由功能丰富的路由核心设备集中提供，业务系统的部署更加方便、快捷，既能够保障提供这些业务功能，又具备较好的处理性能。同时，路由设备也能保障这些应用和业务系统的高可靠性。

（3）有利于业务系统集中控制。

集中式用户服务控制可以简化接入网络，简化企业信息生态网络管理模式，实现统一的管理平台和界面。集中式用户业务控制可以有效解决业务多元化带来的挑战，减少多系统带来的投资成本的增加，以及多组账号/密码带来的用户体验不佳等问题。

（4）增强可靠性和稳定性。

提高了汇聚层、接入层设备的可靠性和稳定性，汇聚/接入设备只需要二层传输和 VLAN 隔离的基本功能，无须支持新的业务功能，因此可以显著降低全网设备的投资和后期的使用维护成本，使汇聚层、接入层设备的功能减弱，使这些设备的可靠性大大提高，有利于使整个网络稳定、可靠地运行。

5. 扁平化网络的大二层网络架构

扁平化网络的大二层网络架构具有管理方便、部署方便、维护方便等优点，允许更多的路径通过网络。将汇聚层和接入层设备简化为二层通信功能，核心层采用 BRAS+AAA 的设备组合，提供安全策略、ARP 管理、路由管理、认证等集中式功能，实现以 BRAS 为核心的网络扁平化、一体化和精细化的管理和控制。核心层的 BRAS+AAA 实现用户业务的集中化控制和管理，汇聚层、接入层只需要提供基本的二层 VLAN 隔离功能即可。核心层 BRAS 设备性能稳定，AAA 软件功能灵活，可以为新功能、新业务提供良好的支持，汇聚层和接入层只需要考虑接入端口的扩展和上游带宽的增加，有利于降低大量汇聚层/接入层设备的运维难度。

（1）管理方便。

当网络中大量的汇聚层、接入层交换机作为逻辑二层设备时，只需要做简单的 VLAN 划分、端口隔离配置即可，不需要进行过多管理，BRAS 作为三层网关，启用路由、认证、安全相关功能，在日常维护中，管理员主要维护核心交换机即可，大大降低了网络的运维难度，简化了工作。

（2）部署方便。

无论是有线用户还是无线用户，认证点统一集中在业务控制层的 BRAS+AAA，部署方便快捷。同时，在大二层的环境中，大量的汇聚层、接入层设备的配置基本类似，利用配置工具对批量设备进行配置，操作过程简便，之前需要耗时几天的部署工作在几小时内即可完成。

（3）维护方便。

网络结构的简化将带来维护工作的简化，而设备配置的简化将大大降低设备出现问题的概率。在大二层环境中，可以轻松定位到特定端口的用户，使用户能够快速诊断网络发生问题的原因。

此外，扁平化组网方案将有线交换机的端口与连接到 Wi-Fi AP 的各终端隔离开来，即进行了二层通信隔离，从而抑制了广播网络漏洞和病毒的影响，实现了自然免疫的功能。

6. 工业互联网网络结构扁平化发展趋势

（1）扁平化网络架构实践的初步形成。

当前工业控制系统以传统的五层架构为主，即企业层、管理层、操作层、控制层和现场层。工业控制系统内的各生产线之间相互独立，生产数据由控制器上传到上层的 IT 网络后集中处理，这种架构会导致上层 IT 网络难以触及现场层的生产系统，大量生产数据沉淀、消失在工业控制层，不能被进一步利用，导致生产线之间无法进行深度协同。因此使能 IT 网络与 OT 网络之间的全域数据流通成了工业控制网络的发展趋势之一。

当前，业界领先企业已逐步采用 OT+IT 扁平化网络架构，相较于传统的五层架构，扁平化网络架构的优势在于实现了网络连接与控制逻辑之间的解耦，同时实现了预测性维护数据流自下而上的打通。基于有线网络实现扁平化网络架构受限于组网配置与有线网关端口的物理绑定，难以适应灵活快速的调整，且实现全域的扁平化网络架构配置较为复杂。5G 支持终端基于无线方式接入，天然提供全域一张网的基础架构，摆脱了物理线路和端口的绑定约束，可以灵活、快速地进行组网配置等调整。此外，相比于 4G，5G 支持基于 5G 局域网特性的二层接入，可方便地进行 OT 和 IT 网络的扁平化融合，基于 5G 的切片功能还可进一步实现单个设备中的多个业务承载于不同 VLAN 的能力。

（2）IT 与 OT 网络加速融合。

数字化新业务对高实时控制信息与非实时过程数据传输产生了更高的要求，有线与无线网络走向融合互补，共同构建全流程、无死角的全场景网络覆盖。

【任务实施】

1．网络结构扁平化的基本概念及特性是什么？有哪些具体优势？

_____
_____
_____

2．选择一家小型制造业生产企业，结合企业现有的网络基础，帮助企业设计扁平化网络体系。

_____
_____
_____

10.2　数据信息标准化

【任务目标】

掌握数据标准的分类，了解数据规范、数据管理，掌握工业数字孪生标准。

【任务准备】

查阅国家标准化网站，了解工业数字孪生标准。

【知识链接】

数据是工业互联网的三大核心之一。数据标准旨在解决生产全过程中数据采集、传输、分析、处理等环节涉及的数据格式、数据表示和数据接口不一致等问题,实现物理实体的数字化、数据互联互通(互操作)。它主要由四部分组成:数据采集、数据共享、数据语义和数据识别。

数据采集是工业互联网的基础,没有数据的工业互联网将是无源之水,工业互联网的价值在很大程度上取决于所收集数据的数量和质量。

数据共享是发挥工业数据价值、实现工业互联网创新发展的关键技术基础。

数据语义(Semantic)就是数据的含义,信息被简单地定义为被赋予意义的数据,而这些意义之间的关系就是数据在某个领域的解释和逻辑表示,如果语义可以被计算机"理解"(指能够通过一个正式的系统进行解释、推理和判断),那么该信息就是计算机可以处理的信息。

数据识别是工业互联网标识解析系统的"身份证"。

1. 信息标准化

信息标准化是解决"信息孤岛"的重要途径,也是不同管理信息系统之间进行数据交换和互通的基础。信息标准化是指信息技术中的字符集和编码、外围设备和自动办公机器、数据通信、网络协议、数据保密、高级编程语言、软件工程设计规范、数控机床、计算机安全、信息分类编码和文件格式、汉字信息处理系统的标准化。这是推动信息技术蓬勃发展的基础性和共同性工作,也是信息系统资源共享的前提。随着信息量的爆炸式增长,各国之间的经济、政治、科学、文化交流越来越紧密,对信息传递的数量、质量和速度的要求越来越高,信息技术的国际标准化越来越重要。信息技术发达国家高度重视信息技术的国际标准化,把采用国际标准作为各国信息技术发展的指导方针。

(1)信息标准化的主要内容。

信息标准化主要包括数据元、代码表、消息、文档等标准。信息标准化能够降低由单证格式及编码不统一导致数据和文档被多次录入,从而导致高成本和高出错率等问题的出现概率,信息标准化的过程就是信息集成的过程。

(2)信息标准化的主要特点。

信息标准化的主要特点包括完整性、独特性、科学性、权威性、实用性、可扩展性与可维护性。

2. 数据标准

数据标准(Data Standards)是指保障数据的内外部使用和交换的一致性和准确性的规范性约束。"数据标准"并非一个专有名词,而是一系列"规范性约束"的抽象。

数据标准不仅描述了一些需要大家遵守的规范和要求的文档,还是一套由管理规范、管控流程、技术工具共同组成的体系。企业需要通过这一整套体系来确保各种重要信息（如产品、客户、机构、账户等）在全公司内外的使用和交换都是一致的、准确的，从而实现企业的信息标准化。

（1）数据标准化目的。

数据标准化是指消除数据分析过程中变量维度不一致的问题，如果维度不一致，将导致权重、系数和相似度量的评估尺度不同，导致模型的误差较大。数据标准化可以使无量级数据与不同量级的数据进行水平比较，以减小由数据量级差异引起的误差。

（2）业务系统数据准备。

业务系统数据准备是指实现跨企业、跨部门或跨领域的不同业务系统之间的数据集成和共享，关键是实现机构、人员、设备和材料项目等基础信息的标准化和互联互通，这在行业内通常称为数据集成。其重点应是突破微创异构多元数据集成、基础数据资源标准化、业务主数据管理等技术，重点解决不同系统基础数据重复采集、数据分散在多个现有在线系统中等问题，实现以低成本跨系统数据集成管理和集约化服务，打破"信息孤岛"，拆除"数据烟囱"，实现多源基础数据的按需互通和共享。

（3）数据标准的分类。

数据标准的分类是从更有利于数据标准的编制、查询、落地和维护的角度考虑的。数据标准有许多分类，对于不同的分类方法，可以使用元数据的基本单位作为数据标准来构建数据标准系统。数据可分为基础数据和指标数据。基础数据是指在业务流程中直接生成但尚未处理的基本业务信息。指标数据是指具有统计显著性的基本数据，通常由一个或多个基本数据根据一定的统计规则计算得出。因此，数据标准也可以分为基本数据标准或指标数据标准。

基本数据标准是指统一与企业所有经营活动相关的数据的一致性和准确性，解决企业之间的数据一致性和数据整合问题，并根据数据标准管理流程制定数据标准，如"统一社会信用代码"等。基本数据标准分为行业参考模型实体标准和公共规范标准。

指标数据标准是指根据一定的业务规则，在数据的基础上对数据进行处理和汇总的数据，指标数据标准一般分为基本指标标准和计算指标标准（又称组合指标）。基本指标一般不包含维度信息，但具有特定的商业和经济含义，只能通过基础数据处理获得；计算指标通常由两个以上的基本指标计算得出。

并非所有基础数据和指标数据都应包括在数据标准的范围之内。数据标准管理的数据通常只是各业务线和信息系统之间需要共享和交换的数据，以及满足各级监测机构、上级机关、政府部门数据上报要求的数据。

3. 数据标准规范

（1）业务标准规范。

可以通过对实体数据的标准化定义，解决数据不一致、不完整、不准确等问题，数据的内容范围需要审批，主要和业务相关联，由基础指标和计算指标标准组成，具有特定的业务意义。

（2）管理标准规范。

管理标准规范的目的是实现以市场为导向的产品规划，有计划、有组织地进行研究与产品开辟活动。有效地调动营销部门及生产部门的创造性思维，把市场与消费者的认识转换到新产品中，确保产品开发和企业产品战略的一致性，快速、合理应对市场需求，规避产品投资风险，并为企业获得最大限度的利润。

（3）技术标准规范。

技术标准规范是标准文件的一种形式，是规定产品、过程或服务应满足技术要求的文件。它可以是一项标准（技术标准）、一项标准的一部分或一项标准的独立部分。技术标准规范的强制性弱于技术标准。当这些技术标准规范在法律上被确认后，就成为技术法规。

4. 数据标准管理

数据标准是数据管理的基础工作，是数据管理建设中的主要环节。数据标准管理是规范数据标准制定和实施的一系列活动，是数据资产管理的核心活动之一，对政府和企业提高数据质量、明确数据构成、打破数据孤岛、加快数据流通、释放数据价值起着至关重要的作用。数据标准管理是一个涉及范围广、业务复杂和数据繁杂的过程。数据标准管理绝非一个部门的事情，不能在企业的单一部门得到解决。数据管理系统章程一般采用问责制度，旨在确保有效实施数据标准管理。建立数据标准管理系统和流程体系，是明确数据标准的焦点部门和岗位，明确每个岗位职责，明确每个数据标准的申请、审批、变更、共享流程的过程。应考虑整个组织，建立专业的数据标准管理组织体系，明确数据标准的目标和内容，对数据标准的实施和贯彻进行监督评估。

（1）数据标准为数据平台提供统一的数据标准定义和平台逻辑模型。

（2）数据标准是数据平台进行数据治理的依据和根本。

（3）数据标准是衡量数据平台、数据资产、运营管理的评估依据。

（4）通过实施数据标准管理，可实现对数据平台的数据的统一运维管理。

5. 制定数据标准的过程

数据标准作为组织范围的规范，会充分考虑企业业务体系的现状、业务状况、未来发展、人员结构等因素，制定过程也相当严格。

（1）收集国家标准、行业标准和现有标准。

收集国家标准、行业标准的方法是通过标准委员会官方网站和行业协会网站整理出组织的现有标准，通过"数据标准研究表"收集信息，并形成组织的参照/参考标准文件。

（2）制定第一版数据标准。

与IT部门数据管理岗进行讨论，按主题划分，制定第一版数据标准（初版）。

（3）审查数据标准。

标准的归口管理部门与相应的数据管理专员及相关专业人员进行逐条讨论，从数据标准的合理性、是否能落标、是否符合业务发展等多个角度对标准进行评估、审查，最终得到试行标准。

（4）最终数据标准的审批与发布。

向数据标准行政归口部门申报组织最终确定的数据标准，经审批同意后，内部发布并正式执行该数据标准，其后由相关授权部门维护并定期或适时更新数据标准。

6．数据信息标准在数据资产管理中的作用

数据信息标准从多个方面支撑企业的数字化转型。在业务方面，数据信息标准能够明确很多业务含义，使得业务部门之间、业务和技术之间、统计指标之间统一认识与口径。在技术方面，数据信息标准可以帮助构建标准化的物理数据模型，实现数据信息跨系统的敏捷交互，减少数据和信息清洗的工作量，促进数据融合分析。数据信息标准是数据资产管理等活动的核心要素，主要体现在数据信息质量管理、主数据信息管理、元数据信息管理、数据信息模型管理和数据信息安全管理等方面。

（1）数据信息质量管理。

数据信息标准是数据信息质量审计规则的主要参考依据，通过将数据信息质量审计规则与数据信息标准相关联，一方面可以实现字段级数据信息的质量验证，另一方面可以直接构建通用性更强的数据信息质量审计规则体系，确保规则的全面性和可用性。

（2）主数据信息管理。

需要明确的是，主数据信息是特定应用场景中数据信息的一种显示方式，主要活动是提取核心数据信息，明确核心数据信息的唯一来源，因此，涵盖企业所有数据信息的数据信息标准可作为主数据信息管理的数据信息标准。

（3）元数据信息管理。

当元数据信息管理的对象被定义为结构化数据信息时，元数据信息管理主要是指对结构化数据信息及其相关信息的管理，数据信息作为与结构化数据信息相关的一部分，也是元数据信息的内容，包括数据信息标准与结构化数据信息之间的关系映射（落标的过程）。当元数据信息管理的对象被定义为数据信息标准系统时，元数据信息管理主要是指数据信息的标准分类、数据管理信息项及数据管理信息项的属性、数据信息项属性规则等。

（4）数据信息模型管理。

当数据信息标准的对象包含实体、属性、关系及其相关规则时，数据信息标准可作为数据信息模型管理的标准，作为构建数据库、数据仓库等系统的数据信息模型构建基础。

（5）数据信息安全管理。

数据信息标准可以包括业务敏感型数据信息的对象和属性，以定义与数据信息安全管理相关的规则。

7. 数字孪生技术体系

（1）数字孪生技术的概念。

数字孪生技术是一种数字化理念和技术手段，它以数据与模型的集成融合为基础与核心，通过在数字空间实时构建物理对象的精准数字化映射，基于制造技术、信息技术、融合技术的数据整合与分析预测来模拟、验证、预测、控制物理实体全生命周期过程，其将不同数据源实时同步，高效集成多类建模方法和工具，实现多学科、多维度、多环境的统一建模和分析，是工业互联网技术发展的集成商。

（2）数字孪生技术的发展历程。

图 10-2 所示为数字孪生技术的发展历程。数字孪生技术的概念始于航天军工领域，经历了"技术探索、概念提出、应用萌芽、行业渗透"四个发展阶段。数字孪生技术最早在 1969 年被 NASA 应用于阿波罗计划中，用于构建航天飞行器的孪生体，反映航天器在轨工作状态，辅助处理紧急事件。2003 年，数字孪生技术的概念正式被密歇根大学的 Grieves 教授提出，并强调其全生命周期交互映射的特征。经历了几年的概念演进后，自 2010 年开始，数字孪生技术在各行业呈现应用价值，美国军方基于数字孪生技术实现 F35 战机的数字伴飞，降低战机维护成本和使用风险；通用电气公司为客机航空发动机建立孪生模型，实现实时监控和预测性维护；欧洲工控巨头西门子、达索、ABB 在工业装备企业中推广数字孪生技术，进一步促进了技术向工业领域的推广。近年来，数字孪生技术在工业、城市管理领域持续渗透，并向交通、健康医疗等垂直行业拓展，实现了机理描述、异常诊断、风险预测、决策辅助等应用价值，有望在未来成为经济社会产业数字化转型的通用技术。

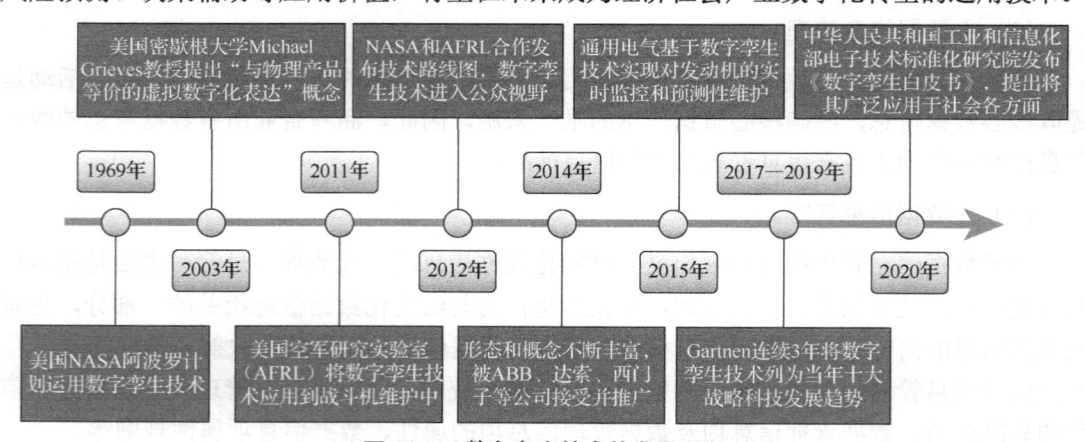

图 10-2 数字孪生技术的发展历程

（3）数字孪生技术的特征。

数字孪生技术是一种基于新型网络技术的新兴理念，是物联网、仿真分析、模型搭建等关联技术的延续，具有跨技术领域、跨系统集成、跨行业融合的典型特点，涉及技术范畴广，自该概念被提出以来，其技术边界尚不明晰。但与现有的数字化技术相比，数字孪生技术具有实时同步、虚实映射、共生演进、闭环优化典型技术等特征。

(4) 数字孪生架构。

数字孪生技术通过构建物理对象的数字化镜像，描述物理对象在现实世界中的变化，模拟物理对象在现实环境中的行为和影响，以实现状态监测、故障诊断、趋势预测和综合优化。为了构建数字化镜像并实现上述目标，需要将 IoT、建模、仿真等基础支撑技术通过平台化架构融合，搭建从物理世界到孪生空间的信息交互闭环。数据采集与控制实体、核心实体、终端（用户）实体、跨域实体是完成数字孪生架构的实体层级。数据采集与控制实体涵盖感知、控制、标识等技术，承担对孪生体与物理对象间上行感知数据的采集和对下行控制指令的执行；核心实体依托通用支撑技术实现模型构建与融合、数据集成、仿真分析、系统扩展等功能，是生成孪生体并拓展应用的主要载体；终端（用户）实体以可视化技术和虚拟现实技术为主，承担人机交互的职能；跨域实体承担各实体层级之间的数据互通和安全保障职能。图 10-3 所示为数字孪生感知系统结构。

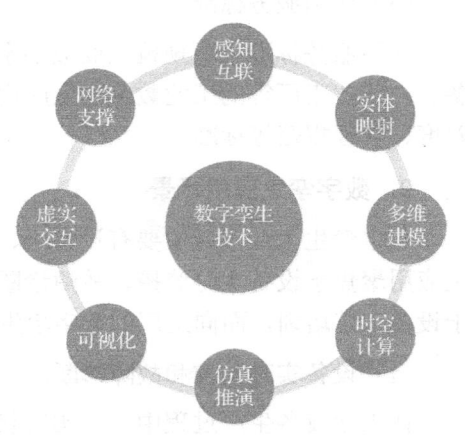

图 10-3　数字孪生感知系统结构

(5) 数字孪生的关键基础技术。

感知、建模、仿真、网络等是孪生数字的关键基础技术。

感知是数字孪生系统结构中的底层基础，在一个完备的数字孪生系统中，对物理运行环境和数字孪生组成部件自身信息的获取，是实现物理对象与其数字孪生系统间全要素、全业务、全流程精准映射与实时交互的重要一环。

建模是数字孪生将物理世界对象数字化和模型化的过程，通过建模将物理对象表达为计算机和网络所能识别的数字模型，对物理世界或问题的理解进行简化和模型化。

仿真是数字孪生体系中在线的数字仿真技术，将包含了确定性规律和完整机理的模型转化成软件的方式来模拟物理世界。

网络是数字孪生体系架构的基础设施，在数字孪生系统中，网络可以对物理运行环境和数字孪生组成部件自身信息进行实时传输，是实现物理对象与其数字孪生系统间实时交互、相互影响的前提。

8．数字孪生标准

数字孪生标准包括能力要求标准、开发运维标准、应用服务标准等。

(1) 能力要求标准。

能力要求标准主要规范数字孪生架构、技术和系统等相关要求，包括数字孪生参考架构、开发引擎与管理系统功能要求，数字孪生体在速度、精度、尺度、广度、安全性、可靠性、稳定性等方面的性能要求，以及数字化支撑技术、数字主线、数字孪生建模等标准。

(2)开发运维标准。

开发运维标准主要规范工业数字孪生开发、构建和运维等相关要求,包括产品、设备、产线、工厂等的数字孪生开发流程、开发方法、建设指南、管理运维、数据交互与接口等标准。

(3)应用服务标准。

应用服务标准主要规范工业数字孪生的应用、服务和评价等相关要求,包括产品、设备、产线、工厂等的工业数字孪生应用场景、数字化仿真、应用实施、服务模式、应用成熟度、管理规范等标准。

9. 数字孪生应用场景

数字孪生工业领域主要有设备级、工厂级和产业级数字孪生服务,面向设备的数字孪生应用聚焦于设备实时监控、故障诊断、全生命周期管理,面向人才的数字孪生应用聚焦于设备工艺培训,面向工厂的数字孪生应用聚焦于工厂实时状态监控。

(1)设备实时监控和故障诊断。

在工业设备生产过程中,可实现状态感知和实时状态监控,监控设备数据涵盖但并不限于:设备生产运行信息、设备监控信息、设备维护信息及管理信息。可以根据监控信息对设备生产工艺过程进行可视化,且能针对故障报警进行器件定位,并提供故障及维修案例库。

(2)设备全生命周期管理。

基于工业设备运行管理、维护作业管理和设备零配件全生命周期管理,通过对设备进行集中监视,汇总生产过程中的设备实时状况,形成设备运行和管理情况统计、设备运行情况统计、设备运维知识库,为合理安排设备运行维护,充分发挥设备的利用率,满足设备操作、车间管理和厂级管理的多层需求提供依据。

运用数字孪生技术,探索基于工业设备现场复杂环境下的预测性维护与远程运维管理,通过收集智能设备产生的原始信息,经过后台的数据积累,以及对专家库、知识库的叠加复用,进行数据挖掘和智能分析,主动给企业提供精准、高效的设备管理和远程运维服务,缩短维护响应时间,提升运维管理效率。

(3)设备工艺培训。

提供可视化的工业设备 3D 智能培训和维修知识库,以 3D 动画的形式对员工进行生产设备原理、生产工艺等培训,缩短人才培养时间。

(4)工厂实时状态监控。

通过对设备制造生产过程进行实时数据采集、汇聚,建立实体车间/工厂、虚拟车间/工厂的全要素、全流程、全业务数据的集成和融合,通过车间实体与虚拟车间的双向真实映射与实时交互,在数据模型的驱动下,实现设备监控、生产要素、生产活动计划、生产过程等的虚拟同步运行,满足设备状态监控、生产和管控最优的生产运行模式,提供辅助数字孪生服务，主要包括生产前虚拟数字孪生服务、生产中实时数字孪生服务、生产后回溯数字孪生服务，以确保做到事前准备到位、事中管控到位、事后优化到位。

【任务实施】

结合数字孪生技术体系，实施数字孪生赋能锂电池企业智能制造升级，从而实现全流程数字化管理，请写出具体流程。

_____

_____

_____

10.3　新型网络技术多元化

【任务目标】

掌握新型网络技术的基本特征，掌握 IPv6+技术创新的内容，了解数字孪生网络的接口技术概念，了解网络切片技术的应用场景。

【任务准备】

1．查阅西门子数字化工厂有关数字孪生网络接口设计及其协议分析的相关内容。
2．了解数字孪生技术的应用领域。

【知识链接】

新型网络技术的发展呈现多元化和特性化，集中表现在宽带化、数字化、个性化等方面。

宽带化是指通信系统的传输频率不断扩宽，数字信号的比特率不断提高，通信效率不断提高。

数字化是指将不同类型的信号统一编码并进行数字化合成，有利于通信技术的标准统一，有利于同一条线路的信号传递，有利于大规模的建设和生产。

个性化是指当前通信技术面向的对象是计算机或其他设备终端，若用户暂时远离设备，则无法享受到通信技术服务，未来的发展目标是通信技术直接面向用户，而非以计算机等硬件设备为媒介。

1. 新型网络

新型网络是对现有网络基础架构和由此构建的技术体系进行变革和创新的网络。近年来，新型网络架构一直是全球学术界和产业界关注的焦点。随着大数据、云计算、人工智能（AI）、软件定义网络/网络功能虚拟化（SDN/NFV）和第五代移动通信技术（5G）的深入研究，新型网络技术的发展与演进已经成为国家重要的战略和发展机遇，相关成果已初步应用，展现出一定的活力和市场前景。

2. 新型网络技术的基本特征

新型网络技术的发展与演进已经成为国家的重要战略和发展机遇，各国政府均高度关注该领域的研究进展，积极出台相关法律和政策，鼓励探索新型网络发展的解决方案和技术解决方案。要形成一代新的信息网络技术体系，必须以新地址协议的创建为基础。

（1）新型网络的主要技术特征是打破传统网络的僵化和封闭架构，能够在开放架构下定义基础网络的软件/硬件、协议、接口、芯片等，使网络的运行机制不再受制于单一的功能或技术，使网络具备多维度资源的灵活组织和适应能力，满足业务灵活性和业务适应性等多样化业务需求，适应未来业务复杂、不确定的演进。

（2）以多样化的寻址路由确定新型网络的"功能基因"。新型网络应以多样化寻址路由重新确定其"功能基因"，在基础网络功能上体现为多元融合发展。同时，基于多样化标识的寻址路由技术将为新型网络基线技术创新提供功能基础环境，为多元化业务需求提供资源深度融合使用支撑。通过多样化标识寻址空间的协同技术创新和优势互补，以先天内生方式解决现有网络存在的诸多弊端，有效提高网络服务能力、安全性、移动性、资源利用率等。

（3）用网络智慧化确定新型网络的"效能基因"。将网络智慧化确定为新型网络的"效能基因"，使"用网过程"和"用网体验"不再是用户所关注的问题，用户的重点被简化为"使用网络的目的"的简单二元问题。此时，网络可以适应和协调大量用户、网元和服务，根据使用网络的目的直接确定提供网络服务的方式，智能、动态地适应用户需求的变化，从根本上释放网络潜力。

3. IPv6+技术

IPv6+是基于 IPv6 的下一代互联网的升级，是对现有 IPv6 技术的提升，是推动技术进步、效率提升，面向新一轮科技革命和产业变革的互联网创新技术体系。基于 IPv6 技术体系再完善、核心技术再创新、网络能力再提升、产业生态再升级，IPv6+可以实现更加开放活跃的技术与业务创新、更加高效灵活的组网、更加优异的性能与用户体验、更智能可靠的运维与安全保障。IPv6+核心技术创新内容包括以下三个方面。

（1）在 IPv6 的基础上，增强和改进路由转发协议及其功能，如 IPv6 分段路由和新组播技术。

（2）IPv6 与其他技术的集成和应用，如 IPv6 与人工智能和软件定义网络的集成形成的网络层切片和确定性转发。

(3) 基于 IPv6 的网络技术体系创新，如确定性转发、电流跟踪检测和应用感知联网。

除了以上核心技术创新，IPv6+还将以网络故障发现、故障识别、网络自愈、自动调整等为代表的智能运维创新作为发展目标，同时将以 5G 面向企业用户（ToB）、云网融合、用户向云迁移、网安安全联动等商业模式创新作为典型融合应用场景。

4. 通信技术和架构融合技术

网络的发展是业务需求推动多域技术持续集成和开发的过程。在通信技术（CT）的基础上引入信息技术（IT）能够让组网变得更灵活，并使上层应用程序更加容易访问网络。ICT 技术的融合也促进了 IT 技术的发展，同时促进了网络的发展。网络与 OT 技术的融合将加速工业装备的网络转型，深化"5G+工业互联网"，推动企业内网升级和外联网建设。网络和业务的发展齐头并进，相互促进。随着网络的发展，行业应用提出了新的愿景。高清云游戏、工业视觉、元宇宙等需要网络在满足高带宽需求的同时，满足低时延、网络确定性、边缘高算力等需求。

ICT 技术的融合可以使网络基础更加强健，同时在工业领域具有低时延、低抖动、高可靠性、确定性，也满足了元宇宙、扩展现实（XR）、工业视觉等领域上游高带宽网络基础的需求。随着智能数据（DT）技术的引入，网络将从可用转向易用，在用户体验优化、高效运维和安全保障方面发挥巨大作用。随着 OT、DT、IT、CT 多域技术的持续融合和相互促进，未来的网络架构和技术将推动网络和多域技术共同演进。

5. "云网融合"向"算网一体"演进

近年来，以云计算技术和云服务载体为代表的新型业务占据主导地位。业务和应用所需的资源逐渐集中在平台化云上。原来的模式很难满足新形势的需求。虽然以电信运营商为代表的基础网络服务提供商的网络带宽逐年增加，但是仍难以满足业务流量（尤其是云）动态变化的需求。原因是现有网络的拥塞点难以消除，网络无法结合应用需求提供合理的服务质量（QoS）/服务水平协议（SLA）。虽然以互联网云提供商为代表的 OTT（指对运营商开展业务的互联网公司）努力构建基于覆盖网络的网络体系，但由于其底层网络相对封闭，无法与覆盖网络形成高效的协同效应，因此无法提供与云资源动态弹性、按需服务、按量计费等相匹配的网络能力。

在新架构中，计算形式泛在的云端分布和计算介入网络演变，推动了承载网络从"云网融合"向"算网一体"演进。在新架构中，通过支持"连接+计算+智能"的融合服务，面向算力网络时代，结合互联网协议 IPv6+创新技术，网络具备了感知、智能、体验保障等新功能，基于 IPv6 段路由（SRv6）的算力网络技术体系，构建新一代数字技术设施，增强"连接+计算+智能"的网络内生能力。

6. 数字孪生网络的接口技术

随着数字孪生技术在各行各业的应用，如何将数字孪生技术引入通信网络领域，构建即时延迟容忍网络（Delay Tolerant Networks）成了新的研究热点之一。同时，即时延迟容忍网络逐渐被认作 6G 网络的关键技术之一。即时延迟容忍网络被定义为"一个具有物理网络实体及虚拟孪生体,两者都可以实时交互映射的网络系统",应具有数据、模型、映射和交互四个核心要素,被相应地设计为"三层、三域、双闭环"架构。

物理实体网络中的网元通过孪生南向接口与孪生网络层交互网络数据和网络控制信息。孪生网络层中含有数据共享仓库、服务映射模型和数字孪生体管理 3 个关键子系统,通过相应的接口协议满足其构建与交互需求,并通过孪生层内部接口实现 3 个关键子系统之间及与物理网络层和网络应用层间的交互。网络应用程序通过孪生北向接口向孪生网络层输入需求,并通过建模实例在孪生网络层部署服务。

7. 网络切片技术

简单理解,网络切片就是把 5G 网络分成"很多片",每一片满足不同用户的需求。即将一个物理网络切割成多个虚拟的端到端的网络,每个虚拟网络包括网络内的设备、接入、传输和核心网,是逻辑独立的,任何一个虚拟网络发生故障都不会影响其他虚拟网络。网络切片是一种按需组网的方式,可以让运营商在统一的基础设施上分离出多个虚拟的端到端网络,每个网络切片从无线接入网到承载网再到核心网进行逻辑隔离,以适配各种类型的应用。

网络切片技术旨在在一个物理网络上划分出多个逻辑独立的子网,多种应用公用物理网络,提高网络资源利用率,从而大幅节省成本。

网络切片分为两种形式:独立切片和共享切片。独立切片是指具有独立功能的切片,包括控制平面、用户平面和各种业务功能模块,为特定用户群体提供独立的端到端专用网络服务环境,让不同的应用场景可以根据自身要求定制功能与特性。5G 网络切片的目标是将终端设备、接入网络资源、核心网络资源、网络运维管理系统相结合,为不同的业务场景或业务类型提供独立、隔离、集成的网络。

8. 新型网络技术的多元化发展趋势

随着新介质业务、工业控制、5G 等新应用场景的出现,新型网络技术的关键在于实现确定性时延、抖动、丢包率、带宽和可靠性等。确定性时延主要通过时钟同步、频率同步、调度整形、资源预留等机制实现;确定性抖动和丢包率通过优先级划分、抖动消减、缓冲吸收等机制实现;确定性带宽通过网络切片和边缘计算等技术实现;确定性可靠性通过多路复用、包复制与包消除、冗余备份等技术实现。

(1) 以太网更加灵活。

基于灵活以太网的网络切片方案可实现按需灵活分配,专用硬管道可实现安全、低延迟的服务质量。灵活的以太网技术可以通过 PHY/MAC 层协同调度实现时隙切换,保证时延,提高带宽利用率,也可以与 SDN 技术相结合,实现 L1 层的传输控制和网络动态调整。

(2) 算力网络技术成为网络演进的关键方向。

算力网络技术作为边缘计算兴起后出现的云网融合体系中的一种新型网络技术,力图通过网络控制面来解决多方、异构的算力资源柔性供给问题,能够让用户在发起任务时不用指定具体的算力资源节点，而由网络控制面根据资源节点实时信息与业务策略来选择最佳算力资源节点。

（3）5G确定性网络快速商用部署并逐步深入行业数字化。

5G确定性网络是指利用5G网络资源打造可预期、可规划、可验证、有确定性传输能力的移动专网。确定性技术的发展与业务的实际部署和演进相辅相成，5G关键技术创新包括无线技术和网络技术两个方面，基于软件定义网络（SDN）和网络功能虚拟化（NFV）的新型网络架构已得到广泛认可。5G确定性网络快速商用部署并逐步深入行业数字化，推动技术进一步升级。

（4）通过网络智慧化技术可以实现对复杂网络的精细化、精准化管理。

网络智慧化技术可以灵活定义感知对象、感知动作、关联规则，通过对探测消息的格式和内容、检测路径、测量原语、编排调度控制等测量功能进行灵活的可编程定制，实现对底层网络环境的准确测量感知，并基于高级感知语义，利用AI技术快速分析全网视图，实现复杂多样的业务和资源之间的合适决策；训练智能路线调度策略，解决传统人工预制定策略在复杂多变的网络运行环境中动态适应性差的问题；训练智能资源编排策略，解决传统人工分析决策难点，认真考虑实时操作过程中复杂多变的状态；培训智能运维管理策略，解决网络运维在人工分析过程中存在的处理周期长、专业依赖性强、多级关联困难等问题。

【任务实施】

请阐述新型网络技术的多元化发展趋势。

_____

_____

_____

_____

〈思考与练习〉

一、填空题

1．为了便于管理和提高网络性能，大中型网络应按照标准的_____结构进行设计。

2．扁平化网络的大二层网络架构具有_____、_____、_____等优点，允许更多的路径通过网络。

3．_____是数字孪生体系架构中的底层基础，在一个完备的数字孪生系统中，对物理运行环境和数字孪生组成部件自身信息的获取，是实现物理对象与其数字孪生系统间_____、_____、_____精准映射与实时交互的重要一环。

　　4. _____、_____、_____、_____、_____是信息标准化的主要特点。

　　5. 企业开展标识解析应用一般有_____、_____、_____、_____四个阶段。

二、选择题

1. 工业互联网网络的整体发展趋势是工厂内联网的扁平化、IP化和（　　）。

　　A. 集中化　　　B. 无线网络化　　C. 一体化　　　D. 以上都不是

2. （　　）是数字孪生体系中在线的数字仿真技术，将包含了确定性规律和完整机理的模型转化成软件的方式来模拟物理世界。

　　A. 感知　　　　B. 建模　　　　　C. 仿真　　　　D. 网络

3. （　　）通常存储在标识载体中，包括主动标识载体和被动标识载体。

　　A. 标识载体　　　　　　　　　　B. 标识数据服务

　　C. 标识管理　　　　　　　　　　D. 标识编码

4. 工业大数据的新特征是（　　）。

　　A. 强关联　　　B. 多模态　　　　C. 高通量　　　D. 以上都是

5. （　　）接口是孪生网络层与物理实体网络之间的接口。

　　A. 孪生北向　　B. 孪生南向　　　C. 孪生层内部　　D. 以上都是

三、问答题

1. 简述工业互联网网络结构扁平化的发展趋势。

2. 数字孪生的关键基础技术是什么？请简要阐述这些关键基础技术的作用。

欢迎广大院校师生 **免费** 注册应用

华信SPOC官方公众号

www.hxspoc.cn

华信SPOC在线学习平台

专注教学

- 数百门精品课　数万种教学资源
- 教学课件　师生实时同步
- 多种在线工具　轻松翻转课堂
- 电脑端和手机端（微信）使用
- 测试、讨论、投票、弹幕……互动手段多样
- 一键引用，快捷开课　自主上传，个性建课
- 教学数据全记录　专业分析，便捷导出

登录 www.hxspoc.cn 检索 华信SPOC 使用教程 获取更多

华信SPOC宣传片

教学服务QQ群：1042940196
教学服务电话：010-88254578/010-88254481
教学服务邮箱：hxspoc@phei.com.cn

电子工业出版社
PUBLISHING HOUSE OF ELECTRONICS INDUSTRY

华信教育研究所